KB070609

영성사회복지개론

INTRODUCTION TO SPIRITUALITY AND SOCIAL WELFARE

김성이 · 김동배 · 유장춘 · 이준우 · 김선민 · 정지웅 공저

학지사

서문

여는 글

"너 왜 사니?"
오늘을 사는 우리들에게 묻는 질문이다.
왜 우리는 사회복지사가 되었나? 왜 우리는 사회복지사가 되고자 하는가?
무엇을 하려고 사회복지사가 되었나?
이 질문에 답하기 위해서는 사회복지란 무엇인가를 알아야 한다.

성서의 질문

사회복지에 대한 정의는 여러 가지로 알려져 있지만 사회복지의 정의는 성서로부터 시작된다. 왜냐하면 현대 우리나라의 복지는 미국을 비롯한 서구를 통하여 들어왔으므로 서구문명의 기본이 되는 기독교 정신에 뿌리를 두고 있기 때문이다. 우리나라에도 이미 오래전부터 백성을 위한 시혜가 있었다. 애휼궁민의 사상을 가진 군주의 시혜가 있었고, 상부상조의 두레마을 정신이 있었다. 그러나 이러한 구제제도와 상부상조 정신은 체계적으로 유지·발전되지 못했다.

역사적 급변과 산업화로 인한 복지의 폭발적 욕구에 따라 미국을 비롯한 서구의 사회복지제도가 들어오게 되었다. 이 미국과 서구의 사회복지제도의 근간을 이루고

있는 것이 '기독교 정신'이고 '성경 말씀', 즉 '성서'다. 현대 사회복지실천의 패러다임
은 성서에서 출발한다.

성서에 있는 세 질문으로 사회복지실천의 패러다임을 살펴보고자 한다.

질문: 나를 누구라 하느냐?

성서는 신약, 구약으로 되어 있다. 신약에서 우리에게 던지는 가장 큰 질문은 "나
를 누구라 하느냐?"고 말씀하시는 예수님의 질문이다. 그 질문에 대해서 시몬 베드
로는 "주는 그리스도요, 살아계신 하나님의 아들입니다."라고 답변을 한다.

이처럼 정체성 연구가 사회복지 개념의 시작이라고 볼 수 있다.

우리는 우리와 하나님과의 관계뿐만 아니라, 우리 이웃과의 관계도 중요시한다.
신약에서는 "이웃을 사랑하라. 너 자신과 같이 사랑하라."고 말씀하고 있다. 관계를
중요시하는 것이다.

이 책의 저자들 중 한 사람인 김성이가 한국사회복지사협회 회장으로 있을 때, 협
회 재정에도 도움이 되고 사회복지사 신분증으로 신용카드를 갖고 다니면 좋겠다는
제안에 따라, "I'm a Social Worker" 카드를 발급하여 사용한 적이 있다.

"나는 사회복지사다." 이 카드를 갖고 다니며 사회복지사의 정체성을 드러내고자
하였다. "나는 사회복지사다."라는 카드를 가지고 다니며 자랑스럽게 사회복지사의
본분을 다하는 우리가 되기를 원했다.

질문: 네가 어디에 있느냐?

두 번째로 구약 성서에서의 중요한 질문은 "네가 어디에 있느냐?"고 하나님께서
아담에게 물으신 질문이다.

"네가 어디에 있느냐?"

우리 사회복지에서는 'here and now' '지금 여기에'라는 개념으로부터 모든 활동
을 시작한다. 복지 대상자, 즉 서비스이용당사자에 대한 현재의 처지를 이해하고, 그
들과 동일한 눈높이에서, 그들의 마음을 읽어, 그들의 욕구에 따른 서비스를 제공하
는 것으로부터 사회복지사의 활동은 시작된다.

사자성어로 '우문현답'이라는 말이 있다. 어리석은 질문에 현명한 대답이라는 뜻이다. 그러나 "우리의 문제는 현장에 답이 있다."는 말로 바꿔 말하기도 한다. 그렇다. 우리는 현장 중심적이고, 현재 중심적이다. '지금 여기에서'의 시각에서 서비스 이용당사자들의 문제를 같이 풀어 나가는 것이 우리의 기본 원칙이다.

사회복지의 정의

그러면 '사회복지사의 정체성'과 'here and now의 원칙'을 가지고 사회복지 '서비스이용당사자'를 위해 어떤 방향으로 일해 나가야 할까? 이는 '우리가 수행하는 사회복지실천의 지향하는 바, 사회복지의 푯대는 무엇인가?'의 질문이다. 사회복지의 푯대는 사회복지의 정의를 말한다.

사회복지에 대한 정의는 학자에 따라 다양하지만 세계사회복지대회에서 합의된 정의가 중심이 되어야 한다.

사회복지에 대한 정의가 다양하기 때문에 범세계적으로 이용될 수 있는 정의를 내리기 위해 많은 노력이 있었다. 세계사회복지사협회(IFSW), 세계사회복지교육협의회(IASSW), 세계사회복지협의회(IASW) 등의 세 단체에서 매 10년마다 세계 공통의 사회복지 정의를 논의한 뒤 발표하기로 하였다.

1980년에는 '빈곤문제를 해결하는 것이 사회복지'라 정의하였고, 1990년에는 '폭력문제를 해결하는 것을 사회복지'라 정의했다. 빈곤 다음으로 안전이 중요한 주제가 되었던 것이다. 인간의 생존에 필요한 욕구가 우선 대상이 되었던 것이다.

2000년이 되면서 임파워먼트, 즉 '자활력을 강화하는 것이 사회복지다.'라고 정의하게 되었다. 이 변경된 정의에 따라 2000년대 이후의 교과서에는 '자활력(empowerment)'에 관한 이론과 방법이 많이 등장하게 되었고, 사회복지실천 현장에는 '자활력'을 향상시키는 기술과 서비스가 많이 사용되고 있는 것을 볼 수 있다.

이처럼 사회복지에 대한 정의는 전 세계의 사회복지학계나 사회복지실천 현장에 큰 영향을 미치고 있다. 사회복지는 'here and now 정신'에 따라, 시대의 욕구를 해결하기 위해서 계속 변경되어 왔다. 이러한 노력의 결과 사회복지학은 다른 학문보다 더 사회에 영향을 미치는 학문으로 자리매김을 할 수 있었던 것이다.

매 10년마다 새로운 사회복지 정의를 해 오다가 2010년에도 새로운 정의를 하고자 했으나 합의를 내리지 못하였다. 2012년에도 노력을 했으나 지역마다 의견이 나뉘어 합의된 정의를 내릴 수 없었다.

드디어 2014년 호주대회에서 사회복지에 대한 정의를 내리게 되었다(Ornellas, Spolander, & Engelbrecht, 2018). 여기에서 내린 사회복지에 대한 정의는 2000년도의 '자활력'과 새로이 '사회적 응집력(social cohesion)' 개념을 도입하여 두 개념, 즉 '자활력과 사회적 응집력을 강화하는 것이 사회복지다.'라고 발표하였다.

자활력은 복지대상자인 서비스이용당사자가 '스스로 할 수 있는 능력을 키우는 것'이고, 사회적 응집력은 인간과 사회관계를 강화하여 '사회를 결속시키는 일'이다. 사회적 응집력이 추가된 것은 집단의 복지문제와 사회책임이 강조된 결과였다. 이 자활력과 사회적 응집력은 우리 사회에도 매우 시의적절한 개념이라고 생각한다. 우리들은 지금 팬데믹 현상으로 고통을 받고 있다. 어느 때보다도 자활력이 중요시되는 시대에 살고 있다. 이러한 코로나 시대에 있어서 사회복지가 할 일은 서비스이용당사자인 우리 국민들에게 자활력을 강화시켜 주는 일이다. 사회복지사들은 국민들 스스로 문제를 해결할 수 있는 능력을 갖게 하는 일에 노력해야 한다.

또한 20세기에 들면서 포스트모더니즘 현상은 사회를 분열시키고 있다. 이에 덧붙여 팬데믹 현상은 사회 분열을 가속화하고 있다. 더욱이 우리나라는 남북 갈등문제까지 더해져 사회 분열이 극심한 상태이다. 포스트모더니즘 현상과 팬데믹 현상 등의 세계적 현상에 우리는 이념 갈등의 문제를 더 가지고 있는 것이다. 이 지구상의 어떤 나라보다도 심각하게 분열되어 있어 사회통합이 꼭 필요한 실정이다. 공동체 운동이 그 어느 때보다도 필요한 시기이다.

실천해야 할 과제

세계사회복지대회에서 정의한 바와 같이 사회복지사들이 해야 할 일은 자활력과 사회적 응집력을 강화시켜서 사회를 결속시키는 일이다. 우리가 꼭 실천해야 할 과제이다.

그럼 어떻게 해야 할까?

질문: 네가 나를 사랑하느냐? "내 양을 먹이라."

세 번째 질문으로서, 성서에는 "네가 나를 사랑하느냐?"고 예수님이 시몬 베드로에게 세 번이나 동일하게 묻는 질문이 있다. 이에 베드로는 "내가 주님을 사랑하는지 주님께서 아시나이다."라고 답한다. 예수는 이때 "내 양을 먹이라."고 명령하신다. 같은 질문을 세 번씩이나 묻고 세 번씩이나 명령하시며 요한복음은 끝맺는다.

예수님 말씀의 핵심은 "네가 나를 사랑한 것과 같이 네 이웃을 사랑하라."이다. 그리고 "내 양을 먹이라."고 그 실천을 세 번이나 강조하신다. 예수님은 몸소 사랑을 보여 주셨다. 예수님이 몸소 보여 주신 깊은 사랑이 성육신이다. 사회복지실천의 영성은 성육신하신 예수님의 사랑을 본받아 실천하는 데서부터 출발해야 한다.

믿음의 사회복지사들은 주어진 상황을 이해하고 서비스이용당사자의 고통을 나누며 하나님의 영광을 나타내는 일에 전념해야 한다. 사회복지사라면 이 세상이 하나님의 것이요, 하나님의 통치 아래에 있으므로 하나님의 나라를 이 땅에 만드는 것이 사명임을 인식해야 한다. 사회복지사는 자신의 역할이 이 세상에서 하나님의 나라를 드러내는 선교 사명과 일치함을 깨달아야 한다.

사회복지실천 패러다임

오늘날 인간의 외로움과 허무함을 근본적으로 해결해 줄 수 있는 방법은 무엇인가?

최근에 우리 사회는 포스트모더니즘, 팬데믹 현상 그리고 이념의 갈등으로 분열되어 가고, 개인은 외로움과 허무함에 빠져 있다. 삶의 의미를 상실하였고 희망과 소망을 포기하였다. 참으로 끔찍한 상황이다. 이 문제를 어떻게 극복시켜 나가느냐가 사회복지실천의 과제이다.

최근의 삶의 변화를 보면 물질 중심에서 지식 중심으로, 지식 중심에서 정책 중심으로, 그리고 이제 정책 중심에서 새로운 통합적 방법으로 변해야 할 단계에 와 있다.

사회복지실천의 과정은 사회복지사의 주관적 관점이나 국가 통치자의 이념에 따라 각기 운용되어서는 안 된다. 이제 사회복지실천은 사회의 복잡한 심리 문제나 정책이 전통이나 과학지상주의 시각에서 근본 없이 흔들릴 것이 아니라 일관성 있는 개념에 준거하여 시행되어야 한다. 기본적이며 추상적인 가치가 실천과정에서 조직화되어 나타나야 한다. 윤리와 가치에 대한 분명한 인식이 그 어느 때보다 필요한 시기이다.

현 사회의 모든 관념을 포용하고 사회복지실천의 기본이 되는 패러다임의 정립이 필요하다. 사회적 관점을 초월하는 것이 바로 영성이다. 영성적인 패러다임은 실천현장이 세속적 가치와 인본주의적 한계를 뛰어넘을 수 있게 한다. 또한 영성은 사회복지실천의 기본이다. 영성은 개인 치유에만 유효한 것이 아니라 인간의 삶과 관련된 모든 곳에 작용한다.

사회복지실천으로서의 영성은 사회복지실천의 개념인 관점, 이론, 모델, 기술에 영향을 주는 상위의 개념이다. 영성은 사회복지실천의 전 과정에 영향을 준다.

영성사회복지실천 패러다임은 기본적 개념 틀로서 세계관을 지배하고 현실에 대한 인식의 방향에 영향을 미치며, 패러다임의 하위 수준에 있는 관점(perspective)에도 영향을 미친다. 현 사회는 보수주의와 급진주의라는 두 개의 큰 관점으로 나뉘어 있다. 관점의 하위수준이 이론이다. 이론에는 인간과 환경 간의 문제를 다루는 다양한 이론이 있는데, 지금의 추세는 이러한 이론들이 연합된 절충주의 방향으로 흐르고 있다. 이론의 하위개념으로 모델(model)이 있다. 모델은 문제와 상황을 분석하고 개입방법을 계획하고 실천과정을 진행시키는 데 직접적인 도움을 준다. 심리모델, 생활모델, 환경적 개입모델, 지역사회 개발모델 등 대상에 따라 다양하다. 이 모델의 하위개념이 실천지혜(practice wisdom)이다. 실천지혜는 실천현장에서 활용되는 기술에 관계된다. 기술은 구체화된 지식으로서 학습과 경험으로부터 나온다.

영성은 사회적 관점, 이론, 모델을 거쳐 실천지혜에 영향을 준다. 사회복지실천의 전 과정에 영향을 주는 영성은 사회복지의 완성도에 기여한다. 이럴 때 서비스이용당사자뿐만 아니라 사회복지사 자신도 모든 관계에서의 행복감을 느낄 수 있다.

영성의 본질은 하나님과의 관계이다. 하나님과의 관계에서 사회복지사는 올바른 자기인식을 가질 수 있을 뿐만 아니라 자기 자신과 다른 사람들과의 관계를 긴밀하게 형성할 수 있다. 하나님과의 관계로부터 사회복지사 자신의 인성을 개발하며 윤리적 의식과 자신의 역량을 이타적으로 발전시킬 수 있다. 하나님과의 깊은 관계는 목표 프로그램을 개발하고 자원을 동원하고 기술을 선택하는 데 도움을 준다. 이를 위해서는 성서가 중요하다. 성서를 떠나서 영성을 이해할 수 없다. 성서를 통해서 우리의 의지와 품성이 점진적으로 성숙해질 수 있다.

예수님이 인간의 고통을 함께 겪었듯이 우리 사회복지사가 국민들의 고통에 동참하고자 하는 마음은 사회복지실천의 본질이다. 고통을 당하는 자들의 고통에 동참하고자 하는 것은 내 육체 안에 하나님께서 거하심을 깨닫게 한다. 사회복지는 고통의 인식으로부터 시작한다. 고통의 인식은 사회복지실천의 동기를 준다. 고통 중에서 예수님의 "다 이루었다."는 말씀은 고난 중에 승리를 맛보았다는 것을 의미한다.

이것이 성육신적 영성이다. 성육신적 영성이라 함은 하나님이 인간이 되셔서 고난 중에 사랑의 마음을 우리에게 주어 구원했다고 하는 말씀이다. 그러므로 하나님의 아들이신 예수께서 '성육신' 하셨다는 사실은 우리의 영성적 지표가 된다. 십자가에 돌아가시는 모습을 끝까지 지켜 본 백부장이 "이 사람은 진실로 하나님의 아들이었도다."고 인정하였듯이, 사회는 우리 사회복지사를 보고 "이 사회복지사는 진실로 전문가다."라는 인정을 받을 것이다.

서문을 맺음과 동시에 본문을 펼쳐내는 글

사회복지실천은 인간의 생명과 생명을 둘러싸고 있는 환경까지 확대되어야 한다. 모든 만물은 하나님이 창조한 것이다. 영성이 깊어지면 자연을 사랑하고 자연을 돌봄의 대상으로 삼아 자연과의 관계를 새롭게 정립하게 된다. 인간과 자연과의 상호성의 강조는 현대사회가 지향하는 환경보호운동과도 일치한다.

또한 영성의 초월성은 자연환경과의 관계를 새롭게 맺을 뿐만 아니라 시간적인 한계를 뛰어넘게 한다. 오늘을 살아가면서도 과거를 찾아가고 미래를 경험하게 하기도 한다. 이런 영성적 특성은 과거와 미래라는 관점에서 현재를 규정하고 영원성의 차원에서 현실을 정립하게 한다. 하나님의 시간인 '카이로스' 개념은 인간의 시간인 '크로노스' 시간을 초월한다. 이러한 시간의 초월성은 지금 우리 사회복지사가 추구하는 'here and now', 즉 '지금 여기' 원칙을 사회복지 서비스이용당사자의 문제를 통전적으로 이해할 수 있게 한다.

영성은 자연과의 관계, 시간과의 관계뿐만 아니라 과학과도 매우 관계가 깊다. 영성사회복지가 첨단과학이 지니고 있는 진리와 함께 활용될 때, 사회적 기여는 엄청날 것이다. 이때 영성은 우리에게 통전적인 통찰력을 줄 뿐만 아니라 창의적으로 사회복지 문제를 해결해 나가게 할 것이다.

사회복지는 하나님을 바라보며 하나님의 뜻에 따라 변화되고 실천되어야 한다. 사회복지사들이 성육신의 모델을 중심으로 영성사회복지를 실천하여 개인적으로는 사회복지 이용자들의 자활력을 길러 주고, 사회적으로는 공동체 형성을 위해 노력할 때 하나님의 임재하심을 느낄 것이다.

이제부터 이와 같은 영성사회복지실천의 세계로 들어가려고 한다.

〈일러두기〉

1. 이 책에서는 '클라이언트' 내지 '서비스이용자' 혹은 '내담자'라는 전통적인 용어 대신에 '서비스이용당사자'라는 용어를 사용하였다. 하나님의 형상대로 지음 받은 모든 인간은 어떤 상황에 있다고 해도 존중받아야 하며 그 시작은 대상에 대한 명칭에서부터 출발한다고 보았기 때문이다. 아울러 사회복지서비스를 주체적으로 활용하는 당사자의 주체성과 선택권을 강조한다는 차원에서도 서비스 대상에 대한 용어적인 개념은 중요하다. 다만 한 문단에 여러 번 사용될 경우에는 최초 등장에만 그대로 쓰고 이후 등장에는 '이용당사자'로 정리하였다. 한편, 인용한 원 문장에서 나타내고 있는 의미를 정확하게 살리기 위해 '서비스 대상자'로 부득이하게 사용한 경우가 있었다.

2. 이 책에서 기독교사회복지사 혹은 기독교사회복지실천가로 명명된 경우는 '사회복지를 전공한 목회자'와 '기독교인으로서 사회복지실천을 수행하는 사회복지사'를 총칭한다. 사회복지를 전공하지 않은 경우는 '사회봉사자'라고 하였다.

3. 이 책을 함께 쓴 저자들의 영성적·신앙적·사회복지적 '스펙트럼(보수, 중도, 진보)'은 매우 넓다. 이슈에 따라서는 관점과 접근 자체가 크게 차이가 날 수밖에 없었다. 그럼에도 6명의 저자들은 그리스도의 '성육신 영성적' 차원에서 '서로 배려하고 소통하면서' 성서에서 말하는 바를 찾으려 했고, 그 결과를 토대로 입장의 간격을 좁혀 조율하였다. 그러므로 이 책에서 제시되는 내용들이 저자들 '한 사람 한 사람'마다 갖고 있는 입장이 아닌 부분들도 있지만 성서적 관점을 가장 우선시했다는 측면에서는 매우 통합적이고 통전적일 수 있는 장점을 갖고 있음을 말씀드린다.

차례

제1부

기본

'영성사회복지'에 관한 논의는 급격히 변화하고 있는 환경에서 사회복지가 나아가야 할 새로운 방향을 제시하는 데 있다. 그러기 위해서는 사회복지에서 영성사회복지가 가지고 있는 실질적인 의미를 찾고 그것이 지금 이 시점에서 어떻게 적용 가능한지를 파악하는 작업은 매우 필요하다. 이번 장에서는 사회복지 변화 여정을 살펴본 뒤 향후 어떠한 변화에 대응해야 하는가를 살펴보도록 한다.

1. 전환의 시대와 영성사회복지

일반적으로 사회복지(social welfare)는 인간의 생존에 필수불가결한 요소들(욕구)을 충족시켜 주기 위한 활동으로 정의된다. 우리는 흔히 사회복지의 시작을 1601년 영국의 엘리자베스 빈민법(The Elizabethan Poor Law of 1601) 제정으로 본다. 하지만 이는 사회복지의 여러 유형 중 하나인 국가복지(state welfare)의 시작을 의미하는 것이다. 앞서 언급했듯이 사회복지가 인간의 욕구를 충족시켜 주기 위한 활동이라면, 그것은 인류의 탄생과 함께 시작된 것이라 할 수 있다. 즉, 과거에 어머니가 아동에게 양육서비스를 제공하거나, 자식이 연로한 부모에게 장기요양서비스를 제공한 것도 가정복지(family welfare)라고 할 수 있고, 마을 공동체에서 애경사가 발생할 때마다 상호 부조한 것은 공동체복지(community welfare)라고 할 수 있다. 이러한 점을 인식한다면, 사회복지의 역사는 매우 오래된 것임을 알 수 있다.

그럼에도 불구하고 일반적으로는 '사회복지'를 17세기 영국에서 일어난 산업혁명을 계기로 일어난 사회적 활동으로 본다. 이렇게 공동체(가족, 이웃 등)의 돌봄 기능(caring)이 약화된 것을 정부나 사회의 조직이 체계적이고 전문적인 사회적 돌봄(social care)을 제공하게 된 국가복지를 복지의 시작으로 보는 것도 일리는 있다. 즉, 인류의 탄생과 시작된 복지는 1601년을 계기로 커다란 변화가 시작되었던 것이다. 물론 이러한 변화는 단지 복지의 영역에서만 나타난 것은 아니다. 산업혁명은 정치, 경제, 문화, 환경, 과학기술 등 인류의 전 영역에서 폭발적인 변화를 일으켰다. 사회복지 역시 그러한 시대적 변화와 함께한 것이었다.

　　클라우스 슈밥(Klaus Schwab)은 17세기 이후 현 21세기까지 약 400년간, 흔히 네 차례에 걸쳐 혁명이 이루어졌다고 말한다.[1] 제1차 산업혁명은 영국을 중심으로 증기기관으로 대표되는 공장제 생산으로 표현된다. 제2차 산업혁명은 미국과 독일이 주도하여 전기를 중심으로 한 모터, 전화, 전구, 축음기 및 내연기관의 발달이 이루어진 시기로서, 포드자동차로 상징된다. 제3차 산업혁명은 디지털 혁명으로 일컬어지며, 개인용 컴퓨터, 인터넷, 정보통신기술(ICT)이 개발된 시기다. 제4차 산업혁명은 정보통신기술의 융합이 이루어지며, 빅데이터 분석, 인공지능, 로봇공학, 사물인터넷, 무인 운송 수단, 3D 프린팅, 나노기술과 같은 7대 분야에서 일어나는 새로운 기술 혁신의 시기를 의미한다.

　　인류가 경험한 최근 400년 동안의 변화는 호모사피엔스가 출현한 30만 년 동안의 변화 중 가장 압축적이고 비약적인 양상을 보였다. 이는 복지를 둘러싼 환경도 제4차 산업혁명이 이루어지기까지 많은 변화가 이루어졌음을 의미한다. 더욱이 최근 COVID-19(이하 코로나19)의 등장은 그동안 미래학자들이 제시하였던 새로운 사회의 모습을 강제적으로 앞당겨 보여 주고 있다(김형용 외, 2020). 바이러스는 지구촌 곳곳에 침투하였고, 경제는 저성장에서 마이너스 성장의 위기로 치닫고, 재정지출과 통화정책은 무차별적 공급으로 전환되었으며, 사회적 소수자와 타인에 대한 혐오가 증가하면서 사회적 위험의 신호가 전방위적으로 빠르게 확산되고 있다. 그럼

1　Schwab, Klaus(2016)의 The Fourth Industrial Revolution. Portfolio Penguin을 참고하길 바란다.

에도 불구하고 코로나 바이러스는 종식이 가능하지 않고 장기적으로 우리의 삶과 함께 존재할 것이라는 관측이 우세하다(김형용 외, 2020).

이러한 전환의 시대에 사회복지는 답보 상태를 면치 못하고 있다. 최근의 복지 문제를 보면, 빈곤과 질병에 취약한 복지 대상자들에게 이루어지는 배급과 보호 조치가 국가만이 주도하는 형태로 강화되고 있다. 사회복지시설과 사회복지사에 대한 정부의 감독이 강화되고, 정부 명령에 길들여진 사회복지는 더욱 획일적인 물질적 시혜 중심으로 전개될 가능성이 높아지고 있다. 이런 변화된 상황 속에서 인간과 사회에 희망을 주는 복지의 모습은 무엇인가라는 질문을 갖게 된다.

2. 시대적 상황과 진단

1) 이념적·정치적 차원

현 사회는 전통과 종교가 약화되고, 인간의 삶은 물질적 요구에 함몰되고 있다. 이 시대의 이념적 지형은 보수주의와 급진주의로 대별되고 있다. 급진주의는 오랜 기간 동안 형성되어 온 인간 사회를 단기간 내에 변화시키려는 사회공학적인 시도로서 인간성과 공동체성 상실을 가져오고 있다.

이에 반해 보수주의자들은 인간은 대단히 불완전한 존재여서 지상 낙원이나 천국을 이 땅 위에 구현할 방법이 없으니, 조금씩 노력해 더 나은 사회를 이루도록 최선을 다하자는 생각을 가지고 있는 자들이라 할 수 있다. 보수주의자들은 사회가 영생하며, 섬세한 법률체계를 지닌 영혼이 있는 실체라고 생각한다(Kirk, 2018: 45). 사회는 마치 기계를 만드는 것같이 한꺼번에 없애고 다시 만들 수 있는 존재가 아니기 때문에 소중히 여기자는 생각을 가지고 있다 하겠다.

커크(Kirk, 2018: 113)[2]에 따르면, "버크(Burke)[3]는 인간의 피부 바로 밑에 야만인,

---

2 러셀 커크(Russell Kirk, 1918~1994)는 20세기 미국의 보수주의에 영향을 미친 정치이론가로, 그의 1953년 책 『보수주의 정신(The Conservative Mind)』은 제2차 세계대전 후 보수주의운동의 틀을 제공해 준 것으로 평가된다.

짐승, 괴물이 준동한다는 사실을 알았다(정지웅, 2019b 재인용).[4] 수천 년의 쓰디쓴 경험이 그런 거친 본성을 불확실하게나마 억제해 놓도록 가르쳤을 뿐이다. 그런 두려운 지식은 신화, 제례, 관습, 본능, 선입견에 잘 남아있다."라고 하면서 보수주의자들의 '타락한 인간'에 대한 인식을 제시하고 있다.

고전적 자유주의의 인간관은 "효용을 극대화하는 인간(maximizer of utilities)"으로 표현된다. 즉, 자신의 쾌락을 최대화하고 고통을 최소화하려고 한다는 것인데, 이때 인간은 타인의 이익을 침해하면서까지 자신의 이익을 추구할 수도 있다고 보며, 이들은 형법·경찰·국방 등을 담당하는 최소한의 국가개입이 필요함을 인정한다. 이런 주장을 하는 사람들을 자유주의자라고 하는데, 자유주의자들의 인간관은 보수주의자들의 인간관에 비해 상대적으로 낙관적이나, "사회제도가 인간의 이타성을 억누른다."라고 인식하는 아나키스트들이나 "새로운 인간을 창조할 수 있다."는 공산주의자보다는 비관적인 경향이 있다(정지웅, 2019b).

자유주의자들은 "인간의 이성이 궁극적인 지식을 생성한다고 보지 않는다. 이성은 인간에게 행복을 줄 수 있는 것이 무엇인지에 대한 도구적 지식을 제공할 수 있을 뿐이다. …… 이성을 개인들이 기본재로 인식하는 욕망과 욕구를 충족하는 데 도움을 주는 자원으로 간주했다(Schumaker, 2010: 282-283)." 자유주의는 이성이 제한적이며 도구적이라고 인식하는 반면, 보수주의는 자유주의자들의 이성에 대한 비판에 더 나아가 합리주의에 대해서도 매우 비판적이다. 가령, 버크는 프랑스혁명 당시 자코뱅 합리주의자들을 비판하면서, "이와 같은 기하학적 배분과 산술적 배치의 정신에 따라서 시민을 자처하는 자들이, 프랑스를 마치 피정복 국가와 같이 취급한다."(Nisbet, 2007: 61 재인용)라고 언급하였다.

이러한 인식에 대해, 니스벳(Nisbet, 2007)은 "보수주의자들은, 이상주의자들과 개혁가들이 원칙과 이상에서는 강하지만 편의성, 실용성, 그리고 부두 노동자에서 외

---

3 에드먼드 버크(Edmund Burke, 1729~1797)는 영국의 정치인이자 정치철학자로서, 최초의 근대적 보수주의자로 '보수주의의 아버지'로 일컬어진다. 그가 주장한 대의제, 사유재산, 소공동체의 중요성은 보수주의의 기본 특징이 되었다.

4 이하 보수주의에 대한 설명은 정지웅(2019b)의 글을 요약·재구성한 것임을 밝힌다.

과의사에 이르기까지, 모든 장인에게 기대되는 '노하우'에 있어서는 애석하게도 매우 빈약하다고 주장한다. 규칙, 원칙, 추상에 대한 습관적 몰두로 인해, 그들은 사람들을 우리가 현실적으로 대면하게 되는 구체적 개인, 즉 부모, 의사소통의 상대방, 노동자, 소비자, 투표자로 다루기보다는 불가피하게(추상화된) 대중으로 다루는 경향이 있다."(Nisbet, 2007: 58)라고 논한다.

인간 이성에 대한 자유주의자들과 보수주의자들의 제한적·부정적 인식은, 인간 이성에 근거하여 사회를 설계하고 변화시키고자 하는 사회공학적 시도에 대해서도 비판적이다. 이와 관련된 논의에 대해 더 이해하기 위해서 자유주의자인 하이에크(Hayek)의 '자생적 질서(spontaneous order)'와 보수주의자인 버크의 '전통과 선입견에 대한 존중'의 개념을 살펴 볼 필요가 있다.

자생적 질서는 인간들이 의도해서 만들어지지 않은 질서로서 "인간들이 자신들의 이익을 추구하기 위해 자신의 지식을 투입하여 행동하는 과정에서 저절로 생성되는 질서"(민경국, 2012: 12)로 정의된다. 자생적 질서의 대표적인 예로는 언어, 도덕, 시장경제 등이 있다. 하이에크는 인류에게 유익한 제도의 대부분은 인간들이 서로 관계를 맺으려고 노력하는 과정에서 의도하지 않게 생겨난 부산물(by-product)로서, 그 결과를 누구도 예견하거나 의도하지 않은 '진화과정의 산물(outcome of a process of evolution)'이라고 하였다(김성욱, 2009). 민경국(2012: 12)에 따르면, 자생적 질서와 대비되는 인위적 질서는 '조직'으로 표현될 수 있는데, "조직에서는 미리 정한 계획에 의해서 구성원들의 위치가 정해지고, 계획에 따라 할당된 기능을 수행한다. 따라서 그 구성원들이 수행하는 활동은 사령탑의 지시와 명령을 통해서 조정"되며, 대규모 조직의 예로는 '강제연금제도, 의료보험 또는 계획경제' 등이 있다(민경국, 2012: 12).[5]

---

[5] 민경국(2012)은 만약 시장이라는 것이 자생적 질서라고 가정한다면, '시장실패'라는 용어는 성립할 수 없다고 다음과 같이 논쟁적인 주장을 제기한다. "시장실패라는 개념은 시장의 자생적 질서에 적합한 개념이 아니다. 실패와 성공은 항상 의도와 목표를 전제로 한다. 그런데 시장질서는 누군가가 특정 목적을 위해서 의도적으로 만든 것이 아니다. 그래서 자생적 질서에는 공익 또는 사회적 후생함수와 같이 구성원들이 추구하는 어떤 공동의 목적이 존재하지 않는다. 개인들의 개별 목적만이 있을 뿐이다. 따라서 시장경제에 실패나 성공이라는 말을 적용하는 것은 적절하지 않다"(민경국, 2012: 14). 심지어 그는 시장실패로 불릴 만한 현상조차 없다고 단언한다.

자생적 질서와 인위적 질서를 대조해 보면 〈표 1-1〉과 같다.

〈표 1-1〉 자생적 질서와 인위적 질서의 비교

특징 ＼ 질서 종류	자생적 질서	조직(인위적 질서)
인식론	진화적 합리주의 스코틀랜드 계몽주의	구성주의적 합리주의 프랑스 계몽주의
행동조정	자생적 조정	인위적 조정
목표	공동의 목표의 부존, 다중심적 질서	공동의 목표의 존재, 단일 중심적 질서
사례	시장질서, 도덕, 화폐, 법, 언어	중앙집권적 경제질서, 이익단체, 간섭주의경제
법질서	법(정의의 규칙으로서 민법과 형법: 영미식)	입법(공법, 처분적 법, 사회입법)
열림성	열린 사회, 거대한 사회	폐쇄된 사회
지배유형	법이 지배하는 사회	목적이 지배하는 사회

출처: 민경국(2012: 13); 정지웅(2019b)에서 재인용.

자연스럽게 진화한 자생적 질서와 달리, 인위적 질서는 질병, 빈곤, 실업과 같은 문제를 해결하고자 하는 특정한 목적하에 설계된 것인데, 이는 인위적 질서 설계자들이 "모든 문제를 해결할 수 있는 정책은 존재하기 마련이라는 유토피아적 믿음"(Glazer, 1988: 3: George & Wilding, 1999: 34 재인용)을 갖고 있기 때문에 생겨난 것이다. 하지만 자유주의자들은 이 세상에서 문제라는 것이 완전히 사라질 수 없고,[6] 어떤 인위적 질서가 추구하는 목적에 대해서도 모든 사람이 동의할 수는 없는 것으로, 이러한 사회정의는 "자유로운 사회를 전체주의 국가로 변모시키는 위험성을 내포하는 것"(Gray, 1986: 72-73: George & Wilding, 1999: 45 재인용)이라고 비판한다. 이

---

6 급진적이고 이상주의인 사상가라고도 말할 수 있는 예수조차 빈곤이 없어지지 않을 것이라고 말한 바 있다: "가난한 자들은 항상 너희와 함께 있으니 아무 때라도 원하는 대로 도울 수 있거니와 나는 너희와 항상 함께 있지 아니하리라."(마가복음 14:7).

에 반해, 자생적 질서는 인간이 의식적으로 고안한 계획보다 훨씬 나은 것으로, 인간은 "종종 지식보다 관습에 의해 더 많은 것을 제공 받는다."(Kukathas, 1989: 81: George & Wilding, 1999: 38 재인용)라며 옹호한다. 인위적 질서에 의해 그 기능이 너무 쉽게 파괴되어 재앙적인 결과가 초래될 수 있기 때문에(Hayek, 1988: 8) 자유주의자들은 인위적 질서를 경계한다.

자유주의자들이 오래된 제도를 존중하는 것은 보수주의자들의 태도와 유사하다. 버크는 보수주의자가 전통과 관습이라는 "배우지 않고 습득된 감정으로 가득 찬 사람들"이라고 담대하게 고백하였다(Burke, 2017). 보수주의자들이 전통과 관습을 소중히 여기는 이유는 "진보적인 합리주의자들이 현재를 미래의 출발이라고 보는 반면, 보수주의자들은 현재를 연속적이고 끊임없이 성장하는 과거가 도달한 가장 최근의 지점으로 인식"하기 때문이다(Nisbet, 2007: 48). 즉, 사회적 실재는 역사적 접근법을 통해 가장 잘 이해될 수 있으며, 우리가 어디에 있었는지 알게 될 때 비로소 우리는 지금 어디로 가고 있는지 알 수 있다는 것이다(Nisbet, 2007: 48). 전통과 관습 없이 인간의 이성만 따르는 것의 위험에 대해, 커크는 다음과 같이 논했다. "선입견의 요구를 무시하고 거만한 이성만을 따른다면, 우리는 신과 인간이 모두 사라진 황무지에 도달하게 된다. 시들어버린 희망과 외로움으로 울부짖는, 전통과 직관을 빼앗긴 이 지적 허영의 불모지는 예수가 사탄의 유혹을 받는 광야보다 더 무섭다. 현대인을 유혹한 것은 사탄이 아니라, 인간이 자신에게 느끼는 자부심이다"(Kirk, 2018: 116).[7] 보수주의에서 전통, 역사, 관습은 마치 생물학적 진화론에서 자연도태론이 중요한 것과 마찬가지다(Nisbet, 2007: 52-53). 즉, 종(種)을 창조할 결정권을 갖고 있었던 개체가 존재하지 않았지만, 진화에 의해 생물이 정교하게 진화하는 놀라운 지혜

---

7 과연 우리는 얼마나 전통과 관습의 영향하에 있을까? 종교학자인 암스트롱(Armstrong, 2006)은 칼 야스퍼스(Jaspers, 1986)가 제시한 '축의 시대(Axial Age)'를 발전시킨 연구에서, 현재의 문명은 기원전 약 900년부터 기원전 200년까지 형성된 인류의 경이로운 종교철학(중국의 공자, 묵자, 노자, 인도의 우파니샤드, 자이나교, 석가모니, 이스라엘의 엘리야, 예레미야, 이사야, 그리스의 소포클레스, 소크라테스, 플라톤)의 통찰을 여전히 넘어서지 못하고 있다고 주장한다. 실제로 21세기 한국사회를 사는 우리들은 부처, 예수, 공자의 가르침에 대해 지성적으로나 윤리적으로 그 깊이를 제대로 가늠하지 못하고 있는 듯하다.

가 발현된 것처럼, 자연적인 변화와 발전 과정에 의한 것 이상을 해내려는 사육자(breeder), 즉 사회공학자의 노력은 터무니없다는 것이라고 주장한다. 이와 유사한 인식하에, 버크는 "분노와 광란이 신중함, 숙고, 선견지명을 가지고 100년 동안 건설할 수 있는 것보다도 더 많은 것을 단 30분 만에 파괴할 수 있다."라고 했으며, 오케쇼트(Oakeshott)는 유럽의 근대사가 "합리주의적 정치의 기획들로 어지럽혀져 있다."라고 언급한 바 있다(Nisbet, 2007: 59 재인용). 결국, 보수주의자들은 "'미지의 더 좋은 것(an unknown better)'을 위해 '기존의 좋은 것(a known better)'을 쉽게 포기해서는 안 된다고 믿는다(Oakeshott, 1991: 172)."

급진적 사상에는 합리주의적 철학, 루소와 그 추종자들의 낭만적 해방론, 벤담 지지자들의 공리주의, 꽁트 학파의 실증주의, 마르크스주의의 집단적 유물론이 있다. 이들 이론에 따른 급진주의의 주장은 다음과 같이 다섯 가지로 정리된다(Kirk, 2018: 67-70).

① 인간은 완벽해질 수 있고, 사회는 무한히 발전할 수 있다는 사회 개량론(Meliorism): 급진주의자들은 교육, 법률의 제정, 개선으로 신과 유사한 인간을 만들어 낼 수 있다고 믿는다.
② 전통 경멸: 사회복지를 이끌어 내는 방법으로 조상들의 지혜를 신뢰하기보다는 이성과 충동 결정론을 선호한다. 종교를 부정하며, 대안으로 다양한 이데올로기를 제공한다.
③ 정치적 평준화: 질서와 특권을 규탄한다. 실행 가능한 한 직접적이고 완전한 민주주의를 지향한다. 전통적 의회주의를 혐오하고, 중앙 집중화와 통합을 갈구한다.
④ 경제적 평준화: 예전부터 내려온 재산권, 특히 소유권을 부정한다. 철저하게 사유재산권 제도를 공격한다.
⑤ 국가의 운영을 신이 정한다는 생각에 혐오감을 갖는 것: 죽은 자와 산 자, 앞으로 태어날 세대를 포함한 모든 사람의 도덕적 연대에 의해서 사회가 영속된다는, 즉 영혼의 공동체라는 생각도 혐오한다.

이상의 특징에 근거하여 급진주의가 가져올 수 있는 폐해를 정리해 보면 다음과 같다. 먼저, 민주적 독재(democratic despotism)가 발생할 수 있다. 전체 대중의 손에 입법권이 완전히 장악되면, 경제적·문화적 평준화라는 목적을 추구하게 된다. 목적을 잊고 평균을 신봉하는 정치체계란 '집산주의 규율'이며 과거의 노예제보다 더 나쁜 굴레가 된다. 사회는 인간의 도덕적이고 지적인 자질을 최고로 끌어올리는 방향으로 설계되어야 한다. 토크빌[8]은 인간사회가 곤충들의 사회처럼 되지 않을까 두려워했다(Kirk, 2018: 359).

여기서 집산주의(collectivism)[9]란 평범함의 폭정, 중앙정부가 강요하는 정신과 마음의 규격화를 의미한다. 집산주의는 많은 사람에게 빈곤해결 뿐만 아니라 확신과 소속감을 주어 이 대중을 이끌어 전체주의를 지지하게 한다. 개인들이 스스로를 차별과 배제의 희생자라고 느낀다면 그들은 모든 생활과 직업에 상관없이 전체주의에 자신을 맡긴다. 그러므로 집산주의는 그들의 사고를 좌우하는 '준거의 틀'이 된다(Kirk, 2018: 769). 사회주의자들은 마르크스의 집산주의 정책을 따른다. 집산주의 신봉자들은 시민들이 일상의 성실성에 주어지는 보상이 줄어들면, 사회적 의무를 수행하려는 동기가 줄어든다는 사실을 외면한다(Kirk, 2018: 745).

민주적 독재의 결과 '국가 사회주의'가 탄생한다. 새로운 형태의 집산주의의 규율은 중앙 집중화된 권력에 힘입어 더욱 강해진다. 규제는 수단이 아니라 목적 그 자체

---

8 프랑스 귀족인 토크빌(Tocqueville)은 1831년 미국을 9개월간 방문하면서 미국의 정치제도를 살펴보았다. 토크빌은 보통사람들이 정치 프로세스에 헌신하는 모습을 포착하였다. 시군 지방대회에서부터 전국 수준의 관리를 선출하는 대회를 관찰한 뒤, 미국인의 유일한 즐거움은 정부에 참여하여 정부의 활동을 하는 것이라 소개하였다.

9 경제적 개인주의에 대한 반대의 개념으로 개인의 자유방임을 부정하고, 사회 전체의 복지를 실현하기 위해 개인이 자유의 제한을 가할 필요를 인정하는 사상 및 운동을 가리킨다. 좁은 의미에서의 집산주의는 생산수단의 사유를 인정하지 않고, 사회적 소유를 지향하지만, 소비는 개인의 자유에 맡겨야 한다는 주장이다. 생산수단의 사회적 소유를 목적으로 하는 점에서는 공산주의와 동일한 입장을 가지지만, 국가권력이 개입되지 않은 자유로운 협동조합에 기초를 두는 사회를 직접 목표로 하는 점에서 프롤레타리아 독재 국가 권력의 과도적 역할을 주장하는 공산주의와는 구별된다. 세계가 하나로 '집산지'화하는 것이 좋다고 한 웰스(Herbert G. Wells, 1866-1946)는 사회주의가 극단적으로 권력화한 국가나 파시즘 국가에 반대해 국가중심 집산주의의 위험성을 경고했다.

가 되며, 국가는 산업적 규율을 집행한다. 국가 사회주의자들은 산업과 중앙 집중화된 권력으로 황폐한 세계를 만든다. 그들은 거대한 계획을 세워 대중이 전쟁을 하는 사람들의 마음과 비슷한 감정 상태를 끊임없이 유지하도록 요구한다. 그들은 싸워야 할 대상인 적을 만들어 내며, "일, 희생, 목표달성을 대중들이 자나 깨나, 밥을 먹거나 마시거나, 머릿속에 강제로 주입시킨다. 탐욕("황금기는 바로 코앞에 왔다."), 협소한 애국심("우리 공동체는 반드시 자립해야 한다."), 두려움("생존을 위해 투쟁해야 한다.")과 증오("꾸물거리는 사람을 규명해 내자.") 등이 거대한 집권계획을 만들어 실천을 강요한다(Kirk, 2018: 749).

이러한 현상은 코로나19 이후 더욱 강화될 수 있다. 코로나19 확산 이후, 정치적 영역에서 일어나는 주요 상황 변화는 국가의 거대화를 들 수 있다.[10] 코로나19가 정치 영역에 미치는 주요한 영향은 정부의 시민에 대한 감시·통제 강화이다. 감염병 확산을 막기 위하여 정부가 주민을 감시해서 규칙을 지키지 않는 사람들을 제재하는 방식(대표적으로 중국, 이스라엘 방식)이 확산되고, 방역을 빌미로 한 개인정보의 침해, 시민적 자유의 제한과 같은 문제가 제기되고 있다(전상현, 2020). 이는 결국 국가의 역할과 권능을 강화시키며, 개인과 사회의 자율성은 약화시켜, 국가와 개인·사회 간 갈등이 증가될 가능성이 있다(전봉근, 2020).

코로나19 이후 정부의 감시와 통제가 강화되고 있는 상황은 다음과 같이 정리된다. 코로나19 이후 최소 84개국이 국가비상사태를 선포하여 권력 남용의 우려가 나오고 있으며(The Economist, 2020a), 국경없는기자단(Reporters without Borders, 2020)은 2020년 6월 기준으로, 56개국이 코로나19와 관련한 보도에서 언론의 자유를 제한하고 있다고 분석하고 있다. 다른 예로는 야당이 효과적으로 선거운동을 할 수 없는 상황에서 대규모 시위를 금지하거나 선거를 연기하거나 개최하는 것, 정적들에 대한 구속규정을 선별적으로 시행하는 것, 지지자들에게 구호금을 나눠주는 것, 소수자들을 희생양으로 삼는 것 등이 있다(The Economist, 2020b).

이상의 문제를 해결하기 위해서는 민주주의적 감시체계(democratic surveillance)를

---

10 국가 거대화의 내용은 김형용 외(2000)의 일부 내용이다.

구축하는 것이 요구된다. 코로나19 이후, 국민의 생명과 안전을 지키기 위해 정부의 확장된 역할이 불가피함을 인정하면서도, 개인의 자유와 민주주의적 가치를 침해하지 않는 감시체계가 운영되도록 해야 한다. "한국형 방역모델의 성공에 만족하고 시민적 자유의 제한은 외면할 것인가 하는 민주주의 시각에서의 근본적 문제 인식이 요구"(이상현, 2020)되며, "공존과 연대의식을 가진 강한 시민사회가 존재하여 견제와 조화를 통해 민주적 사회를 구성하는 것"(오종석, 2020)이 또한 필요하다.

2) 사회적·경제적 차원

울리히 벡(U. Beck)은 『위험사회』에서 인류의 시대구분을 크게 전근대, 1차 근대(단순 근대), 2차 근대(성찰적 근대)로 나누어 제시하였다. 전근대는 전통적인 봉건사회를 의미하며, 1차 근대는 봉건사회가 해체되고 등장한 산업사회를, 2차 근대는 산업사회가 해체되며 대체하게 되는 사회 유형을 의미한다(Beck, 2006). 주지하다시피 사회복지는 1차 근대 시기에 나타난 것이다. 벡은 전통적 의미의 근대화가 속도와 성장을 제일의 가치로 여기는 근대화라고 규정한다. 이 유형의 근대화는 산업화, 기술화, 과학화를 통한 근대 문명의 진보와 개선을 놀라울 정도로 이룩한 사회였다. 하지만 동시에 이 근대화 과정을 통해 의도하지 않았던 실존적 위험과 불확실성의 스펙트럼이 이 근대 사회의 삶을 휘감아 놓는 결과를 초래하게 되었다는 것이다.

벡과 래쉬는 1차 근대화와 2차 근대화를 구분하면서 그 차이점을 언급하고 있는데, 그 핵심적 내용을 정리하면 〈표 1-2〉와 같다(손철성, 2002: 214). 1차 근대화는 계급 이론 중심, 행위 영역의 기능적 분화, 선형적 진보를 가정하고, 변혁의 동력으로서 도구적 합리성, 방법적 회의주의, 추상적인 절차 민주주의의 특징을 가졌다면, 2차 근대화는 사회적 불평등에 대한 개인 중심의 이론, 하위 체계의 기능적 조화와 융합, 합리성 형태의 자기 수정, 변혁의 동력으로서 부작용, 과학적 작업에 대한 회의주의, 급진적·다원적 민주주의를 그 특징으로 하고 있다. 두 근대화의 차이를 양산하는 핵심적인 결정은 바로 생산양식에 집중한 계급개념이 약화되고, 개인화가 심화되는 것이라 볼 수 있다. 최근의 2차 근대화는 개인화의 심화를 출발로 하여, 하위체계의 기능 역시 활성화되며, 자아성찰과 성찰적 능력, 다원주의 등이 강화되고 있음을 살펴볼 수 있다.

〈표 1-2〉 1차 근대와 2차 근대의 비교

1차 근대화(단순 근대)	2차 근대화(성찰적 근대)
집단 범주의 계급 이론	사회적 불평등에 대한 개인화 이론
행위 영역의 기능적 분화	하위 체계의 기능적 조화와 융합. 그물망 형성
선형적 진보 모델	합리성 형태의 자기 수정. 위험 자초(불확실성의 회귀)
변혁의 동력으로서 도구적 합리성	변혁의 동력으로서 부작용(성찰성)
방법적 회의주의	과학적 작업의 기초와 결과에 대한 회의주의
추상적 절차 민주주의	신사회 운동에 기초한 급진적. 다원적 민주주의

출처: 손철성(2002: 278).

벡이 제시한 2차 근대화에 대하여 보다 자세히 살펴보자. 벡은 현대사회의 위험이 전 지구적으로 보편화되고 있으며, 이 위험한 실존 상황에 대한 위기의식이 불가피하게 인간의 성찰력을 촉발하게 된다고 본다(Beck, 2006, 2008, 2010). 벡은 이 성찰력의 가능성을 담보하고 있는 사회를 '새로운 근대성'의 사회로 규정한다(송재룡, 2010: 93). 여기서 벡이 논의하는 2차 근대화는 단순히 근대를 긍정하는 것도 아니고, 포스트모더니스트처럼 근대화를 부정하는 것도 아닌, 제3의 비판임을 알 수 있다. "벡은 후기산업사회의 변화 양상을 통해서 포착되는 존재론적 상황은 근대성의 종언을 뜻하기보다는 새로운 근대성, 곧 근대적 합리성의 보다 완벽한 전개로의 가능성을 강화시켜 준다고 본다"(Beck, 2008: 9-13: 송재룡, 2010: 95 재인용).

벡이 제시하는 성찰적 근대화의 달성 여부는 "위험사회의 출현에 결정적 원인이 된 과학과 과학적 합리성이 그 독점적 지위에서 퇴출되는 정도에 달려 있다. 과학주의의 문화적 헤게모니를 깨고, 과학과 기술을 공적 비판의 대상으로 삼을 뿐만 아니라 스스로를 비판하게 만들 때, 다시 말해 자기비판의 의미에서 성찰성이 과학, 기술의 영역 안으로 파고들 때 비로소 근대화의 왜곡된 효과를 처리할 수 있다는 것이다(박미애, 2005: 278).

이렇듯 2차 근대화는 그 용어에서도 살펴볼 수 있듯, "인간의 성찰력이 증대되는 사회, 곧 개인과 집단 모두 지식(정보)을 자기 자신과 사회에 비판적으로 적용할 수 있는 성찰적 능력이 확산되는 과정이나 추세로 정의된다. 벡은 이 성찰적 개인의 가능성의 서사에 기초한 (성찰적)근대화 기획을 통해 전대미문의 실존적 위험과 불확실성의 문제들에 대한 해법을 모색한다(송재룡, 2010: 96)."

벡이 기대하는 성찰성의 자원은 두 가지이다(박미애, 2005: 278-279). 첫째는 위험 자체에 내재하는 성찰적 경향인데, 이는 과학적 진리를 상대화함으로써 유사종교처럼 된 과학을 다시 도구로서의 기능으로 위치시킨다. 둘째는 사회구조 속에 확립된 하부정치(subpolitics)[11]의 발전이다. 후기현대에는 국가의 개입이 약화되고, 정치는 정부나 의회뿐만 아니라 사회의 각 영역에서 이루어진다. 즉, 권력 행위의 주체는 다양해지며 민주주의는 사회 전반으로 확산됨으로써 성찰성의 자원이 확산된다는 것이다.

즉, '2차 근대화'란 한 시대 전체, 즉 산업사회 시대의 창조적 자기파괴 가능성을 의미하며, 이 창조적 파괴의 '주체'는 혁명이나 위기가 아니라 서구 근대화의 승리에 의해 나타난다. 즉, 정상적이고 자동화된 근대화의 자취를 좇아 은밀하고 무계획적이며 원래의 정치질서, 경제 질서를 변함없이 유지한 채 발생하는 산업사회의 변동이란, 근대성의 급진화를 의미하며 이것이 산업사회의 전제 및 윤곽과 단절하여 또 다른 근대성으로 가는 길을 열어 준다는 것이다.

지금까지 살펴본 최근의 사회변화와 함께, 경제 및 노동의 변화를 보다 자세히 살펴보면 다음과 같다.[12] 최근 노동의 양상 변화는 정보통신기술(ICT) 혁명이 초래한 신경제에 대한 분석으로부터 살펴볼 수 있다. 정보통신기술은 지식생산, 정보처리

---

11 'Subpolitik'은 하부정치, 하위정치, 아(亞)정치로 번역되는데, "국가로 등치되거나 포섭된 정치가 국가 밖으로 벗어난 정치, 시민사회에서 제3의 길을 발견한 정치, 혹은 사적인 영역으로 보다 가까이 다가간 정치유형"을 의미한다(Beck, 1992: 34).

12 이하, 노동 변화의 양상에 대한 내용은 정지웅(2015)의 일부를 재구성한 것이다.

능력이 모든 경제단위(회사, 지역, 국가 등)의 생산성과 경쟁력을 결정하는 '정보경제'를 등장하게 하였고, 이러한 정보경제는 전 지구적 정보 네트워크에 의해 운영되는 지구적 금융시장을 중심으로 이루어진다. 정보화 자본주의는 네트워킹 능력에 기반하면서 유연하고 적응력 있는 노동력에 의존한다.

이때 정보를 특정한 지식으로 가공할 수 있는 자율적인 능력은 경제가치 창출의 핵심 요건이다. 왜냐하면 산업경제와 정보경제에서의 노동과정이 차이가 있기 때문이다. 즉, 산업경제의 지배적인 생산방식은 테일러주의(Taylorism)에 기초한 것으로서, 테일러주의적 노동조직은 구상과 실행을 분리시켜(separation of 'conception' and 'execution') 복잡노동을 단순노동화하고 숙련노동을 탈숙련화시켜, 대부분의 노동자들의 숙련수준이 매우 낮았다. 그러나 정보경제에서의 노동과정은 다기능을 갖춘 숙련노동자가 요구되는데, 지식과 정보에 기반한 생산체계에서는 설계과정이 직접적 노동과정에 비해 그 중요성이 커지게 되고, 상품의 생산과정에서 정보적 가치의 중요성이 크게 부각되면서 생산은 '설계집약적 성격'을 띠게 되기 때문이다(박형준, 1994).

카스텔스(Castells, 2003a)에 의하면, 정보통신기술이 진전함에 따라 자동화가 극도로 진전되며, 이 자동화는 노동과정에서 인간두뇌 투입의 중요성을 극적으로 증가시켰고, 공장과 사무실에서 정보통신기술의 확산범위가 넓어지고 수준이 깊어질수록 일련의 작업과정을 결정하고 프로그램화할 수 있는, 교육수준이 높은 자율적인 노동자들이 더 필요해진다. 이것은 권위적인 경영과 착취적인 자본주의에는 방해요소이지만, 정보통신기술의 잠재적 능력이 최대한 발휘되기 위해서는 유능한 노동자들의 자유가 보장될 필요가 있게 되었다. 네트워커[13]는 새로운 정보통신기술에 의

---

13 카스텔스(Castells, 2003a)는 해당 작업조직이나 다른 조직도 포함하는 환경 사이의 관계에서, 업무 수행자의 능력과 네트워크 관련성에 따라 노동자를 3개의 지위로 구분한다. 첫 번째는 네트워커로 이들은 창의성을 연결시키고(예를 들어, 회사 내 다른 부서와의 공학적 합동처리) 네트워크 기업의 다른 경로를 탐색한다. 두 번째는 피(被)네트워커로 이들은 온라인으로 연결되어 있으나 언제, 어떻게, 왜, 누구와 할 것인지는 결정하지 못하는 노동자다. 세 번째는 네트워크에서 단절된 노동자로 이들은 비상호작용적인 단일방향 장치를 특징으로 하며 자신의 특정 업무에 묶여 있는 노동자다. 물론 이 세가지 분류가 완전한 것은 아니며, 고풍적인 형태의 사회기술적 조직이

해 가능해진 네트워크 기업에서 필수적인 행위자다. 이들은 역동적인 부문에서 몇몇 직무는 숙련 면에서, 그리고 때때로 임금과 노동조건 면에서 상향조정된다. 이들은 정보사회로의 전환에 성공적으로 편승한 '지식노동자'인 것이다.

그렇지만 정보사회는 '새로운 상층'뿐만 아니라 '새로운 하층'을 양산하고 있다. 정보화는 '전문 관리직'의 일자리를 새롭게 만들어 내지만, 이와 동시에 수많은 '잡직(junk job)'을 만들어 내고 있으며, 또한 대규모로 일자리를 소멸시킴으로써 실업자들을 양산해내고 있다(이우관, 2003). 이러한 양상은 대개 제조업 및 서비스 부문에서 대다수의 직무에서 이루어진다. 이 분야에 종사하는 노동자는 정보통신기술을 소유하지 못한 하향 조정된 노동 지위를 갖게 된다. 즉, 임시노동, 낮은 수준의 서비스직에서 저숙련·저임금 활동 등에 종사하게 되는 것이다. 생산방식의 변화에 따라 선진국가들에서 저숙련 노동력의 경제적 지위는 지속적으로 악화되어 왔다. 유럽의 경우 경제적 지위의 악화는 주로 높은 실업률로 나타났으며, 미국의 경우는 실질임금과 상대적 임금의 저하로 나타났다. 이와 같은 현상은 낮은 경제성장과 경기침체와 연관된 경기순환적 측면을 가지고 있으며, 저숙련 노동력의 경제적 불안정은 앞으로 상당 기간 동안 지속될 가능성이 높아졌다(박형준, 1994).

3) 과학기술적 차원

21세기 현대사회는 정보통신기술의 발전으로 이른바 개방적인 네트워크 사회(network society)로 이행하고 있다.[14] 네트워크(network)[15]는 본래 방송이나 통신장비와 관련된 기술적인 용어에 불과했지만, 이제는 정치·경제·사회적으로 의미가 확장되면서 다양한 함의를 포괄하게 되었다. 정보통신기술의 발전으로 인터넷(in-

---

여전히 살아남아 있고, 대다수 나라들에서는 오랫동안 남아 있을 수 있다.

14 이 절의 내용은 정지웅(2015)의 일부를 재구성한 것이다.

15 네트워크(network)의 가장 기초적인 정의는 '상호 연결되어 있는 노드(node)들의 집합'이다. 노드들을 상호 연결하는 것을 링크(link)라고 하고, 이러한 링크들이 교차하는 지점에서 노드가 형성된다(Castells, 2004).

ternet)은 네트워크의 대표적인 형태로 발전했다. 바야흐로 네트워크는 인터넷의 등장과 함께 보편적인 용어로 자리 잡았으며, 그에 대한 논의도 한 국가나 사회차원을 벗어나 온-오프라인 영역과 전 지구적 범위로 확대되었다(민병원, 2004; 송경재, 2004; Castells, 2004; Jones, 1999). 이 같은 현상에 대해 현대를 산업사회와 다른 인터넷 '네트워크 사회'로 특징짓고, 정보통신기술 혁명을 정치 · 경제 · 사회 분석의 출발점으로 삼을 수 있다(Castells, 2003).

　자연과학에서 출발하게 된 인터넷은 이제 그것의 영향력이 점차 커지게 됨에 따라, 네트워크 사회와 관련된 연구는 인문과학과 사회과학 전반의 관심사로 등장했다(송경재, 2005). 이는 종교나 사회복지계에서도 마찬가지다. 종교학적인 측면에서, 정보통신기술을 매개로 하여 기성종교 및 신흥종교들이 자신들의 존재를 드러내고 대중들에게 가까이 갈 수 있는 통로가 열리게 되었고, 종교와 관련된 정보와 경험이 유통되는 장이 더욱 확대되었다. 또한 종교의 새로운 구성원이 유입될 수 있는 창구가 다변화됨에 따라(박수호, 2003), 종교문화의 변용(전명수, 2003)을 중심으로 한 연구들이 시도되고 있으며, 기독교에서도 신학, 교육학, 목회학을 중심으로 이론적이고 실천적인 측면에서의 연구가 수행되고 있다.

　사회복지계에서도 네트워크 사회와 연관된 연구나 실천들이 진행되고 있는데, 가령 정보격차(digital divide)의 해소를 위한 정보접근 기회의 확대 전략(우종모, 2003; 이종환, 김자영, 2010), 정보통신망의 균형 있는 구축, 장애인 등의 정보접근을 강화할 수 있는 방안, 사회복지조직 행정의 정보화 추진 전략 등이다.

　네트워크는 '상호 연결되어 있는 노드들의 집합(a set of interconnected nodes)'으로 정의할 수 있다(Castells, 2003). 이러한 정의에 따라 네트워크 체계는 경제, 사회, 문화 등 다양한 차원에서 논의될 수 있으며, 다음과 같은 각기 상이한 의미를 지닐 수 있다(Thrift, & Olds, 1996). 첫째, 기업에서 시장에 이르는 모든 제도적 범위를 관장하는 형태로서, 다선적 연결을 통해 종전의 위계적 구조를 탈피하려는 혁신적 조직체, 둘째, 정보, 자본 및 여타 자원 형태들이 교류되는 사회적 관계망의 의미, 셋째, 문화분석의 대상이 되는 의사소통망의 의미, 넷째, 주체와 객체 간의 연계와 분리를 추구하는 의미 등이다.

다양한 형태의 네트워크 중에서도 가장 주목을 받고 있는 것이 전자공학, 컴퓨터 및 정보통신기술 등을 활용한 '네트워크의 네트워크(network of networks)'라고 불리는 인터넷이라 할 수 있다(김문조, 2005). 물리적으로 보면 인터넷이란 모든 컴퓨터들을 연결시킨 것으로서, 이렇게 연결된 컴퓨터들은 하나의 네트워크로 구성되고, 이 네트워크들이 또 하나의 커다란 네트워크를 구성하면 그것이 바로 인터-네트워크, 즉 인터넷이 되며, 이러한 인터넷은 산업사회에서 중심적 지위를 차지하던 CPU(Central Processing Unit: 중앙 처리 장치)를 주변화시키고 그 자리에 연결망을 대체함으로써 네트워크 사회라는 새로운 후기산업사회의 패러다임을 부각시키고 있다(Gilder, 2000).

인터넷은 정보통신기술, 특히 디지털 기술의 발달로 촉발되었으며, 이는 새로운 시대를 여는 데 결정적인 변수로 작용하였는데, 이는 1980년대 말까지 대부분의 기업에서 컴퓨터 기반기술(computer-based technology)은 단지 사무자동화를 의미했을 뿐으로, 통신과 네트워크 기능은 부차적인 것으로 간주되었지만, 컴퓨터 산업의 중심이 계산으로부터 통신 · 네트워크로 이동하면서 정보교환, 조직관리, 생산라인, 마케팅, 물류 등에서 거리와 시간의 장벽이 극복될 수 있었던 것이다(이우관, 2003).

지식과 기술의 생산 및 이전의 시공간적 제약의 극복을 통해, 정보통신기술은 글로벌 기술(global technology)의 성격을 가지게 되었는데, 이를 통해 세계화와 시장통합을 촉진하고 있는 것으로, 시장, 생산, 금융 분야의 글로벌 경제(global economy)는 정보서비스를 가능하게 하는 정보적 하부구조가 없이는 불가능하다(Webster, 1997: 이우관, 2003 재인용). 이렇듯 정보와 커뮤니케이션 기술의 혁명은 전 세계적 차원에서 개인과 개인, 개인과 조직, 조직과 조직 간의 커뮤니케이션을 가능하게 하였으며, 이러한 전 지구적 네트워크화는 '시간과 공간의 압축(time-space compression)'을 가능하게 하고 세계화의 물질적 기초이면서 세계화 메커니즘의 핵심기제가 되었다(이우관, 2003).

카스텔스(2003)는 폭넓은 경험적 자료의 수집을 통하여, 네트워크 사회의 특성을 경제활동의 세계화(globalization of economic activities), 네트워크형 조직화(networking form of organization), 작업의 유연화와 불안정화(flexibility and instability of work),

노동의 개인화(individualization of labor), 문화적 가상화(culture of virtuality) 등으로 언급하기도 하였다.

4) 환경적·보건적 차원

그동안 사회복지학의 주된 관심사는 사회적 위험(social risks)에 어떻게 대처해야 하는가에 있었다.[16] 시민혁명과 산업혁명 이후로 생겨난 실업, 산재, 노령, 질병, 공동체 해체 등의 전통적인 사회적 위험(old social risks)에 대처하기 위해 공공부조, 사회보험, 사회서비스를 도입하였고, 최근 탈산업사회(Bell, 1999)가 도래하면서 노동시장 양극화, 불안한 고용, 돌봄의 공백, 저출산고령화 등 새로운 사회적 위험(new social risks)의 문제를 해결하기 위해 사회서비스의 진화와 적극적 노동시장정책 추진 등이 이루어지고 있다(Taylor-Gooby, 2004). 사회복지정책 및 서비스를 탄생하게 만든 이와 같은 사회적 위험의 내용을 살펴보면, 결국 노동, 건강, 양육, 요양 등 인간사회(human society)에서 발생하는 문제에 초점이 있음을 알 수 있다.

여기에서 주지해야 할 점은, 최근에는 산업주의 경제체제가 인간사회에만 문제를 발생시키는 것이 아니라, 지구온난화, 사막화, 해일, 종(種) 다양성 감소 등으로 가시화되면서, 자연환경에도 영향을 미치고 있다는 점이다. 그리고 자연환경의 문제는, 다시, 인간사회의 문제에도 영향을 미친다는 점은 환경사(environmental history)에서 밝혀낸 중요한 교훈이다(Hughes, 1998; Diamond, 2005).[17] 자연환경은 인간의 복지수준에 영향을 미치는 중요한 독립변수 중 하나인 것이다.

이제 사회복지는 생태위기의 시대에 자연환경이 인간에 미치는 영향의 중요성을

---

16 이하 환경과 사회복지의 관계에 대한 내용은 정지웅(2011)의 일부를 재구성한 것이다.
17 '고대문명의 환경사'를 고찰한 휴즈(Hughes, 1998)에 의하면, 자연환경은 인간의 문명이 발생하고 발전해 가는 과정에서 장기적이고 결정적인 영향을 끼쳤던 중요한 '독립변수' 중 하나였다. 즉, 자연환경은 문화적 특성, 기술발달을 발생시키기 위한 전제조건이 된다는 것이다. 다이아몬드(Diamond, 2005)는 고대문명 붕괴의 원인을 환경 파괴, 기후 변화, 이웃 나라와의 적대적 관계, 우방의 협력 감소, 사회 문제에 대한 그 구성원의 위기 대처 능력 저하 등의 5가지로 분석하면서, 그동안 도외시해 왔던 환경문제의 중요성을 역설한다.

인식하고, 인간사회를 중심으로 한 사회복지(social welfare)를 넘어 환경 및 생태[18]를 중심으로 한 환경복지(environmental welfare) 혹은 생태복지(ecological welfare)로 그 지평을 확장시켜야 할 필요가 있다. 만약 자연환경이 인간사회에 미치는 영향을 계속적으로 간과하는 가운데, 생태학적인 이슈(ecological issues)를 사회복지에 통합하는 것을 실패한다면, 사회복지의 이론들은 지속가능하지 않거나, 최악의 경우에는 인간사회의 항구적인 안녕에 위협을 가할 것이다(Shaw, 2008).

실제로, 자연환경이 인간의 복지에 직접적 영향을 미친다는 것에 대한 깨달음은, 최근 코로나19로 인해 강화되고 있다.[19] 코로나 바이러스가 세계적 수준으로 확산되면서, 인간 사회의 정치·경제·사회·문화의 전 영역에 걸쳐 큰 문제를 발생시키고 있다. 코로나19는 동물과 사람 사이에 전파되는 병원체에 의하여 발생되는 인수공통감염병(人獸共通感染病, zoonosis)이자, 범지구적으로 유행하는 팬데믹으로 규정된다. 즉, 코로나19는 동물로부터 인간에게 옮긴 신종 바이러스가 근대 이후 형성된 급격한 지구화로 인해 전 세계적으로 확산된 전염병임을 의미한다.

그렇다면 인수공통감염병이 발생하는 원인은 무엇인가. 그 근본원인은 야생생태계 개발과 기후변화를 들 수 있다. 야생생태계 개발은 도시 개발, 가축 목초지 개발, 벌목 등으로 발생한다. 이는 곧 야생동물들의 서식지가 사람의 거주지와 가까워진다는 것을 의미하며, 야생동물의 바이러스를 사람이 공유하게 되면서 이전에 없던 새로운 전염병이 발생하는 것이다. 최근 생태계 개발이 가속화되면서 인수공통감염병의 비율이 증가하고 있다. 1940년부터 2004년 사이에 발생한 감염병 유행 가운데 60%(신종 감염병 중에서는 75%)가 인수공통감염병이다(노윤정, 2020) 기후변화 역시

---

18 일반적으로 환경(環境, environment)이란 인간 집단이 살고 있는 '배경(surroundings)'을 말하고, 생태(生態, ecology)란 인간 집단이 다른 생물 및 무생물 환경과 맺고 있는 '관계(relation)'를 말한다. 따라서 환경이라는 단어는 다분히 인간중심적이고, 생태는 자연중심적이라고 할 수 있다(Pepper, 1989; 문순홍, 2006). 하지만 지금까지 환경과 생태에 대한 명칭의 사용은 엄격하게 구분되지 않고 있으며, 환경이라는 용어는 생태까지 포함할 수 있는 보다 포괄적인 개념인 데 반해, 생태라는 용어는 매우 진보적인 성향을 가지고 있는 용어라고 판단된다. 이 책에서는 이러한 경향을 고려하여, 보다 적용의 범위가 넓은 '환경'이라는 용어를 주로 사용하였다.

19 이하 코로나19에 대한 논의는 정지웅(2020b)의 일부를 재구성한 것이다.

팬데믹 발생에 주요 원인이 되고 있다. 기온이 오르면 산불, 가뭄의 발생이 증가하며, 이에 따라 역시 야생생태계가 파괴되어 야생동물들이 인간과 접촉하는 빈도와 강도가 증대된다. 또한 기후변화로 인해 고온다습한 환경이 되면 모기 등 감염병 매개체가 확산될 가능성이 커진다. 뿐만 아니라, 기온 상승으로 극지방의 얼음 및 영구 동토층이 녹게 되면, 빙하 속에 존재했던 고대 바이러스가 창궐할 가능성도 존재한다. 실제로 2005~2007년 3년 동안의 전염병 발생을 기준으로 온도변화에 따른 전염병 발생을 예측한 결과, 우리나라의 온도가 섭씨 1도 상승할 경우 전염병의 평균 발생률은 4.27% 증가하는 것으로 예측되었다(한국보건사회연구원, 2009). 많은 공중보건학자, 생태학자들은 팬데믹이 향후 3~5년 주기로 지속적으로 출현할 것이라고 경고하면서, '코로나19는 21세기 바이러스 범람의 예고편'으로 팬데믹 쇼크의 연속 발생 가능성(팬데믹)을 논하고 있다.

실제로, 코로나19로 인한 질병으로 사망자가 속출하고 있으며, 사회적 거리두기로 인해 경제활동이 둔화되고, 이로 인해 실업과 경기 하락이 발생하고 있으며, 사회·문화·여가 활동의 제한으로 인해 '코로나 블루'로 표현되는 심리·정서적 문제도 심화되고 있다. 코로나19로 인해 발생하는 부정적 결과는 노년층, 장애인, 경제적 하위계층 등 사회적 약자에게 더욱 심하게 나타나고 있다. 가령, 장애인은 코로나19 상황으로 인해 생명의 위협에 처하게 되는 상황이 비장애인에 비해 높게 나타나고 있다. 사회적 거리두기가 강화되면서, 장애인들은 자신의 생존과 생활에 필수적인 대면 서비스(활동지원서비스 등)를 제대로 받지 못하여 일상생활을 영위하는 것이 어려워지고 있다. 또한 시각장애인과 청각장애인 등 감각장애인들은 코로나19 관련 정보를 습득하는 데 어려움을 겪고 있으며, 중증장애인이나 발달장애인들은 손 씻기 등 기본적인 개인 방역을 스스로 수행하는 것에도 어려움을 겪고 있다.

5) 개인적 차원

현대사회의 주요한 특징은 개인화가 진전되고 있다는 것이다.[20] 사회학적으로 개인화는 근대 이후에 출현한 개념이다. 벡의 논의와 관련하여, 개인화는 다음과 같은 두 가지 차원으로 구분될 수 있다(신경아, 2013: 268-269). 첫째, 고전적인 '개인' 개념, 즉 '자율성을 지닌 이성적인 존재로서 인간'이 그의 독립성과 자유를 증진시켜 나가는 과정이다. 특별한 이론적 맥락 없이 개인화라는 개념을 사용할 경우 대개 이러한 함의를 지닌다. 둘째, 새로운 개념, 즉 '위험사회에서 사회경제적·환경적 위험을 개인 스스로 짊어져야 하는 상황'을 가리킨다. 이것은 개인의 선택이라기보다는 구조적으로 부과되는 조건이다. 근대 초기의 개인화 과정이 주로 첫 번째 의미를 지닌다면, 20세기 후반부터 전개된 개인화는 두 번째 측면과 관계가 깊다.

후기 근대사회에서 개인화가 근대 초기의 개인화와 갖는 차별성을 살펴보면 다음과 같다(신경아, 2012: 6-7).[21] 근대 초기의 개인화는 전통적 구속으로부터 개인의 독립과 자율성의 증진이라는 가치를 담은 것이었다. 프랑스혁명과 이후의 불안정한 상황에서 부르주아 가족, 시민사회, 권리의 철학(the philosophy of right)을 기반으로 한 개인주의의 제도화가 근대 산업사회의 특징이었다. 1차 근대사회에서 사람들은 자신이 의식적으로 노력하지 않아도 공동체나 전통적 집단으로부터 분리된 존재가 되어 갔고 새로운 삶의 양식을 자기 삶의 조건으로 수용해 갔다.

그러나 서구에서 20세기 후반 이후 진행되어 온 개인화는 구조적으로 강제되고 강박적으로 추구해 가야 하는 현상이다. 가족, 혈연, 종교, 계급, 국가와 같은 제도들이 점차 약화되고 기존에 수행해 왔던 역할들이 탈규범화되는 사회에서 개인들은 이제 스스로 규칙을 찾아다니지 않으면 안 되게 되었다. 규칙 준수적(rule following) 삶에서 규칙 발견적(rule finding) 삶으로, 또는 래쉬의 용어를 빌면 규제적 규칙(regulative rules)에서 구성적 규칙(constitutive rules)으로 삶의 규칙들이 달라지게 되었다. "성찰적 근대화에서 자아는 개인이 책임을 져야 할 '성찰적 기획'의 대상으로서 우리는 지금 존재하고 있는 그대로의 우리가 아니라 자기 자신을 스스로 창조하는 우리가 되어야" 하고, "상대적으로 고정된 경로 안에서 삶을 질서 지웠던 전통사회로부터

---

20 이하 이 절의 내용은 정지웅(2016)의 일부를 재구성한 것이다.

21 개인화(individualization)는 개인주의(individualism)와 구별되는데, 개인주의가 보통 하나의 태도나 선호로 이해되는 반면, 개인화는 개인들의 태도변화를 초래할 수 있는 거시사회학적 현상을 지시한다(오현미, 장경섭, 2014: 66).

탈피한 성찰적인 현대사회에서 개인은 복잡하고 다양한 선택에 직면하여 스스로의 선택을 통해 자아 정체성을 능동적으로 형성하고 유지해야 하는 것이다"(손철성, 2002: 216).

앞서 살펴본 바와 같이, 개인화는 중세에서 근대로 이행하는 데 나타난 현상으로, 봉건적 예속, 왕, 귀족, 교회, 신분제도 등으로부터 인간을 해방시켰다. 개인화의 이러한 '해방 기능'은 자본주의 성립 이후에도 가족, 이웃, 직장, 계급 등의 소속 집단으로부터 사람들을 끊임없이 분리시키는 원심력으로 존재했다(이광근, 2015: 97). 실제로 후기 근대사회에 이르게 되면, 근대 이후 출현하게 된 계급 개념 역시 개인화로 인해 희미해져 간다. "계급은 더 이상 존재하지 않는 집단들을 마치 실재하는 것처럼 가리키는 '좀비 범주(zombie category)'가 되어 개념적 효력을 상실하게 되었다고 벡은 주장한다. 표준화된 완전고용체계는 유연하고 다원화된 불안정고용체계에 자리를 내주었고, 이에 따라 임금노동자들의 정체성은 더 이상 직장에서의 생활이나 비슷한 경제적 수준을 누리는 이웃 집단과의 유대로부터 형성되지 않으며, 사람들의 일생도 표준적인 (계급)유형을 따르기보다는 개인 스스로가 계획하고 선택하고 실행하며 책임져야 하는 것(do-it-yourself biography)으로 개별화되었다는 것이다."[22] 계급 개념이 약화되는 것은 '표준적 생애과정의 붕괴'를 의미한다. 근대사회는 자신이 속한 계급에 따라 어느 정도는 표준적인 삶의 궤적이 있었다. 하지만 "출생-교육-취업-결혼-은퇴 등 일련의 생애과정(life course)에 따라 정립된 근대사회의 보편적인 삶의 양식이 무너지면서 개인들은 각자 자신의 삶을 기획하고 실행하며 수정해 가지 않으면 안 되게 되었다." 노동시장의 유동화와 고용의 불안정화로 인해 더 이상 실현가능한 것이 되지 못함으로써 개인들은 스스로 "알아서 해야 하는" 삶을 살아가

---

22 벡의 이러한 논의는 복지국가체제의 성립과 약화를 겪어 온 독일의 경험을 바탕으로 하고 있다는 점을 고려할 필요가 있다. 1960년대 이래 진행된 복지국가체제는 1980년대까지 세계적인 경기 호황을 겪으며 실업과 빈곤, 질병 등 전통적 위험에 대한 사회적 안전망을 갖추었고, 그 결과 계급 갈등을 완화시킬 수 있었다. 벡은 이러한 결과를 "복지국가가 지지해 온 노동시장 동학에 의해 자본주의 내부의 계급이 해체되어 온 것"으로 해석한다(Beck, 2002: 205). 복지국가체제를 통해 노동자계급의 삶을 일정한 수준 이상으로 끌어올림으로써 계급이 더 이상 사회적 불평등의 1차적 원인으로 지목되지 않게 되었다는 견해다(신경아, 2013: 270).

게 되었다(Beck et al., 2010: 128: 신경아, 2012: 16 재인용).

하지만 이러한 '개인적 프로젝트로서의 성찰적 근대의 인생'은 표준화된 과정이 없기 때문에 매우 불안정하기도 하다. 페미니즘적 분석에 의하면 이러한 개인화가 촉발된 후기 근대사회에서 "남성이 표준적 생애의 확실성과 안정성을 잃고 표류할 자유를 얻었다면, 여성은 종속적 안정성을 잃은 대신 독립과 표류의 두 가지 가능성을 모두 얻었다. 그런 의미에서 후기 근대사회의 개인화는 여성에게 훨씬 더 다층적이고 다의적"(신경아, 2012: 17)이라고 분석한다. 이러한 현상은 단순히 여성뿐 아니라, 모든 대상에게 동일하게 적용될 수 있다.

성찰적 근대에서 자아의 정체성과 자율적 결정이 중요하게 부각되면서, 개인화는 정치적 양상에도 변화를 가져오게 된다. 즉, 성찰적 근대화는 산업사회가 발생시킨 위험사회의 요소들이 개인의 사생활을 침범하고 자아를 불안하게 만드는데, 이 과정에서 개인화와 함께 자아의 성찰이 불가피하게 이루어지고 또 사회에 대한 개인의 영향력이 커지면서 하부 정치가 활성화된다는 것이다(손성철, 2002: 222). "성찰적 근대화에서는 '나는 누구인가' '나는 무엇을 원하는가' '나는 어디로 가는가'와 같은 자아실현이나 개인주의와 관련된 질문들이 다양한 형태의 정치적 정체성을 낳는다. 그래서 벡은 전문가에 의존한 도구적 합리성을 거부하고 개인들의 참여가 활발하게 일어나는 하부 정치의 활성화를 통한 생활 정치를 추구"(손철성, 2002: 222)한다고 논의한다. 이것은 역설적이게도 개인화로 인해 개인이 사회에 영향을 미치는 정도가 성찰적 근대가 진행될수록 높아짐을 의미하는 것이다.

3. 변화하는 시대 속에서 영성사회복지의 방향성 탐색

지금까지 우리가 살고 있는 이 세계가 어떻게 변화하고 있는가를 살펴보았다. 정보통신기술 혁명은 산업혁명보다 더 큰 사회의 변화를 초래할 것이라고 예측되고 있다. 근대적 의미의 사회복지가 산업혁명과 함께 출현했다고 할 때, 이제 탈근대사회의 사회복지는 새로운 사회복지의 방향을 모색해야 할 필요가 있을 것이다. 정치, 경제, 사회, 문화, 생태환경, 개인의식 등이 급격히 변화하는 현 시대의 흐름 속에서,

영성사회복지는 어떠한 사회공동체의 모습을 구현하고자 노력해야 하는가에 대해 탐색해 보고자 한다.[23]

첫째, 영성사회복지의 이념적 방향은 다음과 같이 제시할 수 있다. 영성사회복지는 급변하는 시대의 흐름 속에서 성서의 근본적인 가르침인 정의, 평등, 인간성, 자유 등의 가치를 유지하면서도, 개방적이고 유연한 인식론과 방법론을 개발하는 것이 요구된다. 영성사회복지는 기독교라고 하는 틀 속에서 운영되는 것이다. 여기서 "기독교 경전과 삶의 원리들은 오랜 전통과 과정을 거쳐 형성된 것이기는 하지만, 사실상 중세 이전의 역사적 배태의 자리를 크게 벗어나지 못하고 있기 때문에"(박충구, 1997), 후기 산업사회에서 요구되는 시대적 요구를 의식적으로 민감하게 분석할 필요가 있다. 즉, "정보화 시대의 지식이 정치적 권위, 경제적 기득권, 그리고 사회적 차별의 원리들을 비판적으로 극복해 나가는 세속 해방주의적 정신을 이어받고 있다고 본다면, 이러한 사회윤리적 방향에 대하여 기독교는 어떠한 견해를 가지고 있는지에 대하여 자기반성적 숙고를 먼저 해야 할 것이다"(박충구, 1997).

이러한 문제의식을 견지하였을 때, 공공신학적 관점에 근거한 영성사회복지는 매우 중요한 함의를 지닌다고 판단된다. 최근 "사회적 책임에 대한 신학적 응답, 즉 '신학의 공공성' 모색의 일환으로 '공공신학(public theology)'이 등장하게 되었는데, 공공신학이 현대사회 속에서 기독교와 교회가 개교회주의, 기득권화, 물질주의를 극복하고 지속가능한 사회를 위한 공공성을 회복함으로써 사회적 책임을 감당해 나갈 준거틀을 제공"(손의성, 2014)해 주고 있기 때문이다. 따라서 영성사회복지는 '공공신학에 입각한 영성사회복지'를 추구하는 것이 필요하다.

둘째, 정보통신기술에 입각한 개방적 네트워크 사회에서의 영성사회복지는 다양한 문화를 포용할 수 있어야 할 것이다. 주지하다시피, 후기 산업사회는 교통과 통신의 발달로 인해 지리적 이동뿐만 아니라 심리적·정서적 이동이 빈번해지고 있고, 이는 다시 다양한 문화가 접촉하며 상호 간에 영향을 미치는 양이나 질이 급속도로 증대하고 있는 모습으로 나타나고 있다. 이와 같은 상황 속에서 영성사회복지는 우선

---

23 이 절의 내용은 정지웅(2015)의 내용을 재구성한 것이다.

적으로 국내에 이주한 외국인들의 다문화에 대해 심도 있는 이해를 추구하며, 그러한 이해 속에서 한국 기독교의 가치와 문화를 창조적으로 적용하여 사회복지 프로그램을 기획하고 실천하는 것이 요구된다. 이는 "다양한 가치관과 삶의 경험들을 가진 사람들을 향해 개방된 공동체, 그리하여 심각하게 제기되고 있는 소외와 분열이 극복될 수 있는 공동체"(조은하, 2002)를 구현하는 것을 추구해야 할 것이다.

다양한 문화에 대한 포용은 단순히 국적이 다른 사람들을 염두에 두는 것으로 한정되지 않는다. 문화라고 하는 개념이 매우 포괄적임을 인식할 때, 삶의 경험이나 계층, 이데올로기와 다양한 지향(orientation)을 이해하고자 하는 포용성을 담지하되, 기독교에서 추구하고자 하는 궁극적인 가치를 시대의 상황 속에서 창조적으로 담아 사회복지를 전달하는 방향이 요구된다.

셋째, 현대사회는 정보민주주의의 확장이 일어남에 따라 사회 전반적으로 보다 수평적인 통치구조가 등장하게 될 것이다. 이는 교회의 입장에서는 "전 세대의 카리스마적 목회자의 출현보다 평신도 사역이 극대화되고 평신도 사역을 통한 교회 성장을 미래교회는 도모하게 될 것"(이영욱, 2004)을 의미하는 것이다. 따라서 현대사회의 영성사회복지 실천은 평신도들의 적극적인 참여를 도모하는 것이 요구된다. 보다 거시적으로는 현대사회에서 국가의 정당성이 점차 약화될 가능성 혹은 권위주의적 통치가 강화될 가능성이 동시에 존재한다. 따라서 관료적 집단에 대한 도전, 국민국가 정체성에 대한 도전이 더욱 심화될 것이고, 이는 다시 교회와 같은 시민사회 부문의 역할이 증대할 것임을 의미한다. 교회에 대한 사회적 관심과 역할이 중요하게 인식되는 상황이 전개될 것임을 감안할 때, 영성사회복지는 다양한 정치사회 주체들과 긴밀한 거버넌스 관계를 유지하며, 성서적 가치의 사회적 구현을 위해 노력해야 할 것이다.

기독교사회복지실천은 영성의 기초를 확고히 해야만 한다. 영성적 기초를 상실한 사회복지는 더 이상 기독교적인 사회복지가 아니다. 그것은 단지 기독교라는 종교를 위해서 사회복지를 도구로 삼는 것일 뿐이다. 그러한 사회복지는 기독교라는 종교의 목표를 성취하거나 일반적인 사회복지실천의 목표를 성취할 수는 있어도 기독교사회복지실천의 목표를 성취할 수는 없다. 그래서 존 스토트(John Stott, 1998: 33-34)는 이러한 사회봉사, 즉 사회복지실천을 비윤리적인 것이라고 하였다.

기독교는 사회복지실천을 통해서 교회의 명예와 권위를 높이고 사회 속에서 영향력을 강화시킬 수 있다. 또한 교회의 양적 성장과 부흥을 이룩할 수도 있다. 그러나 그것이 기독교사회복지실천의 목표는 아니다. 기독교는 사회복지실천을 통해서 사람들의 욕구를 충족하고 필요를 채워 주며 삶의 질을 향상시킬 수 있다. 그리고 사회의 구조를 보다 복지적으로 변화시키며 이끌어 갈 수도 있다. 그러나 그것도 기독교사회복지실천의 진정한 목표는 아니다. 기독교사회복지실천은 하나님과 깊은 사랑의 관계 속에서, 하나님과 함께, 하나님이 기뻐하시는 의를 성취하여 뜻이 하늘에서 이루어지듯 땅에서도 이루어지게 하는 영적 사역이다. 하나님과의 관계가 단절된 사회복지실천, 하나님의 의가 전제되지 않는 사회복지실천은 기독교사회복지실천이 아닌 것이다.

특히 기독교가 지향하는 사회복지실천은 일반적 사회복지실천을 교회와 기독교 기관에서 수행하는 것만이 아니라는 사실이다. 일반적 사회복지실천이 인간애와 과학적 엄밀성에 근거한 것이기는 하지만, 그리고 그것이 사회를 유익하게 하고 곤궁한 사람에게 도움을 주는 것은 사실이지만, 세속적 가치와 인본주의적 실천의 한계를 뛰어넘을 수 없는 것이기에 기독교의 사회복지실천과 본질적으로 차이가 있다. 결국 기독교사회복지실천은 영성적이어야 한다. 기독교사회복지실천의 본질은 영성에 있어야 한다. 즉, 영성적 사회복지실천이어야 한다.

지금까지 한국교회가 영성을 강조해 온 것은 사실이다. 그러나 영성의 개념과 실천은 종교적인 편협성 속에 갇히고 신비주의적으로 왜곡되어 왔다. 이러한 현상이 사회복지에 있어서 영성과 실천을 분리시켰고 영성은 신비스러운 것, 종교와 관련된 것, 추상적이고 관념적인 것의 영역에 고립시키고 사회복지는 과학적이고 경험적인 또 다른 영역에서 실천되어야 하는 것으로 인식하기에 이른 것이다.[1] 이제 한국교회와 기독교 기관의 사회복지실천은 영적 단절 상태에서 벗어나 영성을 기반으로 하는 사회복지실천을 향해 나가야 한다.

더욱이 최근에 와서 이타적 활동의 관심은 물질 중심에서 지식 중심으로, 지식 중심에서 정책 중심으로 변화되어 왔다. 그리고 이제 정책 중심에서 새롭게 전개될 또 하나의 변화를 추구해야 할 단계를 맞이하고 있다. 사회복지에서 영성에 대한 주목과 관심은 이러한 시대적 전환점에서 새로운 방향을 제시해 주는 중요한 과제라 할 수 있다. 이번 장은 이러한 맥락에서 사회복지실천을 위한 영성적 접근의 필요성과 본질적 개념을 설명하고, 다음 장에서 전개될 영성적 사회복지실천의 토대를 구축하고자 한다.

1. 영성의 필요성

사회제도로서의 사회복지가 보편화되어 가는 세계적 추세 속에서 영성을 사회복지실천과 연계시키는 것은 일종의 터부처럼 여전히 부정적으로 받아들여지고 있다.

---

1 맥그래스(Mcgrath, 2006: 15)는 영성이라는 용어가 순수학문, 실증적 방식, 종교와는 분리된 것일 뿐 아니라 대조적인 접근 방식을 갖는다고 하였다. 레슬러(Ressler, 2002: 97)는 종교는 사회적 현상(social phenomenon)인 반면, 영성은 개인적 현상(personal phenomenon)이라고 설명한다.

사회복지실천 부문에서 영성의 개입을 인정하지 못하는 중요한 이유를 살펴보면 대체로 다섯 가지 정도로 요약된다(박종삼, 2004; 유장춘, 2002; Canda & Furman, 1999: 63-64).

첫째, 영성의 개념화 자체가 매우 어렵다는 것이다. '영성'은 지나치게 넓고, 모호한 개념들을 갖고 있는 것이 사실이다. 그러다보니 영성의 수준과 범위 및 내용을 어느 정도로, 어떻게 설정해야 할지가 막연하다. 이와 관련해서는 이후에 다룰 '영성의 개념'을 이해하게 될 때, 보다 확실하게 수긍할 수 있을 것이다.

둘째, 영성이란 것에 대한 과학적 조사가 불가능해 보이기 때문이다. 과학도 일종의 도그마처럼 완고한 신념을 갖고 있어서 과학적 증거로 제시되지 않으면 비록 옳다고 느껴져도 받아들이거나 활용하지 못하는 특징을 갖고 있다. 특히 사회복지가 공공정책의 틀 속에서 기능하는 경향이 강화되면서 서비스 개입성과를 산출해야 하는 사회적 책무는 당연해지고 있다. 그러다 보니 최근 사회복지실천은 '증거기반의 개입 활동'을 지향한다. 당연히 효과성이 분명하지 않으면 아예 시도조차 하지 못하는 성과 중심의 강박증에 빠진다. 그 결과 사회복지실천 현장에서 영성적인 접근은 자연스럽게 도외시된다.

셋째, 사회복지사의 주관적 관점이나 신념이 사회복지실천에 영향을 미칠 염려가 있다는 사실 때문이다. 사회복지의 기본적 가치는 서비스이용당사자의 자율성과 선택의 자유를 존중하기 때문에 실천가의 영성이 서비스이용당사자에 대한 서비스 과정에 있어서 편견이나 왜곡된 조정에 빠질 수 있는 유인 요소가 되지 않겠느냐는 것이다.

넷째, 영성이 실천가의 품성이나 자질에 관련된 것이지 방법론적 도구가 될 수는 없다는 생각이다. 왜냐하면 영성은 인간의 개성과 구분하기가 어렵고, 영성을 개발하여 훈련하기도 쉽지 않기 때문이다. 결국 손에 잡히는 실천방법으로 활용하기란 상당히 어렵다고 보는 것이다.

다섯째, 아직 전문성으로 인정받을 만큼 연구와 학문적 준비가 갖추어지지 못했다는 사실이다. 실제로 영성적 실천의 개입 효과를 구체적으로 측정하여 사회과학적인 차원에서 학문적 이론화를 이뤄낸 경우는 드물다는 것이다.

이러한 부정적 인식들이 어느 정도 타당한 것은 인정할 수 있으나, 훨씬 더 중요한 사실은 사회복지실천에 있어서 결코 영성을 무시할 수 없다는 것이다. 물론 사회복지실천의 효시인 자선사업과 구제사업이 기독교 영성 혹은 종교성에 기초했지만 이 두 가지 사업이 자원봉사자와 약간의 사례를 받는 유급봉사자의 박애적인 활동에 머물렀다는 비판도 있다. 이는 사실이기도 하다.

그런데 자선사업과 구제사업은 구분되어야 할 필요가 있다. 자선(慈善, charity)은 영성과 종교성을 기초로 하여 실천되는 이타적인 활동이다. 즉, 하나님에 대한 사랑이나 신앙적인 열정이 소외되고 취약한 상황 속에 있는 사람들을 돕게 하는 것이다. 구제(救濟, relief)는 인간의 빈곤과 고통에 대한 대응적인 실천을 의미한다. 다시 말하면, 어려운 처지에 있는 사람들의 고통, 걱정, 곤궁 등을 제거하고 경감시키며 안심할 수 있도록 도와주는 것이다. 지나친 일반화의 우려가 없는 것은 아니지만, 전자는 17세기 이전 종교가 중심이 되었던 시대의 이타적 활동으로서 주는 자의 의도가 중심적이었던 것이라면, 후자는 18, 19세기의 구빈법 시대를 대표하는 구호적인 활동이라고 할 수 있겠다.

이러한 차이가 있음에도 불구하고 어쨌든 이 둘은 비전문적 '돌봄 활동'이라는 데서 공통점을 갖는다. 비전문적인 봉사는 주로 물질적 자원을 공급하고, 노동력을 통하여 필요를 충족시키는 데 그치고 만다. 그 결과의 효과성이나 효율성에 대한 고려는 매우 제한되어 있는 것이다. 이러한 비전문성이 갖는 심각한 약점을 보완하기 위하여 전문적인 사회복지실천이 출발하게 되었다. 사람을 돕는 데 보다 정교한 지식적인 접근이 필요하였던 것이다.

이러한 지식은 이론을 근거한 기술적 체계를 요구하면서 자연스럽게 그 중심에는 과학주의가 자리 잡게 되었다. 더군다나 20세기 초반에 플렉스너(Flexner, 1915)가 "사회사업은 하나의 전문직인가?"라는 질문에 대하여 회의적인 대답을 던진 이후 '사회사업' 또는 오늘의 용어로 '사회복지실천'은 전문성의 정립이라는 명제 아래 영성, 종교성, 신학과 초자연성 등을 그 실천 영역에서 과감히 제외시켜 버리고 말았다(박종삼, 2003: 12; Morales & Sheafer, 1992: 43-44).

그러나 20세기 후반부터 21세기의 한가운데를 향해 가는 현재의 사회복지는 전문적이고 정책적인 접근의 한계가 너무 명료하게 나타나게 되면서 다시금 영성을 중요하게 다루지 않을 수 없게 되었다. 사회복지실천에서 과학주의가 제외시켜 온 비과학, 초자연, 탈존적 세계는 엄연히 인간의 삶을 구성하고 있는 한 부분이며 과학적 세계보다 더 넓고 중요한 부분인데도 불구하고, 이러한 사실을 외면하고 인간의 삶의 질을 논하고 행복을 논하는 데에는 한계가 있다는 것을 오늘에 이르러 심각하게 느끼지 않을 수 없게 된 것이다. 이타적 목적을 위해 행동해 온 인간의 노력들 가운데서 가장 오래되고 가장 광범위한 동기와 지혜, 능력과 방법, 그리고 자원은 그 무엇도 아닌 바로 '영성'으로부터 공급되어 온 것임을 재인식하게 된 것이다.

사실 사회복지실천이 전문직으로서 확고하게 체계화되었던 20세기는 한마디로 격변의 시기였다. 두 번에 걸친 세계대전과 그로 인해 발생된 대량 살상과 인간 학대의 비극들은 계몽주의에서부터 이어져 온 인간의 이성과 과학에 대한 장밋빛 신뢰의 와해를 가져왔다. 20세기 후반부터 이미 인간은 점차 합리주의의 비합리적 모순과 이성적 사고의 그 협소한 한계를 절실하게 깨닫기 시작하였다.

21세기가 진행되면서는 급격한 과학기술의 눈부신 발전에 따라 세계가 네트워크화되었다. 여전히 빈부격차와 사회적 양극화는 존재하고 어떤 경우에는 그 격차가 상당히 크다. 정보화 부문에서는 특히 그렇다. 그럼에도 지구촌의 서로 다른 지역사회들에 대한 정보들이 활발하게 소통되고 유통되는 것은 분명하다. 뿐만 아니라 축적과 재구성도 대단히 신속하게 이뤄진다. 개인의 자유와 창의성이 주목되고 있다. 사회적·경제적으로 소외되어 있던 사회적 약자들이 자신들의 목소리를 내고 권리를 찾아가면서 기존의 사회구조에도 변화가 일어났다. 인간의 권리가 그 어느 시대보다도 존중받게 되었다(이준우, 2021a).

삶의 전반에 걸친 이러한 급격하고도 폭넓은 변화로 인해 사람들의 삶을 지탱하고 있던 기존의 가치관과 세계관이 와해되고 사람들은 자신의 삶을 뒷받침해 줄 영적 자원을 갈망하기 시작했다. 이는 사회복지 영역에도 마찬가지로 적용된다. 사회복지실천은 인간의 인생이 행복과 기쁨으로 채워지게끔 돕는 전문적인 활동이다. 그런데 인간의 행복은 현금과 현물 등으로 구성된 각종 자원들과 가족, 동료 등을 포함한 사회적 지지체계 및 다양한 사회서비스로도 결코 이뤄질 수 없다. 인간의 실존적인 본질에 대한 '자기이해'가 병행되어야 할 필요가 있다. 초월적 존재 앞에서 인간 스스로 자신에 대한 겸허한 성찰과 '자기이해'가 있을 때, 직면하는 삶의 문제를 사회적 환경 속에서 사회복지실천의 지원을 힘입어 해결해 갈 수 있다(이준우, 2021b).

실제로 사회복지실천에서 단선적 사고(linear thinking)로는 인간의 복잡한 심리사회적 문제를 이해하는 것이 어렵다는 사실을 인정하지 않을 수 없게 되었고, 전통적 과학 지상주의는 그 지위를 상실하였다(박종삼, 2002: 27). 그 결과 사회복지실천에서도 영성에 대해 주목하게 되었다. 특히 영성은 이제 관념적이고 추상적이며 내면적인 세계에서 벗어나 경험적이고 실천적이며 그래서 구체적인 방법과 행동으로 나타나는 것이 중요해졌다. 깊은 영성의 세계는 일상의 세계와 밀접하게 연결되어 있다. 신비의 세계, 내면적 세계, 초월적 세계, 개인적 영역 등으로 연상되는 이 영성의 세계는 또한 일상적 세계이며 외면적 삶의 영역이고, 내재된 현장임과 동시에 공동체적이고 관계적인 현실의 세계를 지향한다.

2. 사회복지실천에 대한 기독교 영성적 접근의 필요성

과학기술문명이 '첨단화'되고 인간의 삶이 풍요로워진다고 해도 인간은 언제나 한계에 직면한다. 그래서 인간은 절망한다. 사람들은 누군가가 자신을 수용해 주길 바라고 사랑의 욕구 또한 타인에 의해 채워질 것이라 기대하지만 그것은 환상에 불과하다. 인간은 어느 누구도 다른 사람의 외로움과 허무함을 근본적으로 해결해 줄 수 없다. 이 세상은 거의 조건적이며 세상의 모든 수용과 사랑마저도 결국은 조건적일 수밖에 없다. 이는 철저히 이해관계에 종속되기 마련이다. 그래서 사람들은 사람들로 채워지지 않는 내면의 공허함과 패배감의 불안을 없애기 위해 더욱더 분발하고 경쟁심을 불태우며 때론 적대감을 갖고 갈등 구조를 만들며 살아간다(이준우, 최희철, 2021).

인간의 진정한 필요는 사랑의 하나님이 실행하시는 하나님의 무조건적인 수용과 사랑이다. 아울러 이와 같은 하나님의 크신 사랑은 하나님의 현존('하나님의 임재' 또는 '하나님의 함께하심')을 경험하는 '교회 공동체' 내지 '기독교 신앙 공동체'를 통해 현실 세계에 펼쳐진다. 당연히 기독교 공동체는 성령의 선물이며 성자 예수 그리스도를 믿는 사람들에게 임하는 하나님의 사랑으로 어우러지는 토대 위에 세워진다.

기독교 공동체는 하나님의 사랑에 기초하며 하나님께서 예수 그리스도의 이름으로 사람들을 함께 불러 모으실 때 실현된다. 각기 다른 사람들이 함께 모여 서로의 차이를 품고 포용하며 서로 그리스도의 형제와 자매, 하나님의 아들과 딸로서 함께 인생의 여정을 걸어가게 하는 것이 기독교 공동체의 '신비'다. 자연스럽게 따뜻한 '상호 돌봄'이 공동체의 기본으로 자리 잡는다. 이러한 돌봄은 공동체 안에서 함께 서로의 고통을 나누고 쉼을 얻으며 치유를 경험할 뿐만 아니라 기쁨 어린 소속감과 안전감을 경험하게끔 한다(김성이, 2011: 8).

사회복지실천이 행복한 복지 공동체를 지향하는 전문적인 개입활동이라고 할 때, 영성은 사회복지실천의 전제가 되기도 하고 목적이 되기도 하며, 동시에 실천적 방법이 될 수도 있을 것이다. 핵심은 사회복지실천에 대한 기독교 영성적 접근이 반드시 필요하다는 것이다. 그렇다면 그 필요성을 구체적으로 정리해 보는 것은 매우 유용하다.

1) 기독교사회복지사의 건전한 사회복지실천에 기여

과거뿐 아니라 현재에도 기독교 관련 사회복지 조직이나 기관 등에서 운영되던 사회복지실천 활동들과 사업들 중에 진실한 영성에 기초되지 않은 경우들이 있어서 사회로부터 부정적으로 질타를 받는 일이 종종 있어 왔다. 순수하고 진정성 있는 기독교 신앙으로부터 출발하지 못한 사회복지실천은 그 시작부터 비윤리적일 가능성이 높다. 오늘날 교회들이 사회복지실천을 교회 성장의 한 방법이나 도구로써 활용하고자 하는 노력들이 발견되지만, 이러한 시도는 윤리적이지 않을 뿐만 아니라 결코 바람직하지 않다.

한국의 모든 그리스도인이 하나님에 대한 신앙 안에서 사회복지적인 인식을 갖춘다면 한국의 사회복지실천 양상은 확실히 달라질 것이다. 그래서 기독교사회복지실천을 연구하는 여러 학자들은 '사회복지 신학'의 부재와 목회자를 비롯한 교인들의 의식 부족을 문제시해 왔다(김동배, 1993: 107; 성규탁 외, 1991: 47; 유장춘, 2000: 111-115; 이원규, 1994: 241-243). 그리고 기독교사회복지실천을 활성화시키기 위한 과제로서 '사회복지 신학'의 정립과 교인들의 의식 개선이 제안되고 있다. 결국 이러한 문제들을 근본적으로 극복할 수 있는 길은 건전하고 분명한 사회복지적인 영성을 확립하는 일이다.

〈표 2-1〉은 영적으로 민감한 사회복지사의 윤리적 특징을 정리한 것이다. 한국의 사회복지실천 현장에서 윤리와 가치에 대한 인식은 사회복지사의 실제 실천개입활동 시에 강조되지도 못하고 있을 뿐만 아니라 별로 중요시되지 못하고 있다. 선언적인 구호와 같이 사회복지실천의 윤리와 가치는 언제나 회자되지만, 정작 사회복지서비스가 실행되는 과정에서는 서비스 성과 산출에 밀리는 경우가 빈번하다. 결과만 좋다면 과정은 그 중요성이 약화되어도 괜찮다는 인식이 실천 현장에 여전히 팽배하다. 그러나 전문가로서의 정체성은 이타적 윤리의식 위에 전문적 지식이 겸비될 때에 가능한 것이다. 아울러 영성은 사회복지사에게 전문가로서의 진정한 품성과 윤리의식을 갖게 하는 데에 커다란 도움을 줄 것이다.

또한 영성의 본질은 관계적이다. 당연히 관계적 영성의 핵심은 바로 하나님과의 관계이다. 이 관계성은 하나님과의 관계뿐만 아니라 내면의 '자기'에 대한 이해에 기초한 진정한 자기 자신과의 관계와 다른 사람들과의 관계가 긴밀하게 상호 관련되게 한다. 영성은 하나님과, 자기 자신과, 타인과 '기쁨으로 풍성하고 정서적으로 평온한 관계성'을 형성하게 한다. 이렇게 모든 관계에서 발생하는 긍정적이고 행복한 개인의 경험은 영성의 중요한 자원이 된다. 이는 궁극적으로 인간의 품성과 윤리적 의식 및 역량을 가치 있고 이타적으로 발전시킨다.

〈표 2-1〉 영적으로 민감한 사회복지사의 윤리적 특징

윤리적 가치	내용	영적으로 민감한 사회복지사의 특징
서비스	사회복지사는 도움이 필요한 사람들을 돕고 사회적 문제를 처리하는 데 우선적 목표를 둔다.	– 자신의 이익보다 타인을 위한 서비스를 우위에 둔다. – 서비스이용당사자가 가진 갈망과 우선순위를 따라 물질적, 신체적, 심리적, 사회적, 그리고 영적인 욕구를 포함한 인간의 필요를 돕기 위하여 자신의 지식과 가치, 그리고 기술들을 연결시킨다. – 특별한 재정적 보상을 기대하지 않고도 전문적 기술을 자원하여 활용하도록 용기를 낸다.
사회 정의	사회복지사는 사회적 불의에 대하여 도전한다.	– 사회적 변화, 특히 취약계층과 박해받는 개인 또는 집단을 위한 변화를 추진한다. – 빈곤, 실업, 차별 그리고 여러 형태의 사회적 불의에 관한 이슈에 민감하다. – 억압받는 사람들, 문화적 다양성에 대한 역동적 지식과 민감성을 향상시키려 한다. – 곤궁한 사람들에게 정보와 서비스, 그리고 자원들을 향상하도록 보증하고 기회의 균등과 모든 사람의 의미 있는 참여를 통해 결정할 수 있게 하는 영적 지원체제를 제공하는 것을 갈망한다.
인간의 존엄성과 가치	사회복지사는 인간의 타고난 존엄성과 가치를 존중한다.	– 각각의 사람을 관심과 존경의 태도로 다루고, 개인적 차이와 문화적·인종적 다양성, 종교적·영적 다양성, 그리고 인간의 서로 다른 다양한 형식에 주의를 기울인다. – 서비스이용당사자가 사회적으로 책임 있는 자기결정을 하도록 증진시킨다. – 서비스이용당사자가 변화의 기회와 자신의 욕구를 처리하는 역량을 향상하길 원한다. – 서비스이용당사자와 보다 넓은 사회에 대한 이중적 책임을 인식하고 있다.
인간 관계의 중요성	사회복지사는 인간관계의 중심적 중요성을 인식한다.	– 사람들 사이의 관계가 변화의 중요한 매개체라는 사실을 이해한다. – 개인, 가족, 사회적 집단, 조직들, 그리고 지역사회의 복지를 향상, 유지, 회복, 증진하기 위한 노력을 목적으로 사람 사이의 관계를 강화시키길 원한다.
성실성	사회복지사는 신뢰를 얻을 수 있도록 양식 있는 행동을 한다.	– 전문가의 목적과 가치, 윤리적 원리와 기준, 그리고 그것들이 실천에 적용되는 양상에 대하여 지속적으로 의식한다. – 정직하게, 그리고 책임감 있게 행동하며 자신이 관계하는 조직의 윤리적 실천을 증진한다.
역량	사회복지사는 능력의 범위 내에서 실천하며 자신의 전문적 자질을 향상시키고 개발한다.	– 지속적으로 자신의 전문적 지식과 기술을 확대하길 노력하고 그것들을 실천에 적용하고자 한다. – 전문성의 지식적 기반에 기여하고자 하는 욕구를 가지고 있다.

출처: Canda & Furman (1999), pp. 30-34의 내용을 재구성함.

2) 통합적이고 효율적인 서비스를 서비스이용당사자에게 제공

영성은 육체와 정신, 그리고 사회적 관계와 함께 인간을 구성하는 중요한 부분으로 인정되어야 한다(Canda, 1988a: 41, 43). 현대 사회복지실천의 전문성이 기초하고 있는 합리주의와 과학정신은 영적 부분에 대해서는 의도적으로 도외시해 왔지만 포스트모더니즘의 시대에 돌입한 20세기 후반부터는 오히려 과도한 합리주의와 과학정신에 몰입된 측면이 우선적으로 극복해야 할 과제로 떠올랐다(Sherwood, 1998: 82).[2] 보이지 않거나 입증할 수 없다고 해서 존재하지 않는다는 것은 아니라는 것이 인정되고 있고, 또 과거에는 입증할 수 없던 것들이 현재에 와서는 다양한 방법을 통하여 입증되기도 한다. 영성이 바로 그러한 영역이라고 볼 수 있다. 아울러 미국의 사회복지실천 교육에서도 영성의 중요성은 점차 부각되고 있으며, 실제적으로 커리큘럼상에 반영되기 시작하였다.[3] 또한 1990년에는 이미 '영성과 사회복지실천을 위한 사회(Society for Spirituality and Social Work)'라는 학회가 결성되어 『영성과 사회복지실천(Spirituality and Social Work)』이라는 저널을 1년에 두 번씩 간행하고 있다.

나아가 북미사회복지실천기독교인협회(North American Association of Christians in Social Work: NACSW)에서 영성과 사회복지실천의 통합을 강연한 윈쉽(Winship, 2002: 3)은 사회복지에 대한 영성적 접근의 효과를 다음과 같이 제시하였다.

첫째, 종교적 신념들은 곤란을 이기는 강점이 될 수 있다. 유색인종에게 나타나는

---

2 이러한 문제에 대한 공식적인 논의는 CSWE의 연례 프로그램 회의에서 'Conflict Between Religious and Professional Commitments: Resolving a Social Work Education Dilema'라는 주제 아래 다루어졌으며, 1992년에는 CSWE와 국제사회사업대학협회가 회의를 열고 'Spirituality and Social Work: Issues for Teaching and Curriculum Development'에 관한 논의가 있었다.

3 1995년에 CSWE에서 제작된 Handbook of Accreditation Standards and Procedures에는 종교가 서비스이용당사자의 다양성의 한 요소로서 교과과정에 포함되어야 할 것을 언급하였고, 1999년의 자료를 보면 미국의 사회복지학 석사과정 가운데 16개 학교가 영성(Spirituality)과 종교에 관한 강좌를 독립시켜 개설하고 있음을 볼 수 있다. 그 실례들로서 St. Louis School of Social Service에서는 'Spirituality in Social Work Practice'를, The University of Alabama School of Social Work에서는 'Spirituality and Social Work Practice'를, Salem State College School of Social Work에서는 'Social Work and Spirituality' 등의 과목들이 개설되었다.

영성의 기능에 대한 연구를 보면, 자신의 영적 신념에 근거한 사람들이 초월적 능력을 믿지 않는 사람들보다 자신의 삶에 보다 만족하는 경향이 있다고 제시되었다 (Thomas, 2000).

둘째, 사람은 종교적 신념에 근거하여 보다 강력한 윤리적 강령을 소유하게 된다. 종교적 신념은 옳고 그름에 대한 가치들과 자신의 역할과 책임에 대한 명료한 인식을 갖게 한다는 것이다(Pellebon & Anderson, 1999: 229-238).

셋째, 종교적 신념은 반사회적 또는 무책임한 행동을 억제시킨다. 선행연구로 진행된 조사 자료들은 종교인들이 범죄, 흡연, 음주, 마약사용 등 반사회적 또는 무책임한 행동이 비교적 정도가 낮은 것을 보여 주고 있다(Cnaan, 1999).

넷째, 지역사회의 신앙인들은 곤란한 일을 당하고 있는 교회 회원들을 돕는 경향이 있다. 교회의 회원은 비교인들보다 생애의 중요한 주제들에 있어서 훨씬 성공적으로 대처하는 것으로 나타났고, 이는 기독교인들이 "너희가 짐을 서로 지라. 그리하여 그리스도의 법을 성취하라(갈 6:2)."는 윤리적 강령을 갖고 살아가기 때문이다.

다섯째, 기도와 영적 실천은 사람들이 신체적·정신적인 건강의 문제들을 대처하는 데 도움을 준다. 사회적 조사의 결과들은 신체적·정신적 건강에 있어서 믿음, 기도 그리고 다른 영적 실천의 가치가 점점 더 중요해지고 있다는 것을 제시하고 있다. 중독, 암 그리고 다른 신체적 질병들과 정신건강의 문제들로 고통받는 많은 사람에게 있어서 영적 그리고 종교적 실천은 무한한 가치를 가진 자원이라는 확신할 수 있는 증거들이 있다(Koenig, 1999).

3) 한국교회의 왜곡된 영성의 변화를 추구

사회복지를 향한 영성적 접근은 사회복지서비스와 실천을 위한 것만이 아니라 한국교회의 왜곡된 영성운동을 변화시키는 데에 기여할 수 있다. 한국교회의 영성운동은 과도하게 기복적인 모습을 띠고 있다는 지적이 많다. 문제는 이러한 영성운동이 비사회적이고 비역사적임과 동시에 상당히 이기적인 경향성을 가졌다는 데에 있다. 즉, 자기중심적이며 자기만족적인 '자기도취' 같은 성향이 크다는 것이다. 이러한 이기적인 경향성은 원래 기독교 영성이 지향하는 공동체성, 즉 가난한 자에 대한 경제적 나눔과 정의, 청지기 정신, 희년 정신 등과는 상치되는 것이다.

1960년대를 중심으로 볼 때 한국교회의 부흥에 큰 영향을 준 영성의 특징은 축사(逐邪)와 밀접한 관계를 가진 '신령한 능력' 혹은 '권위'로 접근되고 이해되었다는 데에 있다. 이러한 현상은 복음의 윤리적·지적 요소를 결여한 채 복음의 물리적 능력만을 강조한 편협한 영성이었다. 따라서 한국교회의 영적 지도자들은 무속신앙의 영적·도덕적 수준을 넘지 못했다는 평가를 받게 되었다. 1970년대 후반부터 이러한 무속적 영성을 극복하기 위하여 나타난 것이 성경공부 열풍이었으나, 이 역시 실천성과 도덕성이 부재한 것이었기 때문에 이전의 기복신앙과 결합하여 한국교회로 하여금 신앙의 나르시시즘, 즉 자기도취적인 신앙을 갖게 만들었다는 평가를 받는다(최봉기, 1999: 156-161).

1990년대와 함께 한국교회에 일어나는 영성은 찬양과 경배를 비롯한 대중 공연적인 문화 양식을 통하여 나타나게 되었는데 이 역시 실천성과 도덕성을 배양하는 데는 역부족인 것으로 보인다. 2000년대에 들어와서 어느덧 20여 년이 흘러간 현재에도 한국교회가 추구하는 영성은 여전히 자기중심적인 이기주의 성향으로 치우치는 위험을 예방하거나 해소하기가 쉽지 않다.

진정한 영성은 개인적으로 하나님의 음성을 듣거나 그 분과의 깊은 만남을 위해서 고독과 침묵, 기도의 조건들이 요청되는 동시에 우리의 하나님을 만나기 위한 공동체의 형성, 공동체의 예배와 의식, 그리고 섬김과 봉사가 필수적이다.[4] 따라서 한국교회의 왜곡된 영성을 바르게 회복시키고 영성의 참된 능력과 에너지를 사회복지를 위해 수용하기 위해서는 이타적이고 공동체적 영성을 진작시켜야 할 필요가 있다.

---

4 이준우(2014)는 교회가 수행하는 사회복지실천은 영성적이어야 하며, 이와 같은 영성적 교회사회복지실천의 방법을 두 가지 차원으로 구분하여 정리하였다. 첫 번째 차원은 본질적 방법으로 '예배, 복음화, 교회교육, 설교, 기도, 헌금, 찬송, 심방, 공동체로 함께 살기'를 제시하였다. 두 번째 차원은 일반 사회복지실천을 적용한 방법으로 '지역사회 사정과 프로그램 수립 전략, 자원동원과 활성화, 사례관리'를 강조하였다.

4) 사회문제 해결과 복지사회의 실현을 도모

사회의 다양한 문제들은 심리사회적인 문제, 사회제도적 및 구조적인 문제, 사회문화적인 문제 등의 개념으로 받아들여지는 것이 일반적이다. 그래서 사회문제를 해결하기 위하여 제시되는 방법론들은 다분히 심리적이고 정책적이며 문화적 접근들이 주종을 이루게 된다. 그러나 여기에 또 하나의 관점, 즉 사회문제를 영적인 문제로 보는 관점도 배제되어선 안 될 것이다. 이러한 관점은 다분히 주관적이고 비이성적인 주장이라고 폄하될 가능성이 높지만, 사회과학적 근거는 사실상 주관적 견해들의 집합이라는 사실을 전제로 할 때 사회문제를 영적인 문제로 의식하는 많은 사람의 인식이 무시될 수 없는 것이다.

사회적으로 어려운 문제가 발생할 때마다 이 사회의 영적 또는 종교적 지도자들의 역할이 중요해지는 이유는 사회문제에 대한 영적 통찰력과 영적 조력이 절실하게 중요해지기 때문이다. 예를 들면 인종 차별은 하나님의 법에 저촉됨으로써 나타나는 영적인 위기라고 할 수 있다. 인종 차별을 해소하기 위하여 다양한 심리사회적 처방들이 내려지고 강경한 사회정책이나 문화적 개선의 노력이 있었지만, 아직도 뚜렷하게 남아 있는 것은 이것이 영적인 문제이기 때문이라는 것이다. 다시 말하면, 개인과 사회가 창조주 하나님의 뜻과 목적을 버리고 그 관계가 멀어짐으로써 나타나는 현상인 것이다. 이러한 관점은 결국 사회문제 해결을 위해서 영적인 회개와 성서적 원리의 회복, 기도와 섬김, 공동체 운동과 같은 영적 접근을 요구하게 한다.

3. 영성의 개념과 특성

1) 영성의 다양성과 개념

영성은 매우 다양하게 이해되고 경험되며 또 여러 가지 성장과 훈련의 과정을 가진다. 학자마다 영성의 다양성을 정리하기 위해서 독특하게 분류 체계를 만들기도 하였다. 어쨌든 영성은 내재성과 함께 초월성을 갖고 있기 때문에 포괄성을 내포한다. 영성은 개인적이며 사회적이고 더 나아가 시대적이기도 하다(이현아, 2003). 뿐만 아니라 영성은 자신과의 관계, 타인과의 관계, 자연과의 관계, 그리고 신과의 관계에 영향을 미친다. 이처럼 다양하게 인간의 삶과 얽혀 있는 것이 영성이다.

'영성(spirituality)'이라는 용어는 실제로 매우 다양하게 설명되고 있다. 이 용어는 사전적으로 '신령한 품성 또는 성질'이라고 풀이되고 있으나, '삶에 대한 보다 뛰어난 인식'을 가리키는 말로 사용되기도 하였고, '초월적인 지성'을 가리킬 때 사용하기도 하였으며, 종종 죽은 자의 영들이 이 땅에 살아 있는 사람들과 의사소통을 하게 되는 매체를 가리키기도 하였다(민중국어사전, 1990; 기독교대백과사전, 1985: 690-691). 동시에 영성은 사랑, 겸손, 온유, 관대함, 공의로움 등과 같은 종교적 심성으로 이해되기도 하고, 한편으로 몰입된 기도, 말씀 묵상, 금식과 피정 등과 같은 영적 활동을 가리키는 용어이기도 하다. 뿐만 아니라 영성은 팀워크나 공동체의 정신, 집단의 단결심이나 목적의식 등을 설명하기도 하고, 성령 충만, 입신, 방언, 축귀, 신유, 예언 등과 같은 신비적인 은사로서 받아들이고 있는 것도 사실이다.

게리 토마스(Gary Thomas, 2003)는 영성의 색깔을 자연주의, 감각주의, 전통주의, 금욕주의, 열정주의, 묵상주의, 지성주의 등과 함께 행동주의와 박애주의까지 포함하여 영성의 유형을 분류하여 9개의 색깔로 설명하였다. 포스터(Foster, 1999)는 영성의 패러다임을 기도와 명상적 전통, 성결전통, 성령과 은사전통, 사회정의전통, 복음전도전통, 그리고 성육신전통 등 6개의 전통으로 구분하였다. 분명한 것은 이들 영성의 특성들이 서로 독립적으로 구분되어 있는 것이 아니라 많은 부분을 공유하면서 어떤 방면에서 보다 강하게 나타나는 특징들을 갖고 있다는 것이다. 그리고 이러한 특징들 중에는 봉사적 영성이나 사회행동적 영성과 같이 사회복지와 직접적으로 관계되는 영성적 특성이 있을 뿐만 아니라 영성의 다른 특성들도 사회복지에 간접적으로 영향을 줄 수 있는 중요한 요인들을 포함하고 있다.

〈표 2-2〉에는 여러 학자의 영성 분류들을 참고하여 다양한 영성의 개념을 아홉 가지로 분류하고 각 개념에 해당되는 영성의 구체적 형태, 그리고 그 실제적 인물들을 제시하였다(유장춘, 2003).

〈표 2-2〉 영성의 개념과 형태 그리고 사례

영성의 개념	영성의 구체적 형태	실제적 사례*
초월적 대상과의 인격적 교통	기도, 묵상, 금식, 피정, 찬미, 고백 등	사도요한, 엘리야 / 헨리 나우웬 / 이용도
차원 높은 품성이나 태도	사랑, 겸손, 온유, 관대함, 성결, 공평함, 믿음, 정직, 신실함, 용기 등	야고보 / 본 훼퍼 / 한경직
신비적인 경험이나 능력	방언, 입신, 축귀, 신유, 예언, 영매 몰아(沒我) 등	베드로 / 선다 싱, 워치만 니 / 김익두
직관적인 통찰과 인식	삶의 목적과 시대적 의미에 대한 깨달음, 존재론적 인식, 사상과 정신	느헤미야 / 키에르케고르 / 함석헌
신성한 삶의 동기	성육신, 완전지향성, 신과의 합일을 향한 의지, 궁극지향성	사도바울 / 빅토 프랭클, 칼뱅 / 이세종
고난을 극복하는 초자연적인 힘의 원천	하나님의 인도를 경험함, 은혜를 의지함	에스더, 다윗 / 김진홍
초인적인 봉사의 정신과 삶	희생적 봉사, 공동체 사역	다비다 / 테레사 / 최일도, 이재영
정의를 위한 사회적 행동	공의로움에 대한 헌신, 고난과 위협 앞에서 용기 있게 나섬	아모스 / 말틴 루터 킹 / 문익환
궁극적 진리를 향한 헌신	전도, 설파, 교육, 선포 등	사도바울 / 빌리 그래함, 찰스 스펄전 / 이성봉

* 영성인물: 성서적 인물/서양 인물/한국 인물 순.
출처: 유장춘(2003)의 표를 수정하여 재구성함.

한편, 신학적 관점에서 영성은 "일상과 일상의 이면, 즉 인간이나 피조세계의 내면 깊이에 있는 신비와 관련된 것"을 말하는 것으로서 "사람의 영혼이 참 하나님과 만나는 경험을 의미하는 것"이며, 동시에 하나님의 임재 가운데서 일상을 사는 것"을 말하기도 한다(최봉기, 1999: 20, 26). 또한 레너드(Bill J. Leonard)는 "영성은 하나님의 은혜를 향한 의존성이다."(1988: 79)라고 주장한다. 이러한 영성의 개념들은 다시 인격으로, 행위로 연결된다. 하나님의 임재를 경험하는 가운데 사는 사람은 사랑을, 하나님의 은혜를 의존하는 사람은 겸손과 믿음을 갖지 않을 수 없게 되는 것이다.

이러한 신학적 설명과 달리 영성에 대한 심리학적인 설명은 "다시 완전해지고자하는 인간 존재의 허기와 갈증"으로 정의할 수 있겠다(Anonymous, 1978: 18). 또한 브릴(Brill)은 영성을 "…… 신체적 조직들에 생명을 주는 활력소 또는 생기의 근원"이라고 설명한다. 그리고 더 나아가서 인간은 생활 속에서 단순한 욕구의 충족을 뛰어넘어 전체적 경험의 목적과 방향을 제시하는 의미를 발견할 수 있는 영적 자극과 기회를 필요로 한다고 설명한다(Brill, 1978: 7).

다른 한편으로, 사회과학 분야의 학자들은 '영성'을 "자신보다 더 차원이 높은 존재와의 관계"로서 "개인이 자신의 한계를 초월하여 궁극적인 존재와 관계를 맺으려는 노력"으로 설명한다(Derezotes & Evans, 1995: 43; Joseph, 1988: 444; Netting, Thibault, & Ellor, 1990: 6). 사회복지실천적인 측면에서 영성을 개념화하려고 시도했던 칸다(Edward R. Canda)는 영성의 특징을 다음과 같이 정리하여 제시했다(Canda, 1988b: 41).

- 사람의 가장 깊은 속에 있는 부분이다.
- 개인적 성장과 환경과의 관계를 통하여 표출된다.
- 사람의 모든 부분을 통합한다.
- 의미와 목적을 추구하는 것을 포함한다.
- 존재하는 모든 것과 사랑의 관계를 맺는다.
- 인간의 고통과 소외를 이해하는 방법을 제공한다.
- 매일의 일상적 부분들을 초월적 부분들과 통합한다.

이상에서 살펴본 바와 같이 영성은 관점에 따라 여러 가지 개념으로 설명되고 있다. 〈표 2-3〉은 관점에 따라 영성을 설명하는 초점이 어떻게 달라지는 것인지를 정리하였다. 신학적 관점에서는 절대자에 대한 신앙과 인격적 관계에 초점을 두고, 철학적 관점에서는 궁극적인 의미에 대한 해석과 인식에 초점을 두며, 심리학적 관점에서는 신앙의 대상으로부터 영향을 받은 행동과 느낌에 초점을 두는 한편, 문화

인류학 또는 사회학적 관점에서는 초월적 능력에 의해 비롯된 다양한 사회적 현상들과 표현들 그리고 영향들에 초점을 둔다. 이렇게 사회과학적 관점에서의 영성은 다분히 '종교(religion)'의 개념과 중복적 개념으로 나타난다.

〈표 2-3〉 영성의 개념에 대한 관점의 차이에 따른 초점의 변화

개념의 관점	개념의 초점
신학적	초월자 그리고/또는 내재자에 대한 확신과 인격적 관계에 초점을 둔다.
철학적	우주의 질서와 인간 존재에 대한 궁극적 그리고 최종적인 해석에 초점을 둔다.
심리학적	자신이 정의한 자신보다 강한 종교적 힘과 관계된 행동이나 진술 그리고 정신적 과정에 초점을 둔다.
문화인류학/사회학적	공동체를 구성하는 요인으로서 자신들보다 강하다고 추정한 능력이나 힘과 관계된 상징들, 신념들, 의식들, 그리고 이야기들의 구조적인 형태에 초점을 둔다.

출처: Canda & Furman (1999), p. 45의 내용을 편집.

2) 개인 영성의 유형

다양한 개념과 특성을 갖고 있는 영성은 개인의 특성에 따라 또다시 다양해진다. 윈쉽(Winship)은 종교성과 영성의 관계 속에서 개인들을 구분하였다. 칸다(Canda)는 현대 사회복지 학자들이 일반적으로 영성과 종교를 구분한다고 하였다. 개인적이고 내면적인 영성이 외적 행동이나 태도 또는 생활로 나타날 때 '경건(piety)'이 되고, 이것이 집단화되었을 때 '종교'가 된다(Canda, 1989; Cowley, 1993). 종교는 영성에 근거한 경건이 오랜 전통을 거쳐 전해지면서 형성된 것으로, "공동체와 함께 공유해 온 영적인 내용들에 대한 신념들과 행위들, 그리고 경험들의 구조화된 형태"이다(Canda & Furman, 1999: 316). 따라서 종교는 영성을 설명하고 나타내는 형식과 구조이지 영성 그 자체는 아니다. 이와 같은 관점에서 모든 개인은 다음의 네 가지 유형 중에 하나로 분류될 수 있을 것이다.

첫째, 영적이면서 종교적인 사람들이다. 이들은 내면적으로 영성을 소유하고 거기에 근거한 삶을 살아가면서 동시에 종교적 단체와 의식(儀式)에 참여하며 교리적 체계를 받아들인다.

둘째, 영적이면서 비종교적인 사람들이다. 이들은 내면적으로 그리고 삶의 과정 속에서 영성적인 특징들을 보여 주고 있지만 종교적 단체나 의식에는 별로 참여하지 않고 교리적 체계에서 자유로운 사람들이다. 일반적으로 '자유로운 신앙인'들이 여기에 속한다고 보겠다.

셋째, 비영적이면서 종교적인 사람들이다. 예수는 이러한 유형의 개인들을 제일 문제가 많은 사람들로 보았다. 그들은 영성적인 특성은 소유하지 않고 사회적 또는 이기적 목적으로 종교적 행위에 참여할 뿐 아니라 그러한 행위를 다른 사람에게 강요하기까지 한다.

넷째, 비영적이면서 비종교적인 사람들이다. 이들은 영성적인 특성을 소유하지도 않고 종교적인 행사나 체제에 관여하지 않는 사람들이다. 현재 한국의 사회복지 실천에 있어서 비영적이면서 종교적인 사람들의 사회복지 행위는 많은 문제를 노출시켜 왔다. 이들은 종교적인 목적을 성취하기 위해서 사회복지를 실천한다. 다시 말하면, 종교조직의 이익이나 확대를 위해서 사회복지를 도구로 활용하는 양상의 사회복지 활동을 실천하기 때문에 서비스이용당사자의 인격이나 존엄성에 상처를 주는 경우가 많이 나타난다. 이들의 사회복지 행위는 윤리적으로 많은 문제를 내포하고 있다(유장춘, 2003).

〈표 2-4〉 영성과 종교성을 기준으로 한 인간 유형

영적 경향 \ 종교적 경향		종교성	
		긍정적	부정적
영성	긍정적	영적이며 종교적인	영적이며 비종교적인
	부정적	비영적이며 종교적인	비영적이며 비종교적인

출처: Winship(2002); http://www.nacsw.org/AudioConf/042902handouts.htm의 내용을 참고하여 재구성.

한편, 리차드슨(Richardson, 2001)은 융(Jung)의 심리 유형에 근거를 둔 MBTI의 성격 유형에 따라서 개인의 영성 유형을 네 개의 차원으로 구분하였다. 통일(unity: NT형), 헌신(devotion: SF형), 일(works: ST형), 조화(harmony: NF형) 등 네 개의 영성적 유형은 각각의 개인의 기질적 특성에 따라 영적인 활동을 선택한다는 것을 설명한다. 이러한 발견은 사회복지실천에 있어서 사정과 목적설정, 그리고 과제의 선택과 실천에 있어서 좋은 안내자의 역할을 할 수 있을 것이다.

3) 영적 성장단계

영성의 다양성은 개인의 기질적 성향에 따라서 조성될 뿐 아니라 각 개인의 영적 수준에 따라서 또다시 세분화된다. 영적 성장단계를 이해하는 데에는 파울러(Fowler, 1981)나 펙(Peck, 2003)과 같은 사람들의 설명이 유익할 것이다.

먼저 파울러(1981)는 신앙의 단계를 다음과 같이 여섯 단계로 서술하였다.

첫째 단계는 직관적/투사(投射)적(intuitive/projective) 단계로서 어떤 질문이나 논리적 이해 없이 그냥 상상에 따라 성장하고 변화하고 역동하는 아주 어린 시절의 신앙적 단계이다.

둘째 단계는 신비적/문자적(mystic/literal) 단계로서 이야기를 문자 그대로 받아들이고 영적 상징과 신비를 실제적 가치로 받아들인다. 신비나 상징에 대한 비평적 평가는 불가능하고 단지 문자적으로 믿고 받아들이는 단계이다.

셋째 단계는 통합적/전통적(synthetic/conventional) 신앙으로서 자신의 생각에 대하여 비로소 생각할 수 있는 단계이다. 자신의 정체성과 그 형성과정에 대하여 고려하고 자신의 삶에서 중요한 사람들의 평가와 피드백을 심사숙고할 수 있는 단계이다. 그래서 상호 인격적인 관계의 연장선에서 하나님의 형상을 이루어 가려는 의도를 갖는다. 하나님은 친구와 동료, 어떤 인격적 실체로서 종종 경험되고 나를 알고 소중하게 여기는 하나님을 만나고자 하는 청소년기의 진정한 종교적 기갈을 느끼는 단계이다.

넷째 단계는 개성적/반영적(individuative/reflective) 신앙으로서 자신의 신념을 유지시켜 왔던 '상호 관계적 집단'으로부터 이탈하는 단계이다. 마치 물에서 튀어나온 고기처럼 빠져나와 물을 반성하는 것이다. 많은 사람이 이 단계를 청장년기에서 극복하지 못하고 성년이 되기도 한다.

다섯째 단계는 결합적(conjunctive) 신앙의 단계이다. 이 단계에서는 친밀하고 명료한 하나님만큼이나 신비하고 낯선, 그리고 무효한 하나님과의 관계도 맺을 수 있는 단계이다. 자신이 알지 못하는 영역이 존재함을 받아들이고 사회적으로 형성된 금기나 기준, 신화에 대하여 통찰할 수 있는 단계이며, 부족적인 신과 금기를 넘어서 헌신할 수 있을 뿐 아니라 역설적 진리의 다양한 차원을 이해할 수 있는 단계이다.

마지막 단계는 보편화된(universalizing) 신앙의 단계로서 마치 '하나님의 나라'가 이미 이루어진 것처럼 궁극적 실체의 법과 질서를 따라 급진적으로 살아가는 단계를 말한다. 이 단계에서는 신이나 궁극적 실체에 참여하는 것을 자신의 중심으로 삼는다. 그들은 '존재의 공화국'이라고 부르는 곳에 둥지를 틀고 삶의 양식과 그 근거에 있어서 크게 반전한다. 이들의 삶에 대하여 파울러는 '부적절한 적절함(relevant irrelevance)'이라고 규정하였다. 세상에서는 부적절한 것으로 보이지만 실제로는 적절한 삶을 추구하는 것이기 때문이다. 마틴 루터 킹 목사나 테레사 수녀와 같은 이들이 해당될 것이다.

다음으로 펙(Peck, 2003)은 파울러의 영적 성장의 단계를 다음과 같이 4단계로 축소하였다.

1단계는 '혼돈/반사회' 단계이다. 이 단계에서는 영성이라는 것이 부재하고 원칙 없이 행동하는 경향이 있다. 실제로는 자기의 이익만을 도모하고 겉으로는 안 그런 척하면서도 속으로는 교묘하게 속이면서 진실한 척하는 상태이다.

2단계는 '형식적/제도적' 단계이다. 이 단계에 있는 사람들은 자신에 대한 통제를 제도에 의존한다. 이 단계에 있는 대부분의 사람들은 교회와 같은 제도적 종교단체에 집착하여 자신의 삶을 통제한다. 2단계에 있는 사람들은 자신의 종교적 형태가 바뀌었을 때 매우 혼란스러워하며 항상 안정을 추구한다. 그들에게 신은 외적인 존재로서만 인식되고 내재적인 존재로서의 신은 이해하지 못한다.

3단계는 '회의적/개인적' 단계이다. 자기의 통제를 위해서 제도를 필요로 하지 않는 단계이다. 이들은 교회로부터 멀어지기도 하고, 신앙적 부모의 통제로부터 반발하기도 한다. 그러나 이들은 여전히 진리를 추구하고 사회와 깊은 연관을 맺으며 헌신적이고 사랑을 베푸는 부모가 되기도 한다.

마지막 4단계는 '신비적/공동체적' 단계이다. 신비주의자들은 신비로움을 좋아하는 사람들이다. 이들은 이면의 세계를 관찰하고 상호연관성을 찾아내면서 역설에서조차 통일성과 공통성을 발견할 수 있는 사람들이다. 2단계에 있는 사람들은 모든 것이 칼로 벤 것처럼 정확하지 않으면 심한 불안감을 느낀다. 그러나 4단계에 이르면 신비로움으로 둘러싸인 세상에서 편안하게 살아간다.

이상에 설명된 영성의 다양성에 대한 개념들은 한 개인과 사회의 영성적 상황을 사정할 수 있는 구체적인 근거가 된다. 한 개인의 문제나 지역사회 또는 일반사회의 문제에 개입하려고 할 때 그 대상들이 위치한 영적 지도는 사회복지실천가의 실천과정에서 반드시 그려져야 하고 분석되어야 하는 중요한 과제가 아닐 수 없다. 이렇게 다양한 영성적 특성들은 각자의 해결해야 할 문제들과 복지적 상태와 긴밀하게 연결되어 있기 때문이다.

4. 기독교 영성의 핵심인 성육신 영성

현재 한국교회와 기독교 기관에서 수행하는 사회복지실천은 사실상 '일반적 사회복지실천'과 크게 다르지 않다. 교회들과 기관들이 막대한 자원을 동원하여 열심히 사회복지를 실천하고 있지만 세속적 또는 준세속적 기관들의 그것과 별로 차이가 없다는 것이다. 몰트만(Moltman, 1992)은 교회의 사회복지실천이 세속의 그것과 같을 수 없으며 또 그래서도 안 된다고 말한다. 교회의 사회복지실천은 기독교 사랑의 공동체를 형성함으로써 이루어지는 것이며, 그 공동체는 부활의 소망으로 말미암아 이루어지는 공동체이고, 그 부활의 소망은 십자가의 죽음으로 가능한 것이라고 설명하였다. 기독교사회복지실천이나 교회사회복지실천은 그 정체성에서 분명한 차별성을 드러내야 한다.

그렇다면 그 차별성의 핵심은 무엇인가? 그것은 기독교 영성에 기반을 둘 때 나타날 수 있을 것이다. 기독교 영성은 성서에 기초하여 창조주이신 성부 하나님과 구세주로서 오신 성자 예수 그리스도, 그리고 보혜사 성령님의 삼위일체 됨을 믿고, 그 유일하신 하나님과 맺어진 관계 안에서 활동하며, 그 관계를 심화시키고자 하는 태도와 노력을 말한다. 따라서 기독교사회복지실천과 교회사회복지실천은 하나님과 깊은 관계 속에서 목표를 설정하고, 프로그램을 개발하며, 자원을 동원하고, 방법을 선택해야 한다. 기독교사회복지실천과 교회사회복지실천은 하나님과 깊은 사랑의 관계 속에서, 하나님과 함께, 하나님이 기뻐하시는 의를 성취하여 뜻이 하늘에서 이루어지듯 땅에서도 이루어지게 하는 영적 사역이다. 하나님과의 관계가 단절된 사회복지실천, 하나님의 의가 전제되지 않는 사회복지실천은 기독교사회복지실천도 아니고 당연히 교회사회복지실천도 아닌 것이다.

박종삼(2004: 20)은 "기독교 영성은 그리스도 중심이어야 하며 하나님의 말씀인 성경을 떠나서 영성을 이해할 수 없다."라고 했다. 아울러 그는 "하나님과 좀 더 깊고 밀접한 관계로 나아가는 영적 성장 안에서 우리의 의지와 품성이 점진적으로 하나님의 뜻과 성품을 따르게 되면서 온전해지는데 그것이 영성의 기능"이라고 말했다. 기독교 영성의 기본적인 전제는 '그리스도 중심', 동시에 '성경 중심'이다. 그리고 예수 그리스도와 성경 안에 드러나고 있는 기독교의 근본적인 개념들을 함께 묶어서 삶과 연관시키고 일상의 삶에서 끊임없이 이면의 세계, 즉 영성적인 의미들을 비교하고, 분석하며, 일치시켜 나감으로써 하나님의 뜻과 성품을 닮아가는 것이다.

그러한 관점에서 기독교 영성은 창조, 삼위일체, 성육신, 십자가, 부활과 종말로 구성되는 매우 독특한 골격(frame)을 갖고 있다(Mcgrath, 2006: 72-154). 이 골격은 기독교 영성을 형성하는 기본적인 구조로서 영성에 근거한 사회복지실천과 밀접한 관계를 갖는다. 그 관계의 원인과 이유를 밝혀내고 내면적 영성의 외면적 실천을 이루어 내도록 이끄는 것은 매우 중요한 과제가 아닐 수 없다. 특히 이와 같은 기독교 영성의 골격을 아우르는 핵심은 역시 '성육신적 영성'이다. 하나님이 인간이 되셔서 인간을 구원했다고 하는 기독교의 본질을 극명하게 구현한 것을 한 마디로 표현할 수 있는 용어적 개념이 바로 '성육신'이다. 이에 기독교 영성의 핵심적 개념으로서 성육신의 의미를 설명하고 나아가 성육신적 영성이 무엇인지 정리할 필요가 있다.

1) 성육신의 개념

예수님은 말씀이 육신으로 오신 분이시다. 요한복음 1장 14절이다. "말씀이 육신이 되어 우리 가운데 거하시매 우리가 그의 영광을 보니 아버지의 독생자의 영광이요 은혜와 진리가 충만하더라." 또한 말씀은 하나님이시다. 요한복음 1장 1절이 이를 뒷받침한다. "태초에 말씀이 계시니라. 이 말씀이 하나님과 함께 계셨으니 이 말씀은 곧 하나님이시니라." 그래서 빌립보서 2장 4절에서 7절, "그는 근본 하나님의 본체시나 하나님과 동등됨을 취할 것으로 여기지 아니하시고 오히려 자기를 비워 종의 형체를 가지사 사람들과 같이 되었고 사람의 모양으로 나타나사 자기를 낮추시고 죽기까지 복종하셨으니 곧 십자가에 죽으심이라."고 하신 것처럼 예수님은 하나님이 사람이 되신 분(道聖引身)이시다. 그분은 높은 보좌를 버리시고 인간에게 내려와 인간이 되셨다. 성육신(成肉身, incarnation)은 이 '하나님의 인간되심'을 말한다. 즉, "하나님이 예수 그리스도 안에 체현(體現)함"을 의미한다(Stevens, 1978: 112). 문자적으로 볼 때는 기독교적 용법으로 '나사렛 예수의 인간적 생활에 나타난 하나님의 계시'를 말한다.

기독교의 성육신은 여러 종교들에서 나타나고 있는 비슷한 개념들과 뚜렷이 다른 면모를 보여 주고 있다. 그것은 단순한 인간의 신격화(神格化)와는 다른 것이다. '하나님이신데, 인간이 되신' 성육신의 상대적 개념은 '인간을 신으로 믿는' 신격화라고 해야 할 것이다. 이집트나 바벨론, 그리스, 로마 등 고대 제국의 종교에서는 왕을 신격화시키는 일이 종종 있었다. 또 여러 종교에서 나타나고 있는 신들의 화신(化身)이나 변신(變身), 죽은 자의 현현(顯現)과도 다르다. 이집트에서는 신이 자연의 인간이나 동물로 변신한다고 믿었으며, 불교에서는 부처를 비슈누의 화신으로 생각했고, 회교의 한 종파인 시아파는 알라(Allah)가 그 예언자의 사위인 알리(Ali)로 현현되었다고 믿는다(성서대백과사전, 1980: 332). 그러나 이러한 유사개념들과 기독교의 성육신은 최종성과 인격성, 개체성에서 차별화된다. 예수 그리스도는 모든 계시의 최종적 결말이며, 하나님의 인격과 지혜와 능력을 완전히 담고 계시고, 온전히 독립되어 개별적인 주체자이시다.

예수는 삼위일체 하나님의 제2위(二位)로서 하나님의 신성을 닮은 인간 이상이며, 신의 화신(化身)이나 현현(顯現) 이상이며, '양자 됨' 이상이다. 그는 '하나님이며 동시에 인간', 즉 사람이면서 하나님이고, 하나님이면서 사람이다. 그는 '말씀(logos)'으로서 '하나님과 함께' 계신 하나님이셨는데 역사의 한가운데에서 육신이 되신 것이다.[5] 성육신의 의미를 분석적으로 정리하면 〈표 2-5〉와 같다.

〈표 2-5〉 성육신의 의미와 근거 성경구절

성육신	의 미	성 경
나타내심	추상적 말씀의 상태에서 역사적 현실로 나타남	(요 1:14) 말씀이 육신이 되어 우리 가운데 거하시매 우리가 그의 영광을 보니 아버지의 독생자의 영광이요 은혜와 진리가 충만하더라 (골 1:15)
일치되심	하나님께서 사람이 되심	(빌 2:4-7) 그는 근본 하나님의 본체시나 하나님과 동등됨을 취할 것으로 여기지 아니하시고 오히려 자기를 비워 종의 형체를 가지사 사람들과 같이 되셨고
경험하심	사람의 연약함을 함께 경험하심	(히 4:15) 우리에게 있는 대제사장은 우리 연약함을 체휼하지 아니하는 자가 아니요 모든 일에 우리와 한결같이 시험을 받은 자로되 죄는 없으시니라
알게 하심	하나님께서 자기를 계시하심	(요 14:9) 내가 이렇게 오래 너희와 함께 있으되 네가 나를 알지 못하느냐 나를 본 자는 아버지를 보았거늘 어찌하여 아버지를 보이라 하느냐
대신하심	사람의 죄와 형벌을 대신하심	(갈 4:4, 5) 때가 차매 하나님이 그 아들을 보내사 여자에게서 나게 하시고 율법 아래에 나게 하신 것은 율법 아래에 있는 자들을 속량하시고 우리로 아들의 명분을 얻게 하심이라

첫째, 성육신은 추상적인 말씀, 즉 로고스(logos)에서 역사적 현실 가운데 실체로

---

5 "그가 태초에 하나님과 함께 계셨고 ……"(요 1:2)에서 자칫하면 이(二)신론이나 삼(三)신론, 즉 다(多)신론의 오류에 빠질 위험이 있다. 성부, 성자, 성령은 하나님이신데 하나님의 본성으로 일체되신다. 그리고 이러한 진리는 신비의 영역에 속하는 것으로서 논리적이고 이성적인 설명이 불가하다.

서 나타나심을 의미한다. 예수는 "보이지 아니하시는 하나님의 형상(골 1:15)"이라고 호칭되었다. 히브리서의 기자는 "하나님의 본체의 형상(1:3)"이라고 말한다. 로고스는 하나님의 이성과 말씀을 나타내고 있기 때문에 최고의 의미에서 신성을 나타내는 것이며, "정확하고 격식을 지닌 하나님에 대한 표현으로서 무한한 하나님이 취하신 유한한 형태"이다(Stevens, 1978: 109). 이 "태초부터 있는 생명의 말씀", 즉 로고스는 "우리가 들은 바요 눈으로 본 바요 자세히 보고 우리의 손으로 만진 바"가 되었다(요일 1:1).

둘째, 성육신은 하나님께서 사람이 되신 것을 의미한다. 예수는 사람이라 불렸고,[6] 몸과 영혼을 가지셨으며,[7] 배고프고 목마르며 피곤함을 느끼셨을 뿐 아니라 잠을 주무셨고 사랑을 하셨으며 연민과 분노를 나타내셨다.[8] 뿐만 아니라 자라나 성장하셨고,[9] 죽어서 매장되셨다.[10] 그는 하늘에서 땅으로 오셨고(요 3:31), 부요함에서 가난함으로 오셨으며(고후 8:9), 영광스러운 존재가 무명인이 되셨을 뿐 아니라(요 1:10) 하나님과 동등되지만 종의 형태로 오셨다(빌 2:6).

셋째, 성육신은 하나님께서 이렇게 육신을 입으심으로 말미암아 인간의 연약함과 문제들을 경험하셨다는 것을 의미한다. 수육(受肉)은 예수 그리스도를 하나님과 인간 사이의 적절한 중재인이 되도록 하는 데 필요한 것이다. 그리스도는 우리의 삶을 철저하게 '체휼'하셨고 우리와 한결같이 시험을 당하셨다(히 4: 15)는 사실로 인하여 하나님과 인간을 중재할 지위를 갖게 되신다. 그래서 그는 보좌의 우편에 앉아 우리의 대제사장 되셨다. "그러므로 저가 범사에 형제들과 같이 되심이 마땅하도다. 이는 하나님의 일에 자비하고 충성된 대제사장이 되어 백성의 죄를 구속하려 하심이라. 자기가 시험을 받아 고난을 당하였은즉 시험받는 자들을 능히 도우시느니라(히 2:17, 18)." 그리고 그분 외에는 다른 어떤 중재자도 필요치 않게 되었다. 그것은 우리

---

6   요 8:40; 행 2:22; 롬 5:15; 딤전 2:5
7   마 26:38; 마 26:26, 28; 요 11:33
8   마 4:2; 요 4:6; 마 8:24; 막 3:5
9   눅 2:40, 52; 히 5:8
10   요 19:20; 막 15:37; 요 19:34

의 사정을 세밀하게 경험적으로 알고 계시기 때문이다(Erickson, 1985: 1086).

넷째, 성육신은 '하나님의 완전한 자기 계시'를 위한 것이었다. 하나님에 대한 지식은 하나의 교리나 신조나 혹은 비인격적인 신앙의 형태로 오기보다는 하나의 인격으로 인간에게 오는 것이다. 예수님은 하나님이 인간에게 말씀하시는 새로운 그러나 최종적인 방식이었다. 히브리서의 저자는 "옛적에 선지자들로 여러 부분과 여러 모양으로 우리 조상들에게 말씀하시던 하나님께서 이 모든 날 마지막에 아들로 우리에게 말씀하셨다(1:1, 2)."고 선언한다. 하나님은 자신을 스스로 계시하기 전까지는 알려질 수 없다. 그래서 인간에게 다가오신 하나님으로 말미암아 이루어지는 계시는 철두철미 하나님의 역사이며 하나님 중심이다. 성육신은 "하나님이 스스로 자신 안에 감추어진 본질을 폭로"하신 것이다(Stevens, 1978: 27). 예수를 만나고 보고 대화한 사람들은 하나님을 만난 사람들이었다.

다섯째, 성육신은 인간의 문제를 대신 짊어지기 위한 것이었다. 예수께서 '한 모양으로 혈육에 함께 속하신', 즉 성육신하신 이유는 일생에 매여 종노릇하는 모든 사람을 놓아주려는 목적 때문이었다(히 2:14, 17). 인간은 자력으로 그의 죄를 저버릴 수 없으며, 죄로 가득 찬 상태와 떨어져서 살 수 없다. 하나님과 인간은 존재론적으로, 윤리적으로, 그리고 영적으로 큰 격차가 있다. 이 일은 오직 수육을 통한 하나님이 만든 육체를 통하여서만 가능하다. "하나님은 한 분이시요 또 하나님과 사람 사이에 중보도 한 분이시니 곧 사람이신 그리스도 예수라(딤전 2:5)." 그리스도는 하나님과 한 가지 되시고 인간과 한 가지 되시므로 이 양자를 위해 행동할 수 있다(Erickson, 1985: 706).

2) 성육신 영성의 개념과 사례들

기독교 세계관에 근거할 때 인간은 '하나님의 형상을 따라 지어진 존재'다. 영성은 이 하나님의 형상의 가장 중요한 본질이다. 예수는 "하나님은 영이시다."(요 4:24)라고 말씀하셨다. 영이신 하나님의 진정한 표상(表象)은 예수이시다. 동시에 예수는 하나님의 형상으로 지어진 타락 이전 원초적 인간의 표상이기도 하다. 기독교 영성은 이 하나님과 인간의 표상인 예수 그리스도와 높고, 깊고, 넓고, 길게 사랑의 관계를 맺는 것이며 그분의 형상을 본받아 살고자 하는 태도와 노력이다.[11] 아켐피스(à kempis)는 "우리가 진정으로 새롭게 감화되고자 하고 온갖 어두운 마음에서 벗어나고자 하려면 …… 예수 그리스도의 생애를 본받는 데에 전력을 기울여야 할 것이다."(1996: 19)라고 말한다. 예수님 생애와 생활방식을 본받아 생각하고 살아가는 것이 바로 영성이다.

그러므로 예수께서 성육신하셨다는 사실은 기독교인의 '영성의 지표'가 된다. 영성을 소유한 기독교인이라면, 그들도 성육신의 삶을 살아내야 한다는 것이다. 성육신의 영성을 〈표 2-6〉과 같이 정리할 수 있다. 이것은 〈표 2-5〉의 연장선에서 이끌어낸 개념이라고 할 수 있다. 이 모든 특징의 공통적인 특성은 성서 속에서 발견한 그리스도의 거룩한 삶을 자신의 삶으로 이루어 가고자 하는 열망이다.

〈표 2-6〉 성육신의 영성과 그 사례들

성육신	성육신 영성	성육신 영성의 사례들
나타내심	깨달은 진리를 체현(體現)하려 노력함	수산나 웨슬레: 일상 속에서 하나님을 찾고 하나님 섬기는 일에 몰두함
일치되심	사랑의 대상과 함께 있기 위한 노력	이현필: 제자들과 함께 예수의 거룩한 삶을 살아감
경험하심	다른 사람의 고난을 체험하려 함	성 다미엔: 한센 병을 얻게 해 달라고 기도함
알게 하심	예수의 모습을 삶으로 보여 주길 원함	방애인: 예수님의 거룩한 삶을 살아가려고 애씀
대신하심	다른 사람의 문제를 대신 짊어짐	로버트 콜스: 흑인 차별에 대해 대신 싸움

---

11 (엡 3:19) "그 너비와 길이와 높이와 깊이가 어떠함을 깨달아 하나님의 모든 충만하신 것으로 너희에게 충만하게 하시기를 구하노라."

(1) 깨달은 진리를 체현(體現)하기

먼저 성육신의 그리스도가 말씀이 육신으로 나타나신 분이라는 사실에 근거할 때, 성육신의 영성은 추상적 진리에 대한 믿음을 몸으로 그리고 삶으로 나타내려 애쓰는 것이다. 이러한 영성적 태도는 '진리의 생명의 말씀'을 '눈으로 보고, 귀로 듣고, 손으로 만지는' 차원으로 이끌어 나가려는 노력인 것이다. 이러한 영성의 사람은 깨달은 진리를 체현하는 삶을 살아간다. 그리스도인의 성육신적 신앙과 삶은 보이지 않는 영의 세계를 현재에 존재하고 보이는 것으로 만드는 일에 초점을 맞춘다(Foster, 1999: 331).

리처드 포스터(Foster, 1999: 332)는 그러한 성육신의 모범으로서 요한 웨슬레와 찰스 웨슬레의 어머니인 수산나 웨슬레를 제시하고 있다. 그는 "그녀가 일상생활의 세세한 일들 속에서 하나님을 찾고, 그러한 세세한 일들을 통해 하나님을 섬기는 일에 완전히 몰두했기 때문"에 수산나를 성육신 영성의 모범으로 선택하였다고 설명한다. 그녀는 19명의 자녀를 낳아 키우며, 인내로서 가정학교에서 교육하는 과정에서, 9명의 자녀를 잃는 슬픔 중에서, 사랑하는 딸이 도주하는 경험에서, 독선적인 남편으로부터 소외를 당하는 과정에서, 두 번의 화재로 모든 가산을 잃어버리는 불행에서, 남편의 투옥과 극한 가난 속에서. 그러한 모든 비극적인 상황 속에서 영적인 성숙의 근거를 찾았다. 그녀는 "오, 주님, 이 인생의 모든 실망과 불행을 진정으로 유익한 것으로 만들 수 있도록 도와주십시오. 제 마음이 더욱 당신과 가까이 연합될 수 있는 도구가 되게 해 주십시오."(1999: 339)라고 기도한다. 그녀는 유명한 '부엌모임(Our Society)'의 설교자였고, 다양한 편지들을 통한 조언자였으며, 교육법에 대한 저술가였을 뿐 아니라 사도신경과 십계명에 대한 주석을 집필한 신학자였다. 그녀의 하나님과 동행하는 성스러운 삶은 결국 죽음의 과정조차도 하나님께 영광을 돌리고 믿음 안에서 다른 이들을 세우는 기회로 삼으며 아름다운 생애를 마쳤다.

(2) 사랑의 대상과 하나 되기

사람과 함께하기 위해 내려오신 그리스도를 따르는 성육신의 영성은 사랑하는 사람들, 도움이 필요한 사람들, 그/그녀를 찾는 사람들과 함께 하나 되어 살아가고자 하는 열망으로 나타날 것이다. 마가는 예수께서 열두 제자를 선택하셨을 때 그 우선적인 목적이 "함께 있게 하시려는"(3:14) 것이었다고 기록하고 있다. 그것은 '내려가서 하나 되기'라고 요약할 수 있을 것이다. 이러한 하나 됨을 위해서는 반드시 예수님의 모습에서 보여 주신 자기비하(自己卑下)가 요구된다. 왜냐하면 자신보다 상위의 계층이거나 동일한 계층에서는 '함께하기'로 묶여지기가 어렵기 때문이다. 그러한 노력에는 영적이거나, 지적이거나, 경제적이거나 심지어는 무력적인 면에서라도 우월한 지도적 지위를 갖추어야만 가능한 것이다.

맨발의 성자로 불리는 이현필 선생은 1913년 전라남도 화순군 도암면 권동리에서 태어나 13세 때 복음을 접한 후, 1928년 광주농업실습학교 학생 때 강순명 목사를 통해 알게 된 도암의 '이세종'을 만나게 된다. 이세종 선생은 호세아를 닮은 영성가였다.[12] 이현필은 남다르게 거룩한 삶을 동경하며 실천하려고 애썼기 때문에 그의 수제자가 되었고, 훈련 이후 이현필은 자신을 따르는 제자들과 함께 수도공동체를 이루고 함께 동고동락하며 제자들을 훈련했다. 그는 나이 30세 전후 산에 은거하면서 금식과 명상생활을 하며 기도하였고, 특별히 소명을 받아 거룩한 삶을 사모하는 10여 명의 소년 소녀들을 제자로 삼아 성경을 가르치고 훈련하였다. 남원에서 몇십 리 떨어진 서리내라는 곳과 그 앞선을 타고 내려오면 갈보리라는 동산이 이현필 운동의 발상지이다. 그는 제자들에게 예수의 정신을 본받는 경건훈련을 진행할 때 매우 엄격하고 철저했다. 그는 제자들에게 자주독립정신, 청빈과 검소 생활을 훈련시켰다. 그 자신 스스로가 짚신을 신었고 산중 길을 걸을 때는 추운 겨울에도 맨발로 다녔으며, 단벌 옷과 불을 때지 않는 차가운 방에서 지내며 청빈하고 가난하게 사셨던 예수의 삶을 본받고자 몸소 모범을 보였다. 여순반란사건으로 말미암아 쏟아져 나오는 고아들을 돕기 위해 그들과 함께 살면서 동광원을 세웠고 후에 귀일원이라는 이름으로 고아원을 운영했는데 현재 동광원은 순수한 수도공동체가 되었고 귀일원은 지체장애인들을 위한 생활시설이 되었다(조현, 2008).

---

12 이세종 선생의 일대기는 『호세아를 닮은 성자: 도암의 성자 이세종 선생 일대기』(엄두섭, 1987)에 자세히 기록되어 있다.

(3) 타인의 고난에 동참하기

그리스도의 성육신은 인간의 연약함을 체휼(體恤)하고, 그들의 시험과 고난을 동일하게 경험하기 위한 것이었다. 이러한 그리스도의 모범을 따르고자 한다면 고통당하는 자들의 고통에 동참해야 한다. 위대한 영성가들의 삶에는 고통당하는 현장에 함께 머무르며 그 고난을 같이 당하는 미덕(美德)이 나타난다. 이러한 모범은 사회복지실천에 중요한 의미를 갖는다. 바울은 "나는 이제 너희를 위하여 받는 괴로움을 기뻐하고 그리스도의 남은 고난을 그의 몸된 교회를 위하여 내 육체에 채우노라."(골 1:24)고 고백한다. 더 나아가서 "즐거워하는 자들과 함께 즐거워하고 우는 자들과 함께 울라."(롬 12:15)고 요청한다. 성육신의 영성은 타인의 고난에 동참함 없이 불가능하다.

성 다미엔(Joseph Damien de Veuster, 1840~1889)은 '나환자들의 목자'로 알려진 벨기에 출신 가톨릭 신부다. 어려서 수도원에 들어간 그는 하와이에서 신부로 서품된 후 한센병 환자들 200여 명이 격리되어 살고 있는 몰로카이(Molokai) 섬으로 갔다. 그곳에서 버림받고 상처받은 한센병 환자들에게 하나님의 사랑을 전하였지만 환자들의 마음은 열리지 않았다. 그때 한 사람이 찾아와서 그에게 말하기를 "우리는 한센병 환자이고 당신은 건강한 사람이니까 서로 생각하는 바가 달라서 안 됩니다."라고 말한다. 다미엔은 그 말을 듣고 이렇게 기도한다. "하나님, 저에게도 한센병을 허락하옵소서. 저들의 마음이 열릴 수 있다면, 저들을 사랑하는 제 마음을 받아들이는 길이 될 수 있다면 저에게 한센병을 주옵소서." 어느 날 그의 손등에서 마침내 한센병균이 발견되었는데 그 순간 하나님 앞에 무릎을 꿇고 기뻐하며 감사하여 기도를 드렸다. 그는 결국 한센병 환자가 되었고 저들과 같은 환자의 위치에서 하나님의 말씀을 전할 수 있었기 때문에 그들과 아픔을 함께 나누어 살면서 진심으로 그들을 사랑할 수 있게 되었다. 33세에 몰로카이 섬에 가서 49세의 나이로 죽어갈 때 "모든 것을 전부 다 바친 나는 참으로 행복한 사람이다. 지금 나는 완전히 가난한 모습으로 죽는다."고 고백하며 세상을 떠났다.

(4) 예수의 모범을 삶으로 표현하기

성육신은 단순히 거룩하신 하나님께서 육체로 나타난 것에서 멈추지 않고 그 육체로 거룩한 삶을 살아감으로써 하나님의 뜻을 나타낸 것이다. 예수는 그 고상한 인격으로, 거룩한 삶으로, 사랑의 관계를 통하여, 더 나아가 역사적 현장에서 실천하신 사역을 통하여 하나님의 사랑을 선포하고 진리를 가르치셨다. 성육신의 영성은 깊은 침묵 속에서도 큰 울림을 가져온다. 그것은 삶으로 나타나는 하나님의 형상이기 때문이다. 그리스도인은 그 삶 속에서 예수의 형상, 즉 하나님의 형상을 보여 주어야 한다.

방애인(1909~1933)은 황해도 황주의 부유한 집안에서 태어나 평양 숭의여학교를 거쳐 개성 호수돈여고를 졸업하고 전주 기전여학교에 교사로 부임한다. 전주에서 그녀의 삶이 얼마나 감동적이었는지는 여러 자료를 통해 증명된다. 심지어 제도교회의 타락을 탄식하며 무교회 운동에 참여했던 김교신까지도 『성서조선』을 통해 그녀를 소개하며 극찬하기까지 하였다. 1930년 1월 10일 그녀의 일기에는 "나는 처음으로 하나님의 음성을 들었다. '눈과 같이 깨끗하라.' 아아! 참 나의 기쁜 거룩한 생일이다." 부잣집 딸과 신여성으로서 단장하던 값진 옷감도, 향수와 크림도 그의 소지품에선 찾아볼 수 없었다. 그가 가진 것은 단 한 벌의 옷뿐이었다. 32년 여름, 수재가 발생했을 때는 오갈 데 없는 가족에게 자신의 필수품인 시계와 만년필을 팔아 셋방을 얻어 주었고, 부모조차 없이 거리에 방치된 아이들을 위해서 고아원을 열었다. 교회의 청년들과 함께 전주 시내 8,000여 호를 가가호호 방문해 한 푼 두 푼씩 돈을 모았다. 전주 교외 시골에 야학을 열어 글을 깨치지 못한 농촌 여성들에게 한글을 가르치고 한밤중에 눈보라 속에서 떨고 있는 아이들을 찾아 들쳐업고 오곤 했다. 얇은 단벌 옷으로 겨울을 나는 딸이 안타까워 어머니가 보낸 솜옷도 입어보지도 않은 채 모두 거리의 걸인들에게 주었다. 이처럼 시간과 장소 그리고 상대를 가리지 않는 헌신적 희생과 사랑을 실천하는 그녀의 모습은 점차 성자의 모습으로 전주 시민들의 눈에 비치기 시작했다. 어느 날 열병을 얻어 숨을 거두자 전주 시내는 눈물바다가 되었다고 한다(엄두섭, 1999).

(5) 남의 짐을 대신 감당하기

예수께서 성육신하신 가장 중요한 이유는 인간의 짐을 대신 감당하기 위해서였다. 사람이 지은 죄의 값은 오직 사람만이 대신할 수 있기 때문이다. 성육신의 영성은 이러한 대속의 삶을 자원하는 방식으로 나타난다. 다른 사람의 고통을 소멸하기 위해서 자신이 고통을 받고, 다른 사람의 배고픔을 해결하기 위해서 자신의 배를 고프게 하는 삶을 의미한다. 성육신의 영성은 대신 말해 주고, 대신 짊어지며, 대신 지불하고, 대신 감옥에 간다.

1972년 『타임』지는 커버 스토리에서 콜스(Robert Coles) 교수를 '생존하는 정신과 의사 가운데 미국에서 가장 영향력 있는 인물'로 선정했다(Yancey, 2002: 162-215). 그는 정신과 의사요 하버드대학의 교수로서 60권에 이르는 저서를 펴냈고, 천 편이 넘는 글들을 썼을 뿐만 아니라 1973년에는 퓰리처상을 받았고, 맥아더재단에서는 천재상(Genius Award), 클린턴 정부로부터는 자유의 메달을 수여했다. 그러나 콜스 박사는 저명한 교수라기보다 오히려 학생에 가까워 보였다. 하버드대학교 당국은 콜스 박사에게 고상하고 넓은 사무실을 주었지만, 그가 인종 문제를 다루는 흑인학생 단체(SNCC)에 가서 돕고자 했을 때 학생들은 빗자루를 주면서 청소를 시켰다. 일주일이 가고 다시 한 달이 가고, 마침내 일 년이 되도록 박사는 마루를 훔치고, 진공청소기를 돌리고, 먼지를 털고, 설거지를 하고, 화장실 청소를 하면서 붙박이 관리인으로 지냈다. 막일을 하면서 그는 자신이 알고 있는 흑인 부모들 가운데 절반쯤은 하루 종일 비슷한 일을 하고 있다는 사실을 가슴 깊이 새겨두었다. 그리고 그 과정에서 좀처럼 마음을 주지 않으려는 학생들로부터 조금씩 존경과 신뢰를 받게 되었으며 그들의 이야기를 얻어 듣기도 하고, 가장 낮은 단계이긴 하지만 SNCC 운동에도 참여할 수 있었다(Yancey, 2002: 185). 후에 그는 이 운동으로 말미암아 감옥에 들어가기도 했지만, 결국 그는 그들의 이야기를 통해서 그들에 관한 14권에 이르는 시리즈 저술들을 내놓게 되었고 가난한 사람들이 스스로 말할 수 없는 고통의 문제들을 대신 말해 줄 수 있게 되었다.

제3장
영성사회복지실천의 기초

이번 장에서는 영성사회복지실천이 무엇인지를 구체적으로 탐구한다. 이를 위해 기독교사회복지실천과 교회사회복지실천에 대한 이해부터 정리하고자 한다. 그런 다음 영성사회복지실천의 범위와 방법들을 개략적으로 살펴보고자 한다.

1. 교회와 기독교 기관의 영성적 사회복지실천의 개념

기독교사회복지실천을 수행하려는 교회와 기독교 기관, 기독교사회복지사들이 가장 중심으로 두어야 할 주제는 기독교적 또는 교회적 정체성이 담긴 사회복지실천을 찾아내는 것에 있다. 기독교사회복지실천은 기독교적 세계관과 정신을 가진 사람 또는 기관이 기독교의 다양한 생명 자원들을 동원하여 취약계층을 돕고, 사회문제를 해결하며, 인간의 삶의 질을 향상시키기 위해 실천하는 일체의 활동을 말한다(유장춘, 2002). 기독교사회복지실천의 하위개념으로서 교회사회복지실천은 기독교 영성을 기반으로 교회가 주체가 되어 개인의 자주성(自主性)을 존중하고 지역사회의 공생성을 활성화함으로써 곤궁한 사람들을 돕고, 개인·가족·집단·지역사회의 사회적 욕구를 충족되게 하며, 이에 필요한 사회적 여건을 조성하기 위하여 실천하는 일체의 전문적 활동이다.

한편, 이준우(2014; 2019)는 교회사회복지실천이란 "교회의 자원을 기초로 하여 기독교 신앙의 핵심인 사랑 실천의 의지와 성경의 가르침과 하나님을 믿어 구원을 얻게 해야 한다는 선교 의지, 이 두 가지 요인이 동기가 되어 교회가 사회복지실천의 주체가 되어 사회복지 자원동원에 대한 일차적 책임을 지며, '사회복지적인 관점을 가진 목회자, 교회사회복지실천가, 기독교적 가치관에 입각해 일하는 사회복지사'와 교회의 자원봉사 인력을 활용하여 공식적인 종교복지법인 시설 혹은 기관, 교회 시설 또는 학교와 병원 등을 포함한 지역사회의 다양한 복지자원들을 연계하면서 지역주민의 복지욕구 충족과 복지 증진을 위해 사회적 문제해결을 사회복지의 대상으로 삼아 실시되는 일련의 복지활동"이라고 정의하였다.

아울러 이준우(2014: 126-127)는 "교회사회복지실천은 인간을 구원하고, 하나님의 뜻에 따라 그 사회구조를 변혁시키려는 사회참여와 사회봉사의 차원뿐만 아니라, 인간의 생명과 그 생명을 둘러싸고 있는 사회 및 자연환경 살리기를 포괄하는 통전적인 생명 회복운동을 의미하는 '복지선교'와 지속적인 돌봄과 양육의 활동인 '복지목회'가 창조적으로 융합된 성경적 사회복지실천 개입"[1]이라고 강조한다. 계속해서 그는 교회사회복지실천은 "성경적 관점하에서 교회 공동체의 영적·물적·인적 자원을 기반으로 수행하는 영성적 사회복지실천이며, 이는 복지선교와 복지목회를 통해

---

1 복지선교는 교회가 사회를 향해 선포하는 그리스도의 복음과 사회 속에서 교회와 성도들의 실천적 행위를 포함하는 사회복지실천의 결합을 의미한다. 그리스도의 복음이 세상을 향해 하나님의 생명을 선포하는 사건이라면, 교회의 복지선교는 세상을 구속하시는 하나님의 구속 사역에 참여하는 교회의 대 사회적인 봉사로서의 전문화된 '사회복지실천'인 것이다. 이와 같이 그리스도의 복음과 사회복지실천의 결합과 합류인 복지선교는 교회가 사회를 향한 실제적인 '실천(프락시스: praxis)'임과 동시에 대 사회 관계에서 복음의 실천적 구현, 복음과 문화와의 교통, 사회 환경 및 자연생태계의 다양한 조건들의 성찰에 의하여 인간생명과 자연생명을 동시에 살리는 '생명 살리기'를 지역사회에서 실현하는 운동인 것이다. 한편, 복지목회는 하나님의 백성인 사람들의 생명을 살리고 유지하는 일에 관련된 문제들을 해결하는 데 도움을 주는 경영 활동이다. 복지목회는 복지선교를 통해 발굴된 '사역'과 '대상자들'을 돌보고(care) 양육함으로써 '복지적인 상태'가 교회 공동체를 통해서 지역사회와 '대상자들' 가운데에 지속적으로 실현되게끔 하는 것이다. 특히 복지목회는 기독교가 강조하는 '영생'을 보장하는 신앙을 토대로 하여 사람들로 하여금 이 세상만이 아니라 저 천국까지 보게끔 해 주어야 한다. 또한 복지목회는 서로 사랑하고 더불어 살라는 도덕성을 실천하게끔 해야 한다. 나아가 복지목회는 하나님 중심의 세계관을 확립하고 삶의 의미를 되찾게 해야 한다. 인생의 한계와 허무함을 재인식하게 하고 세상의 주인이 하나님이심을 깨닫게 함으로써 겸손한 신앙인으로 양육하는 사역이어야 한다. 이를 통해 복지목회의 대상자들은 자유로운 공존, 정의로운 협동, 평화로운 동참을 실현해 나가야 한다(이준우, 2014).

구체적으로 실현되는 전문적인 교회 사역"이라고 한다. 이를 수학적 등식으로 표현해 보면, 교회사회복지실천(=영성적 사회복지실천) = '복지선교' + '복지목회'이며 이를 세분화하면 다음과 같다.

'복지선교' = 복음전도 + 사회봉사 및 사회참여
'복지목회' = 지속적인 돌봄(care) + 양육

이준우(2019)는 왜 이렇게까지 개념 정리를 해야 하는지를 구체적으로 설명한다. 그 이유는 교회의 사회복지실천이 정부의 지원 없이 순수한 교회의 자부담으로 이루어지면서 기독교적인 영성 사역(가령 예배와 선교 및 전도)까지 직접적으로 하는 경우와 교회와 기독교 기관이 수행하는 사회복지실천이 정부 보조금으로 진행되는 경우를 구분할 필요가 있기 때문이다. 만약 교회나 기독교 기관(기독교사회복지법인과 기독교 NGO 등을 포함)이 정부 보조금 혹은 각종 지원을 받으면서 사회복지실천을 수행할 때는 기독교 영성 사역을 직접적으로 사업 내지 프로그램에 반영하면 안 된다. 이는 자칫 교회가 종교적 행위를 확장하기 위해 사회복지를 이용한다는 비판에 직면하게 한다.

그러므로 정부와 함께 사회복지실천을 감당하는 경우에는 철저하게 사랑과 섬김, 헌신과 희생의 기독교 영성으로 정부의 지침을 준수하면서 사회복지실천을 수행해야 한다. 직접적인 종교 행위에 근거하거나 직접적인 전도나 개종 강요 등을 하지 않아야 하는 것이다. 교회나 기독교 기관의 이와 같은 활동을 이준우(2019)는 '기독교사회복지실천'이라고 개념 정리를 하였다. 반면, 교회가 정부의 지원을 받지 않고 독자적인 자원 개발을 토대로 사회복지실천을 하게 될 경우를 '교회사회복지실천'이라고 정의하였다. 물론 넓은 의미에서는 유장춘(2002)의 견해대로 기독교사회복지실천이 교회사회복지실천을 포함한다. 이를 요약, 정리하면 다음과 같다.

• 기독교사회복지실천 = 정부 보조금 혹은 지원을 받아(예: 정부로 시설이나 사업 혹은 프로그램 등을 위탁받아) 교회 혹은 기독교 기관(기독교사회복지법인, 기독교

NGO 단체 등)이 지역사회에서 사회복지실천을 수행하는 경우
- 교회사회복지실천 = 정부의 지원 없이 교회가 주체가 되어 교회의 인적·물적 자원을 자부담하면서 부가적으로 다양한 사회자원을 활용하여 지역사회에서 사회복지실천을 수행하는 경우
- 기독교사회복지실천 ≧ 교회사회복지실천 ≦ 영성사회복지실천

이러한 맥락에서 보면, 교회든 기독교 기관이든 만약 정부 지원금이 투입되는 사회복지사업을 위탁받아 운영할 경우에는 공적 자금을 통한 공공적 사회복지서비스의 성격도 배제할 수 없기 때문에 특정 종교, 즉 기독교 신앙을 서비스이용당사자들에게 요구할 수는 없는 것이다. 그렇지만 본질적으로 기독교사회복지실천이든 교회사회복지실천이든 기독교 영성에 근거하여 이루어지는 사회복지실천이라면 모두 다 예수 그리스도의 정신에 기초한 실천 개입을 해야 한다. 이는 종교적 행위를 강요한다는 의미가 결코 아니다.

일반적인 통념에 의하면 기독교적 가치관이란 기독교의 교리적·문화적·전통적·집합적 체계로 형성되는 종교적 신념으로 생각하는 경향이 있으나 보다 명확하게 정의하자면 기독교가 지향하는 절대자와 맺어진 진정한 관계, 또는 경험 안에서 형성된 깨우침과 확신이라고 보아야 한다. 종교적 신념은 자칫 편협하고 고집스러우며 세속적 가치를 지향하면서 냉담하고 권력과 폭력까지도 수단으로 사용한다. 반면, 참된 기독교 신앙은 관대하고 유연하며 따뜻할 뿐 아니라 자기희생적이다. 그런 의미에서 교회사회복지실천은 교회의 자원, 즉 사람과 돈, 시설, 힘과 지위, 조직 등으로 진행되는 종교적 성향의 사회복지실천이라기보다는 그리스도의 사랑과 마음으로 표현되는 십자가 정신, 인격적이면서 진정성 있는 인간관계와 삶의 모범, 그 속에서 나타나는 헌신과 희생으로 진행되는 영성적 사회복지실천 활동으로 지향되는 것이어야 한다.

그러므로 교회사회복지실천에서는 예수 그리스도의 정신이 중요하며 바로 그 정신이 실천 개입의 전면에 드러나야 하는 것이다. 실제로 기독교 기관 또는 교회의 사회복지실천은 실천가(사회복지를 전공한 목회자 혹은 사회복지사)의 영성에 뿌리를 두

고 이루어진다. 기독교는 개인의 가치관을 형성하는 바탕이고, 사회복지실천은 다른 어떤 영역보다 가치 지향적이므로 실천가의 영성, 그 영성에 바탕을 둔 가치관이 실천을 좌우하게 된다. 그래서 한국교회와 기독교 기관의 사회복지실천은 종교성은 지양하되 오히려 복음의 정체성은 분명하게 나타내는 방향으로 이루어져야 한다고 본다. 이러한 맥락에서 유장춘(2018: 28-29)의 주장은 울림이 크다.

> 진리는 보편적인 것이다. '우리'에게 옳은 것이 '그들' 또는 '저들'에게도 옳아야 한다. 그래야 보편적인 것이고 그래야 진리이기 때문이다. 기독교의 복음은 진리이기 때문에 보편적인 것이다. …… 복음은 세속적인 타당성을 갖고 있다. 기독교 신앙의 진리를 기독교인만을 위한 진리로 제한하거나 오해받게 해서는 안 된다. 복음을 기독교만의 진리로 만들 때 기독교는 편협하고 완고하고 독선적인 종교의 자리로 추락한다. 보편적 진리로서 복음은 사회복지 영역에서도 역시 진리다. 다시 말하면, 가장 이상적인 사회복지는 복음과 일치될 때 가능하다는 말이다. 사회복지가 본질을 잃어버리고 목적이 왜곡된 수단으로 사용될 때 인간의 복지를 해치고 오히려 인권과 자유와 인간존엄성을 해치는 폭력적 도구로 변질된다. 오늘의 사회복지가 인간의 복지에 기여하는 바가 큰 것은 사실이지만 동시에 인간에게 고통을 주고 불행하게 만드는 것도 사실이다. 사회복지가 본질을 회복하고 인간의 복지를 지향하게 하는 진정한 복지정신과 실천방법은 무엇일까? 그것은 성경의 진리를 실현하는 것이다. 이는 사회과학의 관점에서 볼 때도 부정할 수 없는 사실이기도 하다. …… 기독교사회복지는 사실 '기독교'의 영역에만 머무르는 것이 아니라 '일반적' 또는 '보편적' 영역의 사회복지의 표준이 될 수 있다.

결국 교회와 기독교 기관의 사회복지실천은 단지 일반 사회복지실천에서 제공하는 서비스나 프로그램의 수준에 머물러서는 안 된다. 왜냐하면 기독교 교회의 궁극적인 사명은 하나님의 나라를 각 개인과 그들이 살아가는 사회에 구현해 내는 데에 있기 때문이다. 즉, 하나님의 나라가 눈물과 탄식과 고통이 가득한 이 땅에 온전히 구현되게 하는 것, 이것이 바로 메시아로 이 땅에 오신 예수님의 핵심 사명이며 교회의 본질적 사역이기 때문이다.

예수님께서 선포하셨던 하나님나라는 죄와 사탄의 통치 세력이 무너지고, 공의와 사랑과 평화가 구현되는 하나님의 왕적 통치가 이루어지는 영향권을 의미하였다. 그리고 그 영향권이 확대되어 가는 활동이 바로 하나님나라 운동이라 할 수 있다. 그러므로 진정한 하나님나라는 하나님의 샬롬(평화)으로 구현된 그 하나님의 사랑으로 하여금 하나님나라 구성원들의 삶을 소망으로 연결시킨다. 인간은 그 소망 안에서 사회적 고립을 극복하여 장애인과 비장애인, 건강한 자와 병든 자, 젊은이와 노인, 남자와 여자들 간의 진정으로 하나 된 생활 공동체를 이룰 수 있는 근거가 된다. 다시 말해서, 하나님나라에 대한 소망이야말로 인간적인 공동체를 새롭게 갱신하는 근거가 되는 것이다. 실제로 복음이 전파되는 곳에 회복과 평화의 현실이 가시화되었고, 복음을 통해 우리는 구원받은 하나님나라의 구성원이 된다. 예수님을 통해 이미 도래하였고, 주님이 다시 오실 그 때, 완전하게 이루어질 그 하나님나라의 백성이 되는 것이다. 이때 거듭난 하나님나라의 백성으로서의 삶을 사는 사람들은 영적 구원뿐만 아니라 세상에서의 행복한 삶을 위해서도 구체적인 노력을 기울일 수 있게 된다(이준우, 2014).

2. 영성적 특성과 기독교사회복지실천의 유형

1) 기독교 진리와 사회복지실천 이념

기독교사회복지실천의 토대가 되는 영성의 기본은 사랑이다. 사랑의 대상은 피조물이고 그중에 으뜸은 인간이다. 인간의 존엄성과 절대적 자유는 신에 의해 창조되었다. 인간은 그 자유를 가지고 죄를 짓고 타락한 가운데 있다. 하나님은 그 인간을 사랑하시고 인간이 되어 찾아오시고 대신 십자가를 지셨다. 하나님을 믿고 구원받은 사람들은 그 하나님의 사랑을 실현하여 하나님의 나라를 이루어야 한다.

이러한 기독교의 중심적 진리는 사회복지실천에 있어서 존재론적인 접근을 하게 함으로써 인간의 존엄성을 보호하기 위하여 물질과 정신, 그리고 영혼을 함께 돌보게 한다. 이러한 돌봄은 진정한 사랑을 갖고 고통받는 자와 하나 되고, 그 아픔을 대신 짊으로써 가능해진다. 이 사랑의 가장 중요한 가치는 선교에 있다. 선교는 복음적인 사람으로 변화시키는 것(복음화)과 변화된 사람으로 살아가게 하는 것(인간화)이다. 결과적으로 나타나는 궁극적인 목표는 소외와 차별이 없고 누구나 동등하게 가치를 인정받는 공동체를 이루어 하나님의 나라를 경험하게 하는 데에 있다.

〈표 3-1〉 기독교 진리와 사회복지실천 이념의 관계성

기독교 진리	사회복지실천 이념에 대한 관계성
창조-타락/구속	존재론적 접근-물질과 정신, 영혼을 함께 돌봄
사랑-성육신/십자가	이타적 접근-고통에 참여하기/대신 담당하기
선교-복음화/인간화	통전적 접근-변화와 자아실현적 실천
하나님의 나라-성찬/부활	통합적 접근-참여와 분배/희망과 도전

기독교는 사회복지에 대한 독특한 개념들과 정신적 이념들을 갖고 있기 때문에 기독교 영성의 실천적인 형태를 갖추어야 한다. 그러나 현실에 있어서는 이러한 이념들이 실천적인 영역에서 뚜렷하게 나타나지 않는 것을 볼 수 있다. 기독교사회복지의 실천현장에서 보이는 내용이 일반 사회복지의 그것과 거의 대동소이하기 때문이다. 이러한 현상은 한국의 기독교가 기독교 자신의 고유한 영성을 확실하게 드러내지 못하고 있다는 사실을 보여 주는 것이며, 기독교의 영성이 활발하지 못하거나 침체되어 있다는 사실을 반영하는 것이라고 볼 수 있다.

2) 영성적 특성에 따른 기독교사회복지실천의 유형

영성의 다양한 개념과 형태, 특징들은 현재 한국 기독교계 내에서 다양한 스펙트럼을 형성하고 있으며 경우에 따라서는 보완적·갈등적·상호지지적 관계들을 나타내고 있다. 여기에서는 한국 기독교의 사회복지적 영성의 특성에 따라 사회복지실천이 어떻게 다르게 나타나는지를 유형별로 분류하여 제시하고자 한다. 물론 이러한 실천들이 종교적이냐 영성적이냐를 구분하는 것은 사실상 불가능하다. 왜냐하면

개개의 사안들에 따라 달라지기 때문이다. 즉, 같은 활동을 해도 실천가의 특성에 따라 영성과 종교성은 달라지기 때문이다. 그럼에도 불구하고 영성적 특성으로 분류하고자 한 것은 진정한 사회복지 활동은 영성이 근거되어야 한다는 전제와 희망이 함께 작용하였기 때문이다.

(1) 사회봉사적 영성에 따른 실천

사회봉사적 영성은 자기 이익을 초월하고 타인의 입장에 설 수 있다는 면에서 영성적 특징을 갖는다. 사회봉사적 영성은 주변의 어려운 사람들을 찾아가고, 대화하며, 필요한 일을 돕는 일을 하게 한다. 상담이나 구제, 지역사회복지운동을 위한 자원봉사활동들이 이 범주에 속한다. 교회에 사회복지를 담당하는 부서를 설치하고 이 조직이나 기관을 중심으로 지역사회의 문제를 위해 봉사적 활동을 전개한다. 현재 한국의 대부분의 교회들이 규모에 따라 다양하게 이러한 활동을 실천하고 있다.

(2) 사회행동적 영성에 따른 실천

사회행동적 영성은 사회봉사적 영성과 유사하지만 사회정의에 대한 예리한 통찰력을 갖고 좀 더 고난에 대하여 맞서는 큰 용기를 갖는다는 면에 있어서 조금 다른 특성을 가진다. 과거 독재적 권위와 맞섰던 민주화 운동이나 인권운동 그리고 오늘의 사회에서 진행되고 있는 윤리실천운동, 경제정의운동, 시민참여운동, 환경운동, 소비자 운동, 더 나아가 통일운동 등과 같은 운동들이 기독교계에서 진행되고 있다.

(3) 공동체적 영성에 따른 실천

공동체적 영성은 조화와 양보 및 타협의 미덕을 존중하며 일상의 삶을 영적으로 살아내고자 하는 지속적인 태도를 유지한다는 면에서 독특함을 나타낸다. 현재 한국 기독교 내에서 펼쳐지는 공동체 운동은 매우 빈약하지만 두레공동체, 화천의 시골교회, 가평의 다일공동체, 합천의 오두막 공동체, 포항의 샬롬공동체 등이 자조적인 경제능력을 갖춘 생활공동체로서 진행되고 있다.

(4) 옹호적 영성에 따른 실천

옹호적 영성은 약자들의 고통에 참여하며 뜨거운 감성으로 열정을 갖는다는 면에서 다른 특성과 구분된다. 이들은 공동체 생활보다는 인권 침해에 저항하며 돌봄과 상호 지지적인 공동체를 결성한다는 데 특징이 있다. 현재 한국교회 내에는 외국인 근로자교회, 시각·청각·지체 등의 장애인교회, 근육병환자를 위한 교회, 그리고 독거 빈곤노인, 출소자, 노숙자, 알코올 중독자 등 다양한 취약 계층을 위한 옹호활동이 진행되고 있다.

(5) 선교적 영성에 따른 실천

선교적 영성은 진리에 대한 강한 의무감과 영혼에 대한 사랑, 교회에 대한 충성심을 중심으로 하는 영성으로서 다분히 투쟁적인 성격이 있다. 복음의 전파를 지상과제로 설정한 이들은 사회봉사의 최종적인 귀결을 교화로 맺으려는 신념을 갖는다. 오늘의 많은 한국교회들은 이러한 관점에서 봉사를 선교의 도구로 삼는다. 경로잔치를 열고 예배를 드린다든지, 노숙자들이 도움을 받는 조건으로 성경공부에 참여하게 하는 등 종교적(이들은 영적 접근이라고 주장함) 행위와 봉사를 병행하여 진행하는 경우가 이 유형에 해당된다.

(6) 지식추구형 영성에 따른 실천

지식추구형 영성은 명석한 직관을 가지고 자신을 상대화시키며 내면의 세계를 깊이 들여다보고 분석하면서 동일한 방법으로 사회와 시대를 알고 설명하고자 하는 영성이다. 이들은 문서운동과 교육, 연구 등을 통하여 사회에 기여한다.

(7) 신비주의적 영성에 따른 실천

신비주의적 영성은 사회복지와 관계가 없는 듯 보이지만, 인간의 영성이 삶의 질에 중요한 결정요소가 된다면 분명히 이러한 특성의 영성도 사회복지적 의미를 갖는다. 신비주의적 영성은 초월적이고 신비적인 존재와 합일을 통해 인간의 한계를 초월하고, 절망을 극복하며, 미래에 대한 희망을 경험하게 된다. 일제강점기로부터 오늘에 이르기까지 험난한 한국현대사의 풍랑 속에서 기독교는 부흥회나 기도회, 영적 은사 집회 등을 통하여 서민들의 영혼을 위로하고 삶의 활력소를 불어넣었다. 오늘에도 많은 기도원이 운영되고 있으며, 피정과 영성수련 등이 진행되고 있다. 해마다 축복성회를 통하여 사람들은 복을 기원하고, 철야기도, 금식기도, 새벽기도 등을 통하여 문제해결과 안녕을 추구하고 있다. 이런 활동들은 좀 더 이타적이고 본질적인 문제로 성숙해 나가야 할 필요가 있으며 좀 더 이성적이고 인지적 측면에서 개발되어야 할 필요가 있다.

3. 영성적 사회복지실천의 범위

영성의 본질이 초월적인 대상과의 인격적인 관계와 그 관계를 맺으려는 노력이라고 한다면, 기독교 영성은 예수 그리스도 안에서 창조주 하나님과 맺어지는 인격적 관계와 그 관계를 심화시켜 나가고자 하는 인간의 의지와 노력이다. 그러므로 교회와 기독교 기관에서 수행되는 사회복지실천은 하나님과의 깊은 관계 안에서, 하나님의 뜻과 목적을 이루어 나가야 할 뿐 아니라 하나님의 지혜와 능력으로 실천해야 한다. 기독교사회복지실천은 영성적이어야 한다는 전제는 지극히 당연하지만 그 실천이 어떻게 가능한지에 대하여는 충분한 논의가 진척되지 못했다.

따라서 이 분야에 대한 신학적·사회복지적 접근에 대한 실질적인 연구와 실행이 절실히 필요하다. 영성적 사회복지실천을 위한 연구와 실행은 영성에 대한 연구와 사회복지에 대한 연구가 함께 접목되는 영역에서 이루어진 후 구체적으로 실행되어야 한다. 이러한 연구와 실행은 우선적으로 영성의 본질에 근거한 기독교 세계관과 가치관, 윤리의식이 어떻게 사회복지와 관련되는 것인가를 주제로 해야 할 것이다. 아울러 연구와 실행은 결코 따로 분리되어서는 안 된다. 연구(research)와 실행(practice)이 통합적이면서 순환적으로 동시에 이뤄져야 한다. 즉, '실행에 기초한 연구(practice based research)'가 영성적 사회복지실천에서 수행되어야 한다. 이렇게 연구와 실행이 어우러진 접근이 자리 잡게 되면 그것이 바로 영성적 사회복지실천의 이론이 되고 동시에 보편적인 개입실천 방법이 될 것이다. 그 결과 이 모든 것이 영성적 사회복지실천의 개념과 내용 및 범위, 실천방법과 기술로 정리될 수 있을 것이다.

1) 기독교 영성의 본질과 사회복지실천에 관한 연구와 실행

영성은 본질적으로 하나님과의 깊은 관계 속에서 세워진 성서적인 세계관과 가치관과 윤리의식을 동반하기 때문에 당연히 실천적이다. 기독교사회복지실천이 영성에 기반을 둔다는 것은 사회복지사의 실천이 기독교적인 세계관과 가치관 그리고 윤리의식에 기초를 세운다는 것을 의미한다. 따라서 영성적 사회복지실천을 연구하고 실제적으로 실행하기 위해서는 이러한 주제들로부터 출발해야 할 것이다.

〈표 3-2〉 영성의 본질과 연결된 사회복지실천의 연구와 실행

영성		사회복지실천	영성적 사회복지실천
본질	세계관	사회복지실천의 동기, 영역	영성적 사회복지실천의 동기
	가치관	사회복지실천의 목표, 우선순위	영성적 사회복지실천의 목표, 우선순위
	윤리관	사회복지실천의 윤리적 결정	사회복지실천의 영성적 윤리결정

(1) 기독교 영성이 기초하는 세계관적 사회복지실천에 관한 연구와 실행

세계관이란 세상이 어떻게 운행되며 그 기본적 구성이 어떠한가에 관해서 신념으로 갖고 있는 전제들이다. 사람들은 누구나 의식하든지 못하든지 이러한 신념을 갖고 있는 것이 사실이다(오정수 2004: 186; Miller, 1998). 밀러는 세계관의 차이가 지구촌의 다양한 지역이나 종족에 따라 기아, 빈곤, 풍요로움의 다양한 결과들을 가져온다고 논증하였다. 그 이유는 생각이 결과를 낳기 때문이다(ideas have consequences).

또한 셔우드(Sherwood, 2002: 13)는 세계관이 우리의 궁극적이고 근본적인 일련의 질문들에 대해 신념에 근거한 대답을 제공한다고 하였다. 우리는 무엇이고, 누구이며, 무엇이 문제이며, 어떻게 해결할 것인가 등과 같은 질문들은 사회복지의 근원적인 질문임과 동시에 신앙적인 질문으로서 세계관 안에서 통합되고 있다는 것이다.

따라서 세계관은 사실을 해석하고, 느낌과 생각과 행동에 상호작용하는 것이기 때문에 사회복지실천에서 서비스이용당사자를 이해하고 돕는 과정에서도 동일하게 진실되고 중요한 것이라고 말한다. 그럼에도 불구하고 현대 사회복지학에서는 사회복지사의 세계관에 대해서는 중요하게 다루지 않는다.

교회나 기독교 기관의 사회복지사가 진정으로 신앙을 갖고 있는 영적인 사람이라면 당연히 기독교 세계관을 신념으로 갖고 있을 것이며, 그 세계관에 따라 자신의 정체성과 실천의 이유를 설명하게 될 것이다. 아더 홈즈(Athur Horms)는 기독교 세계관의 핵심을 창조·타락·구속의 기본 골격으로 제시하였다. 그리고 모든 존재의 기본을 구조와 방향으로 설정하였다. 하나님이 창조하신 세계는 보기에 아름답고 선한 것이었다. 그러나 인간은 타락의 방향으로 나아갔기 때문에 세상은 고통스러워졌고, 추해졌고, 악해졌고, 파괴되었다. 그래서 이제 구속적 방향으로 나아가야 한다는 것이다.

뿐만 아니라 창조론은 물질세계가 하나님에 의해 창조되었고 하나님의 선하심을 반영한다고 단언한다. 따라서 창조의 영성은 환경과 인간을 포함해 세상을 돌보는 것이 영적으로 매우 중요하며, 그것이 환경과 복지사역에 중요한 동기부여를 제공한다고 믿는 것이다(Mcgrath, 2006: 78). 이러한 우주와 존재에 관한 기본적인 전제는 사회복지의 중심 이념을 형성하게 된다. 하나님의 주권과 하나님의 섭리, 인간의 타락한 현실과 그 구속적 방향 등에 대한 이해는 사회복지실천의 이유와 목적을 제시하고 모든 판단의 중심적 기준을 제시하는 것이다.

오정수(2004: 187)는 교회의 사회복지실천에 있어서 영성은 실천의 본질과 동력으로서 추진하는 힘이 되고, 세계관은 그것이 나아갈 방향으로서 준거틀을 제시한다고 하였다. 세계관은 사회적 실재를 해석하는 준거틀이고 문제를 파악하는 근거가 된다. 아울러 세계관은 가치를 설정하고 목표를 제시하는 판단의 기준이고 동시에 인간의 본성과 존재적 의미를 제시하는 사고(思考)의 기초가 된다. 이러한 세계관적 문제가 사회복지실천에 어떠한 영향을 주는지를 연구하고 실행하는 것은 영성적 사회복지실천의 중요한 주제가 될 것이다.

(2) 기독교 영성이 지향하는 가치관적 사회복지실천에 관한 연구와 실행

기독교 영성은 기독교 세계관에 근거하여 나름대로 독특한 가치관을 형성하게 한다. 본회퍼(Bonheffer)는 기독교인은 본질적으로 '타자를 위한 존재'라고 규정했다. 중생한 그리스도인으로서 부활의 소망을 가지게 된 후에는 이전과 다른 새로운 가치관을 갖게 되는 것이 당연하다. 이와 관련하여 맥그래스(2006)는 기독교인의 가치관을 이렇게 말했다.

> 기독교 신앙은 대속 받았다는 사실 때문에 생겨나는 가치관, 즉 자기 자신을 기꺼이 부인하고 남을 사랑하는 것 같은 가치관에 관한 것이다. 이런 가치관은 신앙생활의 기본이 되며 하나님과 긴밀한 교제를 나눔으로써 최상의 본을 보였다고 추앙받는 나사렛 예수의 특성과 밀접한 관련이 있다. 그러므로 성령 충만한 삶이 기독교의 가치관을 반영하고 형성한다고 말할 수 있다.

동시에 기독교인의 가치관은 생명, 하나님의 나라와 같은 보다 본질적인 것을 우선순위로 설정한다. '생명'과 '영'의 근원어인 히브리 단어는 '루아흐'로서 '숨' '바람'이라는 뜻을 갖고 있다. 단어의 원래 의미를 생각할 때 결국 영은 사람에게 생명과 생기를 주는 것이다. 뿐만 아니라 기독교인의 생명은 종말론적인 하나님의 나라와 밀접한 관계를 갖는다. 영원한 하나님의 나라에 들어가는 것이 생명이기 때문이다. 그러나 그 하나님의 나라에 대한 종말적 미래는 현재를 살아가는 존재에 지대한 영향을 미친다.

몰트만은 이러한 개념을 종말론적 존재론(eschotological ontology)이라고 설명하였다(Grenz & Olsen, 1997). 여기에서 교회의 중요성이 대두된다. 교회는 영원한 하나님의 나라를 지향하는 오늘의 그리스도인의 존재론적 삶의 터전이 되는 것이다. 이러한 개념들의 상관관계는 또다시 '그리스도인의 사회복지실천', '교회사회복지실천' 내지 '기독교사회복지실천'의 목적과 이유, 그리고 그 과정에 중대한 영향을 미치지 않을 수 없을 것이다. 기독교적 가치관과 사회복지실천의 관계는 생명과 사회복지실천, 하나님의 나라와 기독교사회복지실천, 교회와 사회복지실천 등의 중요한 연구와 실행 과제를 부여한다.

(3) 기독교 영성이 기초가 된 사회복지실천 윤리에 관한 연구와 실행

영적으로 민감한 사회복지사는 높은 수준의 윤리적 의식을 갖게 된다. 기독교 신앙은 윤리적일 수밖에 없고 영적인 사회복지실천은 지고한 윤리적 결단을 동반하지 않을 수 없다. 그 실천이 거룩하신 하나님과의 관계 가운데서 결정되기 때문이다. 오늘의 기독교사회복지실천이 세속의 일반적 사회복지실천의 윤리적 수준을 크게 뛰어넘지 못하는 이유는 기독교사회복지실천이 영성을 담아내지 못한 종교적 사회복지실천의 수준에서 머물러 있기 때문이다. 여기에서 기독교사회복지실천이 종교적 사회복지실천에서 영성적 사회복지실천의 수준으로 성숙해 가야 할 필요성이 제시된다.[2]

영성적 사회복지실천은 서비스이용당사자 중심 서비스, 사회정의에 대한 통찰과 용기 있는 실천, 인간존엄성의 추구, 인간관계의 중요성 인지, 성실함을 동반한 역량의 강화 등 사회복지실천의 윤리적 기본에 더욱 충실하게 한다. 실적주의, 물량주의, 외형주의, 기계적 매너리즘 등에 사로잡힌 현대 사회복지실천의 맹점을 극복하기 위해서는 영성 강화가 그 무엇보다도 중요하다. 이러한 이유들은 영성적 사회복지실천의 윤리적 결정에 대한 연구를 요구한다. 기독교 영성은 현대 사회복지실천이 이론적으로 제시하는 사회통합의 근거를 성서와 신학적 기초에서 출발하게 한다 (Moltman, 1992). 뿐만 아니라 사랑, 진실, 정의 등 사회복지사의 윤리적 통찰력과 역량은 영성의 깊이와 정비례하는 것이다.

---

2 로널드 불리스(Ronald K. Bullis, 2002: 17)는 종교와 영성 간의 구별되는 차이점을 명료하게 설명한 바 있다. 그는 "종교는 의식·주의·교리·종파에 대한 확신을 겉으로 나타내는 것이다. …… 영성은 초월적 존재와 직접 만남을 경험하는 것과 이로 인해 생기는 내적 감정을 말한다. …… 여기서 영성은 초월적 존재와 인격적 관계로 정의된다."라고 말한다.

2) 기독교 영성의 관계성과 사회복지실천에 관한 연구와 실행

영성은 하나님과 깊은 관계를 맺을 뿐 아니라 역사적 맥락 안에서 자신을 조명하며, 진리를 탐구하는 학문적 세계에 깊이 관여하며, 동시에 자신을 둘러싼 인적·물리적 환경과 인격적인 관계를 맺어나가게 한다. 영성을 통하여 맺어진 관계의 영역들은 모두 사회복지실천과 연계될 수 있는 것이다. 이러한 내용들을 학문적으로 규명해 낼 필요가 있다.

⟨표 3-3⟩ 영성의 관계성과 연결된 사회복지실천의 연구와 실행

영성		사회복지실천	영성적 사회복지실천
관계	'대신'적	그리스도와 관계를 맺은 사회복지사	성육신적 사회복지실천의 모델
	역사적	역사적 현실성을 깨닫는 사회복지사	역사적 현실에 대한 소명으로서 사회복지실천 모델
	학문적	진리에 대해 통찰하는 사회복지사	통전적 진리를 탐구하는 전문사회복지실천 모델
	사회적	사회에 대하여 책임을 의식하는 사회복지사	하나님의 나라를 추구하는 통합적 사회복지실천 모델
	생태적	생태환경을 돌보는 사회복지사	자연친화적 사회복지실천 모델

(1) 기독교 영성의 '대신'적 관계와 사회복지실천에 관한 연구와 실행

휴젠(Beryl Hugen, 1994)은 하나님과의 관계를 사회복지실천에 접목시킨 한 연구로서 '소명 모델'을 제시하였다. 그는 1960년대 초의 흑백 갈등을 경험하는 테시(Tessie)라는 여섯 살의 한 흑인소녀가 인권 문제의 극복을 위한 하나님의 부르심을 알았을 때 얼마나 용기 있게 자신을 둘러싼 위협과 긴장을 극복할 수 있었는지를 설명하면서 하나님과의 관계 안에서 소명(calling)이라는 영성적 특성이 현대의 사회복지실천에 어떻게 활용될 수 있는지를 잘 보여 주었다.

영성의 가장 일반적인 특성은 초월적 존재와 인격적 관계맺음으로 설명된다. 기독교 영성은 예수 그리스도와의 인격적 관계를 맺는 것이다. 그 관계는 인간의 성장

과정과 같이 변화와 정체, 탈선, 치료와 성장 등의 과정을 겪는다. 영적 성장(spiritual development)은 인간에 대한 폭넓은 이해를 구성하는 한 영역으로서 측정할 수 있고, 외형적으로 나타나며, 예측 가능한 형태를 갖추기도 하였지만, 동시에 비교적 불분명한 형태를 갖고 있기도 하다(Straughan, 2002: 145).

앞에서 살펴보았듯이, 파울러(Fowler, 1981)는 영적 성장의 과정을 여섯 단계로 설명하였다. 인간은 직관적이고 투사적인(intuitive/projective) 신앙의 첫 단계에서 출발하여, 신비적이고 문자적인(mystic/literal) 단계를 거쳐, 통합적이고 전통적인(synthetic/conventional) 단계를 지나, 개성적이고 반영적인(individuative/reflective) 단계로 성장하며, 거기서 다시 결합적(conjunctive) 신앙을 거쳐, 결국 영적 성장의 최종단계인 보편적(universalizing) 단계로 나아간다고 설명했다.

(2) 기독교 영성의 역사적 현실성에 근거한 사회복지실천에 관한 연구와 실행

영성의 초월성은 하나님과 관계를 맺을 뿐 아니라 오늘이라는 시간적인 한계를 뛰어넘을 수 있게 한다. 오늘을 살아가면서도 과거를 찾아가고 미래를 경험하기도 한다. 이러한 영성적 특성은 과거와 미래라는 관점에서 오늘을 규정하고 역사적 현실성을 정립하게 된다. 기독교의 영성은 방대한 '사회봉사' 혹은 오늘의 시각에서 볼 때 '사회복지실천'에 대한 역사적 자료를 갖고 있다.

특히 교회는 그리스도로부터 시작하여 예루살렘 교회의 일곱 집사, 제노아의 카타리나, 빈센트 드 폴, 로저 윌리엄스, 요한 울만, 수잔 앤서니, 알베르트 슈바이처, 도로시 데이, 테레사, 로저 무어, 마틴 루터 킹, 장 바니에, 그리고 헨리 나우웬에 이르기까지 위대한 사회봉사적 영성의 전통을 소유하고 있다.

이러한 기독교의 사회봉사적 전통은 한국교회에서도 예외가 아니다. 이상재, 안창호, 이승훈, 조만식, 손양원, 김용기, 장기려, 한경직, 문익환 등 수많은 사회정의와 봉사적 전통을 따르는 영성적 인물들이 나타났다. 수많은 영성가의 삶에서 나타난 사회봉사의 이러한 흔적들은 사회복지실천의 정신과 방법의 고귀한 지혜를 제공한다. 비록 그것이 때로는 신화와 전설의 수준에서 제시되고 있는 이야기일지라도 거기에 담긴 사회복지실천적인 함의들은 무시할 수가 없는 것이다. 그리고 그것들은 미래 기독교사회복지실천의 진정한 목표와 방법들을 제시해 준다.

그러나 이러한 자료들은 신학적 교리나 종교적 연구에 비하여 깊이 연구되거나 정리되어 있지 못한 형편이다. 영성사회복지실천은 이러한 자료들을 정리하고 연구하여 교육하고 훈련하는 데에 반영해야만 한다. 그런 다음 이 세상에서 실현해야 한다. 영성적 사회복지실천이 교회와 기독교 기관 등을 통해 현실 세계에서 구현되어야 한다.

(3) 영성적 사회복지실천과 학문적 사회복지의 충돌과 조화에 관한 연구와 실행

영성은 신과의 관계, 시간과의 관계뿐 아니라 진리와의 관계도 깊어지게 한다. 진리를 깨닫는 통찰력, 진리를 추구하는 열정, 진리를 실현하고자 하는 갈망, 그리고 진리를 가르치고 전하고자 하는 소명의식 등이 그러한 것이다. 영성적 사회복지실천에 관한 논의에서 가장 우려가 되는 것은 그것이 과학적 또는 경험적 진리와 대립되지 않는가 하는 문제이다. 역사적으로 교회는 과학적 진리를 추구하는 사람들과 충돌되는 경우들이 여러 번 있었다. 지동설과 천동설의 문제, 진화론과 창조론의 문제, 논리적으로 설명될 수 없는 기적과 신비로운 사건들의 문제들이 그런 것들이었다. 사회복지와 관련된 영역으로서 심리학, 정신분석학, 사회학의 여러 학설들 중에서 신학적 진리와 대립되는 주장들이 있었다.

그러나 분명한 사실은 과학도 진리를 추구하는 학문이고 신학도 진리를 추구하는 학문이기 때문에 언제인가는 이 두 가지가 함께 만날 것이라는 사실이다. 이 둘이 충돌하는 이유는 과학적 연구가 미진하든지, 신학적 성찰이 빈곤했기 때문이었다. 칼뱅은 모든 진리는 하나님의 진리라고 주장했다(김세윤, 2003: 75-76). 영성적인 사람들은 일부 종교적인 사람들과는 달리 진리에 대해 매우 개방적이다. 그들은 과학에서 발견한 진리에 대해서뿐만 아니라 타 종교의 가르침과 교훈에서도 진리라고 생각되는 내용들에 대하여 열린 마음으로 받아들인다. 영성이 빠져나간 종교는 매우 편협하고 고집스러우며 공격적이지만, 영성이 깊은 사람들은 진리 앞에서 겸손하며 열린 마음으로 유연하게 받아들이는 특성을 갖고 있다. 이것은 과학을 연구하는 사람들에게도 마찬가지다. 과학을 종교적인 입장에서 추구하는 사람들은 종교적인 성향의 사람들과 마찬가지로 배타적이고 고압적인 태도로 과학을 앞세운다. 그러나 영성을 가진 과학자들은 신 앞에서 겸손하며 열린 마음으로 진실을 추구하는 것이다.

신기하게도 기독교 영성이 깊은 사람들은 인간의 고통과 사회적인 문제들에 대하여 깊은 이해와 통전적 통찰력(wholistic insight)을 보여 주었다. 그것은 그들의 지혜가 인간을 지으시고 통치하시는 하나님의 지혜에 뿌리를 내리고 있기 때문이다. 그들의 교훈과 실천은 최첨단 사회복지학적 결론들과 대립되지 않는다. 오히려 하나님과의 관계 안에서 더 확실한 해석과 근원적인 대답들을 갖고 있기 때문에 진리를 향하여 소신껏 헌신할 수 있도록 돕는다. 영성사회복지실천을 연구함에 있어서 영성이 어떻게 진리에 대하여 통찰력을 갖게 하는지, 왜 그들의 통찰력은 통전적이고, 통시적인지 등에 대하여 조사하고 연구하여 그 결과물을 토대로 실행하는 것도 중요한 과제가 될 것이다.

(4) 기독교 영성의 사회적 관계성에 근거한 사회복지실천에 관한 연구와 실행

기독교 영성은 사회적 관계에 절대적 영향을 미친다. 성경은 하나님과의 관계는 이웃과의 관계와 일치된다는 사실을 말하고 있다. 야고보서 1장 27절은 이렇게 말한다. "하나님 앞에서 순전하고 거짓이 없는 경건은 곧 고아와 과부를 그 환란 중에 돌아보고 또 자신을 지켜 세속에 물들지 않는 이것이니라." 빌립보서 2장 4절도 동일한 맥락에서 다음과 같이 말한다. "각각 자기 일을 돌아볼뿐더러 또한 각각 다른 사람의 일을 돌아보아 나의 기쁨을 충만케 하라." 사실 종교적인 인간관계는 같은 종교적 이념과 행태를 가진 사람들끼리 맺어지는 파당적 관계이지만, 영성적 인간관계는 서로 다른 정체성이 오히려 서로에게 유익이 되는 보편성을 갖는다(appreciation to the diversity). 기독교의 영성은 "남자나 여자나, 자유인이나 종이나, 유대인이나 헬라인이나, 부자나 가난한 자나, 그리스도 안에서 한 형제"(갈 3:28)임을 누리게 한다.

몰트만(Moltman, 1992)은 기독교의 사회봉사는 하나님의 나라를 지향한다는 사실에 있어서 일반적 사회봉사와 차별성을 갖는다고 설명했다. 하나님의 나라는 새로운 공동체 안에서 경험된다. 서로 이익을 중심으로 분열되지 않고, 주는 자와 받는 자로 구분되지 않고, 하나님의 은혜 안에서 서로에게 헌신된 공동체를 이룰 때 거기서 하나님의 나라는 경험된다. 이러한 기독교 영성의 사회적 관계성은 사회복지 실천에 큰 영향을 미친다.

첫째, 영성적 사회복지사는 서비스이용당사자와의 관계에서 개별성을 존중하고 차별하지 않는 덕성을 갖게 할 것이다.

둘째, 사회복지의 대상이 되는 집단이나 조직에서 보다 통합적 관계를 지향하고 수용적 태도를 갖도록 도울 것이다.

셋째는 서비스이용당사자 자신이 사회적 관계의 문제를 극복하고 기능을 회복하는 데 효과를 얻을 것이다.

그러므로 기독교 영성이 가져오는 사회적 관계성의 사회복지실천적인 기능과 현상에 대한 연구와 실행은 영성사회복지실천을 보다 널리 확대하고 활성화하는 데 기여할 것이다.

(5) 기독교 영성의 생태적 관계성에 근거한 자연친화적 사회복지실천에 관한 연구와 실행

영성이 깊어지면 자연을 사랑하고 돌봄의 대상으로 삼아 인격적인 관계를 맺게 된다. 우리 사회가 영성을 회복한다면 "땅을 정복하고 모든 생물을 다스리라."는 하나님의 문화명령을 파괴와 약탈적 방법이 아니라 예수 그리스도께서 모범을 보이신 사랑과 자기희생의 방법으로 성취하게 된다. 골로새서 1장 20절은 이렇게 말한다. "아버지께서는 모든 충만으로 예수 안에 거하게 하시고 그의 십자가의 피로 화평을 이루사 만물 곧 땅에 있는 것들이나 하늘에 있는 것들을 그로 말미암아 자기와 화목케 되기를 기뻐하심이라." 예수의 십자가는 사람과 하나님과의 관계만을 회복한 것이 아니라 만물과 하나님의 관계까지도 회복시켰다. 진정한 영성은 그리스도의 은총을 만물과 함께 나누는 관계로 성장한다.

이렇게 인간과 자연과의 상호성(mutuality)이 강조되는 관계는 생태적 복지를 지향하는 현대사회복지의 이상과 일치된다.[3] 한국의 경우도 경제적 수준이 향상되면서 점차 생태환경에 대한 관심이 높아지고 있다. 하나님이 세우신 자연의 원리에 순응하는 영농사업을 실시하고, 무공해 먹거리를 생산하며, 건강한 근로와 작업공동체를 형성할 뿐 아니라 착취적인 유통구조를 개선하여 정당한 수입과 소비를 창출하는 사업은 영성적 삶의 형태를 추구하는 아주 중요한 복지운동이다. 기독교 영성이 추구하는 생태환경 간의 건강한 관계가 사회복지에 가져다주는 복지적 효과에 대한 연구는 영성사회복지실천을 위한 중요한 연구 및 실행 과제가 아닐 수 없다.

3) 기독교 영성의 구조와 관계된 사회복지실천의 연구와 실행

박종삼(2004: 20)은 "기독교 영성은 그리스도 중심이어야 하며 하나님의 말씀인 성경을 떠나서 영성을 이해할 수 없다."고 말한다. 그리고 하나님과 좀 더 깊고 밀접한 관계로 나아가는 영적 성장 안에서 우리의 의지와 품성이 점진적으로 하나님의 뜻과 성품을 따르게 되면서 온전해지는데 그것이 영성의 기능이라고 말했다. 기독교 영성의 기본적인 전제는 '그리스도 중심', 그리고 '성경 중심'이다. 그리고 예수 그리스도와 성경 안에 드러나고 있는 기독교의 근본적인 개념들을 함께 묶어서 삶과 연관시키고 일상의 삶에서 끊임없이 이면의 세계, 즉 영성적인 의미들을 비교하고, 분석하며, 일치시켜 나감으로써 하나님의 뜻과 성품을 닮아가는 것이다.

〈표 3-4〉 기독교 영성의 구조와 사회복지실천의 관계에 관한 연구와 실행

영성		사회복지실천	영성사회복지실천
구조	창조	bio-psycho-social-spiritual-eco	통전적 인간이해, 존엄성, 가치
	삼위일체	개별화, 사회통합	하나님의 본질을 추구하는 관계성

---

3 생태 전체를 하나의 유기체로 설정하여 생명적 연관관계를 갖는 영성적 관점에 대하여 노르웨이 생태철학자 네스(Naess, 1972)는 'Deep Ecology'라는 용어로 개념화했으며, 이러한 생태체계 중심의 자아개념을 'ecological self'라고 부른다(이혜숙, 2003: 51).

구조	성육신	이해, 감정이입	내려가서 하나 되기
	십자가	옹호, 온정	사랑, 구속적 돌봄
	부활	이타성	종말론적 존재론
	종말	복지사회, 공동체	하나님의 나라를 추구하는 사회복지

그러한 관점에서 기독교 영성은 창조, 삼위일체, 성육신, 십자가, 부활과 종말로 구성되는 매우 독특한 골격(frame)을 갖고 있다(Mcgrath, 2007: 72-154). 이 골격은 기독교 영성을 형성하는 기본적인 구조로서 영성에 근거한 사회복지실천과 밀접한 관계를 갖는다. 그 관계의 원인과 이유를 밝혀내고 내면적 영성의 외면적 실천을 이루어 내도록 이끄는 것은 매우 중요한 과제가 아닐 수 없다.

(1) 창조의 영성과 관계된 사회복지실천에 관한 연구와 실행

창조는 기독교 영성의 척추와 같은 것이다. 창조의 영성이란 창조주 하나님과 관계를 맺는다는 것을 의미한다. 하나님이 천지를 만드셨다는 사실은 사회복지사로 하여금 인간을 신체-정신-사회-영성-생태(bio-psycho-social-spiritual-eco)적 존재로서 이해하게 하고 존엄한 가치를 부여할 수 있게 한다. 뿐만 아니라 인간존재의 목적을 설정하게 한다. 그가 나를 만드셨다는 것, 그리고 그는 나에게 목적을 세우셨다는 사실은 영성적인 사회복지사의 사역에 기초석을 제공하게 될 것이다.

그리고 사회복지 사역의 존재론과 목적론도 하나님의 창조적 섭리의 관점으로 이해하게 될 것이며, 서비스이용당사자를 돕는 과정과 방법에 있어서도 창조의 영성을 활용할 수 있게 될 것이다. 빅터 프랭클(Victor Frankl)은 존재의 의미라는 영성적 주제를 통하여 치유요법을 개발하기도 했다. 영성사회복지는 창조의 영성을 통해 인간을 이해하고, 인간의 존엄성과 가치를 보호하는 데 활용할 수 있도록 연구할 필요가 있다.

(2) 삼위일체의 영성과 관계된 사회복지실천에 관한 연구와 실행

삼위일체는 하나님의 본질을 설명하는 가장 신비스러운 개념이다. 삼위일체의 하나님은 개별적이시면서 동시에 집합적이신 것이다. 이 삼위일체의 본질은 하나님의 형상을 닮은 인간의 삶과 사회의 기본적인 원리이기도 하다. 인간은 개별성이 존중되면서도 공동체성을 가질 때에 행복할 수 있다. 삼위(三位)의 하나님과 만남으로 말미암아 인간의 개별성과 독립성이 존중되고, 일체(一體)의 하나님과 만남으로 말미암아 하나 됨과 공동체 됨이 존중되는 것이다. 개별성의 영역에서 인간은 독특한 존재로서 자신의 개성과 특수성이 인정되고 사생활이 보장된다. 집합적인 영역에서 인간은 소속감과 사회적 역할을 갖게 된다. 영성적 사회복지실천으로 나아가기 위해서는 삼위일체 하나님의 본질과 품성을 이해하고 그분의 모습을 닮아 가는 원리를 사회복지실천에 적용하는 연구와 실행이 필요하다.

(3) 성육신(成肉身, incarnation)의 영성과 관계된 사회복지실천의 연구와 실행

예수님은 말씀이 육신으로 오신 분이시다. 말씀은 하나님이시다. 그래서 예수님은 '하나님이 사람이 되신 분(導聖引身)'이시다. 그 분은 높은 보좌를 버리시고 인간에게 내려와 인간과 하나가 되셨다. 성육신의 모델은 사회복지의 가장 기본적인 태도인 이해(understanding)와 공감의 모범이 된다. 기독교 영성은 성육신의 그리스도와의 깊은 교제를 의미한다. 이러한 영성이 주도하는 사회복지실천은 서비스이용당사자 중심, 서비스이용당사자 우선의 사회복지실천 윤리와 가치의 기초를 견고히 하게 한다. 그리고 지금 여기(here and now)를 추구하는 사회복지실천의 현장성을 확실히 하며, 서비스이용당사자의 문제를 통전적으로 관여할 뿐 아니라, 그리스도를 닮아 권위적 지위를 지양하고 동등한 관계를 맺게 될 것이다. 그리고 대상자가 경험하는 곤혹스러운 문제에 일체적으로 동참하게 될 것이다. 성육신적 영성의 사회복지실천은 이러한 사회복지의 영적인 의미들을 내면화시켜 신앙과 소명의 차원에서 실천하고 경건한 삶의 실현으로 추구한다는 사실에 의미가 있다. 이에 대한 보다 체계적이고 경험적인 연구와 실행이 이뤄져야 할 필요가 있다.

(4) 십자가의 영성과 관계된 사회복지실천의 연구와 실행

십자가의 영성은 언제나 인기가 없었다. 그것은 항상 감추어졌고 왜곡되어 왔다. 그러나 십자가는 하나님의 심정과 성품을 가장 잘 보여 주는 사건이다. 하나님은 십자가 뒤에 숨어계신다. 인간은 십자가를 통해서만 하나님을 인격적으로 만나고 경험한다(Mcgrath, 2007). 그러므로 우리 기독교사회복지사가 십자가를 실천하고 십자가 위에 달리신 그리스도를 본받는다면 그 사역을 통하여 사람들은 하나님을 만나고 경험하게 될 것이다.

세속의 일반 사회복지실천과 기독교사회복지실천의 극명한 차이는 십자가의 영성 위에 기초한 사회복지라는 사실에 있다. 예수님의 십자가를 마음에 담은 사회복지사는 서비스이용당사자에 대한 비심판적 태도, 그들의 본질적 곤고함에 대한 수용, 이타성이라는 공통부분을 넘어 전적인 희생, 자기를 철저히 포기한 절대 헌신의 차원에서 사회복지를 실천하게 될 것이기 때문이다. 영성사회복지실천은 '십자가에 달리신 하나님'[4]을 모범으로 삼는 사회복지다. 하나님을 닮아 하나님의 성품으로 약자를 돌보고, 하나님의 심정으로 서비스이용당사자를 돕기 원한다면 십자가의 모범을 깊이 연구하고 내면화시켜야 한다.

(5) 부활의 영성과 관계된 사회복지실천의 연구와 실행

그리스도의 부활은 모든 그리스도인의 부활의 첫 신호탄이 되었다. 고린도전서 15장은 부활을 선포하는 장이다. 십자가는 부활을 전제로 가능하다. 부활을 확신하는 사람만이 십자가를 질 수 있기 때문이다. "견고하며 흔들리지 않고 항상 주의 일에 더욱 힘쓰는 자"가 될 수 있는 이유는 부활의 영성에 있는 것이다.

몰트만은 우리의 미래가 현재를 결정한다고 하였다(Grenz & Olson, 1997). 일반적으로 사람들은 우리의 현재가 미래를 결정한다고 생각하지만 어떠한 미래를 갖고 있느냐에 따라서 현재의 삶을 어떻게 살아갈 것인가를 결정한다는 것이다. 이것은

---

[4] 십자가의 의미를 성서적으로, 그리고 신학적으로 설명하면서 동시에 사회봉사적 의미로 조망한 책으로서 몰트만의 『십자가에 달리신 하나님』, 존 스토트의 『그리스도의 십자가』, 맥그래스의 『십자가로 돌아가라』 등의 책들을 참고하기 바란다.

신학적 개념이지만 과학적으로 설명된 이론이기도 하다. 밝은 미래를 마음에 담고 있는 아동은 보다 적극적으로 행동하고 책임 있게 자신을 돌본다. 그러나 의미 있는 대상으로부터의 비난과 미래에 대한 부정적인 평가를 경험한 아동은 자신감을 잃고 자신을 방치하게 된다. 그리스도인은 부활의 영성을 가질 때 두려움으로부터 해방되어 가치를 위해 목숨까지도 바칠 수 있게 된다. 바울은 빌립보서 1장 20절에서 "살든지 죽든지 내 몸에서 그리스도가 귀히 되게 하려 한다."고 고백하였다.

부활의 영성을 가진 사회복지사는 사회정의를 위해 용기 있는 행동을 선택할 수 있다. 부활의 영성은 영원을 지향하고, 궁극을 지향하며, 가치를 지향하기 때문에 사회복지사로 하여금 오직 이타적인 목적을 위해 전적인 헌신을 가능하게 하는 것이다. 영성사회복지실천은 부활을 전제로 하여 오늘을 살아가는 존재론적 사역이다. 존재론적 의미를 추구하는 사회복지실천을 위하여 부활의 영성이 연구되고 동시에 실행되어야 할 것이다.

(6) 하나님나라를 향한 종말의 영성과 관계된 사회복지실천의 연구와 실행

기독교인의 종말은 하나님의 나라에 있다. 존재의 궁극적인 목적으로 하나님의 나라를 지향하는 영성이 기독교인의 종말의 영성이다. 일반적인 사회복지는 '사회적으로 평안한 상태'를 누리는 복지사회를 목적으로 삼지만, 기독교 영성에 기초한 사회복지실천은 하나님의 나라를 그 최종적인 목적으로 삼는다. 예수는 누가복음 21장 17절에서 "하나님의 나라가 (이미) 너희 안에 있다(ἐντὸς ὑμῶν ἐστίν)."고 선언하셨다. 그의 나라는 과거로부터 존재하여 현재와 미래를 모두 포괄하고 있다. 따라서 그리스도의 구속은 통시적이다.

기독교사회복지실천은 과거로부터 생긴 상처와 죄의식, 고통으로부터 자유를 얻게 하고 현재의 삶의 문제를 해결할 뿐 아니라 영원한 하나님의 나라를 소유하여 참된 기쁨과 행복을 누릴 수 있도록 돕는 영·혼·육·관계·생태의 통전적인 관여가 되어야 한다. 그것이 하나님의 창조의 완성이기 때문이다. 그러므로 영성사회복지실천은 복음적이며 사회적이다. 그리고 신비적이며 과학적이다. 개인과 가족과 집단, 지역사회, 그리고 국가와 세계사회의 평안을 위한 전문적 개입인 것과 동시에 하나님의 창조의 완성을 위한 샬롬의 동역적인 사역이다. 하나님의 나라를 향한 종말적 영성이 기독교인의 사회복지실천에 어떠한 상관관계를 가지며 어떠한 영향을 주는지를 연구하고 그에 기초하여 구체적으로 실행하는 것은 영성사회복지실천을 위해 꼭 필요한 주제라고 본다.

4) 기독교 영성의 사회복지실천적인 현상과 기능에 관한 연구와 실행

기독교 영성은 인간의 품성과 통찰력, 변화와 성장, 활동 등에 영향을 미쳐 여러 가지 현상으로 나타난다. 박종삼(2004: 22)은 영성의 역동적 현상을 이렇게 설명한다.

> 영성의 역동적 방향성은 내향적(inward), 외향적(outward), 상향적(upward)이다. 먼저 영성의 내면적 충전은 자기이해를 증진시키고 자기 삶의 의미와 목적을 분명하게 해 준다. 내면에 충전된 영성은 외부세계를 다른 차원에서 받아들이게 된다. 음악, 자연, 타인과의 관계에서 영성을 얻게 된다. 그리고 외부세계에 대한 자신의 책임이 무엇인지 묻게 된다. 인류애, 사회정의, 인류평등, 자유, 인간복지, 사회봉사 등 영성은 모든 사람의 삶과 자기와의 관계를 보다 큰 그림 속에서 생각하고 느끼고 행동하게 된다.

이러한 영성적 현상들에 대한 연구는 사실상 사회복지적인 측면에서 깊이 다루어지지 못했다. 영성은 인격적인 변화와 삶의 질의 변화, 정신과 신체의 치료, 그리고 개인과 사회의 문제의 해결 등 사회복지가 목표로 삼는 다양한 영역에서 큰 성과들을 나타낸다. 따라서 영성사회복지실천을 위한 연구와 실행으로서 영성이 사회복지실천의 목적을 위해 어떻게 작용하며 그것이 인간의 삶에 질에 어떻게 기능하는가에 관한 접근은 꼭 필요한 것이다.

〈표 3-5〉 기독교 영성의 사회복지실천적인 현상에 관한 연구와 실행

영성		사회복지실천	영성사회복지실천
현상	품성	정직, 근면, 공정, 온정, 용기 등	영성적 품성의 특성과 사회복지의 관계
	통찰	인지, 판단, 해석, 민감성, 결정	영성과 인식적 기능과의 관계에 관한 연구
	변화	회복, 변화, 성장, 적응, 유연성	변화를 일으키는 영적 힘에 관한 연구
	행동	봉사, 주창, 희생, 평화	헌신, 옹호 등의 영적 실천성
	신비	체험, 극복	인간의 경험적 영역으로서 신비영성

(1) 사회복지실천과 관련된 영성적 품성의 특징

'영성'이라는 단어를 사전에서 찾으면 '신령한 품성 또는 성질'이라고 풀이하고 있다(민중국어사전, 1990). 영성이 깊어지면 사랑, 겸손, 온유, 관대함, 공의로움과 같은 영성적 품성을 갖추게 된다. 인간이 하나님의 전능함과 전지하심을 깨달을수록 겸손해지고, 예수님의 십자가를 통한 사죄의 은총을 깨달을수록 관대해지는 것은 당연하다. 사회복지가 요구하는 전문가의 품성이 정직, 온정, 용기, 공정함, 근면함과 같은 것이라면, 영성을 통하여 형성되는 "사랑과 희락과 화평과 오래 참음과 자비와 양선과 충성과 온유와 절제" 등의 품성들은 하나님의 은사임과 동시에 기독교사회복지사들의 전문적 품성이다. 그리고 이러한 품성들이 전문적 관계 안에서 활용될 때 전문적 실천의 효율적 결과들을 가져올 수 있을 것이다.

영성적인 접근은 서비스이용당사자의 영성의 성장을 도움으로써 그리고 영적 품성들을 소유하도록 도움으로써 사회적 기능을 신장시키는 방법이 되기도 한다. 또 마틴 루터 킹 목사가 인권에 대한 존중과 다양성에 대한 포용성을 변화시켜 사회적 변화를 유도했던 것처럼, 캠페인이나 사회운동적 차원에서 지역사회와 일반 사회에 영성적 품성들에 대한 가치를 고양시킴으로써 거시적 차원의 변화를 유도할 수 있을 것이다. 영성적 사회복지를 지향함으로써 전문가와 대상들의 내면에 일어날 품성적 변화에 대한 이해가 요청된다.

(2) 사회복지실천과 관련된 영성적 통찰력

이미 전술한 바와 같이 영성은 인간의 통찰력에 큰 영향을 준다. "하나님의 미련함이 사람보다 지혜롭다."(고전 1:25)는 말씀처럼 신령한 교통을 나누는 사람은 보통 사람들이 인지하는 수준을 뛰어넘는 통찰력을 갖게 된다. 사회복지에서 필요한 인지, 판단, 해석, 민감성, 자기결정의 기능들은 영성으로부터 오는 통찰력으로 말미암아 크게 확대될 수 있는 것이다. 특별히 하나님과 깊은 교제 가운데 들어가면 예수님의 그 역발상적 지혜들을 풍부하게 가질 수 있게 될 것이다.

사회복지는 끊임없는 발상의 전환과 역지사지(易地思之)의 이해를 요구한다. 테레사 수녀는 존재와 가치, 생의 의미와 같은 철학적 질문에 대하여 깊은 통찰력을 갖고 있었을 뿐만 아니라 봉사의 현장에서 매우 민감하게 대처하고 필요한 조처들을 취할 수 있는 지혜를 갖고 있었다. 함석헌 선생이나 문익환 목사 등은 모든 정보와 여론이 왜곡되고 통제된 상황 속에서도 정확하게 시대적 정황과 취해야 할 행동에 대한 판단력을 소유하고 있었다. 영성적 통찰력이 사회복지실천에 어떤 영향을 주고 결과들을 얻게 할 것인가를 살펴보는 것은 매우 의미 있는 과제가 될 것이다.

(3) 사회복지실천과 관련된 영성적 변화의 현상

영성은 사람의 내부와 외부 그리고 환경 안에서 변화의 동력으로 작용하기도 한다. 사회복지실천에서 말하는 회복, 성장, 적응, 유연성 등은 모두 변화에 대한 문제에 해당된다. 알코올 중독의 회복에 관련된 많은 임상적 결과들을 보면 심리정서적인 형태의 치유요법보다는 영성적 접근의 치유가 훨씬 강렬하고 분명한 결과들을 가져오게 된다는 사실을 가르쳐 준다. 영성적 접근은 교정사회복지실천의 현장에서 큰 효용성을 인정받을 뿐만 아니라 노인의 사별과 임종 준비과정에서 피할 수 없는 과제가 되고 있다. 영성적 접근은 이러한 특수한 영역에서뿐 아니라 우리의 일상에서 끊임없는 성장과 성숙을 위해 요구되는 실천이기도 하다. 영성이 가져오는 변화의 양상과 강도는 매우 흥미 있는 연구의 과제가 된다. 영성이 어떠한 형태의 변화를 가져오는지, 사람마다 변화의 속도와 강약의 정도는 어느 정도 되는지 측정하고 분석하는 것은 영성사회복지실천의 필수적인 과제일 것이다.

(4) 사회복지실천과 관련된 영성적 행동의 양태

영성은 분명히 인간의 내부에 자리 잡고 있는 것이지만 행동과 실천으로 표현되는 것임에 틀림이 없다. 틸리히(Paul Tillich, 1960: 265)는 이렇게 말한다.

> 서로 돕는 데 있어서 가장 중요한 것은 결핍의 완화가 아니라 사랑의 실천입니다. 물론 다른 사람의 결핍을 자기 자신의 결핍으로 삼으려 하지 않는 사랑은 없습니다. 그러나 사랑에서 우러나오지 않고 또 사랑을 창조하지도 않는 원조는 역시 진실된 것이 아닙니다.

이것은 영성이 담긴 사회복지실천과 담기지 못한 사회복지실천의 차이를 단적으로 보여 주는 진술이다. 조지 워싱턴 카버 박사는 좋은 대학보다는 매우 빈약한 흑인들의 학원을 일터로 선택했다. 폭력적 투쟁보다는 자기 일에 충실하면서 피압박자들뿐 아니라 압박자들까지도 돕고 유익을 끼쳤다. 수많은 발명을 통하여 많은 재화를 축적할 수 있는 기회들도 모두 사회를 위하여 포기하였다. 이러한 행동과 사역들은 모두 영성에 근거한 것이었다.

영성을 갖춘 사람들의 행동과 태도 그리고 활동에서는 영성적 특성이 나타나지 않을 수 없다. 그렇다면 그것을 알 수 있는 특성은 무엇인가? 그것은 어떻게 측정하고 판단할 수 있을 것인가를 고민해야 할 것이다. 물론 그러한 행동과 태도가 정형화된다면 종교적 특성으로 변질될 수 있다. 그러나 종교와 영성을 구분할 수 있는 단서를 갖고 있다면 그러한 문제를 극복할 수도 있을 것이다. 사회복지 전문인이 실천하는 사회행동(social action), 사회복지서비스, 다양한 옹호활동 등이 하나님과의 관계 속에서 행해질 때 더 공정하고, 평화로우며, 유연할 뿐 아니라 보다 적극적으로 나타날 것임에는 틀림이 없다.

(5) 사회복지실천과 관련된 영적 신비 현상

신비주의적 영성은 사회복지실천과 관계가 없는 듯이 보이지만 인간의 영성이 삶의 질에 중요한 결정요소가 된다면 분명히 이 특성의 영성도 사회복지적인 의미를 갖는다. 신비주의적 영성은 신비적인 존재와 합일을 통해 인간의 한계를 초월하고,

절망을 극복하며, 미래에 대한 희망을 경험하게 하는 경우를 말한다. 포스트모던 시대에는 어려운 처지에 있는 사람들의 고통, 걱정, 곤궁 등을 제거하고 경감시키며 안심할 수 있도록 돕는 방법으로서 비과학, 초자연, 탈존적인 접근이 인정받을 수 있게 되었다. 매우 조심스러운 문제지만 신비적인 경험이 인간의 현실 세계에서 경험되고 있고 활용되고 있다면 사회복지의 전문영역에서 이 문제에 대하여 관심을 갖고 건전한 방법을 찾아 제시해 주는 것이 필요하다고 본다.

4. 영성적 사회복지실천의 방법

영성적 사회복지실천을 수행하려면 구체적인 방법을 제시할 수 있어야 한다. 앞서 언급했던 기독교 영성과 관련된 본질, 관계, 구조, 그리고 현상과 기능이 용해된 사회복지실천 방법들은 무엇인가? 이 질문은 기독교인의 영성적 사회복지실천을 실현하기 위한 핵심이 된다. 이에 선행연구들을 고찰하여 〈표 3-6〉과 같이 영성적 사회복지실천 방법들을 정리하였다.

〈표 3-6〉 영성적 사회복지실천 방법에 관한 분류

영성		사회복지실천	영성사회복지실천
방법	전통적	소속감, 문화, 체계, 전통	신앙전통에 따른 영성적 실천 방법
	교육적	모방, 학습, 훈련, 자립	영적 성장을 위한 영성적 실천(교육과 훈련) 방법
	종교적	존엄, 고결, 종교생활, 관혼상제	사회복지실천 방법으로서 종교 활동
	영역별	개별, 가족, 집단, 지역사회, 정책	대상에 따른 영성적 실천 방법
	과정별	사정, 계획, 개입, 평가, 종결	과정에 따른 영성적 실천 방법
	대상별	아동, 노인, 장애인, 여성, 청소년, 외국인, 근로자, 가족	분야에 따른 영성적 실천 방법
	현장별	의료, 교정, 학교, 기업, 교회	현장에 따른 영성적 실천 방법
	문제별	정신보건, 범죄, 중독, 발달장애, 질병, 가정폭력, 빈곤, 성차별, 성추행	사회문제에 따른 영성적 실천 방법

1) 기독교 전통들의 영성적 사회복지실천 방법

기독교의 다양한 신앙 전통은 각자 독특한 형태의 삶과 실천을 만들어 왔다. 그리고 인간을 사랑하고 인류의 고통에 동참하며 사람들을 돌보는 방법들도 다양한 형태로 발전되었다. 그것이 비록 현대 사회과학에 근거한 사회복지실천의 형태와는 다른 것이지만, 인간의 문제를 해결하고 삶의 질을 높이는 데 대한 통찰과 지식, 방법들을 제공하는 거대한 보고(寶庫)라는 것은 분명한 사실이다.

스타럴(J. M. Staral, 2003)은 예수회 대학교에서 사회복지실천을 가르치면서 이냐시오 영성을 경험할 수 있었는데 그 경험으로부터 '자기투영(self-reflection)' '결정하기(decision-making)' 등 '자기돌봄(self-care)'이라는 사회복지실천 방법들을 개발할 수 있었다. 그녀는 사회정의, 개인의 존엄성과 가치, 개인적 보호의 중요성 등 사회복지실천의 가치들을 설명하는 이냐시오 영성의 개념들을 기초로 휴식으로 시작하여 그 날을 회상하고 사건들에 대한 반응을 되새긴 후, 앞으로의 변화를 고안하며, 기대하는 다섯 단계의 경험과정을 실험하여 좋은 성과들을 얻을 수 있었다.

또한 알렌(Allen Jr., 2002)은 헨리 나우웬의 '상처 입은 치유자'라는 개념을 통하여 관계의 친밀성에 기초한 현대 사회복지실천 모델을 제시한다. 이러한 형태의 영성과 사회복지실천이 혼합된 방법들은 성육신적 사회참여를 통하여 성화를 추구하는 웨슬레의 성화 신앙(구금섭, 2004)을 통해서도 개발할 수 있고, 칼뱅, 본회퍼, 테레사, 토레이 등의 영성적 위인들의 신앙 전통 안에서도 가능하다고 본다. 각 교파와 신앙 전통 안에 있는 기독교사회복지실천가들이 스스로 속한 영성의 맥락을 사회복지실천의 방법으로 접목시킬 수 있어야 한다.

2) 교육을 통한 영성적 사회복지실천 방법

현재 한국교회에는 수많은 영성훈련 프로그램들이 진행되고 있다. 그러나 많은 부분이 영성과 종교의 개념적 구분 없이 진행되고 있는 것으로 보인다. 다시 말하면, 영성을 강화하는 것인지 종교성을 강화하는 것인지 구분하기가 어렵다는 말이다.

진정한 영성훈련은 생각의 변화, 태도의 변화, 비전의 변화, 그리고 생활과 사역의 변화로 진행되어야 한다. 이러한 영성훈련은 교회에 충실한 사람 안에서 중요한 방법으로 활용되고 있다. 교육은 개인의 잠재력을 이끌어 내어(e-ducare) 이해, 모방, 학습, 훈련을 통해 자립적인 존재로 세워간다. 영성의 개발에 있어서도 교육은 중요한 역할을 한다. 영성을 이해하고, 경험하게 하며, 스스로의 영성을 점검하면서 한계를 극복해 나가도록 돕는 일은 매우 중요하다. 그러므로 영성을 성장시킬 수 있도록 교육하는 교안과 교과과정을 개발하고, 교육 지도자를 세워나가는 일도 사회복지실천을 위해서 반드시 요청되는 사안이 아닐 수 없다.

3) 기독교 영성을 포함한 종교적 활동과 사회복지실천 방법

인간에게는 존엄한 존재임을 확인하고 고결함(sanctity)을 경험하는 것에 대한 욕구가 있다. 이러한 욕구는 일상에서 잊고 있다가도 생애의 어떤 중요한 단계에 이르면 아주 강하게 필요로 하게 된다. 예를 들어, 관혼상제(冠婚喪祭)와 같은 것이 그것이다. 이러한 생애주기적 사건들 가운데서 종교의 가치는 매우 중요한 것이다. 뿐만 아니라 인간은 초월적 존재를 향하여 의존하고 싶고, 존재의 근원에 대한 질문들을 던지고 싶은 욕구가 있기 때문에 종교적 해석과 상징, 의식에 참여하고 싶은 것이다. 예수님은 종교적 행위와 그 이면적 영성 사이에서 "이것도 행하고 저것도 버리지 말 것이라."고 하셨다.[5] 영성과 종교는 서로 연결되어 있어서 서로 안내자가 되어 준다. 어떤 사람은 종교를 통해 영성에 이르고 어떤 사람은 영성을 갖게 되어 종교생활로 들어선다. 따라서 인간의 근원적인 욕구를 위해 구현되는 종교 활동의 영역을 제외하고 사회복지를 논한다는 것은 인간 복지에 큰 영향을 주는 한 부분을 제외시킨다는 것을 의미한다.

---

5 예수님은 바리새인들을 향하여 "화 있을진저 외식하는 서기관들과 바리새인들이여 너희가 박하와 회향과 근채의 십일조는 드리되 율법의 더 중한 바 정의와 긍휼과 믿음은 버렸도다 그러나 이것도 행하고 저것도 버리지 말아야 할지니라."(마 23:23)라고 말씀하셨다. 십일조는 종교적인 행위이지만 '의'와 '인'과 '신'은 영성적인 부분이다.

종교적인 방법으로 접근하는 영성적 실천은 두려움을 경험하는 사람에게 기도를 해 주고 또 스스로 할 수 있게 하는 것, 고결한 문화적 욕구를 가진 사람들에게 성가곡이나 성화를 통해 영성을 경험하게 하는 것, 비만을 가진 사람들에게 단식의 형태로서 금식을 하도록 돕는 것, 마약이나 알코올 중독에 노출된 사람에게 영적 치유를 통해 극복하게 하는 것, 범법하여 수감된 사람들 또는 죄의식에 집착된 사람들에게 하나님의 용서와 은혜를 알도록 돕는 것 등과 같은 활동들이다. 그 외에도 피정, 퇴수, 명상, 묵상, 예배, 종교적 봉사, 금식 등 많은 종교적 행위를 통한 사회복지실천 방법과 기술들이 연구되어야 할 것이다.

4) 사회복지 전문 실천 영역에 대한 영성적 접근 방법

사회복지실천 전문성의 영역 안에는 개별적 접근, 가족적 접근, 집단적 접근, 지역사회적 접근, 정책적 접근 등 여러 영역이 있고 각 영역마다 체계화된 방법과 기술이 개발되어 있다. 1990년대에 들어와 일반사회복지실천(generalist social work)이 구체화되고 강점 관점(empowerment perspective)과 여성주의 관점(feminist perspective)이 도입되어 새로운 변화를 맞이하게 되었는데, 이에 더하여 영성의 중요성이 대두되었다. 불리스(Bullis, 2002: 23-26)는 임상에서 영성을 사용하는 근본적 이유를 첫째, 사회복지실천이 역사적 · 철학적으로 영성과 관련되어 있고, 둘째로 이 둘은 서로에게 효과적인 결과를 가져오도록 도와준다는 것, 셋째로 영성 지식이 개인의 세계관을 밝혀낼 수 있다는 것, 넷째로 이 둘이 하나가 될 때 윤리적 · 철학적 거침돌들이 없어진다는 사실 등을 제시했다. 그는 또한 버지니아의 임상사회복지사를 조사한 결과 평균 62%가 서비스이용당사자의 영적 배경을 조사하고 있고, 24%가 영적 책의 사용을 추천하고 있으며, 7.6%가 영적 명상을 가르친다고 보고했다. 서비스이용당사자를 위해 사적으로 기도하는 전문가는 32%, 같이 기도하는 사람은 3.1%를 나타냈다. 41%는 영적 프로그램에 참여하도록 추천하였고, 45%는 영적 가치를 명백히 하도록 도와주었다고 보고한다.

영성은 지극히 개인의 내밀한 문제로부터 한 시대와 국가의 광범위한 영역에까지 영향을 미친다. 개인의 삶에 영성이 살아 일어날 때 문제를 직시하고 극복할 수 있는 역량이 생긴다. 영성은 개인이 정서적인 문제에 직면할 때에 무의식의 세계보다 더 깊은 차원으로부터 극복할 수 있는 힘을 갖게 하고, 관계적인 문제에 직면하게 될 때에 상대방보다 높은 차원에서 바라보고 유연하게 대처할 수 있는 품성과 여유 그리고 자신감을 갖게 한다. 따라서 영성을 갖춘 전문가가 전문적 관계를 통하여 대상자와 영성의 문제를 다루고 영성의 변화를 시도하도록 돕는 것은 매우 중요하지 않을 수 없다. 영성을 다루기에 가장 적절한 관계는 개인의 삶에 직접적으로 다가가는 방법이라고 볼 때 개인관계에서 영성을 다루는 다양한 방법들이 고안되고 개발되어야 할 것이다.

영성은 개인적인 것임과 동시에 가족적이다.[6] 많은 기독교인이 가족과 함께 영성을 공유하는 모습을 볼 수 있다. 부모의 영성이 자녀들에게 유전되고, 자녀의 헌신이 부모를 신앙의 세계로 이끌어 내기도 한다. 그것은 남편과 아내의 관계에서도 마찬가지다. 이미 사회조사를 통하여 부부의 이혼율에 있어서 기독교 영성을 가진 부부와 그렇지 않은 부부 사이에 큰 격차가 있음이 보고된 바 있다. 이러한 연구는 부모와 자녀 사이의 영성적 관계, 형제들의 관계 속에서 영성적 관계 등 다양한 차원에서 지속되어야 할 필요가 있다. 그리고 가족 간에 영성을 깊이 공유하고 성숙시킴으로써 삶의 질과 만족도를 높일 수 있는 다양한 프로그램과 서비스들을 개발할 필요가 있다.

교회는 다양한 집단으로 구성되어 있다. 선교, 교육, 봉사를 중심으로 세대별 집단, 취미별 집단, 구역 모임, 셀 모임, TF, 위원회 등 다양한 집단들이 교회를 구성하고 있다. 이러한 집단은 집단역학적인 역동성을 갖고 변화와 성장 그리고 침체 등의 과정을 거쳐 나간다. 교회 내의 각 집단들은 공유하는 영성의 질과 수준에 따라 집단을 구성하는 개별 회원들의 경험과 성장의 과정은 크게 다를 것이다. 비록 사회복지의 전문적 실천은 아니지만 집단에 대한 영성적 실천은 교회뿐만 아니라 교정기관

---

6 가족과 신앙의 관계에 관해서는 Diana R. Garland(1991)의 논문 「Families and Their Faith」를 참고하기 바란다.

이나 직장 신우회, 학교의 신앙동우회 등을 통하여 사회적 기능 성장과 개인의 자아의식의 강화, 생활의 만족도 등 의미 있는 사회복지적 결과들을 이끌어 내고 있다. 집단이 공유하는 영성의 질을 어떻게 측정할 것인가? 그리고 그것을 어떻게 변화시키고 개발할 것인가? 이러한 주제에 대한 접근들도 영성사회복지실천을 위해서 요구된다.

지역사회의 영성은 지역사회가 공유하고 있는 초월적 가치, 내재적 윤리기준, 관계적 양식, 공동의 궁극적 목표와 과제 등을 통하여 그 특성을 규명해 낼 수 있다. 안동과 같은 지역은 전통적으로 학문적 격조가 높은 지역사회의 영성을 유지함으로써 유명한 학자들을 배출하고 타 지역과 구별된 평가를 받아왔다. 일제 강점기에는 평안도 정주에 오산학교가 세워지고 많은 민족지도자들이 배출됨으로써 그 지역이 민족 사랑의 요람이 되었다. 광주는 야성이 강한 지역으로 유명하다. 한국의 민주화를 주도하였고, 전주는 문화적 성향이 강하여 많은 문예인들을 배출했다. 그러한 사례들은 지역사회가 품고 있는 영성적 특성이 주민 개개인에 영향을 주는 증거라고 볼 수 있다. 영성사회복지를 향상시키기 위해 교회들은 그 지역사회의 강한 그리고 독특한 영성적 특성을 찾아내고 지역의 모든 주민이 공유할 수 있는 덕성으로 성숙시켜 나갈 수 있는 다양한 방도를 찾고 계발해야 할 것이다.

영성은 시대에 따라, 그리고 사회적 현실에 따라 크게 달라질 수 있다. 그리고 위대한 지도자들은 그러한 시대정신과 사회적 영성을 불러일으키는 데 주도적 역할을 하였다. 덴마크의 그룬트비나 독일의 피히테, 미국의 링컨, 인도의 간디, 남아프리카의 만델라, 한국의 안창호, 이상재, 김구, 함석헌 같은 기독교인들은 위기 앞에서 시대를 이끌어 나갈 영적 역량들을 갖춘 사람들이었다.

포(Poe, 2002: 63-77)는 사회복지에 대한 기독교인의 영향이 얼마나 중요한지를 잘 설명해 주었다. 그는 성경의 기사들이 부유한 사람들에게 가난한 사람들을 위해서 공의롭고 보호적인 여건을 만들도록 도전한다고 강조하였다. 국가적 차원에서 바른 좌표를 제시하고 온 국민의 영성을 고매한 영역으로 이끌어 차원 높은 국가사회로 성장해 나가도록 이끌어 가는 것은 너무나도 중요한 사명이다.

한국교회는 이러한 시대의 영성, 국가적 영성을 이끌어 나갈 의무가 있다. 유감

스럽게도 한국교회는 세속의 영성을 크게 앞선 면모를 보여 주지 못했다. 기독교인의 영성적 품성이나 시대적 통찰력, 생활 속 윤리적 수준, 지향하는 가치의 고매함, 살신성인의 정신과 자기희생, 법의 준수와 자기절제 등 여러 가지 영성적 조건들이 세속이나 타 종교의 그것들을 크게 앞서지 못했다는 것이다. 교회는 예수의 정신을 구현하여 약한 자를 보호하고, 인간의 존엄성과 가치를 존중하며, 사람과 사람 사이의 관계를 강화시킬 뿐만 아니라 사람과 자연환경 사이의 관계까지도 바르게 정립하는 다양한 사회복지정책들이 세워지고 시행될 수 있도록 역할과 기능을 해야만 한다.

5) 사회복지 전문적 실천과정에 대한 영성적 접근 방법

사회복지실천 과정은 대체로 정보수집과 사정, 목표설정과 계획, 개입, 평가와 종결 등으로 구성되어 있다. 임상사회복지실천의 실행과정 각 단계에서 영성과 관련된 실천방안들이 마련될 필요가 있다.

윈쉽(Winship, 2004: 25-52)은 효과적인 사정은 종교와 영성을 포함한다고 주장하면서 통합적인 사정의 방법과 도구들을 제시했다. 그가 제시하는 도구들은 '사회지지 지도(social support map)'를 작성하는 항목들 중에 교회에 대한 항목도 포함시키는 방법과 '관심, 장점, 자료 조사지(assessing concerns, strengths & resources)'에 '영적 안녕(spiritual well-bing)'란을 삽입하는 방법, 그리고 영성 또는 종교적 신념을 생각할 수 있도록 유도하는 개방적 질문 목록을 제시하였다. 또한 불리스(2000, 73-80)는 서비스이용당사자의 정보수집과 사정 과정에서 영성적 접근은 영적 내력을 기록하는 방법과 영적 가계도와 영적 지도 그리기, 영적 몸 그리기, 영적 가면 만들기 등의 방법들을 제시하였다. 뿐만 아니라 호지와 홀트롭(Hodge & Holtrop, 2002: 167-192)은 영적 제노그램(spiritual genogram)과 영적 생활지도(spritual lifemaps), 영성력(spiritual histories), 영적 환경지도(spiritual eco-maps) 등 사정 모델들의 사례를 제시하였다. 그들이 제시한 방법들은 임상적 영역에 국한되어 있다. 앞으로는 임상 영역의 영성적 사정방법이 더욱 개발되어야 함과 동시에 집단과 지역사회 그리고 사회 전반의 영성적 분포와 정도를 사정하고 분석할 수 있는 방법과 도구들도 개발되어야 하겠다.

사정의 결과에 근거하여 사회복지실천의 목표를 제시하는 것과 제시된 목표를 달성하기 위한 계획을 세우는 과정에서도 영성적 접근은 가능하다. 그것은 목표 설정에 있어서 얼마나 영성적인 목표를 설정하느냐의 문제와 프로그램이나 서비스의 내용에 영성적 내용을 얼마나 포함시킬 것인가에 관련되는 것이기 때문이다. 가령 서비스이용당사자의 사회성을 향상시켜야 할 목표가 요구되었을 때, 하나님 안에서 이웃관계 정립하기, 예수님의 인간사랑 본받기, 신앙적 대인관계 훈련하기, 영성적 인격 성숙하기, 창조적 자아상 정립하기, 부활사상과 삶의 이유 묻기 등 수많은 영성적 목표들을 통해서 사회성을 향상시키는 목표를 성취할 수 있을 것이다. 그리고 그러한 영성적 목표를 성취하기 위한 계획을 세우는 과정에서 성경공부나 제자훈련 등의 종교적 활동 중심에서 벗어나 다양한 인지행동적 접근이나, 과업중심 문제해결과정 형태의 영성적 활동을 계획할 수 있을 것이다. 그러나 이러한 제안은 아직 가설에 불과한 것이다. 보다 실험적이고 경험적인 연구의 결과들이 요구된다.

영성은 문제를 극복하는 역량과 관계 있을 뿐 아니라 문제의 의미를 재해석하고 새롭게 부여하는 데에 도움을 준다. 사회복지사는 이러한 역량을 강화하고, 또 의미적인 재구성을 추구하기 위해서 개입과정에서 기도, 명상, 피정, QT, 성서 등 종교적 도구들을 활용할 수도 있고, 사회복지사 개인의 영성을 활용할 수도 있으며, 집단과 환경의 영성적 특성을 동원하여 영향을 줄 수도 있을 것이다. 또 평가와 종결과정에서는 정직함과 따뜻한 배려, 영적 자립, 그리고 자기결정 등과 같은 영성적 개념들을 반영해야 한다고 본다.

6) 사회복지실천의 대상들을 위한 영성적 접근 방법

사회복지실천의 분야들은 대상과 현장, 그리고 문제의 영역별로 분류된다. 각각의 영역과 분야에서 영성은 독특하게 활용될 수 있다. 아동복지에서 영성은 어린이에 대한 예수님의 시각을 반영함으로써 실천과 서비스의 극대화를 가져올 수 있을 것이다.[7] 예수님은 어린이를 "천국에서 큰 자"(마 18:4)라고 개념 규정을 했다. 또 "어린이 중 하나를 실족케 하는 것보다 연자 맷돌을 목에 매고 바다에 던져지는 것이 더 낫다."(마 18:4)고 말씀하신다. 뿐만 아니라 어린아이 하나를 영접하면 곧 예수님을 영접한 것이라고까지 의미를 부여하셨다. 이러한 영성적 개념은 영성적 아동복지가 일반적 아동복지와 어떤 차이가 있는지를 극명하게 보여 주는 것이다.

노인복지에 있어서도 마찬가지다. 기독교 세계관은 노인을 존경의 대상, 부러움의 대상으로 개념을 부여하고 있다. 더 나아가서 그들은 하나님의 대리자이며, 땅에서 잘되고 장수하게 하는 축복의 통로이기도 하다(엡 6:1-2). 노인을 부양과 구제의 대상으로 설정하는 일반 사회복지와는 전적인 차이를 갖고 있다.[8]

비슷한 관점에서 장애인은 하나님의 영광을 드러내기 위한 존재이고, 여성은 목숨을 바쳐 사랑할 생의 동반자이며, 외국인은 과거에 유랑하던 우리 자신이다. 모든 취약계층에 대한 영적인 의미들이 성경에서 가르쳐지고 있다. 영성사회복지실천은 이러한 영성적 개념을 기반으로 구체적인 복지서비스와 정책들을 제시할 수 있다.

7) 사회복지 현장에서 실천되는 영성적 접근 방법

병원과 학교, 교정기관, 그리고 기업 등은 중요한 사회복지실천의 현장이다. 특별히 교회는 사회복지의 산실로서 고대로부터 가장 중요한 사회복지의 역사를 갖고 있는 실천 현장이다. 각각의 현장은 모두 독특한 목적과 특징을 갖고 있어서 나름대로의 사회복지실천의 방법과 내용을 구축하고 있다.

그럼에도 불구하고 영성은 모든 현장에서 그 목적과 내용에 맞게 활용될 수 있다. 병원에서는 환자의 회복과 정신적 안정, 미래에 대한 준비와 소망, 그리고 의료인들의 태도와 헌신 등과 관련하여 영성이 중요하고, 학교에서는 학생들의 자아성장과

---

7 어린이를 위한 사회복지의 영성적 접근에 관해서는 Anderson & Mikula(2000)의 'Spirituality and Religion in Child Welfare Practice'를 참고하기 바란다.

8 노인에 대한 사회복지의 영성적 접근에 관해서는 Brandsen(2002)의 논문 「Spirituality, End-of-life Care, and Aging」을 참고하기 바란다.

인성함양, 세계관의 형성, 사회성 향상, 존재론적 통찰, 진로에 대한 이타적 목표설정, 그리고 교육자들의 인격적 자질과 태도 등과 관련하여 영성은 중요하다. 교정기관에서는 수인들의 죄의식 극복과 자아회복, 사회관계의 성장, 삶의 목표와 미래에 대한 희망, 그리고 교정담당자의 자질과 태도 등에 있어서 영성과 크게 관련된다. 기업은 이윤창출의 이타적 목적과 노동자의 근로의식, 기업의 공공성에 대한 헌신, 노사 간의 파트너십, 세계비전과 같은 영역에서 영성은 큰 의미를 갖게 된다. 따라서 각 현장에서 활용될 수 있는 영성 프로그램의 개발, 가치관 훈련교재, 영성훈련과정 등 다양한 영성적 접근의 실천 방안들이 개발되고 실행되어야 한다.

8) 사회복지적 문제들에 대한 영성적 접근 방법

현대사회에는 빈곤, 질병, 범죄, 정신건강(정신보건), 중독, 발달장애, 가정폭력, 그리고 성문제와 환경문제에 이르기까지 다양한 사회문제들이 혼재하고 있다. 그리고 사회복지의 발달로 말미암아 각각의 문제 영역들에 대한 전문적 실천 방법과 도구, 기술들이 체제를 갖추고 있다. 영성은 여러 문제의 영역을 따라 가장 역동적인 해결의 방법이 될 수 있다. 빈곤의 문제에 있어서 기독교는 여러 가지 대안을 제시해 왔다. 사도행전의 그리스도인들이 함께 쓰고 나누어 썼을 때에 그들 사이에는 '핍절함'이 없었다. 그들은 극한 가난과 환란 속에서도 '힘에 지나도록' 나눌 수 있는 사람들이었다.

막스 베버(Marx Weber)는 기독교인이 성실하게 일하고, 검소하게 소비하는 기독교의 윤리를 갖고 있었기 때문에 저축이 늘어나고 자산이 많아졌다고 설명한다. 기독교 영성이 경제적·사회적 원리가 되면 빈곤의 문제는 개인적 차원에서뿐만 아니라 집단적 차원과 사회적 차원에서도 해결될 수 있다. 그러한 현상은 비단 빈곤의 문제에 한정된 것이 아니다. 하나님과 가까워지면 질병을 이길 수 있는 힘도 생기지만 질병 가운데에서도 평안할 수 있는 힘을 얻는다. 기독교 영성이 지역사회에 강화되면 스스로 자발적 규범을 세우게 됨으로써 범죄의 문제가 줄어든다. 영성의 개발은 정신질환을 예방할 뿐 아니라 정신장애인들에 대한 존엄성을 인정하고 인격적 관계를 강화시켜서 치료, 재활과 삶의 질 향상에 긍정적인 결과들을 갖고 온다. 뿐만 아니라 환경문제를 해결하는 생명운동은 기독교 영성에 뿌리를 내리고 있다. 영성은 인간중심의 독선적 신학의 입장으로부터 선회하여 자연을 하나님의 창조세계의 동반자로 받아들이게 함으로써 서로를 파괴하는 관계가 아니라 보호하고 사랑하는 관계로 나아가게 하는 것이다.

영성적 기독교사회복지실천은 이러한 영성의 문제 해결적 역량을 극대화 시키고 문제의 사례와 현장에 영성적인 접근을 실천할 수 있는 방법과 기술들을 개발하고 실행하는 실제적인 통로이자 도구가 된다.

제2부

능력

제4장

영성사회복지실천의 능력:
성육신 영성에 근거한 사회복지실천

기독교 영성의 다양한 영역 중에서 성육신의 모델은 사회복지실천의 가장 기본적인 태도인 '이해'와 '공감'의 모범이 된다. 기독교 영성은 성육신의 그리스도와의 깊은 교제를 의미한다. 이러한 영성이 주도하는 사회복지실천은 당사자 중심, 서비스이용당사자 우선의 사회복지실천 윤리와 가치의 기초를 견고히 하게 한다. 그리고 지금 여기(here and now)를 추구하는 사회복지실천의 현장성을 확실히 하며, 서비스이용당사자의 문제를 통전적으로 관여할 뿐 아니라 그리스도를 닮아 권위적 지위를 지양하고 동등한 관계를 맺게 될 것이다. 그리고 이용당사자가 경험하는 곤혹스러운 문제에 일체적으로 동참하게 될 것이다. 성육신적 영성의 사회복지실천은 사회복지실천의 본질과 연결되는 영적인 의미들을 내면화시켜 신앙과 소명의 차원에서 실천하고 경건한 삶의 실현으로 추구한다.

그런 맥락에서 영성사회복지실천의 능력을 힘 있게 발휘할 수 있는 접근이 바로 성육신 영성에 근거한 사회복지실천이다. 이번 장에서는 이와 같은 성육신 영성에 근거한 사회복지실천을 구체적으로 살펴보고자 한다.

1. 성육신 영성과 연결될 수 있는 사회복지실천 방법과 기술

인간은 하나님의 형상을 따라 지어졌기 때문에 하나님께서 성육신하셨다는 사실은 인간도 그 방식을 따라 살아갈 수 있다는 것을 의미한다. 물론 하나님처럼 완전한 성육신의 형태를 이룰 수는 없겠지만 그 형상을 본받아 행동하고 선택하고 실천할 수 있다는 것이다. 오늘의 주류 기독교 종교인들은 영성을 가현(假現)적 상태로 이해하는 경향이 있으나[1] 영성은 인간이 존재하는 기반이자 삶의 의미일 뿐 아니라 그 구체적인 목표이고 더 나아가 생각하고 행동하는 태도이며 문제를 해결하는 양식(樣式)이다. 이와 같은 맥락에서 교회와 기독교 기관의 사회복지실천은 그리스도인의 영성으로 말미암아 나타나는 자연스러운 삶의 실천이어야 한다. 추상적이고 관념적인 형태의 영성이 사회복지실천과 만날 때 영성은 그 가현성을 벗어 던지고 참된 인간으로서 살며 행동하는 방법이고 동시에 기술이 된다.

〈표 4-1〉은 성육신 영성과 기독교의 사회복지실천 방법과 기술이 어떠한 연결점을 만들어 낼 수 있을지의 문제를 다루고 정리한 것이다.

〈표 4-1〉 성육신 영성과 연결될 수 있는 사회복지실천 방법과 기술

성육신 영성	성육신적 영성사회복지실천	실천 방법과 실천 기술
깨달은 진리를 체현(體現)하기	기독교사회복지실천의 세계관, 철학, 이념, 원리, 가치를 실현	봉사를 위한 기도와 묵상 윤리적 결정하기 약자 중심의 구조화 개인의 주체성 존중 공동체의 공생성 회복 긍정적인 고려(Positive Regard)
사랑의 대상과 함께 있기	당사자와 하나 되기	전문적 관계 감정이입 연대하기(Engagement) 공동체로 함께 살기 수용 동맹 찾아가기 클럽하우스모델 자조모델에 기초한 실천

---

1 원래 기독교는 가현설을 비판하고 이단으로 규정지었으나 교회 자신이 역사적 예수를 도외시함으로써 가현적 종교로 변질되었다는 비판을 받는다. 이 가현적 신앙생활에서 실현적 신앙생활로 전환하는 것이 필요하다.

타인의 고난을 체험하기	당사자의 고통에 참여하기	체험적으로 이해하기-기아/노숙/장애 공감하기 걸언하기 측정하기 사정하기 동정(compassion) 민감성 명료화 환경 속의 인간(PIE) 인간-중심치료에 기초한 실천 서비스이용당사자에 의해서 변화되기
예수의 모습을 삶으로 보여 주기	모범적 행동으로 솔선수범	진실성 자기노출 I-전달법 실존주의 사회복지실천 모델링 대안적 행동방식의 행동시연
타인의 문제를 대신 하기	당사자의 문제를 대신 담당	긴급한 위기에 개입하기 취약계층을 옹호/대변하기 피부양자 보호/방어하기

1) 기독교 세계관, 철학, 이념, 원리, 가치 실현하기

성육신적 영성사회복지실천은 우선 보이지 않는 기독교 세계관과 그 세계관에 근거한 철학, 그리고 그것에 따른 이념과 원리, 가치, 윤리 등이 실천적인 행동이나 방법, 기술, 프로그램, 더 나아가 거시적인 정책으로 실현되게 하는 것이다. 그러한 사회복지실천은 진정성을 갖고 일관성과 통전성, 더 나아가 지속성을 나타내게 될 것이다. 오늘날 기독교계에서 운영하는 수많은 사회복지기관이나 학교들이 그 설립이념과 기독교적 정체성을 쉽게 상실하고 즉시 현실과 타협하며 민감하게 세속적 흐름에 따라가는 현상을 발견하게 된다. 그러나 성육신적 영성은 항상 '성서적 이상'을 따라 선택하고 "하나님의 뜻이 하늘에서 이룬 것 같이 땅에서도 이루어지도록" 노력하는 태도와 가치인 것이다. 그러한 사회복지실천은 다음과 같은 특성들을 갖는다.

(1) 봉사를 위한 기초로서 기도와 묵상

몰트만(Moltman)은 이타적인 목적을 위해 희생을 가능하게 하는 것은 기도와 묵상이라고 하였다. 기도와 묵상은 사회복지실천의 영성적 접근에 필수적이고 기초적이다. 그것은 종교적인 의미에서의 기도와 묵상이 아니라 하나님과 인격적인 교통을 경험하는 영성적 차원의 기도와 묵상이다.

(2) 약자 중심의 구조화

예수는 "지극히 작은 자 하나에게 한 것이 내게 한 것이니라."(마 25:40)라고 선언하셨다. 뿐만 아니라 예수는 그 사회의 가장 낮은 곳으로 임하셨다. 이러한 이념이 실현되면 약자 중심으로 구조화된 사회와 공동체를 이루게 될 것이다.

(3) 개인의 주체성 일으키기

기독교 세계관에서 인간에 대한 구속의 최종적인 결과는 개인의 자유를 회복하는 것이다. 개인은 주체적인 존재로서 독립되고 자립하여 당당히 책임 있는 존재로 자신을 되찾게 하는 것이다. 그 주체성이야말로 하나님이 인간에게 심으신 하나님의 형상의 결정체인 것이다.

(4) 공동체의 공생성 높이기

개인의 주체성과 함께 하나님은 인간을 사회적 존재로 만드시고 한 몸이 되어 서로 돕고 사랑하여 공생적 관계를 이루고 살아가도록 지으셨다. 이러한 기독교의 창조적 이념을 실현하여 지역사회의 자연력을 깨우고 기르고 생동시키는 것이 사회복지실천의 근본이다(한덕연, 2008: 30).

(5) 윤리적 결정 내리기

윤리적 결정 내리기는 사회복지사가 어떤 이슈에 대해 윤리강령에 기초하여 결정을 내리는 것을 의미한다(Sheafor & Horejsi, 2005: 228-234). 이러한 사례는 전문적 실천과정에서 계속하여 발생하는 것으로서 기독교적 윤리의식과 가치체계가 현실적 상황에서 실현되는 사안이다.

(6) 긍정적인 고려

서비스이용당사자가 어떠한 이유에 상관없이 존엄하게 대우받아야 한다는 믿음이다. 기독교 세계관으로 볼 때는 하나님의 피조물이요, 그리스도의 십자가의 구속적 죽음의 대상이다. 그러니까 너무도 소중하고 고귀한 존재인 것이다.

2) 당사자와 하나 되기

성육신 영성에 근거한 사회복지실천의 가장 중요한 특성 중 하나는 사회복지사가 서비스이용당사자들과 하나로 어울려 그들 중에 한 사람이 되는 것이다. 전문적 사회복지실천과는 달리 '자연주의 사회사업'에서는 복지로 드러나 보이지 않게 소통되는 복지, 지역사회 어디에나 두루 스미어 흐르는 복지, 보통 사람들과 함께 누리게 하는 보편적 복지, 보통(normalization)의 평범한 복지를 지향한다. 이러한 입장은 이미 사회복지의 오래된 원칙이면서도 매우 신선하여 미래의 복지를 주도해 나갈 정신이며 이념이다. 이것을 '오래된 미래'라고 할 수 있을 것이다. 여기서 조심해야 할 문제는 사회복지사가 이용당사자들에게 동화되어 역전이(counter transference)되지 않도록 해야 한다는 것이다. 그리스도인은 세상에 살지만 세상에 속하지는 않는다.[2] 성육신 영성의 사회복지사는 지역사회와 하나 되지만 지역사회의 문제적 상황에 압도되거나 동화되지는 않는다. 이와 관련된 사회복지실천 내용을 정리하면 다음과 같다.

(1) 공동체로 함께 살기

마하트마 간디나 레오 톨스토이, 로체, 함석헌, 이찬갑, 임락경 등의 영성적 지도자들은 농촌에 들어가 자립적 공동체를 건설하고, 구성원들과 함께 공동체로 살아

---

2 (요 17:16) 내가 세상에 속하지 아니함 같이 그들도 세상에 속하지 아니하였사옵나이다.

가는 삶을 시도했다. 특히 트라피스트를 비롯한 가톨릭의 여러 수도원들은 소유를 떠나 공동으로 노동하고 생활하는 영성적 공동체를 이루고 있다. 이러한 공동체들은 삶의 만족도가 매우 높은 복지공동체이기도 하다.

(2) 찾아가기(outreach)

지역사회와 가정을 찾아가는 것은 성육신적 실천에 중요한 모형이다. 찾아가기는 근린지역에 위치한 기관들은 서비스이용당사자들을 돕기 위하여 그들의 가정이나 주거환경에 적응할 수 있도록 서비스와 정보를 제공하는 적극적 복지활동이다(Barker, 1994: 267).

(3) 감정이입(empathy)

사회복지사는 서비스이용당사자의 주관적인 경험과 감정을 지각하는 능력을 갖고 있어야 한다(Sheafor & Horejsi, 2005: 190). 이를 통해 이용당사자와 하나 될 수 있고 적절한 서비스로 연결이 가능하게 된다. 기술적으로는 바꿔 말하기, 반영 같은 적극적인 경청의 역량이 필수적이다.

(4) 전문적인 관계 맺기

성육신적 영성을 지닌 사회복지사는 '하나 됨'의 관점에서 전문적 관계를 맺는다. 그것은 서비스이용당사자를 있는 그대로 바라보는 관점으로서, 이용당사자와 일치를 이루도록 접근하여 수용할 수 있다(Sheafor & Horejs, 2005: 115).

(5) 서비스이용당사자와 연대하기(engagement)

효과적인 실천이 되기 위해서는 기본적으로 서비스이용당사자가 사회복지사를 신뢰하는 관계를 형성해야 한다. 이는 돌봄과 존중됨을 통하여 가능한 것이다. 이것이 임재의 사역의 중요성이다. 결국 인간의 존엄성에 대한 성서적 관점과 하나님의 시각을 공유함으로써 진정한 원조적 관계를 맺게 될 것이다.

(6) 상대 수용하기(acceptance)

수용은 사회복지사가 서비스이용당사자와 연대하기 위하여 지켜야 하는 기본원칙 중 하나로서 인간존중의 입장에서 이용당사자의 행동과 태도를 있는 그대로 받아들이는 것이다. 이용당사자의 입장과 행동의 의미를 이해하고 개별적인 문제상황을 충분히 파악하고자 하는 공감적인 전문가의 자세이며 태도다(한국사회복지협의회, 1993: 172).

(7) 인간-중심치료에 기초한 실천(client centered practice)

서비스이용당사자에게 초점을 맞춘 이론에 근거하여 문제 해결의 주체를 이용당사자에게 두며, 그에게서 해결책을 끌어낸다(Sheafor & Horejs, 2005: 146-147). 사람을 위해 사람에게 오신 성육신적 모델은 이용당사자를 중심으로 하는 치료 모델과 일치된다.

(8) 클럽하우스모델에 기초한 실천

이 모델은 상호원조, 관심, 공유된 작업에 기반을 둔 지지적 공동체를 제공함으로써 사회적·직업적 기능 향상을 도모하는 방법이다. 함께하는 구조 속에서 실천이 가능하기에 궁극적인 일치가 가능하다(Sheafor & Horejsi, 2005: 156-157).

(9) 자조모델에 기초한 실천

유사한 문제를 가진 사람들과의 집단경험을 통해 사회적 기능을 향상시키는 것인데, 이들이 함께 하나 되어 모임으로써 동질성과 안정성을 동시에 추구할 수 있다(Sheafor & Horejsi, 2005: 160-161).

3) 서비스이용당사자의 고통에 참여하기

성육신의 목적은 단지 '하나 됨'에 머무르지 않는다. 예수님의 성육신은 '우리의 연약함을 체휼'하기 위한 것이었다. 성육신 영성에 근거한 사회복지실천은 서비스이용당사자의 고통을 '체험적으로' 이해하고자 하는 특징을 갖는다. 이것은 단지 듣고 지나가는 형태의 간접경험에 끝나지 않고 현장에 참여하여 직접적으로 경험하는 형태로 상대방을 이해하고자 하는 것이다. 그리고 이해의 당사자로서 직접 참여할 수도 있다.[3] 과거 빈민선교나 도시선교 또는 산업선교의 지도자들은 현장에서 주민들의 고통에 참여함으로써 그들과 함께 지역사회를 위한 성육신적 사회복지를 실천해 나갈 수 있었다. 이용당사자의 고통에 참여하기 위한 성육신적 사회복지실천의 개념들은 다음과 같다.

(1) 체험적으로 이해하기(experimental understanding)

근래에 와서 문화체험, 장애체험, 기아체험, 노숙체험 등 여러 가지 체험 학습의 기회들이 많이 생겨나고 있는 것은 다행스러운 일이다. 이러한 체험과정을 통하여 문제에 더 가까이 다가가고 문제해결에 대한 동기가 강하게 일어날 수 있을 뿐 아니라 적절한 대안을 발견할 수도 있을 것이다.

(2) 동정(同情, compassion)

동정은 서비스이용당사자가 고통스러워할 때 고통에 함께 참여하거나 몰입하려는 의지를 말한다. 이를 통해 감정적 일치를 이룰 수 있다(Sheafor & Horejsi, 2005: 68).

(3) 사정(assessment)

사정은 서비스이용당사자의 상황을 자세히 알아 서비스에 연결하기 위한 기초 작업에 해당한다(Sheafor & Horejsi, 2005: 322-323). 사정은 문제의 범위와 수준, 변화의 양상, 그리고 앞으로의 전망을 포함하는 보다 깊이 있는 평가이기 때문에 보다 적극적인 성육신적 참여가 요구된다.

---

3   그 하나의 사례로 경제정의를 실현하고자 하는 시민단체들의 소액주주운동과 같은 것이 있다.

(4) 걸언하기

걸언은 인사하고, 여쭙고, 의논하고, 부탁하고, 감사하는 것으로 구성된다(한덕연, 2008: 28). 기독교 사회복지사는 걸언을 통하여 지역사회의 주민들과 보다 밀착된 관계를 맺어갈 수 있고 보다 입체적인 경험을 얻을 수 있는 기회를 갖게 된다.

(5) 명확화(clarification)

사회복지사가 면접 과정에서 서비스이용당사자가 진술한 내용을 요약하여 이용당사자가 본인을 잘 이해할 수 있도록 하는 기술이다. 이를 위해 의도적으로 환류(feedback)하거나 명확하게 질문하는 것이 중요하다(한국사회복지협의회, 1993: 82).

(6) 공감하기(empathy)

공감은 상대방의 경험·감정·사고·신념을 자신이 상대인 것처럼 듣고 이해하는 능력이다. 사회복지사는 치료의 효과를 높이기 위해 본인이 이해한 바를 서비스이용당사자에게 전달해야 하며, 이를 통해 이용당사자가 판단 받지 않는다는 느낌을 가지게 된다(한국사회복지협의회, 1993: 24).

(7) 민감성(sensitivity)

상대적으로 작은 변화에 민감하게 반응할 수 있으려면 개인이나 조직, 또 지역사회 현장에 대한 깊이 있는 조사와 경험이 필요한데 이를 위해서는 성육신 영성적 참여가 필요하다.

(8) 환경 속의 인간(Person-in-Environment: PIE) 관점

사회복지사가 서비스이용당사자를 환경 시스템 안의 부분으로 바라보는 관점이다. 이 관점은 상호작용하고 서로 영향을 미치는 개인, 관련된 다른 사람들, 신체적·사회적 환경들을 포함한다(Barker, 1994: 279).

(9) 서비스이용당사자에 의해서 변화되기

사회복지사가 서비스이용당사자와 관점·신념·가치가 다를 때 이를 배우는 것을 의미한다(Sheafor & Horejsi, 2005: 55). 이것을 통해 사회복지사는 사람을 이해하는 폭이 넓어지고, 관점이 다양해져서 더 많은 사람에게 영향력을 끼칠 수 있게 된다.

4) 모범적 행동으로 솔선수범

성육신 영성은 거룩함을 세속적 현장 안에서 유지한다. "우리와 똑같이 시험을 받으신 이로되 죄는 없으시다."(히 4:17)는 것은 사회복지사로 하여금 순수하고 정당한 바른 길로 가야 한다는 사실을 보여 주신 말씀이다. 성육신적 영성을 가진 기독교사회복지사는 감추지 않고 자신을 드러내지만 그 드러난 모습으로 인하여 진실성을 인정받고, 모범적 모델로서의 지위를 더 분명히 갖게 되는 것이다. 예수께서 말하고 행동하고 결정하는 모든 것이 하나님의 진리를 나타내셨듯이 성육신 영성으로 살아가고자 하는 기독교사회복지사는 사람들에게 바른 지혜와 지식을 행동으로 보여 줘서 존경과 감동을 불러일으키게 될 것이다. 거룩하고 진실한 행동으로 나타나는 성육신적 영성사회복지실천의 내용을 정리하면 다음과 같다.

(1) 진실성

사회복지사는 말과 행위에 있어서 '실제적'인 사람처럼 행동하는 것이 필요하다. 이것은 서비스이용당사자로 하여금 서비스에 집중하도록 유도한다(Sheafor & Horejsi, 2005: 71). 신뢰를 상실한 사회복지사는 진실한 관계를 단절시켜서 의미 있는 과정을 지속시킬 수 없다.

(2) 자기노출

자기노출은 하나의 기술로서 사회복지사가 자신의 생각과 느낌, 삶의 경험을 밝히는 말을 하는 것인데, 이를 통해 서비스이용당사자와의 관계가 좀 더 편안하게 될 수 있으며 긍정적인 영향을 끼칠 수 있다(Sheafor & Horejsi, 2005: 208). 사회복지사는

"산 위에 있는 동네"처럼 자기가 노출되도록 함으로써 사회복지사의 정당성과 정의로움, 더 나아가 구성원들에 대한 애정과 따뜻함을 보여 줄 수 있어야 한다.

(3) 실존주의 사회복지실천(existential social work)

실존주의 모델은 개인의 기본적 자율성과 선택의 자유를 존중하고, 억압적인 사회관습으로부터 각성하게 하며, 고통을 가져다주는 자료들을 제거하는 데 자신의 결정할 수 있는 능력을 활용하도록 돕는 사회복지실천의 방법(Barker, 1994: 126)이다. 이것은 사회복지사 자신의 실존적 삶에 기반을 두어야 할 것이다.

(4) 나-전달법

나-전달법(I-Message) 방식의 의사소통은 본인을 주어로 하여 의사소통의 효과성을 증진하는 메시지 구조의 한 유형이다(Sheafor & Horejsi, 2005: 217-218). 사회복지사의 따뜻하고 절제되며 상대를 배려하는 형태의 언어 사용은 상대로 하여금 마음을 열고 보다 깊은 관계로 나아가도록 도울 것이다.

(5) 모델링(modeling)

이것은 행동치료와 사회학습이론에서 개인이 다른 사람에 의해 나타난 행동이나 태도를 모방하며 획득하는 학습의 형태를 말한다(Barker, 1994: 238). 성육신적 영성은 언제나 긍정적 모방이 가능한 삶의 내용을 갖는다.

(6) 대안적 행동방식의 행동시연(behavioral rehearsal)

행동주의 치료에서 시작된 기법으로, 모델링과 지도(coaching)를 사용하는 역할연습의 한 형태이다. 다른 역할연습과 달리 서비스이용당사자가 보호된 환경 안에서 새로운 행동을 시도하는 기회를 제공한다. 이를 통해 이용당사자가 갖추지 못한 능력을 개발하고, 자기확신을 갖도록 돕는다(Sheafor & Horejsi, 2005: 486).

5) 서비스이용당사자의 문제를 대신 담당

성육신의 절정은 인류의 죄를 대신 담당하신 십자가 사건에서 이루어진다. 그리스도는 미리 계획된 절차를 따라 그 길을 걸어가셨다. 그것은 인간이 영원히 벗어버릴 수 없는 죄의 문제와 죽음의 문제를 대신 담당하기 위한 것이었다. 그러나 전문적 사회복지실천에 있어서 서비스이용당사자의 문제를 사회복지사가 대신 담당하는 것은 금기시되어 있다. 그것은 이용당사자로 하여금 책임 있는 주체로서 역할하는 것을 방해하기 때문이고 복지서비스에 대한 의존성을 높여서 오히려 인간의 존엄성을 훼손시키는 결과를 가져오기 때문이다. 그러나 스스로 해결할 수 없는 긴박한 위기를 경험하고 있는 사람들, 구조적으로 배제된 취약계층들, 그리고 어린이나 노인들처럼 보호가 필요한 피부양자들에게는 자신의 역량을 활용할 수 있는 범위를 벗어난 문제들을 대신 담당하는 은혜의 공급자가 요청되는 것이다.

(1) 옹호하기

옹호적 영성은 하나님의 모성적이고 보호적인 특징을 받아들이고 약자들의 고통에 참여하며 뜨거운 감성으로 열정을 갖는다는 면에서 다른 특성과 구분된다. 옹호는 서비스이용당사자가 받을 권리를 유지하도록 정책 변화 운동을 적극적으로 지지하는 것이다(Sheafor & Horejsi, 2005: 93). 이용당사자가 직접 나서기 어려운 분야를 대신함으로써 서비스이용당사자가 받을 권리를 유지하게 된다. 현재 한국교회 내에는 외국인근로자교회, 시각, 청각, 지체 등의 장애인교회, 근육병환자를 위한 교회, 그리고 노인, 출소자, 노숙자, 알코올 중독자 등 다양한 취약 계층을 위한 옹호활동이 진행되고 있다.

(2) 위기개입모델

위기적 상황 아래 놓인 서비스이용당사자들에게 사회복지사가 일시적으로 개입하여 역경을 이길 수 있도록 돕는 것이다(Sheafor & Horejsi, 2005: 149-150). 다른 모델과 달리 지시적 접근이지만, 긴박한 상황에서 효과적인 해결이 가능하다. 이러한 봉사적 영성은 자기 이익을 초월하고, 타인의 입장에 설 수 있다는 면에서 영성적 특징을 가진다.

(3) 보호/방어하기

부양자가 피부양자의 필요를 공급하지 못하거나 부양의 의도가 없을 때, 그리고 오히려 위해의 위험이 있을 때 법적으로 개입하여 보호 또는 방어를 조처해야 한다(Barker, 1994: 46). 이러한 활동들은 구조의 의미가 담긴 매우 중요하고 의미 있는 사역이다.

2. 성육신적 영성사회복지실천의 실제적 사례: 이세종 선생의 정신과 실천원리

이세종 선생의 영성과 삶을 조명하고 그것을 통해서 성육신적 영성사회복지실천의 실체가 될 수 있는 실천원리를 찾고자 한다. 성서적 영성에 따른 영성적 삶을 살아갔던 이세종 선생의 인생은 성육신적 영성사회복지실천의 모범적 준거가 될 수 있을 것이다.

1) 이세종 선생의 삶과 영성사회복지실천의 원리

이세종 선생의 삶을 읽으면 도무지 사실 같지 않다. 그러나 그렇게 살고 싶기는 하다. 살고 싶은 삶을 살 수 있느냐 없느냐에 우리 보통 사람과 저들 성인의 차이가 있다. 모든 인간의 내면에는 하나님의 형상인 영혼의 불꽃이 담겨 있다.[4]

따라서 소란한 일상의 복잡함을 벗어나 조용히 침묵하며 본질을 찾아 나서면 무엇이 옳고 참되고 아름다운 것인지 알 수 있고 깨달을 수 있다. 그러나 우리는 그 길을 살아내지 못한다. 사람을 둘러싸고 있는 이 세상은 그 길을 걸어갈 수 없도록 끈질기게 방해하기 때문이다. 이 완강한 세속의 그물을 돌파하고 영적인 삶을 살아낸 사람은 참으로 드물다. 우리가 성인들의 삶을 추적하는 이유는 그들이 우리에게 가능성을 열어주었기 때문이다. 그들이 그 시대에 그 역사의 현장에서 그렇게 살아갈

4　퀘이커교의 창설자 조지 폭스(George Fox)는 모든 인간 내면에 있는 신성을 '내면의 빛'이라고 말하고, 교육철학자 파커 팔머(Parker Parlmer)는 '내면의 교사'라고 말한다.

수 있었다면 우리도 이 시대에 이 역사의 현장에서 또 그렇게 살아갈 수 있을 것이라고 믿게 해 주는 것이다.

그런 의미에서 이세종 선생의 삶을 살펴보는 것은 영성사회복지실천을 이 땅에 구현하고자 몸부림치는 기독교사회복지실천가들의 희망의 지평을 넓히는 것이다. 특히 기독교사회복지실천이 교회의 돈과 시설, 힘과 지위, 인력과 조직으로 진행되는 종교적 사회복지실천이기보다는 마음과 정신, 관계와 모범, 삶과 희생으로 진행되는 영성적 사회복지실천을 지향하는 것이 마땅하다고 할 때, 오늘의 교회와 기독교 기관이 실천하는 사회복지실천은 영성의 대가들의 삶을 통하여 배우고 본받아야 할 것이다.

한편, 여기에서는 이세종 선생의 삶에 대한 새로운 지식을 찾는 것이 목적이 아니다. 또 이미 밝혀진 사실을 논증하거나 더 깊이 설명하고자 하는 것도 아니다. 단지 공개되고 주어진 지식을 통하여 사회복지 영역과 관련된 실천적 의미를 추출하고자 하는 것이다. 한때 이세종 선생은 주류 기독교 내부에서 이단으로 의심된 적이 있었으나 이제는 한국적 영성의 중요한 지위를 확보하였다.[5] 한국의 기독교 유산을 집대성하고 있는 한국고등신학연구원에서 편찬한 자료에 의하면 이세종 선생을 '호남영성의 태두'라고 표현하였다(KIATS, 2011: 39). 호남영성이야 말로 이현필, 최흥종, 서서평, 방애인, 손양원, 강순명, 이준묵, 엄두섭, 여성숙 등으로 이어지는 한국교회의 보배로운 생명력의 산실이다.[6] 바로 이와 같은 사실을 전제로 하여 영성사회복지의 진정한 정신과 실천원리를 찾아보고자 하는 것이다.

---

5 엄두섭은 이세종을 한국의 가장 중요한 영성인들 중에 한 명으로 소개했고 호세아 선지자에 비교하였다(엄두섭, 1989: 91-110). 임락경은 한국적 신학, 토착 신앙, 한국적 토착 기독교를 말하려면 먼저 이세종 선생을 소개해야 한다고 말한다(임락경, 2014: 120). 한국 신학의 3대 거목으로 꼽히던 정경옥 감신대 교수는 이세종을 만나본 뒤 〈새사람〉이란 잡지에서 '화순의 성자'라고 소개했다(한겨레신문 2012. 12. 26). http://www.hani.co.kr 백남철(인창제일교회 원로목사)은 이세종 선생에 대한 심포지엄에서 "이세종 선생은 예수처럼 살려는 수도자였고, 마침내 성령으로 예수의 화신이 되어 살았던 성자"라고 평하고, "한국교회가 이 선생처럼 자기 자아를 초월하고 세상의 가치관을 초월해 복음에 집중하는 영성이 필요하다."고 했다. 기독공보 Nov 28, 2015. http://kr.christianitydaily.com

6 이세종 선생의 직접적인 제자들 중에 이현필 선생이 제일 널리 알려졌지만 이상복, 박복만, 오복희, 수레기 어머니 손임순 등 12명 정도의 진실한 제자들이 이세종 선생 사후에도 계속 그 영맥을 이어나갔다고 한다(KIATS, 2011: 44).

〈표 4-2〉는 본 연구의 대략적인 내용을 설명하고 있다. 전체적으로 볼 때 먼저 이세종 선생의 삶으로부터 기독교사회복지의 기초로서 하나님과 절대적 관계 맺기와 성서적 자아정체성 확립하기를 배운다. 다음으로 종말론적 시각으로 세상을 바라보며, 그 세상을 벗어나고, 다시 세상으로 향하여 들어가는 기독교사회복지의 세계관적 방향을 추적하게 될 것이다. 더 나아가서 실천가는 이세종 선생으로부터 이타적이고, 영성적이며, 실존적인 가치체계를 설정함으로써 사회복지 활동에 임하는 진정한 이유와 목적을 이해하도록 하며, 마지막으로 그러한 가치지향을 위한 올바른 실천 방법과 원리가 무엇인지를 살펴보고자 한다.

〈표 4-2〉 이세종 선생의 영성과 삶이 제시하는 영성사회복지 정신과 실천원리

구분	이세종의 영성과 삶	영성사회복지 정신과 실천원리
존재론적 기초	하나님 앞에 서기	궁극적 대상과 절대적 관계 맺기
	성경적 자기 만들기	기독교사회복지실천가의 자아정체성
세계관적 전제	종말을 향하여 나아가기	사회복지의 최종 목표로서 하나님의 나라
	세상으로부터 탈출나기	세속적 구조로부터 탈출하기
	세상을 향하여 들어가기	세속사회 문제에 참여하기
	겸손으로 낮아지기	내려가고 비우고 물러가기
가치관적 체계	가족을 넘어서기	궁극적/공적/이타적 가치 추구하기
	가난해지기	실존적 가치 추구하기
실천론적 원리	아낌없이 내어주기	자기희생
	입장의 동일화	동등한 지위 부여
	다른 방식으로 바라보기	인지적 재구조화
	상대방 존중	당사자의 주체화
	삶으로 지시하기	솔선수범
	단호하게 사랑하기	자기결정과 선택
	온생명으로 살아가기	생태적 생명 운동

2) 이세종 선생의 삶과 영성사회복지실천의 존재론적 기초

존재론이란 존재의 본질을 설명하는 것이다. 사회복지실천의 기본은 실천가와 서비스이용당사자가 '나는 누구인가?'라는 질문을 던지며 '사람은 무엇인가?' 더 나아가 '우리는 왜 존재하는가?'를 묻고 대답하는 것으로부터 출발해야 한다는 것이다. 사람은 어떻게 왜 존재하는가, 무엇을 위해 존재하는가에 대한 질문에 분명한 대답을 갖고 있어야 그 복지를 이루어 갈 수 있게 될 것이다.[7] 영성사회복지실천은 그 존재론적 질문에 대하여 기독교적 해답을 갖고 시작해야 한다. 성서적 진리 안에서 인간 존재의 본질을 바르게 설정할 때에 인간은 바른 태도와 목적과 방향을 선택하며 살아갈 수 있기 때문이다. 우리는 이세종 선생으로부터 이러한 점을 찾을 수 있다.

(1) 하나님 앞에 서기

죄를 범한 인간에게 하나님은 "네가 어디 있느냐?"(창 3:9)고 물으셨다. 인간의 타락은 마땅히 있어야 할 삶의 자리를 잃어버린 것이다. 그 자리는 하나님의 앞이다. 인간은 하나님 앞에 세워질 때 진정으로 이웃을 사랑하며 동시에 자신을 사랑할 수 있게 된다. '하나님 아버지 앞에서' 순결하고 거짓 없는 경건은 고아와 과부로 대표되는 고통받는 이웃들을 그 환란 중에 돌아보고 또 자신을 세속으로부터 지켜낼 수 있게 되는 것이다(약 1:27). 진정한 신앙은 '코람데오', 즉 하나님의 현존의식을 갖는 것이다.[8] 신앙의 조상들은 모두 하나님의 현존을 깨닫는 경험으로부터 진정한 부르심

---

[7] 특별히 존재론적 철학의 관점을 중심으로 실천되는 사회사업 방법론을 실존주의 사회사업(existential social work)이라고 한다. 이런 형태의 사회사업은 개인의 기본적인 자율성을 강조하여 사회복지사가 이용당사자로 하여금 사회적 관습의 지배로부터 벗어나서 선택의 자유를 갖도록 돕고 고난의 의미를 알아차리고 자기결정을 할 수 있도록 돕기 위하여 대화하도록 애쓴다(Barker, 1994).

[8] (신 18:13) 너는 네 하나님 여호와 앞에서 완전하라. (행 4:19) 베드로와 요한이 대답하여 이르되 하나님 앞에서 너희의 말을 듣는 것이 하나님의 말씀을 듣는 것보다 옳은가 판단하라. (딤후 2:15) 너는 진리의 말씀을 옳게 분별하며 부끄러울 것이 없는 일꾼으로 인정된 자로 자신을 하나님 앞에 드리기를 힘쓰라.

의 삶으로 들어섰다.[9] 다윗은 "내가 주의 영을 떠나 어디로 가며 주의 앞에서 어디로 피하리이까."라고 고백한다(시 139:7). 이 고백이야말로 사람이 두려움을 벗어나 가장 선하고 참되고 아름답게 살아가게 하는 출발점이 될 것이다. 기독교사회복지는 바로 이 고백으로부터 시작되어야 한다.

이세종 선생은 신앙을 갖기 시작하면서부터 이 하나님의 현존의식을 항상 갖고 있었다. 그가 이공(李空)이라고 자신을 표현한 것도 하나님 앞에서 서 있는 자신을 보았기 때문이다. 그는 "만물이 예수님 안에 들어 있다. 그것은 예수님의 마음이 만물 중에 계시는 것이고, 만물이 예수님의 심중에 있다는 것이다. 주 예수의 마음에는 만물을 불쌍히 여기시는 마음이 있으므로 만물과 함께 계신다."(KIATS, 2011: 92)고 말했고, 또 "어디를 가도 하나님의 은혜뿐이다. 하나님의 손이 도우시면 바위 끝에 가서도 살고, 뜨거운 불 속에도 살 수 있다. …… 아무것도 원망할 것이 없고 부러워할 것도 없다."(KIATS, 2011: 57)라고 가르쳤다.

그의 기도는 독특한 데가 있었다. 듣고 있으면 마치 그가 다른 사람과 마주 앉아 협상을 하고 있는 것 같기도 했다고 한다. "하나님 그렇습니까, 그렇지 않습니까?"라고 마치 하나님과 친밀하게 대화하는 것이었다. 그저 마음에서 우러나는 대로, 마치 집에서 아버지와 아들이 이야기하는 것같이 하나님께 기도를 드렸다고 전한다(KIATS, 2011: 39). 이세종 선생은 하나님 앞에서, 하나님과 함께 존재하는 영성을 갖고 있었기 때문에 그를 만나는 사람은 그를 통해서 예수를 알아보고 믿게 된 것이다.

이러한 하나님의 현존의식이 사회복지실천의 기반이 되어야 한다. 오늘의 교회가 사회복지 사업을 많이 하고 있지만 사람들에게는 별로 감동을 주지 못한다. 그 이유는 하나님께 보여 드리는 사회복지가 아니라 사람이나 세속 권력 앞에 보여 주기 위한 사회복지가 되고 있기 때문이다. 하나님 앞에서의 사회복지가 된다면 정직하고 겸손하며 은밀하고 진정성 있는 섬김이 될 것이다. "지극히 작은 자 하나에게 한 것이 곧 내게 한 것이다."(마 25:40, 45)라는 말씀은 바로 작은 자 앞에서 작은 자가 아

---

9 아브라함은 모리아 산에서(창 22:14), 야곱은 벧엘에서(창 28:16), 모세는 호렙 산에서(출 3:12) 하나님의 현존을 경험한다.

니라 하나님을 만난다는 것을 의미하는 것이며, 이러한 하나님의 현존의식은 사회복지 전문성이 줄 수 없는 최고의 사회복지실천을 이루어 가게 할 것이다. 사회복지사가 자신을 향하여 '나는 지금 어디 있는가?'를 질문할 때, 직장 상사나 동료 앞에 있다든지, 평가하는 기관의 권력자나 여론 앞에 있다는 사실을 떠나서, 심지어는 도움을 요청하는 서비스이용당사자 앞에 있다는 사실조차도 넘어서서, 하나님 앞에 있다는 사실을 인식할 수 있다면 자신도 모르는 사이 그 사람은 가장 이상적인 사회복지실천가의 모습을 갖추게 될 것이다.

(2) 성경적 자기 만들기

성인들은 언제나 자기 자신의 존재를 우선적으로 다룬다. 화가 날 만한 일을 만날 때 화를 내는 자기 자신의 모습을 더 중요하게 다루고, 나쁜 사람을 만날 때 미워하는 생각을 하고 있는 자신을 더 먼저 다루는 사람들이다. 사람됨은 그 마음의 생각에 있다. 무릇 그 마음의 생각이 어떠하면 그의 사람됨도 그러하다고 하였다(잠 23:7). 같은 행동도 나쁜 마음으로 하는 때와 선한 마음으로 하는 때의 의미가 달라진다. 예수님은 말씀이 육신이 되어 오신 분이다. 예수님은 우리에게 자기 자신을 주셨다. 예수님이 주신 그 자신은 완전한 말씀이요 진리였다. 바울은 "내가 그리스도를 본받는 자가 된 것 같이 너희는 나를 본받는 자가 되라."(고전 11:1)고 말한다. 그럴 때에 그의 제자들도 모든 믿는 자의 본이 되었다고 말한다(살전 1:7).

이세종 선생의 권위는 그러한 자아로부터 형성되었다. "남을 조심하는 것보다 자기를 조심해야 한다."(KIATS, 2011: 64)고 강조하였던 그는 성경을 눈으로만 읽지 않고 성경 말씀을 그대로 실천하는 데에서 모든 사람에게 감동을 주었다(임락경, 2014: 127). 엄두섭은 이세종 선생에 대하여 "겉과 속이 다르지 않았다. 그는 생긴 그대로였고 진실 그대로였다."(엄두섭, 1987: 39)고 썼다. 이세종 선생은 언제나 겉단장보다는 속단장을 가르쳤다. "내 속을 다스리는 일이 천하를 다스리는 일이다."(임락경, 2014: 134)라는 것이다. 반복하여 "남의 병을 고치려 하지 말고 자기 병을 먼저 고쳐라. 자기가 되고 나서야 남의 병도 고쳐낸다."라고 말했던 이세종 선생은 자기 자신이 미완성인 사람이 무엇을 하려고 덤비는 것을 보고 "고기는 익지 않았는데 꼬챙이가 먼저 왔다."고 풍자했다고 한다(임락경, 2014: 153). 늘 성경을 깊이 읽었던 이세종 선생은 평생 성경책만 가지고 하나님을 알아갔다. 그는 스스로 성경은 성경으로만 해석해야 한다고 주장했다.

사회복지실천은 전문가의 자아를 사용하는 것이다.[10] 돈이나 물질이나 시설이나 프로그램 이전에 서비스이용당사자가 만나는 복지실천가의 존재를 더 중요하게 생각하는 이유가 거기 있다. 아무리 이상적인 시설과 자원이 있다 하더라도 위선적이고 부정직한 실천가의 인격이 약자들을 더 고통스럽게 만든다. 복지실천가가 신앙인으로서 마음에 담긴 하나님의 말씀을 육화시키면 예수를 닮을 것이요, 예수를 닮은 사람은 하나님의 형상을 이룬 사람이 될 것이다. 약자가 누군가를 향하여 긴급하게 도움을 요청할 때 돕는 사람은 그 사람 앞에서 인류를 대표하는 사람이다. 기독교인은 그 개념에서 한걸음 더 나아가 그 작은 자 앞에서 하나님을 대리하는 사람이다. 기독교사회복지실천가가 어떠한 자기를 갖고 있느냐에 따라 그 앞에서 나타나는 하나님의 모습은 달라진다. 성서적 자기를 만들어서 왜곡되거나 굴절되지 않는 예수님의 모습을 나타내는 것이 기독교사회복지의 근본이라 할 것이다.

3) 이세종 선생의 삶과 영성사회복지실천의 세계관적 전제

사람이 하나님 앞에 서서 성숙한 자아를 갖추게 되면 하나님의 시각으로 세상과 사물과 사건을 바라볼 수 있게 된다. 세계관(世界觀, worldview)은 세상을 바라보는 관점이다. 세계관이란 어떤 지식이나 관점을 가지고 세계를 근본적으로 인식하는 방식이나 틀이라고 설명한다. 기독교 세계관은 말씀의 눈으로, 예수를 통하여 형성된 인식의 틀로 세상을 바라보는 것이다. 기독교 세계관의 기본 골격은 창조-타락-

---

10 일반적으로 자아(自我, ego)는 생각, 감정 등을 통해 외부와 접촉하는 행동의 주체로서의 '나 자신'을 말한다. 건강한 자아를 소유한 전문가가 이용당사자와 함께 있으면 당사자의 신뢰관계에 따라 자연스럽게 문제해결과정으로 진행된다. 그러한 신뢰관계를 라포(rapport)라고 하는데 사회사업 과정 초기에 형성되도록 하는 것이 중요하다(https://ko.wikipedia.org "자아"/Barker "rapport").

구속이다(Wolters & Goheen, 2007).

하나님은 모든 것을 선하게 창조하셨다. 인간이 피조세계에서 살아갈 때 두 가지 방향이 있다. 그것은 타락과 구속이다.[11] 창조된 세계가 아무리 아름답고 선해도 타락을 향해 가는 때에는 슬픔과 고통과 절망이 따라온다. 선하고 정의로운 방향을 향해 나아가면 거기에 구원과 행복과 번영이 뒤따른다. 그리스도인의 책임은 타락의 방향으로 가는 세상을 구속의 방향으로 이끌어 창조의 원형을 회복하는 것이다. 영성사회복지실천은 사회복지가 어떠한 방향을 향해 가야 할지를 바르게 바라보는 시각을 가져야만 할 것이다.[12]

(1) 종말을 향하여 나아가기: 영성사회복지실천의 최종목표-하나님나라

종말에 대한 확신은 우리로 하여금 오늘의 세상에서 이타적 존재로 살아가도록 이끈다. 신앙의 눈으로 볼 때, 현재가 미래를 결정하는 것이 아니라 미래가 현재를 결정한다. 몰트만은 미래는 현재로부터 되어가는 것(becoming from the present)이 아니라 현재를 향하여 오는 것(coming to it)으로서 현재를 앞으로 끌어당겨 가는 것이라고 설명한다(Grenz & Olson, 1997: 282).[13] 우리 그리스도인들은 영원하고 완전하며 평화로운 종말을 소유하였기에 정의로운 사회와 의미 있는 일을 위하여 오늘의 고

---

11 모든 것은 타락의 방향과 구속의 방향을 지향하고 있다. 심지어 교회나 사회복지같이 성스럽고 선한 목적의 존재조차도 타락하여 하나님을 배신하고 세상을 해롭게 할 수 있다.

12 한덕연은 사회복지실천의 방법, 기술, 자원, 시설 같은 것들보다 방향, 근본, 이상이 더 중요하다고 주장한다. "이처럼 방향이나 길이 바르지 않으면 갈수록 목적지에서 멀어집니다. 馬良 시설이 좋고 用多 자원이 많고 御善 기술이 좋을수록 오히려 더 빠르게 멀어질 뿐입니다. 이상과 철학이 없거나 바르지 않으면, 풍부한 예산 좋은 시설 뛰어난 기술로써 열심히 할수록 反복지로 치달을 위험이 커집니다(한덕연, 2018: 17)."

13 몰트만의 이러한 관점을 종말론적 존재론(Eschatological Ontology)이라고 부른다. 이와 관련된 성구들은 다음과 같다.
(고후 5:8) 우리가 담대하여 원하는 바는 차라리 몸을 떠나 주와 함께 거하는 그것이라.
(롬 8:28) 우리가 알거니와 하나님을 사랑하는 자 곧 그 뜻대로 부르심을 입은 자들에게는 모든 것이 합력하여 선을 이루느니라.
(고전 15:58) 그러므로 내 사랑하는 형제들아 견실하며 흔들리지 말고 항상 주의 일에 더욱 힘쓰는 자들이 되라 이는 너희 수고가 주 안에서 헛되지 않은 줄 앎이라.

난을 받아들이며 목숨까지도 바칠 수 있는 사람들이다. 바울은 "차라리 세상을 떠나서 그리스도와 함께 있는 것이 훨씬 더 좋은 일이라 그렇게 하고 싶으나" 오직 "너희를 위하여" 육신에 머무르겠다고 말한다(빌 1:23-24). 종말을 확신하지 못하는 사람은 오늘의 안락과 쾌락을 위하여 살아갈 수밖에 없다.

이세종 선생은 가난하고 천한 집안에서 태어나 뼈를 깎는 노력으로 부자가 되었다. 그러나 신앙을 갖게 된 후에 그 모든 것을 가난하고 불쌍한 사람들을 위하여 나누고 스스로 가난의 질고를 짊어졌다. 그것은 종말에 대한 큰 확신 때문이었다. 그는 "세상에서 고난, 학대, 핍박받는 데 대한 삯이 오는 세상의 영광"이라고 말했다(엄두섭, 1987: 128). 또 "하나님의 아들을 믿는 자에게는 의의 영생이 있다. 선한 마음이 있다. 악독과 시기와 분쟁과 탐심과 자기 이익만 구하는 것은 하나님의 아들의 음성, 즉 생명을 받지 못한 것이다."(KIATS, 2011: 122)라고 하였다. 그에게 있어 임종은 그 영광과 생명을 향하여 입성하는 것이었다. 그가 임종하기 전 울음을 참던 부인이 울음을 터뜨리니 죽어가던 분이 벌떡 일어나서 "울음을 그치시오. 내가 예수님 따라가는데 울어야 되겠소. 내가 가고 싶어 가는 것이오. 명(命)이 있어 가는 것이오."(임락경, 2014: 148)라고 말하면서 좁은 길로 가라고 유언하였다. 임락경은 이세종 선생이 신약성경을 먼저 읽은 신자 중에 한 사람이라고 한다. 신약을 먼저 읽은 사람들은 예수처럼 살고자 재산을 팔아 가난한 이들을 돕고 어렵게 살면서도 천국의 소망을 갖고 신앙 생활하는 사람들이 많다고 하였다(임락경, 2014: 127).

밝은 미래상을 갖고 있는 사람은 현실적으로도 매우 성실하고 진지한 삶의 자세를 갖게 된다. 반대로 어두운 미래상을 가진 사람은 미래에 대한 두려움으로 인하여 현실의 안락과 쾌락에 집착하고 자신을 방종에 내맡기는 현상을 보여 준다. 이는 특별히 어린 시절 의미 있는 대상으로부터 자기 가치를 인정받지 못한 청소년들의 삶에 나타나는 현상이다. 그래서 사회복지사는 서비스이용당사자의 건강한 자아존중감을 형성하기 위해 긍정적 미래상을 갖도록 돕는다. 사회복지사의 세계관이 이러한 천국의 소망, 오는 세상에 대한 긍정적 확신과 영생 신앙을 기반하고 있다면 그들은 정직하고 진정성 있는 이타적 사회복지실천을 진행하게 될 것이다. 자신의 이익에 집착하거나 현실적인 만족을 위해서 사회복지를 하는 오늘의 사회복지 일반의 문제를 극복하기 위해서는 성서적 종말관에 근거한 세계관을 가져야 할 것이다. 또 그들의 도움을 받는 사회적 약자들이나 취약계층들도 역시 종말에 대한 긍정적 미래상을 갖게 될 때에 비관하거나 절망에 빠지지 않고 타인을 위한 보다 적극적인 삶을 선택하게 될 것이다.

(2) 세상으로부터 탈출하기: 영성사회복지실천의 우선적 지향성-세상 밖으로

성경에서 믿음의 조상 아브라함의 등장은 "본토 친척 아비집"을 떠나는 것으로부터 시작된다(창 12:1). 믿음의 민족으로서 이스라엘의 역사는 출애굽 사건으로부터 출발한다(출 3:1). 완전히 망한 이스라엘 국가가 회생하는 장면은 유배지 바벨론으로부터 출발하여 가나안으로 돌아오는 사건으로 장식된다. 모두 지배적인 삶의 자리, 생활의 터전, 묶여 있던 현실적 구조를 떠나는 것이었다.

예수님은 "내 나라는 이 세상에 속하지 않았다."(요 18:36)고 선언하셨다. 따라서 제자들에게도 "너희는 세상에 속한 자가 아니요 도리어 세상에서 나의 택함을 입은 자인 고로 세상이 너희를 미워하느니라."(요 15:19)고 말씀하신다. 교회라는 단어의 원어는 에크(ἐκ: 전치사, out of, from, by, away from)와 카레오(καλέω: 동사, to call, to name, by name, to be called)로 결성된 여성형 명사다.[14] 이는 부름을 받고 밖으로 나온 사람들의 공동체라는 의미를 담고 있다. 이러한 내용들은 하나님의 백성들이 세상, 다시 말해서 세속적 구조와 지배 및 영향력으로부터 벗어날 것을 요구하는 메시지를 던지고 있는 것이다. 그리스도인의 삶은 반드시 세속사회의 선택이나 가치관과 다른 길을 걸을 수밖에 없다는 교훈을 말하는 것이다. 이것은 사회복지 부분에서도 다르지 않다. 영성적 사회복지의 실천가로서 제대로 살아가기 위해서는 일반적 사회복지의 흐름과 동일하게 갈 수는 없을 것이다. 그것은 넓은 길에서 나와 좁은 길을 걷는 것이고, 평안한 길이 아니라 거칠고 메마른 길을 가는 것을 의미하는 것이다.

그리스도인에게 있어서 사회복지실천은 부르심을 향하여 나서는 하나의 소명이

---

14 www.blueletterbible.org를 참조하였다.

다. 일반적으로 목회나 선교와 같은 직업을 소명으로 받아들이는 것처럼 사회복지도 헌신과 희생을 요구하는 하나님의 소명으로 받아들여야 한다. 요즈음 사회복지부문 종사자들의 이직률이 높은 이유는 그 직임의 업무 부담이 크고 수고에 비해 보상이 너무 낮은 수준인 까닭도 있지만, 더 중요한 이유는 이 직업이 하나님이 부르시는 소명의 길이라는 사실에 대하여 인식하지 못하는 이유도 있는 것이다. 그 길은 편안하고 안정된 삶을 영위하기 위해서 가지는 소득을 최우선하는 사업이나 단지 생활의 방편이 아니다. 세속적인 목적의 직업이 되어서도 안 된다. 힘들어도, 괴로워도 끝까지 가야 할 생애의 소임(所任)이라는 사실을 전제로 하지 않으면 사회복지실천의 길은 쉽게 왜곡되고 흔들리게 될 것이다.

(3) 세상을 향하여 들어가기: 영성사회복지실천의 궁극적 지향성-세상 속으로

그럼에도 사회복지실천은 사람을 위한 것이고 사회를 위한 것이다. 예수께서 이 세상에 속하지 않으셨지만 세상을 위하여 보냄을 받으신 것처럼 그리스도인도 세상을 향하여 나아가야 한다. 하나님이 그 아들을 세상에 보내신 것은 "세상을 심판하려 하심이 아니요 그로 말미암아 세상이 구원을 받게 하려 하심"(요 3:17)이었다. 그렇게 보냄을 받으신 예수께서는 제자들에게 "아버지께서 나를 보내신 것 같이 나도 너희를 보내노라."(요 20: 21)고 말씀하신다. 이것이 '메시아적 파송'이다(임희모, 2017). 사도행전에서 예루살렘 교회가 흥왕할 때에 하나님은 그 교회를 흩어서 사방으로 나아가게 하셨다. 그리스어 디아스포라(διασπορά)는 '흩뿌리거나 퍼트리는 것'을 뜻하는 말이다. 부름 받아 세상으로부터 나온 성도의 '에클레시아'는 다시 세상을 향하여 '디아스포라' 되어야 한다.

이세종 선생의 삶은 주님을 향한 방향이 우선적이었지만 세상을 향한 방향도 포기되지 않았다. 영성을 따라 사는 사람은 어느 곳에 있어도 세상을 향한 영향을 흘려보내도록 되어 있다. 그의 신앙 초기에는 구령의 열정에 목말라 집집으로 다니며 열심히 전도했지만 점차 입으로 전도하는 일은 그만두었다. 지금은 입으로보다도 행실로 전도할 때라고 했다(엄두섭, 1987: 105).

그는 삶으로 복음을 표현해 내었다. 먼저 그는 찾아오는 사람들에게 가르치는 방식으로 세상을 마주 대했다. 성령으로 충만하여 진리를 말해 주었기 때문에 그를 만나는 사람들은 감동을 받고 생의 문제를 해결하며 마음에 평안을 얻었다. 특별히 그는 가난한 자들을 위한 자기희생으로 세상을 사랑했다. 빚을 탕감하고 거지를 사랑하며 좋은 음식이 생기면 반드시 이웃과 나누어서 상대방에게 은혜를 끼쳤다(신명열, 2015: 42). 그를 바라보는 사람들의 마음에 물질에 대한 집착과 욕심을 버릴 수 있도록 돕고 인도한 것이다. 그는 논마지기를 면사무소에 기증하고 가난한 자들에게 쓰이도록 했고 전답임야 3,168평을 전남노회에 기증하여 노회유지재단을 설립할 수 있게 하였다(신명열, 2015: 43). 마을과 교회에 실제적인 영향을 준 사람이었다. 면에서 선덕비를 세울 정도라면 그는 세상 한가운데에서 큰 지위를 얻은 사람임에 틀림없다.

영성사회복지실천은 세상을 향하여 나아가 그 삶터의 구체적인 문제를 붙들고 씨름하는 사역이다. 십자가는 세상을 등져야 볼 수 있지만 동시에 세상 한가운데에 세워져 있다. 세상의 죄를 지기 위해서는 세상을 향해 들어가야만 한다. 영성사회복지실천은 세상 한가운데서 각각의 사람들을 주체자로 세우고 지역사회를 공생적 관계로 만들어 가는 소명을 갖고 있다.

영성적 사회복지사는 일반 사회복지사보다도 훨씬 더 우리 사회의 전반적인 복지를 증진하기 위해 인종, 피부색, 성(sex), 성적 정향, 연령, 종교, 국적, 결혼 상태, 정치적 믿음, 정신적 혹은 신체적 장애, 선호, 개인적 특징, 조건 혹은 지위에 따른 개인 혹은 집단에 대한 차별을 막고 제거하기 위해 애써야 한다. 그뿐만 아니라 모든 사람이 자신이 요구하는 자원, 서비스, 기회에 접근할 수 있도록 보장하고, 모든 사람의 기회와 선택을 확대하기 위해 활동해야 한다. 아울러 불이익을 당하거나 억압된 집단과 개인에 대해 특별한 관심을 기울이고, 위기상황에서 대중들에게 적절한 전문적인 서비스를 제공하고, 사회적 상태를 향상시키고 사회정의를 증진시키기 위한 입법, 정책의 변화를 옹호해야 한다.

(4) 겸손으로 낮아지기: 영성사회복지실천의 일상적 지향성-내려가기

겸손하여 낮아지는 것은 영성의 가장 기본적 현상이다. 영성이란 것은 하나님과 인격적 만남의 자리로 들어가는 것인데 하나님 앞에 서면 전능하신 창조주 앞에서 자기를 내세울 재간이 없어진다. 그리스도께서는 하나님과 동등하신 분이지만 사람의 자리로 내려오시고, 다시 종의 자리로 내려가시고, 결국에는 십자가의 자리로 내려가셨다. 그는 예루살렘에 입성하며 메시야로 환영받는 가장 영광스러운 시간에 나귀새끼를 타고 흔들거리며 들어가셨다. 왕이신 주님께서 "겸손하여 나귀새끼"를 타셨다(마 21:5). 영성의 최고봉은 가장 낮은 자리로 내려갔을 때 도달하게 된다.

그는 자신을 비우고 또 비워내고 싶으셨던 것이다. 면사무소에서 그의 선행을 알고 그의 이름을 새긴 선적비를 세웠을 때 이세종 선생은 십자가를 들고 신자들과 함께 찾아가서 "오직 하나님만 공경하자" 며 시위를 하였다고 한다(신명열, 2015: 43). 면에서는 치우지 않으려 하였으나 이공이 워낙 완강하게 나오자 할 수 없이 그 자리에 땅을 파고 묻어 버렸다. 자기의 공로나 의는 완전히 버리고 가장 낮은 자리에서 하나님의 공의만 이루려는 간절한 마음이었다(신명열, 2015: 44). 어떤 부인이 가르쳐 주기를 요청하자 "가르쳐 줄 이가 따로 있지 내가 어떻게 가르쳐요. 위에서 힘을 주셔야지, 그렇지 않고서야 가르쳐 낼 이가 어디 있겠는가?(엄두섭, 1987: 105)"라고 말했다고 한다. 그는 "이 세상에서 자기의 명예와 영광을 다 버리고 예수님의 영광을 위하여 노력해야 하며 오직 내 속에 계신 예수님만을 위하여 자기의 생각도 버려야 한다."고 말씀했다(신명열, 2015: 50).

영성사회복지실천의 가장 중요한 대상은 가장 낮은 곳에 있는 사람들이고, 큰 성공은 복지를 이루되 그 영광을 주민들과 당사자들이 누리도록 하는 것에 있다. 영성사회복지실천에 있어서 내려가기의 방향은 두 가지 의미를 갖는다. 첫째는 한센인, 결핵인, 성매매자, 행려자 등 사회의 가장 낮은 사람을 우선적으로 섬긴다는 것이고, 둘째는 사회복지사가 드러나지 않는 것을 의미하는 것이다. 사회복지 기관이나 실천가의 이름과 영광이 드러나면 드러날수록 그것은 사회복지실천 하수에 속한다. 사회복지실천의 고수는 평범한 일상에 자연스럽게 녹아 들어가 소박하게 복지를 이루고 누리게 돕는 것이다(한덕연, 2016: 53). 한덕연은 이렇게 말한다.

사회사업 하수가 하면 그로써 드러나는 '복지사업'을 보고 감탄합니다. 와! 대단하다. 어떻게 이렇게 많은 일을 해냈을까? …… 사회사업 고수가 하면 사람들이 그로써 드러나는 '당사자의 삶, 지역사회 살림살이'를 보고 감동합니다. '그래 이래야 사람이지. 이런 게 사람 사는 거지!' 합니다(한덕연, 2016: 54).

진정한 사회복지는 보이지 않게, 지역사회에 두루 스미어 흐르게, 보편적이고, 평범하게 하며, 바탕이 살아나게 하는 것이다(한덕연, 2016: 55-60). 이러한 사회복지실천은 그 실천가, 바로 사회복지사의 마음에 지향하는 바 낮아지고 겸손한 바탕으로부터 비롯될 것이다. 그리고 이런 사회복지실천이 이세종 선생의 정신으로부터 가져올 수 있는 진정한 영성사회복지실천이다.

4) 이세종 선생의 삶과 영성사회복지실천의 가치관적 체계

가치관은 세계관과 함께 선택의 기준이 되고 판단의 근거가 된다. '무엇을 가치 있게 보느냐'에 따라 일의 우선순위가 설정되고 방법과 과정이 달라진다. 가치에 대한 관점은 개인마다 다르고 집단 또는 장소와 현장에 따라서 다양한 방식으로 반영된다. 그리스도인의 가치체계는 세상 사람들의 일반적인 그것과 전혀 다른 양상을 보인다.

두 가지 이상의 가치가 충돌할 때 무엇을 더 중요시하는지에 대한 가치위계를 정리할 필요가 있다. 가치위계에는 궁극적 가치와 도구적 가치, 수단적 가치, 전문가 가치, 차등적 가치 등이 있다(이준우, 2021a). 또한 가치는 공공적 가치와 사적 가치로 나눌 수 있고, 본질적 가치와 말초적 가치로 나눌 수가 있으며, 궁극적 가치와 중간적 가치로 나누기도 한다. 신앙적 관점으로 볼 때 궁극적 가치가 왜곡되면 중간적 가치가 크면 클수록 잘못된 방향으로 나아가기 때문에 위험한 경우가 발생한다.[15]

---

15 예를 들면, 독재정권을 돕는 사람의 정직과 성실과 역량과 같은 것이다.

(1) 가족을 넘어서기: 영성사회복지실천의 궁극적/공적/이타적 가치 추구

우리 사회에서 가족이야말로 가장 보편적이고 본질적인 가치로 인정되고 있다. 그러나 신앙의 눈으로 볼 때 가족이 궁극적 가치는 아니다. 고래로부터 우리 민족은 멸사봉공(滅私奉公)을 미덕으로 삼아 왔다. 가족에 대한 헌신은 보편적이긴 해도 이상적인 것은 아니다. 그것은 좋은 것이긴 하지만 훌륭하다고 볼 수는 없다는 것이다.

성경은 "누구든지 자기 친족 특히 자기 가족을 돌보지 아니하면 믿음을 배반한 자요 불신자보다 더 악한 자"라고 말했다(딤전 5:8). 그러나 예수님은 자기 가족을 사랑하는 것에 대하여 "이방인보다 나은 것이 무엇이냐, 칭찬받을 만한 것이 무엇이냐"고 물으셨다.[16] 동시에 예수님은 "누가 내 어머니이며 동생들이냐" 하시고 둘러앉은 자들을 보시며 이르시기를 "내 어머니와 내 동생들을 보라 누구든지 하나님의 뜻대로 행하는 자가 내 형제요 자매요 어머니"라고 선언하셨다.

주님은 또 이렇게 말씀하셨다. "내가 진실로 너희에게 이르노니 하나님의 나라를 위하여 집이나 아내나 형제나 부모나 자녀를 버린 자는 현세에 여러 배를 받고 내세에 영생을 받지 못할 자가 없느니라(눅 18:29-30)." 가족과 친족을 돌보는 일은 하나님을 섬기는 일보다 앞서지 못한다. 그러나 하나님을 바로 섬기면 그 가족들도 은혜와 복을 누린다. 하나님이 계시기 때문이다.

이세종 선생은 사람을 차별하지 않았다. 가족이나 거지나 손님이나 똑같이 대했다. 어떤 거지는 이세종 선생의 집에 왔다가 똑같이 먹던 음식을 주었더니 송구해서 못 먹고 갔다는 이야기도 있다(임락경, 2014: 148). 이현필 선생의 제자들도 고아들을 돌볼 때에 그 친자식들이 가까이 오지 못하게 했다고 한다. 아이들조차도 누가 돌보는 이의 친자녀인지를 잘 몰랐다는 것이다.

이러한 태도는 가족을 돌보는 일에 얽매여서 사회복지실천의 본질을 잃어버리는 오늘 세대의 복지 종사자들에게 큰 귀감이 아닐 수 없다. 사회복지 전문성을 추구하

---

16 (마 5:47) 또 너희가 너희 형제에게만 문안하면 남보다 더하는 것이 무엇이냐 이방인들도 이같이 아니하느냐. (눅 6:32) 너희가 만일 너희를 사랑하는 자만을 사랑하면 칭찬 받을 것이 무엇이냐 죄인들도 사랑하는 자는 사랑하느니라.

는 입장에서는 사생활과 공적 활동의 경계를 분명히 하라고 가르친다. '전문적 관계'를 추구하는 현대 사회복지사들은 직장에서 일할 때만 사회복지사가 되도록 배우고 훈련되는 것이다. 그러나 삶이 공유되지 못하는 관계는 진정한 하나 됨을 이룰 수 없다(이삼열 외, 1992). 언제나 주는 자와 받는 자로, 돕는 자와 도움을 받는 자로, 봉사자와 봉사를 제공받는 자로 나누어진다. 이세종 선생의 기족을 넘어서는 피아일체(彼我一體) 정신은 영성사회복지실천의 귀감이 될 것이다.

(2) 가난해지기: 영성사회복지실천의 실존적 가치 추구

구약은 가난한 사람을 불쌍하고 게으르거나 죄를 지어 불행하게 된 사람들로서 구제의 대상으로 보고 있는데 그런 관점은 예수께 이르렀을 때 돌변한다. 예수께서 한 신실한 청년에게 '사랑하여' 이렇게 말씀하셨다. "네 있는 것을 다 팔아 가난한 자들을 주라 그리하면 하늘에서 보화가 네게 있으리라."(막 10:21) 예수께서 사랑스러운 청년에게 온전히 가난해지기를 원하신 것은 짓궂어서가 아닐 것이다. '하늘의 보화'가 있기 때문이다. 그리스도인은 '보이는 보화'를 추구하는 사람이 아니라 '보이지 않는 보화'를 추구하는 사람들이다.[17] 예수님은 "우리에게 일용할 양식을 주옵시고"라고 기도하게 하셨다. 일용할 양식은 생존과 생활의 기본적인 필요조건이다.[18]

그러나 예수는 "가난한 자가 복이 있다."고 말씀하신다(눅 6:20).[19] 심지어 예수님은 "지극히 작은 자에게 하는 것이 내게 한 것"이라고 말씀하셨다. 그래서 그 가난은 '구원의 통로'였다(마 25:40, 45, 46). 신약의 '가난한 자'는 '복 받은 자'이거나 적어도 '복을 받게 하는 자' 또는 '구원의 통로'로 나타나고 있다.

---

17 (고후 4:18) 우리가 주목하는 것은 보이는 것이 아니요 보이지 않는 것이니 보이는 것은 잠깐이요 보이지 않는 것은 영원함이라. (롬 8:24) 우리가 소망으로 구원을 얻었으매 보이는 소망이 소망이 아니니 보는 것을 누가 바라리요.

18 임락경은 "예수가 오늘날 한국에 사신다면 내일을 염려하라고 하셨을 테고 추운 겨울 무사히 넘기려면 빨리 무연탄 300장과 쌀 한 가마 준비하라고 하셨을 것"이라고 말한다(임락경, 2014: 121).

19 마태복음의 산상수훈에서는 "심령이 가난한 자(마 5:2)"라고 하였다. 이를 통하여 '가난'은 '심령의 가난'으로 이어지는 것이라고 볼 수 있다.

그래서 이세종 선생은 가난을 의도적으로 추구하셨다. 항상 생활은 검소하고 남에게 주기는 좋아하면서도 물건을 가져오면 절대로 받지 않았다(신명열, 2015: 52). 그는 하늘로부터 "도를 사랑하는 사람은 부자처럼 되어서는 안 된다."는 말을 세 번씩이나 들었다고 한다(신명열, 2015: 55). 다 떨어진 누더기 옷을 꿰매 입고, 떨어진 중절모를 사용하며 즐거워하였다. 어느 교회에 설교를 부탁받고 가셨는데 세상에서 보기 드문 쭈그러진 모자를 쓰고 거지처럼 입고 갔기 때문에 교인들은 그의 설교보다도 그 꼴이 신기해서 거지가 설교를 한다고 모여들어 법석을 떨었다(임락경, 2014: 134). 자신을 따르는 제자들에게는 부끄러워하지 말고 거렁뱅이처럼 살 것을 독려했다. 오복희가 순회전도자로 살면서 "선생님 저는 어떻게 살아가야 합니까?"라고 묻자 전혀 망설임 없이 "얻어먹어"라고 말씀했단다(KIAS, 2011: 46). 이러한 사실들은 그가 가난을 자청하고 또 가르치기까지 했다는 것을 증거하고 있다. 그의 가치관은 부자로 사는 것보다 가난하게 사는 것이 더 가치 있는 것으로 생각하는 가치관이었다.

영성사회복지실천은 이세종 선생으로부터 함께 가난해지는 방식으로 사람들을 행복으로 이끌어 가는 법을 배워야 한다. 가난이 부끄럽지 않고 오히려 감동을 준다는 가치관이야말로 사람들에게 가난 가운데서 의미를 추구하고 함께 나누며 즐거워할 수 있게 돕는 사상이다. 현대 사회복지는 가난을 벗어나도록 돕기는 해도 가난 가운데서 행복하고 평안할 수 있도록 돕지는 못한다. 가난해서 행복할 수 없는 사람이라면 부자가 되어도 행복할 수 없다. 왜냐하면 그 행복은 외부의 조건에 의하여 주어지는 것이기 때문이다. 어떠한 상황에서도 행복할 수 있는 이유와 근거를 갖고 있다면 그야말로 복지를 누리는 사람이라고 할 수 있다. 오늘의 생활 수준이 30년 또는 40년 전과 비교할 때 훨씬 풍성해진 것은 사실이지만 사람들의 삶의 만족도는 크게 달라지지 않았다.[20]

일반적으로 사회복지의 실천방식은 물질과 시설과 재정적 측면에서 원조하고 경제적 안정과 보호 서비스를 제공하는 형태로 진행되고 있지만, 진정한 사회복지실천

---

20 다음의 표는 개인의 소득 확대가 삶의 만족도 변화와 상관없다는 사실을 보여 주고 있다. 이 표는 1957년에서 2005년까지 미국서민의 세금정산 후 소득이 1만 불에서 2만 8천 불까지 확대되었지만 삶의 만족도는 40∼30% 구간에서 벗어나지 못하고 있음을 보여 준다.

이라면 당사자의 주체성이 살아나고 지역사회의 공생성이 활발해짐으로써 자활과 자립이 이루어지도록 돕는 것이다. 그것은 바로 물질에 의해 평가되고 인정받는 가치구조에서 실존적 가치, 즉 인간의 의미와 본질을 깨우치고 인정하는 것을 더 존중하는 가치구조로 전환되어야 할 필요가 있다.

5) 이세종 선생의 삶과 영성사회복지실천의 실행 원리

사회복지는 사회과학 영역 안에서 응용과학이면서 종합과학이다. 사회학과 심리학뿐만 아니라 정치학, 경제학, 인류학, 행정학 더 나아가서 생물학과 영성학까지도 결국에는 방법과 기술로 귀결되어야만 한다는 것이다. 이세종 선생의 삶에서 영성사회복지실천은 어떠한 실천적 방법과 원리를 발견할 수 있는지 찾아보고자 한다.

(1) 아낌없이 내어주기: 자기희생의 원리

이세종 선생은『숨은 성자를 찾아서』를 저술한 정경옥 박사에게 이렇게 말했다고 한다.

> 나는 하나님께서 맡기신 것을 어려운 사람에게 나누어 주지 않으면 마음이 괴로워 살 수가 없다. 그들이 악한 마음으로 내게 와서 무엇을 청하는지도 나는 모른다. 그러나 그것은 내가 판단할 것이 아니다. 나의 책임은 있는 것을 나누어 구제하는 것이다(신명열,

1차 출처: http://www.well-beingindex.com
2차 출처: http://hegos.tistory.com/57 [HEGOSLAB 행복한 자아 연구소]

2015: 45).

그는 돈을 빌려준 사람들을 모조리 불러놓고 "옛소! 당신 문서 도로 받으시오. 빚진 것 모두 탕감해 드리니 그냥 없는 것으로 합시다."라고 말하면서 그들이 써놓고 간 차용증을 보는 앞에서 한꺼번에 불살라 버리고 없었던 일로 하자면서 다 정리해 주었다(임락경, 2014: 130). 그의 재정지출 우선순위는 첫째, 복음전도비, 둘째, 세금, 셋째, 남에게 갚을 것, 넷째, 구제비, 다섯째, 접대비로 책정하고 그 다음에 남는 돈으로 생활했다(임락경, 2014: 131).

그는 늘 구제할 때는 자기가 쓸 돈 중에서 구제해야 참 구제다. 자기가 먹을 것 안 먹고 구제를 해야지 먹고 입고 쓸 것 다 쓰고 남아야 구제하는 것은 가치가 없다는 것, 헐벗은 사람에게 옷 한 벌 준 것도 자기가 입다가 해어진 옷을 준 것은 참 동정이 아니라고 가르쳤다(임락경, 2014: 131).

이세종 선생은 도암면 사무소를 찾아가 논 두마지기를 맡기면서 가난한 사람들 구제하는 데 써달라고 했다(임락경, 2014: 130). 그 논을 공무원이 가로챘을 때 구제하는 방법을 달리하여 찾아와 청하는 사람들에게, 그리고 친히 대하는 사람들에게 하였다. 친척들에게는 약간의 토지나 집을 마련해 주었다고 한다(임락경, 2014: 131). 이 방법은 그의 시대에는 어리석은 방법이었을 것이다. 그러나 이 방법은 오늘에 있어서 매우 현명한 방법이다. 일반인이 후원하고 싶은 자산을 직접 활용하는 것보다는 믿을 만한 전문인이나 공공기관에 맡기는 방식이었던 것이다.

사회복지사는 자신의 것을 아낌없이 주고 가난해져야 하는가? 이러한 나눔이 일반 사회복지사라면 비현실적인 행위가 되겠지만, 진정한 그리스도인이라면 사회복지사가 아니라도 당연히 할 수 있어야 하는 신앙의 결단이라고 본다. 사도행전의 원시공동체 성도들은 그들의 교회를 세워나가는 초기에 이미 모든 물건을 서로 통용하고 또 재산과 소유를 팔아 각 사람의 필요에 따라 나눠 주었다(행 2:44, 45). 그들은 "한 마음과 한 뜻이 되어 모든 물건을 서로 통용하고 자기 재물을 조금이라도 자기 것이라 하는 이가 하나도 없었다."(행 4:32)고 한다. 이세종 선생은 초대교회의 성도 중에 한 사람이었던 것이다. 만약 모든 그리스도인이 이러한 삶의 형태를 추구한다면 그들 중에 가난한 사람이 없어질 것이다(행 4:34). 이런 자발성과 공생적 관계를 추구하는 것을 영성사회복지실천의 실천 방법으로 받아들여야만 할 것이다.

(2) 입장의 동일화: 당사자의 동등한 지위 부여

이미 언급한 바가 있는 것처럼 이세종 선생은 지역사회를 이끌어 가난한 자를 부자로 만드는 방법을 선택하지 않고 스스로 가난해져서 가난한 사람들 중에 한 사람이 되어 버렸다. 그러나 단순히 가난해진 상태에 머문 것이 아니라 가난한 삶을 살아가되 당당하고, 비굴하지 않고, 부끄러워하지 않으면서도 겸손한 모습으로 살아갔다. 가난하다는 사실은 같지만 그 가난을 대하는 방식은 달랐던 것이다. 여기에 그의 탁월함이 있었다. 잔칫집에 초청되어 참석은 했지만 음식을 먹을 때는 빠져나왔다. 거지처럼 탁발을 하되 그것은 겸손을 훈련하고 자존심을 버리기 위한 영성수련으로 하는 것이었다(신명열, 2015: 55-56).

40일이나 굶으셨으나 마귀가 먹을 것으로 유혹할 때 당당히 거절하셨던 예수님의 내공이 그에게도 엿보인다. 성령을 충만히 받으면 먹는 문제를 초월하고, 입는 문제를 초월하며, 아는 문제, 지식을 초월한다(엄두섭, 1987: 92-93). 이런 초월이야말로 서로를 한 덩어리로 묶어주게 될 것이다.

사회복지실천이 지향하는 최선의 관계는 무엇일까? 언제나 전문가와 서비스이용 당사자의 다른 입장에 머무를 수밖에 없는 현실 사회복지실천의 근본적 문제를 획기적으로 바꿀 수 있는 길은 바로 입장의 동일화를 추구하는 것이라고 본다. 이세종 선생은 제자 이상복 집사에게 "앞으로 좋은 세상이 온다. 모두가 똑같이 먹고 똑같이 입고 똑같이 뜨고 똑같이 아는 세상이 온다."(임락경, 2014: 144)고 했다. 이것이야말로 성서적인 삶을 추구했던 이세종 선생의 비전이고 성서적인 사회복지를 지향하는 영성사회복지실천의 비전이라 할 것이다.

(3) 다른 방식으로 바라보기: 인지적 재구조화

다른 세계관, 다른 가치관은 당연히 삶에 대한 다른 해석을 갖게 한다. 이세종 선생은 세상의 사고방식을 따르지 않았다. 그에게 고난이란 무엇인가? 그는 의인은 환란을 기뻐한다고 믿었다. 믿음이란 무엇인가? 그에겐 많은 고난을 당하는 것이 믿음이다. 많이 당하면 마음이 너그러워진다. 쓰라린 경험을 많이 겪은 이가 믿음이 좋은 사람이라는 것이다(엄두섭, 1987: 123). 이세종 선생은 말했다.

> 고난은 내가 버는 것이다. 무슨 고통과 어려움이라도 다 당하라. 많이 겪을수록 좋다. 많이 벌어놓고 빚 갚은 일과 같다. 내가 별로 잘못한 일이 없는데도 고난을 당할 때는 상을 받는 것이 된다(엄두섭, 1987: 128).

그런 방식으로 고난을 해석하고 환란에 의미를 부여한다면 불행해지거나 실패하는 것은 불가능하다. 이런 생각은 그의 제자들에게도 유전되었다. 임락경(2014: 158)은 이세종 선생의 제자인 오복희에 대하여 이렇게 설명한다. 양반 가문 출신의 열아홉에 청상과부였다. 살아갈 길이 막막하여 양잿물을 세 번이나 마시고 자살을 시도한 사람이다. 이세종 선생을 3년 따라다니다가 임종까지 지켜드렸다. 그의 임종 후 해남으로 가서 탁발 수행도 하고 겨울에도 삼베옷을 입고 다니며 걸인 생활도 했다고 한다. 한국전쟁 중에는 천태산 밑 등광리에서 40명이 되는 고아를 데리고 있었다. 빨치산에게 붙들려 끌려가면서도 찬송을 부르면서 갔고, 탁발 수행을 하면서 찬송을 부르며 기뻐했다고 한다. 가난을 자랑으로 여기고 순교를 자청하며 수치와 모욕을 기뻐할 수 있는 사람은 더 이상 복지의 대상이 아니다. 복지적인 삶을 살아가고 있기 때문이다.

사람들이 불행이라고 생각하는 것을 복이라고 생각하는 것을 사회복지에서는 인지적 재구조화(reframing)라고 한다. 그것은 서비스이용당사자의 사고에 내포되어 있는 잘못된 논리를 표현하게 하고 불합리한 사고과정을 논리적이고 합리적인 사고유형으로 대치하게 하는 기법이다(이준우 외, 2011: 43-44).

영성사회복지실천은 복음화된 사고구조로 만물을 재해석해 내야 한다. 그런 재해석은 하나님이 지으신 세상이 아름다운 세상이라는 결론에 도달하게 한다. 그 좋은 사례가 최일도 목사와 다일공동체가 섬기는 '다일영성수련'의 경험이라고 할 수 있다. 여러 가지 고통스러운 상처를 마음에 담고 모인 사람들이 수련회를 통하여 영적 의미들을 깨우치고 나면 회색빛 세상이 '아름다운 세상'이라고 외치게 되는 것이다. 복음적 재해석을 통하여 아름다운 세상을 찾게 된다면 그것은 새로운 세상을 선물 받은 것과 같은 것이다. 세상에 어떤 사회복지 혜택과 비교할 수 없는 값진 선물이 될 것이다.

(4) 상대방 존중: 당사자의 주체화

이세종 선생에 관한 여러 가지 이야기 중에 아주 유명한 이야기 하나가 있다. 심술궂고 짓궂은 이가 거지꼴로 다니는 이세종 선생을 나무에 묶어놓고 갔다. 이 일을 잊고 하루종일 돌아다니던 그는 오후에 지나가다가 이세종 선생이 나무에 묶여 있는 것을 보고 "왜 풀고 가지 않고 여태까지 있었소?" 하니 "매는 것도 법이니 푸는 법도 있어야지요." 했다는 것이다(임락경, 2014: 147). 또 기독교를 싫어하는 박씨 문중의 어떤 사람이 마을 네거리에서 이세종 선생을 들어 비석돌 위에 올려놓고 꼼짝 마라고 했더니 종일 그대로 있었다. 저녁 무렵이 되어서야 그를 보고 "이제 내려가도 될까요." 하고 묻고 내려왔다(임락경, 2014: 148)는 이야기도 있다. 이 이야기들은 이세종 선생이 상대방을 얼마나 존중했는가를 보여 주는 내용을 담고 있다. 이세종 선생도 예수님처럼 모든 생활의 사건에 의미를 부여하고 메시지를 담아내고 있었던 것을 알 수 있다.

사회복지의 핵심은 '사람을 사람답게, 사회를 사회답게'로 정리할 수 있다(한덕연, 2016). 사람이 사람다워지려면 각 사람이 '주체화'되어야 하고, 사회가 사회다워지려고 하면 사회가 상부상조의 '공생적 사회'가 되어야 한다. 이 핵심의 진리를 우리는 삼위일체를 통하여 배운다. 창세기 1장 26절에 나타난 하나님은 복수이시고 27절에 나타난 하나님은 단수이시다. 두 개의 구절 모두 '하나님의 형상'이 사람의 원형이라고 말하고 있다. 사람의 원형인 하나님은 복수이시며 단수이신 것이다. 그렇다면 사람도 복수이며 단수가 되어야 한다. 그것이 2장 23절에 '둘이 합하여 한 몸'으로 제시되고 있다.[21]

---

21 (창 1:26) 하나님이 이르시되 우리의 형상을 따라 우리의 모양대로 우리가 사람을 만들고 그들

'복수 인간'은 사람을 '개별화'시킬 때 나타난다. 개별화된 인간은 주체화되고 자율성을 가진 개인으로서 독립적이고 자유롭다. '단수 인간'은 사람들이 하나로 일치될 때 나타난다. 일치된 인간은 공동체화되어 일체성을 갖고 관계성을 가진 집단으로서 공생적이며 공동체로서 사랑을 나눈다. 이 두 가지가 사회복지와 교육과 신앙의 궁극적인 목표다. 그것이 삼위일체 하나님의 형상을 회복하는 것이기 때문이다. 개인의 주체성이 존중되어 다양성을 이루고 사회의 공생성이 활발해질 때 일치가 일어나는데, 그것이 함께 일어날 때 인간은 복지를 성취하게 된다. 이세종 선생이야말로 철저하게 자유로운 삶을 추구하면서도 처절하게 이웃과 일치를 이루는 분이었다. 영성사회복지실천은 이 삼위일체의 하나님 형상을 복지 현장에서 실현해 내야 할 것이다.

(5) 삶으로 지시하기: 솔선수범

이세종 선생의 가르침이 제자들에게 강한 영향을 줄 수 있었던 이유는 그가 삶으로 가르치기 때문이었다. 이세종 선생이 방황하는 이상복 청년에게 "들어서 죽 쑤는 사람은 나서도 죽 쑤는 법이다. 집에 있으면서도 돈을 벌 수 있는데 왜 나가 돌아다니며 벌겠다고 그러는가? 그러지 말고 자기 집에 있으면서 일만 부지런히 하시오."(임락경, 2014: 156)라고 하셨는데, 이상복은 이세종 선생의 말씀을 따라 살아서 빚도 다 갚고 소도 사고 생활이 윤택해졌다. 그러나 그도 허술한 바지저고리에 고무신을 신고 다니시는데 손수 가느다란 새끼로 드문드문 엮은 망태를 메고 다녔다(임락경, 2014: 157)고 한다. 그가 그렇게 선택할 수 있었던 것은 이세종 선생이 그렇게 살았기 때문이었다. 그는 말로 지시하지 않고 삶으로 지시하고 제안하신 분이다. 자신이 먼저 가난을 행복하게 살아내니 제자들도 그 가난을 달게 지고 살았고, 자신이 먼저 성경대로 살아내니 제자들도 성경대로 살기를 마다하지 않았다. 그중에 걸출한 인물이 이현필이었다.

로 바다의 물고기와 하늘의 새와 가축과 온 땅과 땅에 기는 모든 것을 다스리게 하자 하시고. (창 1:27) 하나님이 자기 형상 곧 하나님의 형상대로 사람을 창조하시되 남자와 여자를 창조하시고. (창 2:23) 이러므로 남자가 부모를 떠나 그의 아내와 합하여 둘이 한 몸을 이룰지로다.

최고의 사회복지는 지시나, 요구나, 충고나, 예언 없이도 변화와 개혁이 일어나는 것이다. 그리고 그 영광이 중심인물 한 사람에게 돌아가는 것이 아니라 주민들 자신이 주인공이 되어 일하고 성취하는 것이다. 그런 방법은 한 가지밖에 없다. 조용히 삶으로 살아내는 것이다. 고통당하는 자 앞에서 우리는 온 인류의 대표이고 하나님의 대리자다. 그를 통하여 하나님은 일하시고 인류의 선과 악이 결정된다.

(6) 단호하게 사랑하기: 자기결정과 선택

평소 이세종 선생의 교훈은 "사랑은 끊을 줄 알아야 한다. 참사랑은 끊는 것을 안다. 그래야 참사랑이 온다. 동시에 참사랑은 멀어질 수 있어야 한다. 오늘날의 사랑은 너무 가까워서 참사랑이 못 된다."는 것이었다(엄두섭, 1987: 137). 사랑은 밀어내기도 하고 잡아당기기도 해야 한다. 밀어낼 때 공간이 생기고 그 열린 공간으로 스스로 들어올 수 있게 기회를 주는 것이다.

사회복지실천가에게 사랑하는 마음은 기본이지만 그 사랑에는 절제와 단호함(assertiveness)이 담겨야 한다. 개인주의가 득세하고 있는 요즈음의 사랑은 '원하는 대로 해 주기'라고 생각하는 경향이 있다. 그러나 진정한 사랑은 공의로운 선택과 함께 가야만 하기 때문에 원하는 대로 해 줄 수 없는 경우들이 있을 수밖에 없다. 진정으로 상대에게 유익한 것이 무엇인지 확실하게 보일 때에는 사랑하는 마음으로 아픈 선택을 할 수밖에 없다.

(7) 온생명으로 사랑하기: 생태적 생명운동

이세종 선생은 초목을 사랑하고 짐승들과 벌레도 사랑하고 개미와 지렁이 그리고 지네와 독사까지 사랑하고 모든 사람을 사랑하고 원수까지도 사랑하고 이제 창녀같이 여러 남자를 따라가는 음탕한 아내까지도 마음으로 사랑했다(엄두섭, 1989: 73). 사람만 사랑한 것이 아니라 목숨 가진 모든 것을 똑같이 사랑하려 한 것이다. 그래서 그는 고기를 먹지 않고 생선도 먹지 않고 초목도 불쌍한 생각이 들어 고사리조차도 꺾지 못했다. 칡넝쿨도 밟지 않고 길가에 뻗으면 비껴주었고, 이도 죽이지 않고, 물에 빠진 쥐도 건져주었다(임락경, 2014: 138).

이러한 이세종 선생의 자연생태 생명존중의 삶은 오늘에 와서야 우리 사회가 그 중요성을 깨닫기 시작하고 있다. 영성은 자연과 통하고 자연은 하나님과 통한다. 성인들은 자연으로 나아가 하나님의 섭리를 더 생생하게 깨우쳤다. 임락경은 각 시대마다 중요한 사회적 해결과제가 떠올랐는데 조선시대에는 신분과 성차별의 문제, 일제 강점기에는 독립운동, 한국전쟁 후에는 고아와 전염병, 빈곤의 문제, 개발독재의 시대에는 민주화, 민주화 이후에는 사회복지, 그리고 현재에 이르러 생태, 생명, 건강 문제가 중요한 과제로 대두되고 있다고 강연한 바 있다.

분단 이후 지금까지 계속되어 오는 것은 통일 문제이고, 인간의 타락 이후 계속되는 문제는 악과 죄의 문제다. 그렇다면 창세 이후 계속 진행되어 온 문제는 생태계의 파괴와 오염의 문제, 생명 보존의 문제인데 이 문제는 시간이 지나면 지날수록 그 심각성을 더해가고 있다. 자연을 착취하는 형태의 농업과 인간을 착취하는 형태의 경제 구조를 직면하고 그 대안을 제시하며 스스로 선택하여 추구하는 과제를 영성사회복지실천의 중심 사역으로 설정해야 할 것이다.

제5장

중독복지: 영성적 임상 개입

그동안 개신 교회와 기독교는 중독자들의 고통을 어루만지고 공유하지 못했다. 사실 상담심리, 정신의학, 사회복지 등의 전문 실천 영역에서도 전문가들은 진정으로 중독문제를 해결하려는 노력이 충분하지 못했다(김성이, 2013: 3).

이번 장은 개인적 중독 문제로부터 사회의 중독 현상에 이르기까지의 원인과 대책 등을 전반적으로 제시한다.

1. 정신건강과 중독

1) 정신건강

(1) 정신건강의 개념

정신건강은 신체건강과 더불어 인간에게 매우 중요하다. 정신질환인 우울증은 당뇨, 심혈관 질환, 중풍과 같은 상태의 신체적 건강 문제 위험을 높인다. 만성적 질병 상태 또한 정신질환의 위험을 높인다. 이처럼 신체건강과 정신건강은 상호 영향을 미친다. 정신건강은 전반적인 건강에 중요하지만 가변적이다. 다양한 요소로 인해 정신건강 상태는 한순간에도 변할 수 있다. 장기간의 노동, 오랫동안의 환자 수발, 경제적 어려움 등으로 인해 정신건강이 취약해질 수 있다.

건강에 대한 정의는 다양하다. 정신건강은 정신장애뿐만 아니라 자신의 잠재력을 실현하고 공동체에 유익하도록 기여할 수 있는 상태로 정의할 수 있다. 세계보건기구(World Health Organization: WHO)는 출범 이래 건강의 정의에 정신적 안녕을 포함시키고 있다. WHO에 의하면 건강은 단순히 질병이나 장애가 없는 상태뿐만 아니라 신체적으로, 정신적으로, 사회적으로 양호(well-being)한 상태라고 정의하고 있다(WHO, 1948).

정신건강의 요소로는 타인과 공감할 뿐만 아니라 자신의 감정을 인지하고 표현하고 조절하는 기본적 인지와 사회적 기술 능력, 사회적 역할 기능을 할 수 있는 유연함과 역경에 대처하는 능력, 신체와 마음과의 내적 균형 및 조화 등이 있다.

한편, 취약한 정신건강과 정신질환은 종종 혼용되어 사용되지만 뜻이 같지는 않다. 정신건강이 취약할 수는 있지만 정신질환으로 진단받지 않을 수 있다. 정신질환으로 진단받았어도 신체적, 정신적 및 사회적인 안녕의 기간을 경험할 수도 있다. 2021년 정신건강실태조사(매 5년마다 이루어지는 통계 조사) 결과에 의하면 한국인의 정신장애 평생 유병률(18세 이상~64세 이하)은 27.8%(남 32.7%, 여 22.9%)로 성인 4명 중 1명이 평생 한 번 이상 정신건강 문제를 경험하고 있다(출처: 2021년 정신건강실태조사보건복지부). 정신장애란 정신병(기질적 정신병을 포함), 인격장애, 알코올 및 약물 중독 그리고 기타 비정신병적 정신장애를 포함하여 DSM(정신질환 진단 및 통계편람)에 의거하여 분류된다.

(2) 정신장애의 원인

정신질환은 정신건강의 요소인 정서(emotion), 인지(cognition), 지각(perception), 감각(sensation)의 복합적 요소를 통해 발생한다. 다음과 같은 다양한 요소들이 정신질환에 영향을 준다(Monderscheid et al, 2010).

- 초기 역경 경험(트라우마나 학대 및 성폭력 경험, 폭력, 방임)
- 만성적이고 지속적인 의료적 상태와 관련된 경험(암, 당뇨)
- 기질적인 요소로 인한 두뇌의 화학적 불균형
- 알코올과 마약 사용
- 외로움과 소외의 감정

2) 중독

(1) 중독의 정의

중독은 인류 역사와 함께 있어 왔지만 19세기 초에 처음 질병으로 간주되기 시작하였고, 1956년 미국의학협회(American Medical Association)에서 알코올 중독을 질병으로 규정하였다. 1987년부터는 다른 의료 기관들도 공식적으로 중독을 질병으로 인정하였다(Leshner, 1997). 종교 기관들은 중독이 공식적으로 질병으로 인지되기 전에는 중독을 도덕적 결함이나 죄악으로 규정하였으나 현재의 기독교는 죄악의 본질보다는 나쁜 선택과 빈곤한 영적 상황의 결과로 야기된 상태로 본다.

사실 중독은 사람들에게 각기 다른 모습으로 인식되어 있어 그 원인과 양상 등에 대한 이해와 해결접근 방식도 다르다. 사람들은 '어떤 것에 빠져 헤어 나오지 못하는' '과몰입(강박과 탐닉)하는' '집착(매달림)하는' 것을 무엇에 중독되었다고 생각한다. 중독은 다양한 양상으로 드러난다. 일상생활에서 '나 ○○에 중독되었나 봐.'라는 말을 하는 경우에는 반복 및 자주 한다는 의미와, 다른 것에 비해 그것을 월등히 선호한다는 의미를 담고 있다. 물건에 마약 ○○이라는 식으로 '마약'이란 단어를 붙여 판매하는 경우도 있다. 이는 그만큼 한 번 맛보면, 경험하면 벗어날 수 없을 정도로 좋다는 의미를 강조하기 위해서이다.

중독은 원발성(primary) 질병으로, 만성적이고 두뇌의 보상, 동기, 기억 및 관련 영역에 영향을 주는 질병이라고 정의되었다(ASAM, 2003). 지난 30년 동안 두뇌를 연구하는 방법은 fMRI와 같은 기기의 발전 등을 통해 괄목할 정도로 발전하였고, 그러한 기기들을 통한 연구 결과는 중독이 두뇌질병(brain disease)이라는 과학적 근거로 제시됨으로써 중독을 질병으로 바라보는 경향을 확고하게 하였다.

(2) 중독의 과정

알코올 중독의 과정을 묘사한 커브(Jellinek's Curve)에 의하면 중독은 다음과 같은 과정을 거친다. 특히 커브는 중독과정에서 바닥을 치고 회복으로 올라가는 곡선을 실증적으로 보여 줌으로써 중독에 빠진 많은 사람들에게 희망을 제공하였다.

중독은 하루아침에 되지 않는다. 중독의 과정은 대체적으로 다음과 같은 단계를 거친다. 각 단계에는 약물의 긍정적인 효과도 존재하기 때문에 단계별로 변화과정 단계(stages of change)에 맞는 개입 및 치료 전략을 사용하여야 한다. 다음은 알코올 중독의 단계를 구분한 것이다.

- 알코올중독 전 단계: 전형적 음주가 시작되는 단계라 할 수 있다. 사교 목적을 달성하며 사회적 관계 형성에 어느 정도 긍정적인 효과도 있다.
- 전조 단계: 알코올을 도구적으로 이용하면서 쾌락을 추구하게 된다. 필름이 끊기는 '망각' 경험이 일어나게 된다. 음주로 인해 불편하면서도 음주를 저항하는 능력이 손상된다.
- 결정적 단계: 습관이 형성된다. 수시로 마시는 술로 통제력을 서서히 잃고, 빈번한 부적응적인 문제가 발생하게 된다.
- 만성 단계: 강박적인 현상이 빈번하게 나타난다. 술에 대한 자기통제력을 완전하게 상실하게 된다. 내성, 금단증상, 신체질병 등 생활전반에 걸쳐 심각한 부적응문제가 발생된다.

중독은 강박적 약물 갈망, 약물을 구하는 행동과 심한 해로운 결과에도 불구하고 지속적으로 사용하는 것을 특징으로 하는 만성적이고 복잡한 문제를 야기하지만 회복의 희망이 있다. 중독은 단주한 기간이 오랫동안이더라도 재발이 가능한 만성 질병이다. 중독이 만성적이고 재발하는 질병이기에 재발과 증상 감소 사이의 간격을 증가시키는 지속적인 치료가 필요하다.

국립약물중독연구소(National Institute on Drug Abuse: NIDA) 디렉터 볼코우(Volkow)는 중독을 자유의지의 질병으로 자유의지와 의사결정 능력에 손상을 주는 질병으로 정의하여 중독이 질병이라는 것을 주장하였다(Koob & Volkow, 2016).

중독은 취함, 금단/부정적 효과, 예기기대(갈망)로 보여지는 충동성과 강박성의 요소가 합해져서 중독 사이클을 이루며 치료하지 않으면 만성적(chronic)이고 점진적이며(progressive) 치명적인(fatal) 병이다. 여러 중독 문헌들에서 말하는 중독의 다섯 가지 공통 요소는 첫째, 생소한 느낌, 둘째, 그 행위에 전념, 셋째, 일시적 만족, 넷째, 제한하려는 통제력 상실, 다섯째, 부정적 결과이다(Sussman & Sussman, 2011).

(3) 중독 이론, 모델, 관점

이론은 근본적인 사실 증거에 기반한 세상을 설명하는 것이다. 왜 어떤 일이 일어났는가를 나름의 방식으로 설명할 수 있어야 한다. 이론은 왜 문제가 생기고 또한 문제를 나름의 해결 방안을 갖도록 하고 전반적으로 환경 내에서 사람을 설명할 수 있도록 한다. 모델은 행동의 청사진을 제공하여 전반적으로 실행할 때 어떤 일이 일어나는지를 묘사한다. 관점은 우리에게 어떤 질문을 하게끔 하고 어떤 것을 강조하거나 드러나게 한다. 관점은 가치를 가지고 세상의 흐름을 인식하는 방식으로 이론과 모델의 선택에 영향을 미친다. 예를 들면, 학습이론에 의하면 개체는 환경으로부터 학습해서 행동한다고 설명하고 있다. 중독을 개인의 취향이나 습관적 행동의 범주에서 다루어야 할 사항으로 간주하게 되면 문제가 발생하여도 의지 부족 혹은 양심이나 도덕의 문제로 바라보기 때문에 치료를 제한한다. 중독이 개인의 문제인지 사회적 문제로 보는지에 따라 사회적, 국가적 차원의 접근이 달라질 것이다.

웨스트는 중독의 기제와 과정에 대한 모델과 이론을 리뷰하여 다섯 가지 모둠으로 분류하였다(West, 2001).

- 생물학, 사회적 또는 심리적 과정으로 중독이론 구성
- 왜 어떤 특정 자극이 더 중독되게 하는지에 대한 설명
- 왜 어떤 사람이 좀 더 쉽게 중독되는지에 대한 초점
- 어떤 환경과 사회적 상황이 중독에 영향을 미치는지에 대한 탐색
- 재발과 회복에 대한 초점

약물 중독의 원인을 어떻게 이해하는가에 따라 치료 접근 및 정책이 결정되므로 그 기준에 따르게 된다. 몇 가지 주요한 중독 모델은 다음과 같다.

- 도덕·의지 모델: 약물 중독은 개인의 도덕적 결함 때문이고 의지력, 즉 충동조절 능력이 없기 때문이라고 본다. 중독을 만성적 두뇌질병으로 규정하기 전에 대부분의 일반인들은 이 모델에 영향을 받아서 중독문제가 있는 사람들을 타이르거나 법으로 처벌하거나 의지박약을 탓하였다. 이 모델은 중독된 개인에게 도덕의 부재를 깨닫게 하고 의지를 키워 주는 데 치료를 집중한다. 우리나라 보건복지부 정신질환실태 역학조사에 따르면, 알코올 사용 장애 평생 유병률이 11.6%로 한국인이 가장 많이 경험하는 정신질환이지만 우울장애나 불안장애와 달리 치료를 받으러 가는 경우는 불과 2.6%이다. 이는 아직도 알코올 중독을 개인의 의지력 문제나 도덕적 결함으로 바라보고 치료받기를 꺼리거나 치료를 받아야 하는 질병으로 보지 않기 때문이다.

- 질병 모델: 약물중독을 두뇌질병(brain disease)으로 보며 중독자들에게 질병 발생에 대한 책임을 묻지 않기 때문에 처벌 대신 인간적인 치료 제공을 정당화할 수 있다. 중독을 질병 모델로 바라볼 경우 공중보건 측면에서 고혈압, 당뇨, 천식과 같은 여타 만성질병과 같이 장기적인 치료를 제공하고 제공받기가 용이하다는 장점과 여타 질병을 가진 사람들처럼 낙인과 비난을 제거 혹은 완화하는 이점이 있다. 하지만 이 질병 모델에 반대 주장을 하는 연구자들에 의하면 중독은 질병 카테고리를 충족시키지 못하고 중독의 비낙인화는 '개인의 책임감'을 제거한다고 주장한다(Holden, 2012).

- 사회학습 모델: 도덕·의지 모델 및 질병 모델의 대안으로 등장했으며, 중독을 행동의 문제로 보며 과도하게 학습된 비적응적 학습 패턴으로 규정한다. 환경에 대한 개인의 관계 변화에 초점을 둔다.

- 성격 모델: 중독은 성격장애나 정상적 발달이 혼란되어 나타나는 증상으로 보고 성격의 재구조화에 초점을 둔다.

- 사회문화 모델: 사회가 허용적이고 소비가 많아질수록 중독문제가 증가한다고 보고 개인의 행동에 미치는 사회 환경의 책임을 강조한다.

- 공중보건 모델: 중독을 대리매개체(약물), 주체(개인 및 가족력 포함), 주체를 둘러싼 환경 사이의 상호작용의 결과라고 이해한다.

중독 모델과 더불어 중독의 '책임, 치료, 예방'의 차원에서 살펴볼 내용들이 있다. 먼저 생물학적 이론으로는 유전적 요소가 관심의 대상인데, 심한 알코올 남용의 가족력이 있는 경우 위험도가 3~4배 증가하는 것으로 나타나고 있고, 쌍둥이 연구나 입양연구 결과도 이러한 유전적 요인을 지지하고 있다. 그러므로 유전적 요인을 통해서 적절한 예방의 당위성을 주장하고 또한 질병 책임 논쟁에서 빗겨날 수 있다. 중독을 뇌질환으로 보고 병이 진전되는 과정에서 나타나는 증상으로 보는 입장은 중독자에게 중독의 책임을 묻지 않는다. 이 입장은 중독이 약물적 요인, 생물학적 요인, 심리적 요인, 그리고 사회적 요인 등 다양한 요인이 있기에 중독자에게 책임을 묻고 그 죄에 대하여 처벌하는 것이 중독의 문제를 해결하는 데 효과가 없다고 주장하는 입장과는 약간의 차이를 보이고 있다.

(4) 중독의 원인

'왜 중독될까?'라는 질문에 답하기 위하여 많은 연구들이 행해졌다. 각기 다른 환경으로 입양된 쌍생아 연구를 통해 유전적인 인자, 즉 생물학적 원인이 존재한다는 것도 밝혀졌지만 환경적인 면도 여전히 중요한 원인으로 여겨지고 있다. 사회심리적·문화적·영적 원인도 중독의 원인의 결코 작지 않은 요소들이다.

- 쾌락: 중독 약물이나 행위(뇌의 보상/쾌락센터 자극)는 '도파민'이나 '엔도르핀'의 분비를 촉진하여 '쾌감'을 느끼게 한다. 중독 약물이나 행위가 보상센터의 신경회로를 자극하면 할수록 뇌에서는 점점 지속적이고 강력한 '쾌감'을 요구하는 화학적 변화가 일어난다. 사람이 살아가는 데 없어서는 안 될 음식 섭취, 성(sex) 행위 등을 하면 쾌락을 느끼도록 하여 그 행위를 반복하게 하고, 그러한 행위를 통해 우리의 생명이 유지되고 종족이 보존된다. '두뇌보상회로(brain rewarding circuit)' 또는 '쾌락 중추'라고 부르는 부위는 중뇌(midbrain)에 위치한 복측피개 영역(Ventral Tegmental Area: VTA)에서 전뇌 부분의 내측전전두엽과 중격측좌핵(nucleus accumbens) 등으로 연결되는 신경회로망으로 구성되어 있다.
- 고통회피: 중독은 한편으로는 쾌락을 만들어 낼 수도 있지만 심리적 불편감으

로부터 도피를 할 수도 있게 한다. 중독문제가 있는 사람들에게 약물사용은 삶의 어려움을 다루기 위해 사용하는 대처기제이다. 중독적 행위를 통제하려는 시도의 잦은 실패로 인한 무력감과 중독 행위의 결과가 부정적임에도 불구하고 지속하는 것, 즉 통제불능과 같은 특징을 가진다(Goodman, 1990).

중독은 현실적이고 즉각적인 폐해를 끼치는 의료적 질병으로 받아들여지고 있다. 중독이 진행되면 약물이 금지되었을 때 나타나는 동기적 금단증상으로 인해 부정적인 정서(불쾌감, 불안, 짜증)가 발현되어 쾌락추구보다는 고통회피의 목적으로 더욱 약물을 사용하게 된다. 즉, 신체적·정신적 금단증상으로 인한 고통을 피하기 위해 약물을 계속 사용하는 것이다. DSM-5(정신질환의 진단 및 통계 편람, 5판)에서는 '특정 약물(또는 행위: 도박, 섹스, 쇼핑 등)을 강박적으로 사용하여 본인이나 타인에게 해로운 영향을 끼치는 현상', 즉 사회적 기능의 손상을 중시하였다.

중독은 정신기관인 뇌를 공격하여 의지를 두 부분으로 분열시키고 내적 불협화음으로 자존감에 손상을 입힌다. 중독문제가 있는 사람은 자존감(스스로의 존중과 가치 부여) 손상으로 인해 수치심을 갖게 되고 자신을 보호하기 위하여 방어기제인 '부정(denial)'을 사용한다. 그러므로 중독은 자신의 문제를 인정할 수 없게 만드는 자기 기만의 병이다. 중독은 스스로 통제하려는 시도가 계속 실패하는 것으로 인해 갖게 되는 수치감, 죄책감, 분노, 두려움 등의 감정을 억압하거나 은폐해야 하는 고통을 수반한다. 중독은 약물 사용 외에 자신이 진정 원하는 것이 무엇인지 알 수 없게 만든다.

(5) 중독 관련 용어

중독으로부터 회복하도록 원조하기 위해서는 어느 특정 학제보다는 초학제적으로 접근하는 것이 매우 필요하다. 중독 영역에서 "우리 치료진은 모두에게서 모든 도움이 다 필요하다."라는 말이 있다. 다른 전문가들과의 의사소통을 위해서 중독 관련 용어에 대한 정확한 이해가 필요하다. 중독 관련 용어의 구체적인 내용을 정리하면 다음과 같다.

- 유발인자(trigger): 중독행동을 하게끔 자극하는 생각, 개념, 사람, 장소, 사물 또는 감정 상태를 포함하여 거의 모든 것이 유발인자가 될 수 있다. 물론 유발인자 자체는 해로운 것이라고 할 수 없지만, 그것이 마음속에서 만들어 내는 연결들이 약물을 하게 할 가능성이 높다.
- 시소(teeter-totter) 원칙: 약물의 효과와는 반대로 금단증상을 경험하는 것으로, 예를 들면 약물을 통해 심신의 평안을 느꼈던 사람은 그 금단증상으로 심신의 초조와 고통을 느끼게 되고, 심신의 고양감(high)을 느끼고 에너지를 얻기 위해 약물을 한 사람은 그 약물의 금단증상으로 에너지 고갈과 우울감을 느끼게 되는 증상을 말한다.
- 공존질환(comobidity): 중독 환자가 한 가지 약물 또는 행위 중독 이외에 다른 정신과적 문제를 가지고 있는 경우를 말한다.
- 재발(relapse): 회복된 이후에 병의 증세가 다시 나타나는 것으로, 행위를 그만두거나 조절해 보려고 하는 지속적인 열망이 있으나 실패한 경우이다.
- 경과(lapse): 잠시 회복 유지에 실패했으나 다시 회복을 유지한 경우이다.
- 되돌아감(slip): 잠시의 실수이지만 즉각 되돌아간 경우이다.
- 교차내성(cross-tolerance): 한 약물이 다른 약물과 효과가 유사하여 대치 가능한 경우를 말한다. 예를 들면, 알코올과 벤조디아제핀 등을 들 수 있다.
- 신체적 의존: 약물사용으로 생리 상태가 변하여 내성 및 금단이 나타나는 상태를 말한다.
- 심리적 의존: 약물의 '계속적' 사용으로 긴장감이나 감정적 불편을 해소하는 경우를 말한다.

(6) 약물 사용의 목적

약물은 역사적으로 오락 수단 및 친교 목적으로, 호기심 및 권태 극복을 위해서, 업무나 작업의 능률을 높이기 위해서 축하와 잔치에서 즐거움을 강화시키기 위해, 그리고 휴식 및 긴장 이완을 위해서 사용되었다. 또한 위로와 불안 또는 스트레스 및 불면을 다루기 위한 방편이기도 하였다. 문화적으로 약물을 사용하여 집단의 결속력을 증진시키거나 영적인 경험을 나누기 위한 '의식 또는 제례'에서도 약물이 사용되기도 하였다.

(7) 중독의 종류

2013년 5월에 발표된 DSM-5를 보면 이전에 사용됐던 '약물 남용과 의존(substance abuse and dependence)'이란 분류를 삭제하고 대신, '중독 관련 질환(addiction and related disease)'이라는 새로운 카테고리를 만들어 약물중독과 도박이라는 행위 중독을 하나의 범주로 묶어 논의하고 있다.

① 약물중독

향정신성 약물(psychoactive substance)이라 함은 중추신경계, 특히 뇌에 영향을 주어 의식, 인지, 정서 및 행동을 변화시키는 약물을 의미한다. DSM-5에서 규정하는 약물사용장애에는 다음과 같은 열 가지 약물이 있다.

- 알코올, 카페인, 대마류, 환각제, 흡입제, 아편류, 진정제, 각성제, 담배류 및 기타 약물

② 약물의 분류

향정신성 약물들과 그 작용 방식, 임상적 효과, 사용법이 다양해서 단일한 분류를 제안하는 데 어려움이 있다. 일반적으로 약물은 다음과 같은 네 가지 유형으로 구분하여 관리한다.

- 약물의 역할을 중심으로 구분
- 남용 가능성을 중심으로 구분
- 천연물과 합성물로 구분
- 협약이나 법에 의해 규정

일반적으로는 중추신경계(Central Nervous System)에 어떤 식으로 영향을 미치느냐에 따라 억압제(진정제, 수면제, 항불안제, 진통제)와 자극제(각성제, 흥분제)로 구분하기도 한다. 알코올은 전형적인 중추신경 억압제로 술이 취한 상태에서는 다친 것을 느끼지 못하는 것도 이 때문이다.

③ 행위중독

약물 사용 없이 충동적 행동들을 강박적으로 하는 것을 행위중독이라고 한다. 음식중독, 비디오중독, 도박중독, 게임중독, 성중독 등 다양한 행위중독이 존재하지만 현재 DSM-5에서는 도박중독만을 행위중독으로 인정하고 있다.

그럼에도 현실에서는 인터넷중독, 사이버 교제중독, 온라인 섹스나 폰섹스, 포르노에 몰두하는 사이버 섹스중독, 사이버 도박, 주식, 쇼핑, 게임 중독은 신체적·경제적·가정적·학업적·직업적·사회적 문제를 일으킨다(Sussman, Lisha, & Griffiths, 2011). 알코올, 담배, 마약류 등과 같이 우리 몸에 섭취된 약물들에 의해 중독되는 약물중독(Chemical/Substance Addiction)이나 도박, 성, 쇼핑 등과 같이 일련의 행동들과 상호작용들의 과정에 빠져드는 행동중독(Behavioral Addiction)은 뇌에 작동하는 방식이 유사하다. 도박, 폭식 및 성중독 문제가 있는 사람들의 뇌 신경세포들은 알코올이나 대마초에 의존한 사람들의 뇌와 유사하게 변화한다. 현대사회의 영상매체로 인한 TV나 비디오, 영화중독, 컴퓨터게임중독, 스마트폰중독, 인터넷중독과 같은 기술중독(technological addition)도 마찬가지다. 여러 문헌들은 알코올중독과 인터넷중독에 관여하는 뇌 부위가 유사하다는 공통적인 결론을 보여 준다(Grant et al., 2010; Inaba & Cohen, 2011; Ko et al., 2012).

④ 도박 중독의 원인

도박장애의 원인은 도박 자체의 원인(도박이 주는 순간의 짜릿함과 언제나 다 만회할 수 있다는 환상)과 유전적 요인, 성격적 요인(자극 추구 및 충동성 기질), 인지 요인(도박사의 오류: 이제 이길 때가 됐다. 운을 통제할 수 있다. 거의 딸 뻔했다 등)으로 인한 편파적이고 미신적인 사고에 근거한 귀인 오류, 그 외에 스트레스, 가정불화, 갈등, 불안 등의 원인으로 인한 현실도피 수단 등이 있다.

대략 1년 동안 다음의 상태에서 네 가지 이상의 항목이 지속적이고 반복적으로 나타나서 고통 및 유의미한 손상을 유발하는 경우 도박중독으로 볼 수 있다. 무기력감, 죄책감, 불안, 우울감 등 정신적 스트레스를 느낄 때 자주 도박에 몰입하게 된다. 줄이거나 중단을 시도할 때 안절부절못하며 신경이 예민해진다. 중독에서 벗어나려는 노력들이 거듭 실패로 돌아간다. 더욱이 도박에 빠져 있는 상태를 숨기기 위해 거짓말을 한다. 원하는 흥미에 도달하기 위해 점점 더 많은 액수의 돈을 가지고 도박하려는 욕구가 표출된다. 심지어 돈을 잃고 만회하기 위해 다시 도박을 한다. 그 결과 의미 있는 대인관계, 직업, 교육 등의 기회를 위태롭게 하거나 잃게 된다. 안타깝게도 재정 파탄 상태에서 벗어나기 위해 또 돈을 빌리게 된다.

도박 중독 유병률은 우리나라의 경우 5.3%로 OECD 주요국 대비 2배 이상 높다(사행산업통합감독위원회, 2018). 더욱이 코로나19 사태 이후 급격한 비대면 사회로의 진입과 함께 온라인을 기반으로 한 불법 도박이 기승을 부리면서 이제는 도박중독 문제가 성인을 넘어 청소년·청년층에게까지 심각한 것으로 나타나고 있다. 도박으로 인한 사회적 비용 또한 만만치 않다. 우리나라에서는 도박으로 인해 고통받는 이들을 위하여 한국도박문제관리센터를 설립하여 도박중독의 예방 및 치유를 위한 서비스를 제공하고 있다. 또한 지역사회 내에 G.A.(Gamblers Anonymous)와의 연계를 통해 단도박자들의 회복 환경 조성을 하고 있다. 도박을 지속하는 사람들은 도박보다 더 좋은 것을 찾지 못하였다고 한다. 하지만 연구에 의하면 단도박을 하는 집단이 도박을 지속하는 집단보다 삶의 만족도와 영성의 평균이 유의미하게 높았으며, 종교가 있는 집단이 종교가 없는 집단에 비해 영성의 평균이 유의미하게 높았고, 도박 심각도가 높을수록 영성의 내적자원, 자각, 연결성이 감소된 현상이 나타나고 있다(심수현, 2012). 이에 따라 지역사회의 다양한 자원을 활용하여 단도박률을 높여야 할 필요가 있다.

⑤ 중독 단계

그랜트 마틴(Grant Martin, 1994)은 중독을 3단계로 나누어, 내적 변화의 단계부터 생활방식의 변화 단계를 거쳐 자기로부터의 소외를 경험하는 상태로 구분하여 설명하였다.

- 내적 변화 단계: 중독 행동의 결과로 인성의 변화가 일어난다. 유쾌하지 못한 느낌이나 상황을 피하고 안위감을 얻기 위해, 감정적 욕구를 약물 사용으로 도피하고 그렇게 형성된 인격의 지배를 받는다.
- 생활방식의 변화 단계: 중독자는 기분 전환이나 습관적 탐닉 대상 혹은 행위에 의존하는 것이 아니라 중독으로 인한 인성에 의존한다.
- 중독자가 자기 자신을 통제할 수 없는 상태: 특정한 방식의 개입이 없는 한 중독자들은 중독 상태에서 벗어날 수 없고 그 상태로 처박혀(stuck) 있게 된다.

⑥ 만성 질병으로서의 중독

중독에서 벗어나기 어려운 것은 중독이 재발이 잦은 뇌질환이기 때문이다. 중독 상태가 되면 뇌에서 도파민 등 신경전달물질이 나오는 시스템에 문제가 생긴다. 내성으로 말미암아 중독 약물이나 행위를 더욱 반복하게 되고 만성적 사용 결과로 뇌의 메커니즘도 변화하게 된다. 약물사용으로 인해 뇌가 자극을 받으면 다량의 신경전달물질을 내보내 중독 촉발 기제인 흥분 추구와 긴장 완화가 너무나 강력하여 논리적 사고와 이성적 행동을 마비시켜 버린다.

중독이 되면 물질중독일 경우 어떤 특정한 약물이, 행위중독일 경우 그 행위가 그 사람의 삶에서 매우 중요한 위치를 차지하게 되고, 그것에 대해서만 생각하고 그것을 계속하기 위해 노력한다(집착). 같은 정도의 만족감을 느끼기 위해서 점점 더 많은 시간, 더 많은 양의 활동을 하게 된다(내성). 지속적인 약물 사용의 결과 그 약물을 섭취하거나 행위를 할 때에만 만족감과 행복감을 느끼게 된다(의존성). 약물 사용으로 인한 부정적인 결과에도 불구하고 지속적으로 사용하기 때문에 사회생활에서 경험하는 스트레스나 갈등을 해결하기 위한 도구로 약물을 사용하게 된다. 중독은 충동성의 요소와 강박성의 요소가 결합하여 '고양감(취함) → 금단/부정적 효과 → 예기(갈망)'로 또다시 약물을 사용하는 중독 사이클을 이룬다.

알코올 중독자인 경우 술을 마시고 한 수치스러운 일을 잊기 위해 술을 마신다. 중독의 특성은 그 행동(약물사용 또는 중독 행위)을 중지하거나 섭취량 또는 행동량을 줄이게 되면 불쾌감이나 불안감, 우울증, 짜증, 불면 등의 증상이 생긴다(금단). 특정 약물이나 행위 때문에 주변 인간관계, 사회관계가 나빠지고 문제가 생긴다(갈등). 끊거나 조절을 한 후 몇 년이 지난 다음에도 언제든지 어떤 문제가 생기면 같은 형태로 또는 다른 형태로 재발이 가능하다(재발).

한편, 스미스와 시모어(Smith & Seymour, 2004)는 중독을 충동적이고 통제력을 상실하고 부정적인 결과에도 계속 사용하는, 신체질환 중의 하나로 '만성질병'인 당뇨병과 같이 보아야 한다고 주장한다. 여타 만성 질환을 가진 환자들처럼 간간히 재발할 수도 있지만 이러한 재발은 어떤 행위가 바람직한 행위인지 아닌지를 알게 하는 학습의 경험이 될 수 있다. 중독도 당뇨병처럼 관리하면 장기적으로 건강한 삶을 영위할 수 있다. 중독 질환 자체가 완치는 없지만 단약과 적극적인 회복 활동을 통해 중독 질환이 멈춰질 수 있다.

이외에도 다음과 같은 중독과 관련된 다양한 시각들이 있다.

- 나쁜 습관으로서의 중독: 중독을 나쁜 습관이 지속되는 것으로 보는 관점이다. 행동주의에 의하면 습관은 '신호-반복행동-보상'으로 형성된다. 중독은 우연한 중독약물 섭취 또는 중독적 행위 시작이 보상에 의해 반복되어 습관이 된다. 술로 인해 주어지는 현실도피, 긴장 완화, 동료애, 망각과 같은 보상 때문에 술을 열망하게 되고 그런 행동을 반복하게 된다. 이렇게 일련의 행동을 기계적인 관례로 변환하는 과정을 '덩이짓기(chunking)'라고 한다. 덩이짓기는 정보를 의미 있는 묶음으로 만드는 것을 말한다. 즉, 기억뿐만 아니라 행동 덩어리가 습관화되어 버리는 것이다. 우리 뇌의 기저핵이 활동을 절약하는 방법을 찾기 때문에 일상적으로 반복되는 것은 습관으로 전환시킨다. 습관이 형성되면 뇌가 의사결정에 참여하는 것을 중단한다. 그래서 음주가 술집 분위기, 음식 냄새, 음악, 춤 등과 연관되거나 특정 사람들과 연관되어 덩이짓기를 하면 촉발제가 되는 것이다. 예를 들면, 별 생각 없이 두 사람이 자신이 좋아하는 음악에 대해 이야

기하다가 음악을 주로 들었던 술집을 상상하게 되고 술집에서 자신이 제일 좋아하는 자리에 앉아 자신이 늘 마셨던 술을 마시는 행위에 대한 상상은 한꺼번에 덩이지어 떠오르게 된다. 단주 초기에 이런 상태는 저항하기 어렵고 잦은 재발의 요인이 된다.

- 가족병: 중독은 자신뿐만 아니라 단위로서의 가족에 극심하게 부정적인 영향을 주기 때문에 가족병이라고 한다. 가족원이 중독문제가 있으면 가족 내에서 여러 형태로 드러나게 되고 가족의 균형(equilibrium)을 부정적으로 변화시킨다. 부모 중 중독자가 있는 경우 한 배우자의 역할을 다른 배우자가 담당하기에 적절한 양육을 제공하지 못하고 아이가 스스로 자신을 양육하는 형태가 되거나 심지어 부모의 역할을 떠맡기도 한다. 중독에서 벗어나려면 가족도 가족 자조집단의 도움을 받아야 한다. 중독을 제대로 이해하지 못하는 가족은 사랑이라는 이름으로 중독자를 더 중독의 늪에서 벗어나지 못하게 한다. 중독자가 가족의 중심이 되는 것을 단호하게 거부하고 지혜롭게 행동하는 것이 '냉정한 사랑(tough love)'이다.

- 공존장애: 중독 문제가 있는 사람은 중독과 더불어 다른 정신과적 질환을 갖고 있는 경우가 많다. 기존에 중독 문제가 있기 때문에 정신과적 질환이 생겼을 수 있고 또는 정신과적 질환으로 인해 스스로 그 증상에 대처하고자 (자가치료) 약물을 사용하여 중독에 이르는 경우가 있다 하더라도 중독과 정신질환은 동시에 치료하는 것이 가장 바람직하다. 서로의 영역에 대한 이해가 높지 않으면 자신들의 영역 치료만 집중하다가 다른 질환을 다루지 않아서 높은 재발률을 보일 수 있기 때문에 공존장애를 동시에 다루기 위해서는 중독 전문기관과 정신건강 전문기관과의 협업이 매우 필요하다. 공존장애(과거에는 이중진단으로 불림)로는 주로 주의력결핍 과잉행동장애(Attention Deficit Hyperactivity Disorder: ADHD), 양극성장애(조울증), 신체추형장애(Body Dysmorphic Disorder: BDD), 우울증, 범불안장애, 섭식장애, 불면증, 강박증, 산후 우울증, 조현병 등이 있다. 특히 알코올이나 몇몇 마약류에서 볼 수 있는 가장 심각한 합병증은 뇌 위축으로 인한 뇌의 전반적인 기능 저하이다. 이로 인해 다양한 증상들이 나타나지만, 특히 기억

력과 판단력이 나빠지며 심한 경우에는 알츠하이머 치매와 구별이 되지 않는 알코올에 의한 치매가 발생할 수 있다.

⑦ 직업 문제

중독문제가 있는 사람들은 직업과 관련하여 두 단계로 생각하여야 한다.

첫째, 직업을 갖고 유지하고 있다는 것이 중독 문제가 있는 사람이 자신의 문제를 부정하도록 한다. '나는 어엿한 직업인으로 활동하고 있는데 어떻게 내가 중독문제가 있을 수 있는가?'라는 항변을 많이 한다. 이러한 사람을 '고기능 중독자'라고 부른다. 고기능 중독자인 경우 자신의 외부적 활동을 해내는 데 집중하느라 자신의 건강과 인간관계가 피폐해지는 것에 대해 알지 못한다. 또한 주변인들도 가족이나 아주 가까운 친인척을 제외하고는 직업적으로 기능하는 모습으로 인해 중독문제를 살피기가 매우 어렵다. 현대 자본주의 사회에서 일부 기업에서는 개인의 중독의 문제 해결을 돕기 위해 직원 원조 프로그램(Employment Assistant Program: EAP)을 도입하여 중독문제를 비롯한 다양한 심리적 문제를 살펴보도록 한다.

둘째, 오랫동안 중독문제가 있다가 회복하는 경우에 재활의 일환으로 직업을 구하는데 사회에서 중독의 본질을 정확히 이해하지 못하면 회복을 방해하는 환경이 조성될 수 있다. 사회에서 중독으로 인해 낙인 및 차별을 경험하면 회복을 유지하기가 쉽지 않다. 장기간 중독 문제가 있었기 때문에 이로 인해 심신이 손상되어 자신의 역량 이하의 직업을 구해야 할 수도 있다. 또한 중독행위는 부추기되 회복하려는 노력은 지지하지 않는 직업 환경일 경우 직업으로 인해 재발 위험이 클 수도 있다. 중독에서 회복하는 데는 중독을 유지하기 위해 타인에게 의존했던 상태를 벗어나 자립하는 것과 자신의 가치관, 추구하는 삶의 양식대로 회복하는 것을 동시에 가능하게 하는 것이 관건이다.

⑧ 자살

어원적으로 영어의 '자살(suicide)'은 라틴어의 'sui(자신)'와 'cide(잘라내다)'의 합성어로서 '스스로를 잘라내다'는 뜻이며, 한자로는 '스스로를 죽이는 것'을 의미한다. 세계보건기구(WHO)는 자살(suicide)을 "의도적으로 자신을 죽이는 행위"로 정의하였다. 자살은 중독과 정신건강 영역에서 매우 중요한 주제이다. 중독 문제가 있는 사람들은 일반인들보다 자살 시도율이 훨씬 높고 자살률 또한 높다. 중독행위를 '느린 자살'이라고 보기도 한다. 중독치료를 위해 입원한 사람들의 40%가 자살 시도를 했던 경험이 있다는 보고가 있다(우재희, 2014). 공존장애가 있는 사람들에게 자살 행위는 매우 심각한 문제이다. 결혼이나 인간관계의 단절, 직업이나 경제적 스트레스, 최근의 심한 약물사용, 과거의 자살 시도, 성학대 경험 등이 성격 특징 및 정신질환과 합쳐지면 중독 환자들의 자살 행동을 강화하는 위험 요소들이 된다. 중독과 더불어 주요 우울증, 양극성장애, 경계선적 성격장애, PTSD 등의 질환을 가진 사람들이 자살 행동을 할 가능성이 높다.

중독 상태에 이르면 중독 행위는 즐거움의 추구보다는 고통의 회피 기제가 된다. 이러한 고통 회피 기제의 가장 강력하고 최후의 수단은 자살이다. 자살은 다른 행위와 마찬가지로 단일한 원인으로 결정되지는 않는다. 오히려 자살은 위험 요소와 보호요소가 연관되어 있어 생물학적, 심리적, 관계적, 환경적 및 사회적 영향들이 다중의 상호작용을 하여 일어난다.

- 개인적 요인: 개인적 요인으로는 자신에 대한 부정적 평가와 낮은 자존감, 무력감과 무망감으로 인한 우울, 충동적이고 공격적 성향, 알코올을 비롯한 약물사용, 스트레스 대처기제 부족, 중독으로 인한 상실의 경험 등이 있을 때이다. 우울 및 기타 정실질환력, 무망감, 약물사용, 기타 건강상의 문제, 과거 자살 시도, 폭력과 범죄의 피해 사실, 유전적 및 생리적 요인들로 인해 뇌에서 분비되는 신경전달물질인 세로토닌 양이 급격히 감소하게 될 때 우울증을 앓게 된다. 연구 결과에 따르면 세로토닌이 줄거나 전달에 장애가 발생하면 공격성과 충동성이 높아지게 됨으로써 그만큼 자살의 위험이 증가된다(Mann, 2013).
- 가족적 요인: 가족 중심 지원체계가 약화되거나 해체, 상실, 가정폭력 및 학대, 가족력이 있는 경우이다. 높은 갈등 및 폭력적 관계, 고립감 및 소외감, 가족이나 사랑하는 사람의 자살력, 경제적 및 직업 관련 스트레스가 영향을 미친다.

- 사회적 요인: 경제적 요인, 사회지지 요인, 사회자원 요인, 사회구조의 불평등, 부적절한 미디어 묘사 등을 들 수 있다. 치명적 도구 획득이 용이한지, 정신적 질환과 도움을 요청하는 것에 대한 낙인과 차별이 존재하는지, 공동체 의식이 있는지, 적절한 의료 및 응급 돌봄 체계가 정비되어 있는지가 사회적 수준을 가늠하게 한다. 자살은 일차적으로 단순히 자신의 생명을 끊음으로써 개인적인 문제의 종지부로 보이지만, 한 개인의 자살의 결과는 단순히 한 개인의 문제로 끝나지 않는다는 데 문제의 심각성이 있다. 자살은 남은 가족, 친구, 친지에게 평생 동안 죄책감이나 원망 같은 심각한 후유증을 남긴다. 자살로 야기되는 문제는 자살자 본인 이외에도 가족이나 지인 등 최소 6명 이상의 주위 사람들에게 정서적 및 심리적 충격을 줌으로써 제2, 제3의 자살에 대한 위험 요소로 작용한다(신종헌, 2011; 제해종, 2015).

자살은 심각한 공중보건 문제이다. 자살률은 지속적으로 상승하고 이에 대한 사회적 비용도 매우 높다. 알코올중독자와 자살과의 관계를 연구(전종설 외, 2014)한 결과에 의하면 알코올 중독자들의 자살시도 횟수는 일반 성인의 자살 시도율과 비교하면 약 13배 높았고, 자살생각은 평생 유병률보다 약 3배 높게 나타났다. 우울과 대인관계, 자살시도 횟수, 음주 심각성, 소득, 연령이 자살생각에 직접적인 영향을 미치는 것으로 나타났다. 우울 수준이 높을수록, 그리고 사회적 지지는 적게 받을수록 자살사고가 높은 것으로 나타났다. 따라서 우울성향을 지니면서, 학력이 낮고, 미혼이나 사별, 이혼 등의 사유로 사회적 지지 자원도 부족한 대상자들, 특히 그 가운데서도 여성 알코올 중독자들에 대해서는 자살위험으로부터 이들을 보호하기 위하여 특별한 관심과 사회적 지지 제공이 필요하다.

자살 고위험 집단들 중 특히 알코올중독자들의 자살 위험성은 일반 집단에 비해 매우 높게 나타나고 있다. 중증 알코올중독자 중 30~40%는 자살을 시도하거나 자살한 것으로 나타나 알코올중독자들의 자살 위험성은 매우 높은 것을 알 수 있다(윤명숙, 2012). 전종설 외(2014)의 연구에서도 알코올중독자의 자살 시도율은 39.7%로 일반 성인의 자살시도율(3%)에 비해 약 13배나 높은 것으로 나타나 선행 연구들과도 유사한 결과를 보여 주고 있다. 알코올중독자들의 자살시도와 자살 사망률이 높은 이유로는 공존장애의 영향이 큰 것으로 보고되고 있다. 알코올 중독과 우울, 기분장애가 공존할 때 자살사고(思考)나 자살 시도가 더 높다(이은희, 2019).

자살과 관련된 가장 큰 장애물 중 하나는 도움을 요청하는 행위, 정신질환, 자살 생존과 관련되어 낙인이 존재한다는 것이다. 자살 문제에 관한 성서적 답변은 자살이 '살인하지 말라'는 십계명에 대한 위반임에는 틀림없지만 그것을 범죄행위로 정죄하기보다는 특별한 관심과 치료가 필요한 질병으로 봐야 한다(제해종, 2015).

2. 중독 치료

중독은 신체적, 정신적, 사회적, 영적 문제이다. 진단 사정도구의 결과에 따라 입원치료나 외래치료와 같은 치료 프로그램을 마친 것도 중요한 성과이고 축하해야 하지만 퇴원(퇴소) 이후 온전한 삶(staying sober)으로 표상되는 영적인 삶은 일생 동안 추구해야 할 과정이다.

가족들 각자 나름대로 중독자를 돕는 행위가 결국에는 중독문제가 더욱 커지게 하는 행위를 조장자라고 지칭한다. 중독 문제가 있는 사람이 치료를 받는 기간 동안 가족도 중독의 본질에 대한 교육을 받음으로써 중독의 조장자(enabler)에서 회복의 조력자(helper)가 될 수 있다. 중독자 가족도 가족 구성원 각자가 중독으로 인해 어떠한 영향을 받는지를 깨닫고 각자의 회복 여정을 갖는 것이 필요하다.

치료 기간(개인별로 문제의 심각도에 따라 치료 강도와 기간이 다름) 동안에 개인의 삶의 모든 문제가 다 해결될 수는 없다. 해독과 입원 및 치료 이후에 재활 및 회복과정에서 모든 상황이 재발의 촉발제가 될 수 있다. 퇴원 후 6개월 내에 가장 많은 재발이 발생한다(김철민 외, 2007). 중독문제가 있는 사람들은 치료과정에서 자신의 재발 촉발제가 무엇이고 어떻게 대처할 것인지에 대한 구체적 계획을 세우고 실행하는 것이 중요하다. 새로운 삶의 양식을 추구하고, 자신과 재발 사이에 긍정적인 방해물 (positive distractions)을 많이 만드는 것이 재발 방지에 중요하다.

NIDA는 효과적 치료의 원칙을 다음과 같이 제안하였다.

- 중독은 복합적이지만 치료할 수 있는 질병으로 뇌의 기능과 행동에 영향을 미친다.
- 서비스이용당사자의 성격과 사용 종류에 따라 치료법이 다양할 수 있다.
- 치료는 받길 원할 때 바로 가능해야 한다.
- 효과적인 치료는 단지 약물 사용 중지에 대한 것만이 아니라 개인의 다양한 필요에도 반응해야 한다. 즉 의료적, 심리적, 사회적, 직업적 및 법적 문제를 고려하고 나이, 성별, 인종, 종교 등에 적절해야 한다.
- 적절한 기간만큼 치료받는 것이 매우 중요하다. 당연히 문제와 욕구의 종류와 정도에 따라 적정기간이 달라질 수 있다. 실제로 여러 연구에 의하면 중독문제가 있는 사람의 대부분은 적어도 3개월 동안 치료를 받아야 장기적으로 좋은 결과를 경험하는 것으로 나타났다.
- 개인, 가족 및 집단 상담에서 행동치료가 가장 많이 사용되는 치료형태이다.
- 많은 서비스이용당사자들에게 처방약은 상담과 기타 행동치료와 함께 사용할 경우 치료의 중요한 요소가 될 수 있다.
- 개인이 받는 치료와 제공받는 서비스계획은 지속적으로 사정되고 필요하면 조정되어 서비스이용당사자의 변화하는 욕구에 부합할 수 있어야 한다.
- 중독문제가 있는 많은 사람들은 기타의 정신적 질환을 갖고 있다. 예를 들면, 동반되는 정신질환(공존장애)이 있을 수 있는데 이때 동반장애와 중독치료는 동시에 하는 것이 좋다. 필요시에는 적절한 처방약을 사용하는 것이 유용하다.
- 중독치료에서 해독 절차는 치료 전 단계이고 그것 자체로는 장기적 변화를 가져오지 않는다.
- 자발적이어야만 치료가 효과적인 것은 아니다. 가령 가족, 고용, 법적 제도 등이 치료에 입문하고 치료 세팅에 계속 있도록 하는 동기부여를 할 수도 있다.
- 치료 중에도 재발할 수 있으므로 약물사용은 지속적으로 모니터링 되어야 한다.
- 치료 프로그램은 서비스이용당사자가 HIV/AIDS, B형 및 C형 간염, 기타 전염병을 갖고 있는지를 테스트하고, 필요하면 치료에 연결하고 위험 감소를 위한 상담을 한다(NIDA, 1999).

'지속적인 돌봄 체계(continuum of care)' 안에서 중독치료는 지속적인 돌봄(continuing care)을 통해 3단계로 진행된다.

- 중재(intervention): 대부분 중독자들은 자신은 중독이 되지 않았다고 부정한다. 중독을 합리화하고, 사용하는 것에 핑계를 대고 망각하고 문제를 회피하고 부인하여 궁극적으로는 자신을 기만한다. 때로 자신의 문제를 시인하는 것 같지만 축소한다. 짜증을 내고 만류하는 사람에게 증오심을 가지게 된다. 이처럼 부정을 방어 기제로 사용하는 중독문제가 있는 사람을 치료영역으로 들어오게 하는 것이 '중재'이다. 친밀하고 중요한 관계를 맺고 있는 사람들이 함께 모여 중독 문제가 있는 사람에게 중독을 치료하지 않을 경우 발생되는 결과들을 알려주고 치료에 적극 참여토록 하는 과정이다.
- 해독: 대부분 약물을 이용해 금단 증상을 치료하는 것이다. 해독 자체가 중독치료는 아니다. 중독치료를 할 수 있도록 하는 중독 치료 전 단계로 볼 수 있다. 알코올과 진통제 중독의 경우 의료세팅에서의 해독이 적절하며, 기타 자세한 모니터링과 지지로 해독을 돕는 사회적 해독도 존재한다.
- 재활: 금주의 동기를 높이고 금주를 유지하여 술 없는 생활에 적응하도록 하여 재발을 방지하는 것이다(상담, 스트레스 대처훈련, 이완훈련, 자기주장 훈련, 명상, 12단계 모임 참여 등). 궁극적으로 약물 없이 건강한 삶을 영위하는 것을 돕는 것이다.

3. A.A.와 12단계

대부분의 중독은 자기 혼자의 힘으로 회복하기 어렵다. 중독에서 벗어나려면 무엇보다 변화가 가능한 모임에 참여할 때 변화 가능성이 훨씬 높아진다. 장기적으로 단중독뿐만 아니라 회복하기 위해서는 자조집단/공동체의 존재가 중요하다. 처음부터 중독자가 되기로 결심하고 술을 마시는 사람들은 없다. 또한 술을 마시면서 자신이 중독자가 되리라고 생각하는 사람도 없다. 친구들과 함께 호기심으로 술을 마시다가 이런 저런 이유로 계속 음주를 하여 음주로 인해 부정적인 결과를 경험함에도 음주를 멈추지 못할 때 중독이 된다. 치료기관을 거치지 않고도 많은 사람들이 자조집단을 통하여 단주를 하고 있다. 많은 치료기관들은 치료와 동시에 자조집단 참여를 독려한다. 익명의 알코올중독자 모임(Alcoholics Anoymous: A.A.)이 대표적인 자조집단이다. 지속적인 돌봄 체계 내에서 자조집단은 매우 중요한 역할을 하고 있다. 중독된 사람들이 술로 망가진 삶을 더 이상 견딜 수 없어 '술을 끊고자 하는 열망'을 가질 때 알코올중독자들의 자조모임인 A.A.에 참석하고 단주를 시도하게 된다.

A.A.의 근본 목적은 술을 마시지 않고, 다른 알코올중독자들이 술을 끊도록 돕는 것이다. A.A.는 멤버들의 경험과 힘과 희망을 함께 나누는 공동체(fellowship)이다. '오늘 하루만' 첫잔을 피하는 법을 배우는 것이다. 술을 끊겠다는 열망이 A.A. 멤버가 되기 위한 유일한 조건이고 가입비나 사례금은 존재하지 않는다. A.A.에서는 치료자가 없다. 멤버들에 의한 자발적 기부금에 의해 자립하고 있으며 어떠한 종교, 종파, 정치나 조직 혹은 학회와도 동맹을 맺고 있지 않고 반대하지도 않는다. A.A.는 빌 윌슨(Bill Wilson)과 밥 박사(Dr. Bob)와의 만남으로 1935년 시작되었다. 새로 온 사람이 오랫동안 술을 끊은 사람에게서 첫잔을 피하는 법을 배우고 또 단주를 오래 한 사람은 자신이 재발하면 어떠한 결과를 갖게 될지를 상기하는 곳이다.

A.A.는 영적 프로그램이다. A.A.에 의하면 회복은 '영적 각성'을 통해 달성한다고 한다. A.A. 조직은 기독교에 뿌리를 두고 있다. A.A.가 특정 종파와 정식으로 연관성은 없지만 12단계 중 많은 부분이 기독교적인 가치관을 내포하고 있다. 알코올중독자는 자력으로 중독을 극복할 수 없다는 생각의 근간은 기독교적이다. 신(higher power)께 자신의 삶을 맡기는 것이 자신의 중독을 통제하는 유일한 방법으로 보고 있다. A.A. 창시자인 빌 윌슨은 A.A. 교본(the Big book)에서 "우리는 정신적 및 신체적으로 아프기도 하지만 영적으로도 병들었다. 영적인 질병이 극복될 때 정신과 신체가 바르게 된다."라고 썼다.

12단계의 원칙은 초기 A.A. 멤버들의 시행착오 경험에 근거한 것이다. 12단계로 나타나는 삶의 방식은 많은 종교의 영적 가르침에서 발견되는 요소들을 포함하고 있다. 각 단계는 멤버들이 단주하고 온전한 삶을 살도록 돕는다. 실제로 많은 기독교 중독 치료 프로그램은 영적 각성에 높은 가치를 두기 때문에 A.A.와 같은 12단계 프로그램을 활용한다. A.A. 프로그램은 회복과정에서 지속적인 지원의 역할을 할 수 있는 동료 네트워크를 만드는 기회를 제공한다. A.A.와 기타 유사한 12단계 프로그램은 본질적으로 영적이고 각 단계를 밟아감으로써 중독문제가 있는 기독교인들이 회복과정에서 하나님과의 연결을 강화할 수 있다.

무엇보다도 A.A.의 근본 목적은 도움을 찾는 알코올중독자들에게 회복의 메시지를 전하는 것이다. 알코올중독 치료의 목적은 중독자들이 건전한 '본정신(sobriety)'으로 살 수 있도록 돕는 것이다. 각자 추구하는 방법은 다를지라도 알코올중독으로부터의 회복이라는 점에서 추구하는 목적은 같다. A.A.는 중독에서 회복하는 데 혼자서는 할 수 없기에 공동체를 통하여 회복하는 것을 추구한다.

이러한 A.A.의 12단계는 다음과 같다.

- 1단계: 우리는 알코올에 무력했으며, 우리의 삶을 수습할 수 없게 되었다는 것을 시인했다.
- 2단계: 우리보다 위대하신 '힘'이 우리를 본정신으로 돌아오게 해 주실 수 있다는 것을 믿게 되었다.
- 3단계: 우리가 이해하게 된 대로, 그 신의 돌보심에 우리의 의지와 생명을 맡기기로 결정했다.
- 4단계: 철저하고 두려움 없이 우리 자신에 대한 도덕적 검토를 했다.
- 5단계: 우리의 잘못에 대한 정확한 본질을 신과 자신에게 그리고 다른 어떤 사람에게 시인했다.
- 6단계: 신께서 이러한 모든 성격상 결점을 제거해 주시도록 완전히 준비했다.
- 7단계: 겸손하게 신께서 우리의 단점을 없애 주시기를 간청했다.
- 8단계: 우리가 해를 끼친 모든 사람의 명단을 만들어서 그들 모두에게 기꺼이 보상할 용의를 갖게 되었다.
- 9단계: 어느 누구에게도 해가 되지 않는 한, 할 수 있는 데까지 어디서나 그들에게 직접 보상했다.

- 10단계: 인격적인 검토를 계속하여 잘못이 있을 때마다 즉시 시인했다.
- 11단계: 기도와 명상을 통해서 우리가 이해하게 된 대로의 신과 의식적인 접촉을 증진하려고 노력했다. 그리고 우리를 위한 그의 뜻만 알도록 해 주시며, 그것을 이행할 수 있는 힘을 주시도록 간청했다.
- 12단계: 이런 단계들의 결과, 우리는 영적으로 각성되었고, 알코올중독자들에게 이 메시지를 전하려고 노력했으며, 우리 일상의 모든 면에서도 이러한 원칙을 실천하려고 했다.

이러한 기본 원칙들을 완전하게 지키는 것보다는 기꺼이 영적 방침에 따라 성장하는 것이 중요하다. 이 12단계 원칙들은 영적 완전함보다는 영적 향상을 위한 지침이다. 즉, "우리는 알코올중독에 걸려 있었고, 우리 자신의 삶을 수습할 수 없었다는 것, 아마도 어떠한 인간적인 힘으로도 알코올중독에서 구할 수 없었다는 것, 우리가 신(神)을 찾았다면, 신은 우리를 고치실 수 있고 또한 고쳐 주신다는 것을 깨달아 아는 것이다."

A.A.가 제안하는 단주 방법은 다음과 같다.

- A.A.는 자신들이 제안한 길(방법, 단계)을 철저히 따라온 사람이 실패한 것을 본 적이 거의 없다고 한다. 회복하지 못하는 사람들은 이 간단한 프로그램에 전적으로 몰두할 수 없거나 하지 않으려는 사람들로, 대개는 그들 자신이 천성적으로 정직하게 될 능력이 없는 사람들이라는 것이다. 극심한 감정과 정신적 질환으로 고통을 받는 사람들도 정직해질 능력을 가지고 있다면, 그들 중 많은 사람들은 회복할 수 있다.
- A.A. 멤버는 모임에서 자신의 과거 상태가 어떠했으며, 무슨 일이 일어났고, 지금은 어떤가를 나눈다. 중독자들은 오랫동안 쉽고 간단하게 회복하는 방법을 찾아 헤매었다. 그러한 방법 찾기는 번번이 실패하였다. 자신의 관념을 지속하고 완전히 버리지 못하면 아무 결과가 없지만 A.A.가 제안하는 방침에 따라 진지하고 두려움 없이 철저하게 시작한다면 회복하지 못하는 것을 거의 본 적이

없다고 주장한다.

- A.A.는 알코올중독을 교활하고, 혼미하게 만들며, 강력하다고 인지하고 있다. 모든 힘을 가지신 분(신, higher power)의 도움만이 고칠 수 있다고 한다. 또한 '현재', 즉 '오늘'이라는 시간성을 강조하고 있다. 오직 신께 보호하고 보살펴 주시기를 기탄없이 간청해야 한다는 것이다.

A.A.는 12단계뿐만 아니라 12전통이 있다. 12단계는 각 사람의 개인적 회복에 관한 것이라면 12전통은 A.A. 멤버들의 삶에 대한 것이다. A.A.의 12전통이란 많은 A.A.그룹들의 생존과 발전을 공고히 다지기 위해 제안된 원칙이다. 이 원칙은 이 운동이 시작된 초기의 비판적인 시기에 여러 그룹의 경험을 거울삼아 만들어졌다. 이것은 자신의 단주를 지키고 다른 알코올중독자들이 술을 끊도록 도와주는 공동 관심사를 갖고 있는 남녀의 단체로서, A.A.가 결성된 진정한 취지를 오래된 멤버들이나 새로 나온 사람들 모두에게 일깨워 주는 중요한 역할을 한다. 12전통의 구체적인 내용은 다음과 같다.

- 1전통: 우리의 공동 복리가 무엇보다 우선되어야 한다. 개인의 회복은 A.A.의 단합에 달려 있다.
- 2전통: 우리의 그룹 목적을 위한 궁극적인 권위는 하나이다. 이는 우리 그룹의 양심 안에 당신 자신을 드러내 주시는 사랑 많으신 신(神)이시다. 우리의 지도자는 신뢰받는 봉사자일 뿐이지 다스리는 사람들은 아니다.
- 3전통: 술을 끊겠다는 열망이 A.A.의 멤버가 되기 위한 유일한 조건이다.
- 4전통: 각 그룹은 다른 그룹이나 A.A. 전체에 영향을 끼치는 문제를 제외하고는 반드시 자율적이어야 한다.
- 5전통: 각 그룹의 유일한 근본 목적은 아직도 고통받고 있는 알코올중독자들에게 메시지를 전하는 것이다.
- 6전통: A.A. 그룹은 관계 기관이나 외부의 기업에 보증을 서거나, 융자를 해 주거나 A.A.의 이름을 빌려주는 일 등을 일체 하지 말아야 한다. 돈이나 재산, 명

성의 문제는 우리를 근본 목적에서 벗어나게 할 우려가 있기 때문이다.

- 7전통: 모든 A.A. 그룹은 외부의 기부금을 사절하며, 전적으로 자립해 나가야 한다.
- 8전통: A.A.는 항상 비직업적이어야 한다. 그러나 서비스센터에는 전임 직원을 둘 수 있다.
- 9전통: A.A.는 결코 조직화되어서는 안 된다. 그러나 봉사부나 위원회를 만들 수는 있으며, 그들은 봉사 대상자들에 대한 직접적인 책임을 갖게 된다.
- 10전통: A.A.는 외부의 문제에 대해서는 어떠한 의견도 가지지 않는다. 그러므로 A.A.의 이름이 공론에 들먹여져서는 안 된다.
- 11전통: A.A.의 홍보 원칙은 요란한 선전보다 A.A. 본래 매력에 기초를 둔다. 따라서 대중 매체에서 익명을 지켜야 한다.
- 12전통: 익명은 우리의 모든 전통의 영적 기본이며, 이는 각 개인보다 항상 A.A. 원칙을 앞세워야 한다는 것을 일깨워 주기 위해서이다.

이와 같은 12단계와 12전통을 갖는 A.A.는 모든 기독교 종파의 지도자들로부터 적극적 지원을 받았다. 의사들과 마찬가지로 기독교의 영적 지도자들도 알코올중독 문제로 인해 오랫동안 골치를 앓아 왔다. 많은 종교 지도자들은 알코올 중독자들이 술을 끊겠다고 진지하게 맹세하는 말을 들었으나 맹세를 깨는 모습을 무수히 많이 보아왔고, 알코올 중독자들에게 동정과 이해, 양심에 호소하는 방법도 사용해 보았지만 알코올 중독자를 돕는 데는 별 효과가 없다는 것을 경험하였다. 그래서 비록 A.A.가 정식의 종교 방식이 아닌 생활 방식을 전파하기는 해도 많은 종파의 지도자들은 A.A.를 환영하였다.

종교 지도자들은 A.A. 프로그램의 핵심은 극기, 겸손, 자비, 모범을 강조하는 새로운 형태의 사교활동 기회를 제공하는 것이라는 점을 발견했다. A.A.의 근본은 인간은 남을 돕지 않고는 스스로를 도울 수 없다는 진정한 기독교 원칙과 일치한다. 멤버들은 A.A. 계획을 '자기 보호'라고 설명한다. 이 자기 보호를 통해 수많은 남녀들이 육체적, 정신적 그리고 영적 건강을 회복하고 자기 자존심을 회복할 수 있었던 것이다. 이 효과적인 치료법이 없었다면 중독자들은 절망에 빠졌을 것이다.

A.A. 창시자 빌 윌슨은 1966에 다음과 같은 글을 썼다.

> 알코올에 대한 집착이 아무리 크다고 해도, 우리는 여전히 필요한 선택을 기꺼이 할 수 있다. 예를 들면, 우리는 스스로가 알코올에 무력하다는 것과 '큰 힘'에 의존하는 것이 필요하다는 인정을 선택할 수 있다. 그리하면 우리는 다른 사람들과 우리가 이해한 대로의 '신'을 섬기고 정직하고 겸손한 삶을 살기로 선택할 수 있다(A.A., 1992).

4. A.A.의 교류적 영성(fellowship)

모든 A.A. 멤버가 영적으로 충만할 것이라 가정하는 것은 비현실적이다. 많은 멤버들은 기성 종교집단에 소속되어 있지 않다. 그러나 많은 멤버들은 A.A. 집단에서 경험한 나눔, 돌봄, 믿음, 사랑의 힘으로 변화를 경험하였다고 한다. 그들은 A.A.라는 교류집단에서 무엇보다도 비심판적인 이해와 절대적 환대를 경험하였다. A.A. 멤버들 간의 동등성을 강조하는 것이 알코올 중독으로부터 회복하는 데 공통적 끈이 된다. '익명성'은 모임의 영적 기초이다. 개인적 수준에서 익명성은 A.A. 모임 밖에서 알코올중독자로 지목받는 것으로부터 보호하기 위함이다. 이것은 초심자(새로 모임에 참석하는 사람)에게 특별히 중요하게 여겨지는 것이다. 하지만 알코올중독자가 아닌 사람들과의 개인적 관계에서는 자신이 회복 중인 알코올 중독자라고 자유롭게 말할 수 있다. 또한 A.A.의 메시지 전하기를 할 수 있다.

특히 목회자가 중독문제가 있는 사람들에게 A.A.를 소개하기 위해서 A.A.에 대해 알아야 할 점은 다음과 같다(A.A., 1992).

- 단주를 하겠다는 열망을 가질 때 A.A.가 도울 수 있다는 것을 알려준다.
- 알코올 중독자에게 A.A. 프로그램은 초기에는 별로 그럴듯하지 않게 보이더라도 열린 마음을 가지도록 권유한다. 첫인상은 계속 모임에 참석하면 바뀔 수도 있다는 것을 알려준다.

- A.A.는 오직 단주하는 것을 돕는 것이 유일한 목적임을 강조한다.
- 알코올 중독자에게 A.A.는 사회의 모든 계층을 포함하여 아무리 배경이 서로 다르다고 해도 A.A.를 통해 공감대(공통점)를 형성할 수 있음을 알려준다.
- 익명성이 보장됨을 알려준다.
- 알코올 중독은 진행성 질병이지만 A.A.에서 회복의 경험담을 통해 수많은 사람들이 회복의 길에 서도록 돕는 것을 볼 수 있다는 것을 설명한다.

한편, 커츠(Kurtz, 1991)의 저서 『신이 아닙니다(Not God)』에서 '신이 아니다(Not God)'라는 뜻의 첫째 의미는 '당신은 신이 아니다'라는 A.A.의 메시지를 의미한다고 한다. 멤버들 자신이 절대적이고 무한한 신이 아니라는 것이 A.A.의 가장 근본적이고 최초의 메시지라는 것이다. 알코올 중독자들은 자신이 신과 같은 힘, 특히 통제력을 갖고 있다고 주장한다. 그러나 알코올 중독자는 자신조차도 통제할 수 없다는 것을 A.A. 메시지는 상기시킨다. 알코올중독으로부터의 첫 번째 단계는 반드시 다른 사람에게는 너무나 자명하지만 강박적이고 충동적인 음주자에게는 끈질기게 부정되었던 이러한 사실을 시인하고 받아들이는 것이다(Kurtz, 1982).

A.A.는 영적 프로그램이면서 동시에 교류이다. 그래서 '신이 아니다'의 또 다른 면이 존재한다. 알코올 중독자가 절대적이고 무한한 신이 아니기 때문에 그는 본질적으로 한계가 있다. 알코올중독자의 개인적 한계를 받아들이는 것을 통해 치유와 온전함이 시작되는 것이다. A.A. 내 알코올 중독자가 되는 것(A.A. 모임에서는 자신을 소개할 때 '중독자 ○○입니다.'라고 소개한다)은 자신은 신이 아니라고 받아들이는 것뿐만 아니라 자신이 다른 알코올 중독자들과 연결되었다는 것을 인정하는 것을 의미한다. 다른 사람들과의 연결에 대한 초대와 그러한 연결이 필요하다는 인식은 알코올중독자의 현실 수용에서부터 나온다(Kurtz, 1982).

나아가 A.A.는 약속한다. A.A.는 알코올 중독자가 회복을 위해 12단계의 각 단계를 협심자와 함께 최선을 다한다면 단계의 반도 끝나기 전에 놀라게 될 것이라고 약속한다. 새로운 자유와 행복을 알게 되고 과거를 후회하지 않고, 과거를 감추려 하지 않는 태도를 갖게 된다는 것이다. 또한 평온함을 이해하고 평화를 알게 되고 자신의 타락이 아무리 심한 것이었다 해도 자신의 경험이 어떻게 다른 사람들에게 도움이 되는지 알게 될 것이라고 약속한다.

특히 A.A.는 알코올 중독자들이 과거에 가지고 있던 자신이 '쓸모없다'는 느낌이나 자기 연민을 더 이상 갖지 않게 될 것이라고 한다. 12단계를 수행하면서 자기중심주의는 사라지고 이기적인 일에는 관심이 없어지며 동료들에게 관심을 갖게 되고 삶에 대한 전반적인 태도와 관점이 바뀌게 될 것이라고 한다. 더 이상 사람들과 경제적인 불안에 대한 두려움을 갖지 않게 되고 자신들을 괴롭혔던 상태들을 즉각적으로 어떻게 처리할 것인가를 알게 되고, 스스로를 위해 하지 못했던 것을 신이 해 주고 계시다는 것을 갑자기 깨닫는 순간이 온다는 것이다. 이 약속은 멤버들 사이에서 이루어지고 있으며 때로는 급속히, 때로는 천천히, 그것을 위해 노력하면 항상 이루어질 것이라는 것이 A.A.의 약속이다.

한편, A.A.가 하지 않는 일들은 다음과 같다.

- 알코올 중독자들이 회복하는 데에 주도적 동기부여를 하는 일
- 멤버를 모집하는 일
- 협심자 찾기에 관여하는 일
- 출석기록이나 사례를 보존하는 일
- 사회단체와 동맹을 맺는 일
- 멤버들을 통제하려고 시도하는 일
- 의학적 또는 심리학적 진단이나 예단을 하는 일
- 간호, 입원, 약물 투여 또는 어떤 의학적·심리학적 치료를 하는 일
- 종교적 봉사를 하는 일
- 알코올에 대한 교육에 참여하는 일
- 주거, 음식, 의복, 일자리, 돈 또는 어떤 복지나 사회봉사 등을 제공하는 일
- 가정에 관한 문제나 직업에 관해 상담하는 일
- 봉사의 대가로 돈을 받거나 A.A. 이외의 곳으로부터 기부금을 받는 일
- 배심원, 변호사, 법원 직원, 사회단체, 고용주에게 조회서를 제공하는 일

이와 같이 A.A.는 12단계와 12전통 및 A.A.가 하지 않은 일 등을 정해 놓음으로써 멤버들이 오직 알코올중독에서 회복되는 것을 지향한다. A.A.는 임상적으로 효과적이고 공중보건의 동지로서 중독회복에 중요한 역할을 하고 있다. 실제로 단주율이 중독 치료세팅의 치료결과와 유사한 A.A.를 장기간 자신이 거주하는 지역에서 모임에 참석하여 무료로 수혜받는다는 것이 무엇보다 큰 장점이다(Kelly, 2014).

5. 중독에 대한 기독교적 관점과 치료 및 재활

1) 중독에 대한 기독교적 관점

중독은 죄인가? 병인가? 중독은 병이기도 하지만 분명히 개인의 죄라고 보는 시각이 있다. 중독을 죄로 보는 입장을 가진 신학자 그루덤(Grudem, 1994)은 "죄는 행위나 태도나 본질적으로 하나님의 도덕적인 법에 순응하는 것에 실패하는 모든 것"이며 그런 면에서 중독은 행위나 태도가 하나님의 도덕적 법에 대치되기 때문에 죄라는 것이다. 또 다른 신학자 에릭슨(Millard J. Erickson)은 죄를 정욕(sensuality), 이기성(selfishness) 그리고 하나님을 대체함(displacement of God)으로 정의하여 중독은 하나님 대신 중독 대상에 매여 있는 상태로서 우상숭배로 보아 죄로 규정하였다. 중독을 대체로 타락의 결과로 보고 개인의 죄 문제로 보았다.

성경은 "포도주는 거만하게 하는 것이요, 독주는 떠들게 하는 것이라, 이에 미혹되는 자마다 지혜가 없느니라."고 하며 "술을 즐겨 하는 자들과 고기를 탐하는 자들과도 더불어 사귀지 말라."라고 중독의 집착성을 경고하고 있다. 또한 "술 취하지 말라. 이는 방탕한 것이니 오직 성령으로 충만함을 받으라(엡 4:18)." "하나님의 성령을 근심하게 하지 말라. 그 안에서 너희가 구원의 날까지 인치심을 받았느니라(엡 4:30)."는 말씀 등으로 반복되는 술 취함을 경고하고 있다.

중독자가 일시적으로 쾌락을 경험하게 하며 고통이나 불안을 감소시키는 중독의 일시적·잠정적 효과를 추구할 때 성경은 "최선의 것은 이 세상에 있지 않고 내세에 있으며, '지금' 있는 것을 탐내는 것보다는 앞으로 올 것을 기다리는 것이 더 좋다는 것을 알고 있다. ······ '보이는 것은 잠깐이요 보이지 않는 것은 영원함'이니라."(고후 4:18)라고 말한다.

성경은 중독 치유와 회복이 가능함을 선포하고 있다. "우리가 알거니와 우리의 옛 사람이 예수와 함께 십자가에 못 박힌 것은 죄의 몸이 죽어 다시는 우리가 죄에게 종 노릇 하지 아니하려 함이니(롬 6:6)." 예수 그리스도가 십자가에 못 박히실 때 우리의 옛 사람, 즉 죄에게 종이 되었던 삶이 같이 죽었다는 점을 인식하는 것은 매우 중요하다. 중독은 하나님에 대한 불신과 자기중심적인 인간의 '죄성'과 밀접한 관계가 있다. 죄의 문제는 하나님의 은혜를 받아야 해결될 수 있다.

2) 기독교적 중독 치료

중독은 모든 인종, 신분, 성별 및 종교를 초월하여 영향을 미친다. 중독은 결국 중독 대상을 하나님의 자리에 놓게 만들어 버리는 것이다. 기독교 신앙은 영적 변화(spritual transformation)의 과정을 통하여 인격적으로 하나님을 만나면 모든 중독에서 벗어날 수 있다는 전제하에 그리스도와의 관계를 강화하는 데 초점을 둔다. 초월적인 존재를 받아들인 사람은 심각한 스트레스가 다가와도 술로 스트레스를 해결하려고 하지 않는다. 습관을 항구적으로 바꾸기 위해서는 초월적 존재를 받아들이고 그분을 통해 변할 수 있다는 믿음이 필요하다. 회복을 위해 필연적으로 해결해야 할 장애를 해결하는 데 필요한 힘과 지원 및 맑은 정신을 하나님으로부터 지속적으로 받아 회복이 유지된다고 믿는다.

3) 기독교적 중독 재활

근거에 기반한 임상적 방법(예: 해독, 개별화된 개인치료 및 집단치료)을 통해 일반 중독 프로그램과 유사한 서비스도 제공하지만, 성경과 말씀에 기반한 영적 재활을 강조하고 있다. 이러한 회복 프로그램 유형은 내담자로 하여금 중독문제를 다루는 과정에서 하나님과의 관계와 믿음을 재설정하거나 회복하도록 돕는다.

기독교적인 재활 프로그램은 다음과 같은 측면을 포함한다.

- 성경공부 세션, 성경 읽기
- 믿음 기반 12단계 프로그램
- 기독교 신앙으로 중독에 대해 토의하는 설교
- 매일 기도 및 나눔
- 정기적으로 교회 예배 참석
- 현재를 온전히 삶
- 감사하는 삶의 태도
- 봉사하는 삶
- 목회 상담

기독교 신앙에 기반한 치료 접근은 하나님이 어디에서나 존재하시고 끝없는 힘과 영감의 자원이라는 영적 가르침과 각성에 의해 구조화되고 있어 단중독뿐만 아니라 장기적인 회복을 유지하고 강화하는 생활 기술(life skills)을 가르친다.

기독교 신앙에 기반한 회복의 가장 중요한 점 중의 하나는 영적인 개인들 사이에 동질감(동지애)을 제공해 줄 수 있다는 것이다. 중독은 스트레스, 외로움, 절망과 같은 다수의 심리적 어려움을 야기하는데, 이러한 어려움을 해소하는 데 기독교가 도움을 줄 수 있다. 기독교 치료프로그램은 트라우마를 염두에 둔 케어에서 강조하는 원칙과 마찬가지로 집단 지지로 안전한 환경을 마련하는 데 중점을 둔다. 펠로우십에 초점을 둠으로써 개인의 도덕성을 강화시키고 영적인 환경을 마련하여 향후의 유혹에 저항할 수 있도록 돕는다.

연구에 의하면 종교는 회복하는 사람들에게 있어 긍정적이고 건강에 유용하다. 불안 감소, 삶에 대한 긍정, 건강한 대처기술, 스트레스를 관리할 수 있는 능력, 재발률 감소 효과를 가져온다. 또한 종교적 믿음은 개인의 동기를 강화할 수 있고 과거의 과오를 용서할 수 있도록 하며 미래에 희망을 제공한다(Grim et al., 2019).

4) 불완전함의 영성과 치료

완전함의 영성과 달리 불완전함의 영성은 인간실존의 근본적인 불완전성과 완전에 대한 열망을 인식하면서 연약함을 안고 하나님을 향하여 지속적으로 나아가는 과정 자체를 강조한다. 불완전한 인간이 성령의 이끌림을 받아 도덕적·영적 완전함에 도달하는 것을 강조하기보다 하나님의 자비에 대한 신뢰를 기반으로 완전한 자기수용으로 나아가는 불완전함의 영성 차원을 주창한다(오방식, 2020). 불완전함의 영성은 하나님의 자비를 전적으로 신뢰하는 데 더 초점을 둔다.

알코올중독은 신체적인 쇠퇴는 물론이고 영적이고 정신적인 쇠퇴를 야기하기 때문에 단지 술을 마시지 않는다고 해서 온전한 삶으로 되는 것은 아니다. 단중독이 회복의 첫걸음이지만 그 이외의 영적인 문제를 다루지 않는 한 온전함(serenity)을 경험하기는 어려울 것이다. 단중독 과정에서 온전함을 경험하지 못하고 단지 부정적인 행위(음주, 마약, 도박 등)를 멈춘 것을 마른 주정(술인 경우), 꽉 주먹 쥔(white knuckle) 삶이라고 한다. 이를 악물고 주먹을 꽉 쥐고 중독행위를 하지 않으려고만 하지 정작 회복을 추구하지 않는 모습과 비슷하여 생긴 표현이다. 중독은 하나님을 섬기지 않고 욕망을 섬긴 마음의 우상숭배이다. 중독으로부터의 회복에는 영적인 쇄신은 일어나야 한다(김성이, 2013: 105).

- 회복: 불완전함(imperfection)의 영성은 완전함(perfection)과 반대되는 개념으로서의 불완전이라기보다 온전함(wholeness)의 개념으로 이해할 수 있다(Kurtz et al., 2009). 기독교적인 완전함이라는 것은 도덕적으로 흠 없는 상태, 영적으로 완벽한 상태인 존재로 변화된다는 것이 아니라, 자기 자신에게 가능한 것 이상으로 의롭게 되려고 하지 않는 것, 진실한 마음, 하나님을 섬기려는 한결같은 소원 안에서 만족하는 것이다. 토마스 머튼(Thomas Merton)은 '완전함'이라는 용어보다 '거룩함(holiness)'을 선호하는데, '거룩한' 사람은 자신 안에 계시는 하나님의 현존과 행동에 의해 성화되어 가는 사람이다. 머튼에 따르면, '거룩함'이 '관계적인 개념'이라면 '완전함'은 '어떤 수준의 상태에 도달한다는 개념'으로, 완

전함을 추구하는 사람은 미묘하게 이기적인 성향으로 기울어진 사람이라고 비판한다(Merton, 2002). 이런 맥락에서 머튼이 말하는 '영적 완전함'은 '신비로운 수련을 통해서 더 이상 걱정이 없는 영혼의 평정'을 얻는 데 관심을 갖는 반면, '거룩함'이란 '하나님의 자비를 신뢰하면서 자기를 수용'한다는 의미이며, 하나님의 백성 안에서 다른 사람들의 필요에 대한 관심을 갖는 '친교와 연대'의 의미를 담고 있다.

- 상처 입은 치유자: 나우웬(Nowwen)에 따르면, 상처는 여전히 영혼 안에 남아 있지만, 우리 존재의 표면에 깊이 새겨진 수술 자국으로, 아름다움과 자기이해가 한없이 솟아나는 원천이 된다. 이런 맥락에서 그리스도인의 성숙한 모습은 자신의 고통이나 상처, 연약함을 없애 버리려 하지 않고 이를 값진 선물로 여겨 지키고 간직하는 것이다. 나우웬은 자기를 내어주는 것을 통해 상처 입은 사람들을 도울 수 있다고 한다. 이것은 영적 노출증을 말하는 것이 아니다. 하나님의 자비에 비추어 봄이 없이 그대로 노출된 상처는 치유의 원천이 되지 못하지만 고뇌, 혼란, 의심, 상처 그리고 연약함이 하나님께 드려질 때 사랑과 자비의 하나님은 그것을 치유의 원천으로 삼고 도울 수 있다(Ruddle, 2015). 중독 영역에는 유독 자신이 중독에 빠졌다가 회복하는 회복자가 치료자로 많이 활동하고 있다. 무엇보다 상처 입은 치유자는 상처를 입고 찾아온 자에게 환대의 공간, 즉 자유롭고 두려움이 없는 자리, 자기 영혼을 발견할 수 있는 공간을 마련해 줄 수 있다.

- 받아들임: 중독치료에서는 받아들임을 모든 문제의 해결책으로 제안한다. 사람, 장소, 일, 혹은 상황을 아마도 이 순간에는 그래야만 할 것이라고 있는 그대로 받아들일 수 있을 때까지는 평온함을 갖기 어렵다. 이는 신(神)의 세상에서는 결코 어떤 일도 실수로 일어나지는 않는다는 것을 믿지 않는 것이다. 알코올 중독자는 자신의 알코올 중독을 받아들일 수 있을 때까지는 맑은 정신을 유지할 수 없고, 인생을 그대로 받아들일 때까지는 평온함을 누릴 수 없다. 이 세상에서 변화되어야 할 필요가 있는 것에 대한 것보다는 자신 안에서와 자신의 태도들 안에서 변화될 필요가 있는 것들에 대해 숙고하는 것이 중독자에서 회복

자로서의 정체성을 갖게 되는 것이고 그리스도인으로서의 마땅한 태도와 중첩되는 것이다.

제6장

트라우마 및 상처에 대한 영성적 치유

우리는 트라우마를 경험한 사람들을 만난다. 그러나 당사자가 트라우마를 겪었는지를 말하지 않는 한 정서와 행동으로 표현되는 트라우마의 어려움을 알아채기가 어렵다. 트라우마는 보이는 상처가 아니기 때문이다. 트라우마는 매우 다양한데 전형적으로는 범죄 피해, 사고, 자연재해, 전쟁, 폭력 등 개인의 통제 밖에서 일어나는 예기치 않은 사건의 형태로 경험된다. 트라우마를 특정 사건이 아니라 개인의 정체성 핵심이 재정의되는 경험이라고 이해하기도 한다(Harris & Fallot, 2001; SAMHSA, 2014a).

트라우마는 심지어 자신의 상태와 상황에 대한 반응들이 트라우마에 의한 것이라는 것을 본인이 인지하지 못하는 경우도 있다. 또한 트라우마는 우리의 삶에서 매우 흔히 일어난다는 것을 제대로 이해하지 못하는 경우 우리는 의도치 않게 타인으로 하여금 트라우마로 인한 고통을 다시 겪게 할 수 있다. 오늘날 많은 사람이 트라우마의 고통 가운데 괴로워하고 있다. 트라우마에 대한 이해를 바탕으로 한 돌봄 접근이 매우 필요하다.

이번 장에서는 개인적·사회적 트라우마 및 그로 인한 상처를 영성으로 치유하는 실제적인 방법들을 제시하는 데에 집중한다.

1. 트라우마의 개념과 관점

1) 트라우마의 정의와 유형

트라우마는 물리적, 심리적, 사회적, 혹은 영적 자아가 죽음의 위협을 느낄 정도의 강렬한 충격을 경험하여 인지 기능이나 기억의 손상, 해리, 비현실화, 지나친 정서적 각성, 플래시백, 악몽 등의 스스로 통제하기 어려운 증상들을 수반하는 심리적 상처를 지칭한다(Caruth, 1995). 즉, 트라우마란 신체적 또는 심리적으로 위협을 느꼈고 무력감과 두려움을 발생시키는 특별한 경험을 한 것이다(APA, 2013).

트라우마에 노출된 사실은 오래전에 일어났을 수도 있고 최근에 경험한 것일 수도 있다. 트라우마로 인한 증상은 스스로 통제하기 어려운 증상으로 급성이나 만성적인 스트레스 장애를 특징으로 한다. 자신의 기존 대처방식으로는 다룰 수 없는 사건을 경험한 개인이 보이는 몸과 마음의 다양한 부적응적 반응을 의미한다. 특히 DSM-5에서는 '외상 후 스트레스 장애(Post-Traumatic Stress Disorder: PTSD)'에 주목한다. '죽음 또는 죽음의 위협, 심각한 상해 또는 성적인 폭력을 직접 경험하거나 다른 사람에게 일어나는 것을 직접 목격하는 것, 가까운 가족이나 친구에게 일어났음을 알게 되는 것, 트라우마 사건의 혐오스러운 세부 내용에 반복적으로 또는 극단적으로 노출된' 사건의 경험이 PTSD의 진단 기준이 된다(APA, 2013).

특히 최근에는 DSM-5의 진단기준을 충족시키는 '진단기준 사건'뿐만 아니라 DSM-5의 진단기준을 충족시키지 않는 생활 스트레스 사건도 높은 수준의 PTSD 증상을 야기한다는 연구가 있다(김지윤 외, 2018). 이 연구에 의하면 트라우마는 '16세 이전의 성추행' '기타 사고 목격' '16세 이전의 성폭행' '16세 이전의 가정폭력 목격' '재난' '교통사고 겪음' '교통사고 목격' '기타 사고 겪음'인 것으로 나타났으며, 생활 스트레스 사건은 '법적 구속 또는 수감(본인 및 가족)' '부모의 별거나 이혼' '심각한 스트레스를 야기하는 실패나 절망' '가족과의 극심한 갈등 또는 잦은 다툼'인 것으로 나타났다. 인구사회학적 특성 중 연령, 혼인상태, 종교 유무가 PTSD 증상 수준에 영향을 미치는 것으로 확인되었다.

한편, 트라우마는 여러 유형으로 나타난다. 트라우마는 그 경로에 따라 다음과 같이 명명되었다. 먼저, 큰 트라우마(big trauma)는 흔히 PTSD처럼 주로 하나 혹은 일련의 충격적 사건 후에 보이는 심신의 반응이다. 예를 들면, 교통사고나 지진, 유괴 사건 같은 충격적 경험을 한 후에 일어나는 반응을 말할 수 있다. 반면 작은 트라우마(small trauma)는 오랜 시간 동안 지속적으로 부정적 경험에 노출된 결과로 생기는 몸과 마음의 적응 반응이다. 예를 들면, 아동학대, 방치, 가정폭력에 오래 노출되면 낮은 자존감과 자신이 목표를 세우고 과업을 달성하고 도전에 대응하는 능력이 있다는 것에 대한 믿음인 자기효능감의 결여로 인해 고통받는다.

또한 경험이 우리에게 미치는 영향으로 보면 큰 트라우마이든 오랫동안 일어난 작은 트라우마이든 나타나는 부적응적 반응은 비슷하다. 하지만 큰 트라우마는 어떤 사건 이후에 오는 반응이기 때문에 자신의 반응과 사건을 연결짓기가 쉽지만 작은 트라우마는 자신의 반응과 사건을 직접적으로 연결짓기가 쉽지 않기 때문에, 많은 사람들이 자신의 반응을 이해하지 못하고 그 결과 자신을 비난하기 쉽다. 그리고 단일 트라우마는 트라우마의 크고 작음과 상관없이 일회성으로 일어난 트라우마이다. 대부분 충격의 강도가 큰 트라우마에 해당되는 경우가 많다. 복합성 트라우마는 단일 트라우마와 달리 반복적으로 일어나는 것이다. 지속적으로 노출되면 트라우마로 인한 증상들이 견고해지면서 하나의 성격처럼 굳어진다.

2) 트라우마에 대한 관점

트라우마를 신경생리학적, 심리관계적, 사회문화적, 진화심리학적 관점으로 설명한다(김규보, 2017).

(1) 신경생리학적 관점

신경생리학적 접근은 트라우마의 증상을 뇌 구조와 신경체계를 바탕으로 이해한다. 트라우마 사건에 대한 최초 반응은 신체감각으로부터 와서 신체·정서·인지에 영향을 준다(Ogden, 2009). 이 관점은 트라우마의 경험으로 인해 보이는 피해자들의 강박행동이나 지나친 정서적 각성, 플래시백, 언어상실, 기억의 파편화, 망각, 해리, 비현실화, 비사회화 등의 양상이 뇌 구조의 변형 및 신경체계의 손상으로 인한 것임을 강조하고 있다.

트라우마 사건은 트라우마 생존자로 하여금 생존과 조건화(conditioning), 일반화 (generalization)를 통해, 향후 외부의 침입으로부터 항상 경계태세를 갖추게 만든다. 일상에서 벌어지는 모든 일이 촉발제(trigger)로서 작동할 수 있다. 이렇듯 트라우마 사건은 생존의 위협으로 인지되기 때문에 일반적인 망각을 기대하기 어렵다. 신경 생리학적 접근 방법은 그동안 이해할 수 없었던 트라우마 생존자들의 신체적·정신 적 이상 증상에 대한 자연과학적 이해를 확장시킨다. 이 관점은 트라우마를 감당할 수 없는 경험으로 인한 뇌신경계의 역기능으로 이해하기 때문에 치료 또한 왜곡된 뇌기능의 회복에 초점을 맞춘다. 따라서 이 접근에 기초한 트라우마 치유 방법의 주 된 도구는 약물치료이다(김규보, 2017).

이후에 설명하게 될 아동기 역경 경험 연구를 통해 밝혀진 것처럼 아동기의 부정 적인 경험의 축적은 지속적인 신경발달 변화(neurodevelopmental changes)를 촉발할 수 있지만, 뇌의 신경가소성(neuroplasticity) 특질로 인해 정서적, 영적, 관계적 치유 와 그로 인해 행동과 인지적 변화를 경험하면 새로운 신경회로의 발달이 이루어진 다(van der Kolk, 2006). 결국 이 관점은 트라우마가 뇌 발달과 정서에 부정적인 영향 을 미치는 것에 집중하지만 또 한편으로는 뇌가 환경에 영향을 받는 것을 치료에 이 용할 수 있도록 한다.

(2) 심리관계적 관점

이 관점은 인간의 몸의 이해와 관련된 증상을 넘어서 과거와 현재의 인간관계의 역동을 중심으로 트라우마를 이해한다. 가족과의 관계맺음 경험을 통해 자아구조가 형성되는데, 트라우마적 사건의 경험으로 자아구조의 형성이 저해되고 관계 패턴이 왜곡된다는 것이다. 이 관점은 트라우마 이해에 있어서 관계적 패러다임이 필수적 이라는 사실을 강조한다.

(3) 사회문화적 관점

최근 점점 많은 학자가 신경생리 및 심리관계 중심의 트라우마 접근의 한계를 인식하면서, 개인의 심리 영적 건강이 그가 속한 사회문화와 분리될 수 없다는 점 때문에 개인적 수준을 넘어서 사회문화적 요인을 함께 고려하고 있다(Alexander et al., 2004).

특히 사회의 회복을 위해서는 트라우마를 야기하는 사회문화의 진단과 변화가 필수적이다. 이런 관점에서 사회문화적 접근은 환경 속의 인간을 이해함으로써 트라우마를 인간 내면의 문제가 아니라 사회문화적인 체계와 관련지어 이해하도록 한다. 사회 시스템과 문화와 같은 거시적 체계 속에 내재하는 트라우마적 요소 및 인간의 타자화 경향성을 드러낼 수 있다. 이 접근은 개인의 담화를 통해 사회문화적 왜곡의 현실을 진단할 수 있다는 장점이 있다. 사회문화적 관점의 트라우마 접근은 개인적 트라우마의 프리즘을 통해서 사회의 어느 부분이 편견과 차별로 병들어 있고 어떤 집단들이 소외되고 상처받고 있는지를 발견하며 그에 대한 사회 인식과 실천의 변화를 촉구하게 해 준다는 점에서 매우 중요한 접근이다. 이 접근은 다양한 사회문화에 대한 진지한 성찰과 포용적 사고를 야기한다. 개인의 사고, 감정, 행동의 의미 등을 적절하게 이해하기 위해서는 그가 속한 다양한 문맥을 고려해야 한다. 사회문화적 접근은 그동안 간과하고 있었던 문화의 다양성을 강조함으로써 다양한 사람들이 공존하고 있는 현실에 보다 포용적이고 넓은 사고를 지닐 수 있도록 도와준다. 이 관점에서 강조하는 사회문화의 변혁은 거시적인 사회적 투쟁 없이는 불가능하며 단기간 내에 이루어지지 않는다는 한계가 있다(김규보, 2017).

(4) 진화심리학적 관점

진화심리학에서 트라우마는 개체보존과 종족보존을 자연적 목표로 하는 생명체의 생존과 안전 및 번성을 위협하는 심각한 사건으로 정의한다. 두려움, 기억회로 및 철수, 공격적 대응, 회피, 유화, 주의 부동, 긴장성 부동 등은 진화과정에서 내장된 트라우마의 핵심적 반응이자 대처기제로 본다(이홍석 외, 2015).

2. PTSD의 주요 증상과 돌봄

1) PTSD의 주요 증상

침투, 회피, 인지와 감정의 부정적 변화, 과각성 등이 있다.

(1) 침투
침투는 트라우마와 관련된 불쾌한 기억이 반복적으로 떠오르는 현상으로, 뇌가 일어난 일을 곱씹어 이해하고 소화시키려는 시도이다. 악몽을 꾸거나 극단적으로는 다시 사건이 일어난 것처럼 느끼고 행동하게 되고 사건을 연상시키는 것들로 인해 고통을 느끼고 신체화 반응을 갖기도 한다.

(2) 회피
회피는 트라우마 사건을 연상시키는 것들을 피하려는 노력으로, 본능적으로 고통을 차단하거나 피함으로써 자신을 보호하려는 본능적인 시도이다. 회피가 반복되면 사건을 떠오르게 하는 장소, 활동, 사람을 피하고 관련 내용이 나오는 TV 뉴스나 영화를 보지 않는 등 행동 변화가 발생하기 때문에 일상생활에 어려움을 갖게 된다.

(3) 인지와 감정의 부정적 변화
트라우마 사건을 경험한 후 생각이나 감정이 부정적으로 변화하는데, 이러한 반응은 트라우마 사건 이후 정서적 불편감으로 인해 기존에 자신이 갖고 있던 통제력을 상실하면서 발생한다. 자신이나 세상, 주변 사람들에 대한 생각이 부정적으로 바뀌고, 자책감, 수치심, 타인에 대한 비난, 부정적 감정(두려움, 공포, 분노, 수치심), 평소 좋아하던 활동에 대한 흥미 상실, 사람들로부터 소외감 및 좋은 감정을 느끼지 못하는 양상을 보인다.

(4) 각성과 반응성의 뚜렷한 변화

몸이 항상 경계상태에 있는 긴장 상태로, 이는 트라우마를 다시 경험하지 않고 자신을 보호하기 위한 반응이다. 과격하거나 예민해지며, 지나치게 주위를 살피고, 깜짝 놀라는 등 많은 에너지를 사용하게 되기 때문에 쉽게 피로감을 느끼고, 때로 무모한 행동이나 자기파괴적인 행동을 할 수 있고, 집중력 저하, 건망증, 불면증을 보이기도 한다.

(5) 치료

트라우마의 치료는 단계적 접근을 통해 이루어지는데, 1단계는 개인의 안정화, 증상감소, 주요 심리적, 사회적, 정서적 역량 향상, 2단계는 트라우마 기억처리, 3단계는 적응 및 재통합(대인관계, 사회적/직업적 적응, 삶의 질, 자신감 회복)으로 이루어져 있다(트라우마 회복을 위한 안정화 프로그램 개발).

트라우마 치료에서 치료 동맹은 가장 중요한 요소로서, 가까운 사람들로부터 소외되고 이유를 알 수 없는 이상한 현상들과 이해받지 못하는 심신의 고통을 경험하는 트라우마 생존자들에게 적극적이고 전인적인 태도를 가진 치료자의 존재와 지지는 큰 위안이 될 수 있다. 치료자는 함께하는 사람으로 융통적이고 통합적이며 내담자 중심적인 자세가 필요하다.

2) 트라우마를 염두에 둔 돌봄

트라우마를 염두에 둔 돌봄(Trauma-Informed Care: TIC)은 트라우마로 인해 장기간 심리사회적 기능에 영향을 받을 가능성이 있음을 인정하고 이해하는 것을 바탕으로 한다(SAMHSA, 2014a). TIC는 트라우마를 직접 다루는 트라우마 치료법과 다르다. TIC의 목적은 내담자인 서비스이용당사자가 갖는 문제를 트라우마 경험의 맥락에서 이해하기 위함이다(Baker et al., 2016). TIC에 기반을 둔 임상가는 이용당사자를 존중하고 자율성을 인정하며 긍휼한 태도와 트라우마에 대한 지식을 갖고 이용당사자의 삶에서 건강한 인간관계와 대처전략을 재건할 수 있도록 돕는다. TIC를 하기 위해서는 이용당사자의 행동을 병리적으로 보는 시선에서 벗어나는 것과 또한 빈곤, 억압, 트라우마 사이의 복잡한 연계를 이해할 수 있는 훈련이 필요하다. TIC는 억압받고 취약한 사람들을 위해 사회 정의를 증진시키는 사회복지의 핵심 가치와 사명의 연장선에 있다(NASW, 2015).

TIC는 특정 개입에 초점을 두는 것이 아니라 개입과정 전반에 신뢰, 선택, 그리고 서비스이용당사자와 협력적 파트너십을 구축함으로써 힘을 북돋우는 관계가 되어 타인들과 건강한 관계를 경험할 수 있는 안전한 환경을 만드는 것을 추구한다(Elliott et al., 2005). TIC 실천가는 트라우마가 빈번하고 폭력이나 피해 경험이 심리사회적 발달 및 일생의 대처방식에 영향을 미친다는 것을 인지하고 이용당사자의 병리적인 면에 초점을 두는 대신에 그들의 강점을 발견하고 단지 증상만을 다루는 것이 아니라 건강한 대처기술을 갖도록 도와야 한다.

사회서비스가 억압적일 수 있기에 이러한 서비스를 접한 경험이 있는 서비스이용당사자들은 종종 권위적 존재 및 전문가들에게 불신적 태도로 보인다. 또한 종종 TIC 훈련을 받지 않은 사회복지사들은 중독적이고 자기파괴적이고 해가 되는 행동을 하는 사람들을 불안정한 사람들로만 여기면서 그들이 가진 트라우마 경험에서 나온 사인을 간과하게 되기 쉽다(Levenson, 2014). 서비스에 적대적이거나 저항적인 반응을 보이는 이용당사자들을 만나면 그들이 성격이 나쁘다거나 변화 동기가 없다고 판단하는 대신, 개인이 취약할 때 느끼는 정상적인 자기보호 반응으로 보아야 한다. TIC는 트라우마 생존자의 정서적 취약함을 인지하고 무엇보다도 원조 관계 내에서도 서비스 제공자에 의한 학대/억압적 상호작용이 가능할 수 있다는 것을 인지하고 의식적으로 반복하지 않는 태도로 서비스를 제공하는 것이다(Morrison et al., 2015).

TIC적으로 보면 개인의 경험을 통합적(holistic)으로 바라볼 수 있다. 서비스이용당사자의 비합리적이고 자기파괴적이고 심지어 학대적으로 보이는 부정적인 행동을 트라우마 반응으로 보고 위협에 대응했을 때 보인 정상 반응이고 대처전략과 생존기술로 개념화한다(Levenson, 2014).

미시적 단계에서 보면 TIC는 다른 사람에게 친절하고 존중하고 경청하고 긍휼한 마음으로 다른 사람을 대하는 것이다. 제도적 또는 거시적으로 TIC를 시행하려면 조직 내 문화의 패러다임의 전환이 요구된다. TIC 서비스 모델은 생존자로 하여금 타인과 연결되고 존중받고자 하는 욕구를 반영하여 회복의 희망을 갖게 되는 것을 강조한다(SAMHSA, 2013).

특히 SAMHSA는 기관에서 TIC를 시행하기 위한 지침서로 'TIP 57'을 발간하여 관련 기관이 적용할 수 있는 전략을 제안하였다(SAMHSA, 2014b).

3. 트라우마를 염두에 둔 돌봄 원칙

서비스이용당사자 및 동료들과 상호작용하면서 누구나 트라우마 경험이 있을 수 있다는 것을 인지하면 신체적·심리적으로 안전하고 치료적인 환경을 만드는 것을 우선순위에 둘 수 있다. 미국 물질 남용 및 정신건강 서비스국(SAMHSA)은 TIC의 기본 원칙을 안전, 신뢰, 선택, 협력 및 임파워먼트라고 정하였다(SAMHSA, 2014a). TIC 원칙은 트라우마를 경험한 사람들을 대하는 모든 과정에 다 적용된다. 이러한 원칙이 실천될 때 원조관계의 역기능적 역동이 반복될 가능성을 최소화하고 서비스를 제대로 받는 경험을 최대화하게 한다.

1) 안전 원칙

사회적 서비스를 받는 모든 사람이 트라우마적 경험이 존재할 수 있다는 것을 인지해야 한다. 신체적 안전감을 제공하고 내담자와 임상가 관계의 안전을 촉진하는 것이 첫 번째 단계이다. 따뜻하고 환영하는 분위기는 서비스이용당사자에게 안정감을 준다. 기관에서 손님을 맞는 사람의 웃는 모습을 통해서도 이용당사자를 안정시키고 위안을 줄 수 있다.

안전감은 트라우마 치료에 있어서도 매우 중요한 원칙이다. 즉, 신체적 위험으로부터 해결되고 자기파괴적 생각이나 행동의 개선이고 생존자로서의 정체감을 형성하는 것이다. 치료자는 트라우마 경험자의 증상이 일종의 대처방식이며 트라우마의 영향을 극복하려는 정상적인 반응임을 주지하여 서비스이용당사자의 경험을 정상화 및 유효화하여야 한다. 많은 생존자들이 자신의 반응이나 증상을 비정상적 혹은 미쳐가는 것이라고 생각하는데 이러한 생각은 주위 사람들의 판단이나 시선 및 태도에 영향을 받았던 것이기도 하기 때문에 가족이나 주변인에게 이러한 사실을 교육할 필요도 있다. 많은 트라우마 생존자들은 다른 트라우마 생존자들이 겪는 경험을 들으면서 안도감을 느끼기도 한다.

　신체적으로 안전을 담보하는 것은 위험하고 해로운 것으로부터 보호하는 것을 의미한다. 예를 들면, 전기등, 장애인들을 위한 시설, 주변 정돈은 신체적 해를 입을 가능성을 줄인다. 방범도구는 기관 내부와 외부 사람들의 위협으로부터 보호할 수 있다. 존대어, 경계, 및 적절한 권력의 사용은 많은 서비스이용당사자들이 살아오면서 경험한 권력적 인물들과의 억압적 역동을 다시 경험하지 않으면서 안전과 적절한 경계를 세우는 것을 다시 경험할 수 있기 해 준다(Harris & Fallot, 2001). 안전한 관계는 일관성이 있고 예측 가능하며 수치감을 주지 않는 관계이다(Elliott et al., 2005).

2) 신뢰 원칙

　에릭슨(Erikson, 1993)은 초기 주 양육자와의 관계가 건강한 성격의 토대가 되고 신뢰가 성공적으로 획득되지 않으면 이후의 과업과제인 자율성, 주도성, 역량 및 친밀이 제대로 이루어지지 않는다고 하였다. 매슬로(Maslow)의 욕구 단계에 의하면 모든 인간은 기본적으로 생존과 생리적·심리적 안전, 사회적 연결감, 존중감과 실현과 같은 기본 욕구를 갖고 있다(Maslow, 1943). 사회복지사와의 관계에서 안전, 존중 및 수용과 같은 서비스이용당사자의 기본적인 욕구가 채워졌을 때 신뢰적 환경이 성립되는 것이다(Elliott et al., 2005). 초기 주 양육자로부터 트라우마(특히 가족으로부터의 학대, 억압, 소외, 차별)를 경험한 이용당사자는 종종 자신과 타인에 대한 오래된 부정적 핵심신념으로 인해 주 양육자나 권위적 지위에 있는 인물을 경계하고 불신하는 등 다양한 관계적 문제를 보인다(Teyber & McClure, 2000; Young et al., 2003). 그러한 이용당사자는 자신들의 예상과 다른 긍정적인 환경과 관계를 경험하는 것이 필요하다. 불확실성과 모호함을 제거하여 신뢰를 획득해야 한다. 신뢰를 얻어야 하는 의무는 서비스를 제공하는 사람에게 있다. 서비스이용당사자의 신뢰를 얻기 위해서는 열정과 존중의 태도가 필요하다.

사회복지사는 서비스이용당사자에게 무엇을 기대하고 무엇이 기대되는지를 명확하게 하여 불확실성과 예측가능하지 않음에서 오는 불안을 줄일 수 있다(Harris & Fallot, 2001). 서비스이용당사자와의 상호작용은 진실해야 하고 초기 면담에서는 이용당사자가 아직 나눌 준비가 되어 있지 않은 정보를 노출해야 한다는 압력을 행사하지 않아야 한다. 모든 관계에는 친밀 단계를 거쳐야 한다. 이용당사자가 위험을 무릅쓰고 자신의 속도에 따라 노출하는 것을 기다려 줌으로써 사회복지사는 믿을 수 있고 일관성 있게 행동하는 것을 모델링할 수 있다.

사회복지사는 상담에서 자연스럽게 일어나는 변화에 대한 혼란스러운 감정과 내적 갈등을 인정하고 서비스이용당사자로 하여금 개인의 성장을 방해하는 장애물을 식별하도록 도와야 한다. 이용당사자의 저항이나 반감, 부정적인 상호작용에 인정과 공감으로 반응하지 못해 치료적 연합이 파괴되면 이용당사자를 치료과정에 관여시키기 어렵게 된다. 이용당사자가 협조적이지 않다는 것은 TIC적인 접근이 더욱더 필요하다는 표식일 수 있다. 사회복지사는 스스로의 신념, 가치, 태도 및 경험이 자신과 이용당사자와의 연결 모습에 영향을 미치고 원조관계에서 이용당사자에게 힘을 돋우지 못할 수도 있다는 것을 다양한 방식으로 알아채야 한다(Levenson, 2014).

3) 선택 원칙

TIC에 근거한 서비스는 서비스이용당사자가 담대히 선택 및 결정하는 것과 회복이 가능함을 받아들일 수 있도록 돕는다. 이용당사자는 자신의 독특한 경험을 탐색하는 과정에서 트라우마적 경험이 환경 스트레스에 어떠한 식으로 영향을 미쳤는지를 깨달으며 성장한다. 이용당사자들은 자신들이 타인이나 환경을 항상 통제할 수 없지만 그것들에 대한 자신들의 반응은 통제할 수 있다는 것을 깨닫기 시작한다. 그 결과 사회복지사는 이용당사자가 무력한 피해자에서 자신의 삶의 선택 및 결정하고 결과를 책임지는 생존자로 변화할 수 있도록 자율성과 자기결정권을 강조하고 이용당사자는 서비스 전달 환경 안에서 새로운 통제력을 획득한다(Elliott et al., 2005). 인간은 정서적이고 행동적인 자율이 망가지게 되면 자기 스스로에 대한 부정적인 믿음을 강화시키기 때문에 환경의 스트레스에 투쟁-도피-경직(fight-flight-freeze) 반응을 한다. 사회복지사는 이용당사자의 스트레스 대응 반응이 여러 가지 대안 중의 하나라고 재정의함으로써 충동 조절과 문제해결 방식을 향상하도록 도울 수 있다. 새로운 기술을 배우고 연습하면서 선택 가능한 기술 종류를 늘릴 수 있다.

4) 협력적 동업 원칙

TIC 프로그램은 사회복지사와 서비스이용당사자가 서로 힘을 공유하는 것이다. 즉, 치유를 가져오는 협력적 동업(collaboration)을 경험하게 하는 것이다. 원조관계에서 보이지 않는 내재적인 권력의 불균형으로 인해 때로 이용당사자로 하여금 취약한 감정과 저항감을 갖게 할 수 있다. 많은 아동기 역경 경험 생존자들은 자신을 보호하고 돌보아야 하는 사람들에게서 배반을 당했기 때문에 원조관계가 과거 권위적이었던 인물의 변덕스러운 모습을 연상시킬 때 잠재적으로 그들의 트라우마를 다시 상기시킬 수 있다.

학대받은 생존자들은 특히 본능적 복종의 취약성을 갖기도 하는데, 그들에게 질문할 권리, 서비스를 거절하거나 요구할 권리가 있음을 상기시켜 주어야 할 경우도 있다. 서비스이용당사자 자신의 삶에 대한 서술과 대처 반응 영역에 사회복지사의 전문성이 결합될 때 이용당사자와의 협력은 이루어진다. 각 이용당사자의 삶의 이야기 및 문화적 배경을 이해함으로써, 개입과정에서 변화의 방해물을 제거하는 데 이용당사자를 참여시킬 수 있다. 협력적 동업을 치료적 도구로 사용함으로써 타인과의 연결을 촉진시키고 단절과 소외 경험을 교정할 수 있다.

5) 임파워먼트 원칙

진정한 임파워먼트(empowerment)는 강점기반 접근에서 이루어진다. 강점기반 접근은 증상을 적응으로 보고 병리적인 면보다는 회복탄력성을 강조하는 것이다. 문제적 행동을 고치려는 강한 의지가 종종 강점을 인정하고 강화하는 중요성을 잊게 한다. '무엇이 문제인가?'라는 질문 대신에 우리는 '어떤 일이 일어났는가?'라는 질문을 던지는 습관을 가져야 한다(SAMHSA, 2014a). 트라우마를 경험한 사람들, 특히 아동기 트라우마의 생존자들은 자신들의 일상의 삶에서 선택과 예측 가능성이 부재할 때 심각한 무력감을 경험한다. 이처럼 '생존자'라는 용어를 사용함으로써 '피해자'라는 단어가 갖고 있는 무력감을 덜고자 한다(Harris & Fallot, 2001).

여성은 빈곤, 폭력 및 정신건강과의 연관이 높아서 특히 임파워먼트가 필요하기 때문에 성별적 서비스가 특히 중요하다(Covington & Bloom, 2007). 아동기에 학대경험을 가진 남성들 역시 적절한 개입이 필요하다. 가족의 역기능에 반응하는 양식은 성별과 연령에 따라 다르게 나타난다. 10대 소년들은 패거리나 비행 등으로 소속감을 추구하고 10대 소녀들은 누군가에게서 사랑받기를 원하여 일찍 데이트를 하고 조기임신 위험에 처할 수 있다. 이러한 문제를 저변에 깔려 있는 트라우마의 증상으로 이해하고 TIC적 개입으로 상호작용하여야 한다.

서비스를 받으면서 사회복지사로부터 부정적인 반응을 느끼면 트라우마 재연이 일어나서 서비스이용당사자의 실패에 대한 자성 예언이 이루어지고, 이에 따라 이용당사자의 불안이 강화되고 이용당사자는 더욱더 경직된 대처방법을 사용하게 되어 도움이 필요할 때 도움을 거부하게 된다. 인간관계 기술의 결핍에 영향을 준 이러한 신념은 역기능적인 관계 패턴과 부적응적 스트레스 해소 전략 간의 반복적 사이클을 만들어 낸다. 어떤 이용당사자는 사회복지사가 그들의 부모에게 결여되었던 것을 멘토링하고 기대를 교정해 주어야 할 필요가 있다. 아동기의 역경이 미치는 영향과 그것의 부정적 영향이 현재의 문제와 전 생애에 끼치는 영향에 대해 잘 이해하고 있는 사회복지사는 좀더 TIC적으로 서비스를 제공할 수 있을 것이다.

TIC는 모든 영역에서 통합하여 사용할 수 있는 모델이지만, 특히 트라우마 이후 성장을 촉진하고 치료적 연합을 강화한다. 모든 세팅에서 긍휼과 존중하는 태도로 이용당사자를 대하는 것이 변화를 가능케 하는 중요한 요소이다. 실천과정에서 성별, 사회경제적 맥락 등 문화적인 고려 또한 있어야 한다(East & Roll, 2015).

TIC는 어느 현장이든지 적용되어야 한다. 임상, 사례관리 및 옹호 역할에서도 서비스이용당사자에 대한 이해와 이용당사자와의 상호작용에서도 이용당사자의 문제적 행동을 트라우마 이후의 스트레스의 부산물이라고 개념화할 수 있게 하는 TIC 원칙을 적용해야 한다(Levenson, 2014). 트라우마를 대하면서 4개의 R 접근, 즉 깨닫고 (realize), 식별하고(recognize), 대응하고(respond), 재트라우마(re-traumatization)를 막는 접근을 하여야 한다. TIC는 재트라우마를 하지 않으면서 적절한 서비스를 제공하도록 한다. TIC 서비스 전달 환경은 위압적 요소가 없고 신뢰, 정서적 안전, 친밀감을 증진시킨다. 온화하고, 관심을 갖고, 인정하는 치료적 연합은 이론적 틀, 전문가적 훈련, 구체적인 상담 기법보다 더 긍정적인 치료적 결과를 가져오는 데 영향을 끼쳤다 (Duncan et al., 2010). 그러므로 TIC를 통하여 올바른 서비스 제공을 하여야 한다.

4. 아동기 역경 경험

아동들은 집단으로부터 적극적 및 소극적 소외(왕따), 가족의 죽음, 질병, 가정해체로 인해 다른 가정에서 양육되는 경험, 빈곤과 같은 트라우마를 야기하는 상황에 노출되기 쉽다. 이러한 아동기 트라우마가 성인기에 어떤 영향을 주는지를 드러내는 연구(Felitti et al.,1998)가 아동기 역경 경험(Adverse Childhood Experiences: ACEs)이라는 화두로 구체화되었다. 이와 관련한 대규모 연구는 1995년부터 1997년까지 Kaiser Permanente Health System의 신체검사를 완결한 17,000명의 성인 환자를 설문조사한 것이다. 이 연구는 아동기의 역경 경험이 청장년기에 어떤 영향을 미치는지를 보여 주었다. 역경 경험의 심각도는 성인 이후 신체, 정신질환, 중독 문제와 상관관계가 있다는 것이 드러났다. 질문 내용은 주 양육자의 돌봄의 양과 질에 대한 것이 주를 이루고 있다.

무엇보다도 아동기 역경경험은 0세에서 17세 사이에 일어난 잠재적으로 트라우마적 사건들의 경험을 말한다. 예를 들면, 폭력, 학대, 방임을 경험했거나, 가정 내혹은 지역사회에서 폭력을 목도했거나, 가족원이 자살 또는 자살을 시도한 것을 경험한 것을 말한다. 아동의 환경이 안전하고 안정적이지 않으며 가정 내에서 성장하는 데 억압적인 환경, 즉 약물사용 문제, 정신건강 문제, 양육자 분리와 같은 불안정함이나 가족원이 투옥되는 상황을 포함하고 있다. 이러한 예들 외에 다양한 역경 경험이 개인의 심신 건강과 웰빙에 영향을 미칠 수 있다. 응답자의 65%가 적어도 1개 유형의 아동기 학대나 가족 내 역기능을 경험하였고, 13%는 4개 이상이라고 보고하였다(CDC, 2013). 특히 빈곤, 취약, 병자 및 범죄 인구들 사이에서는 ACEs가 높았다 (Christensen et al., 2005).

ACEs 질문서는 10문항으로 구성되어 있다. 질문에 '그렇다'라는 답변의 숫자가 역경 경험을 드러내고 높은 숫자는 성인 때 경험하는 다양한 질환과 상관이 있다는 것을 보여 주고 있다. 질문은 다음과 같은 내용으로 구성되어 있다.

1. 당신의 부모나 같이 살았던 어른이 자주 욕을 하거나 모욕적인 말을 하거나 굴욕적으로 대했습니까? 또한 그렇게 해서 당신이 신체적으로 상처를 받을 것을 염려하게 했습니까?

2. 당신의 부모나 같이 살았던 어른이 당신을 종종 밀치거나 붙잡거나 뺨을 때리거나 물건을 던진 적이 있습니까?

3. 당신보다 5세 이상 나이가 많은 사람이 당신의 몸을 성적으로 만진 적이 있습니까? 구강, 항문이나 성기로 성행위를 시도한 적이 있습니까?

4. 당신은 종종 당신의 가족 아무도 당신을 사랑하지 않는다고 느끼거나, 중요하거나 특별하다고 여기지 않는다고 생각했습니까?
당신의 가족은 서로를 돌보지 않고 가깝게 느끼지 않고 서로 지지하지 않는다고 느꼈습니까?

5. 당신은 종종 먹을 것이 충분하지 않다거나 더러운 옷을 입는다든가 아무도 보호해 주지 않았습니까? 당신이 병원에 가야할 때에도 너무 술에 취해 있거나 약물에 취해서 데려다 주지 못한 적이 있습니까?

6. 부모가 별거나 이혼을 했습니까?

7. 엄마(새엄마 포함)가 종종 매 맞거나 쥐어박히거나 뺨 맞거나 물건에 맞았습니까? 때로 발로 차이고 주먹으로 맞고 물건으로 강하게 맞았습니까? 총이나 칼로 위협을 받거나 맞은 적이 있습니까?

8. 음주문제나 마약문제가 있는 사람하고 같이 산 적이 있습니까?

9. 가족원이 우울하거나 정신질환이 있거나 자살을 시도한 적이 있습니까?

10. 가족 중에 교도소에 간 사람이 있었습니까?

ACEs 설문에서는 아동 학대를 정신적 학대, 신체적 학대 및 성적 학대로 분류하였다. 또한 가정의 역기능을 아동이 가정 내에서 성인의 약물사용에 노출 여부, 가족의 정신과적 질환 여부, 가정폭력 목격 여부, 집안 구성원의 범법 여부 등 4개의 카테고리로 구분하였다. 역경 경험 설문에는 트라우마와 학대뿐만 아니라 부모의 이혼이나 가정의 역기능과 같은 트라우마가 아닌 스트레스도 포함하고 있다.

실제로 아동기 역경 경험은 다양한 형태를 갖는다. 개인의 성향, 경험, 부모, 가족 환경, 동네 등 많은 요소가 아동기 역경 경험의 구성에 영향을 미친다. 아동기 역경 경험을 통해 보는 아동학대의 네 가지 일반적 유형은 다음과 같다.

- 신체적 학대: 아동에게 신체적 힘을 이용하여 때리고, 발로 차고, 흔들고 화상을 입히고, 기타 무력을 행사하는 것이다. ACEs 질문 항목에서 볼 수 있듯이 자신과 관련이 있는 주 양육자 간의 폭력을 목도하는 것도 자신이 당하는 신체적 학대만큼이나 아동들에게 트라우마를 경험하게 할 수 있다.
- 성적 학대: 아동으로 하여금 성적인 행위를 하도록 유도하거나 강요하는 것뿐만 아니라, 만지거나 삽입 또는 아동에게 다른 성적인 행위를 보여 주는 것을 포함한다.
- 정서적 학대: 아동의 자존감이나 정서적 안녕감에 해를 끼치는 행위를 하는 것을 포함한다(예: 욕하기, 수치/모멸감 주기, 거부하기, 사랑을 일부러 주지 않기, 위협하기).
- 방임: 주거, 음식, 의복, 교육 및 의료적 돌봄을 포함하여 아동의 기본적인 신체적 및 정서적 필요를 채워주지 않는 것과 약물사용 등의 이유로 보호에 취약한 환경에 놓여 있어서 주 양육자의 돌봄 능력이 상실되는 것을 포함한다.

신체 및 성적 학대 또는 가정폭력 목도와 같은 확연한 트라우마도 있지만 정서적 방임, 부모의 부재, 중독 문제가 있는 양육자와 함께 사는 것과 같은, 확연하지는 않지만 만성적인 경험으로 인해 부정적인 결과를 남길 수 있다. 가족의 역기능이 아동기의 역경에 상당히 큰 영향을 미친다. ACES는 성인의 삶에서 무수한 의료적·정신적·행동적 문제들(약물중독, 흡연, 우울, 자살, 치명사고, 비만, 심장 및 간 질환, 배우자 폭력, 성병, 원치 않는 임신 등)의 위험을 증가시킨다(CDC, 2013). 일부 아동들은 제도적인 차별(한부모, 다문화, 장애, 빈곤)의 영향으로 교육의 수혜를 받지 못하고 경제적인 기회를 갖지 못하는 독소적 환경에 노출되어 지속적인 트라우마를 경험한다. 아동기 역경은 건강과 심리사회적 안녕에 끼치는 영향이 매우 크고, 또한 공중보건과 사회정의 면에서 중요한 시사점이 있다(Anda et al., 2010).

아동이 소수집단 또는 소외된 집단에 속하면 제도적 억압 또는 차별과 같은 역사성을 가진 트라우마를 경험할 수 있다. 아동기부터 다중의 트라우마와 다층적 피해 상태에 노출된 개인은 트라우마로 인해 그 사건(들)에 대한 침습적인 생각, 환경의 자극에 대한 과각성, 부정적인 기분과 트라우마와 관련된 실마리를 회피하려는 행동을 보이고, 극심한 스트레스로 인해 복합적 트라우마 반응을 보인다(Maschi et al., 2013).

왜 아동기의 역경이 성인이 되었을 때 부정적인 영향을 미치는 것일까? 이에 대해 애착 이론은 초기 역경과 성인의 심리사회적 문제의 연결을 설명하고 있다. 애착 이론가들은 아동들이 양육적이고 일관성 있는 주 양육자와의 상호작용을 통해서 세계가 안전한 곳이라는 것을 경험해야 한다고 주장한다(Bowlby, 1988). 그렇기에 아동 초기 학대적이고 방임적인 관계는 배신과 무시로 해석되어 아동의 애착 패턴을 혼란시키고 인지적 스키마를 왜곡하고 경계 침범 경험으로 인해 정서적 통제의 어려움을 겪는 것으로 나타날 수 있다는 것이다(Young, Klosko, & Weishaar, 2003).

알란 스루프(Alan Sroufe)와 그의 연구진은 1975년부터 30여 년 동안 '위험과 적응에 관한 미네소타 종단연구'를 진행하면서 180명의 아동과 그 가족을 추적 조사하였다(Sroufe et al., 2005). 이 연구는 아동의 성장발달에 있어 본성과 양육, 기질과 환경의 역할에 대한 답을 찾기 위해 시작되었다. 연구 결과 양육의 질과 생물학적 요소가 서로 밀접하게 연관되어 있다는 것이 드러났다. 양육자의 성격, 출생 당시 아이의 신경학적 이상, IQ, 스트레스 반응성 등 어떤 요소도 청소년기에 심각한 행동 문제를 겪을 것인지 예견할 수 없었지만, 핵심이 되는 요소는 바로 부모와 아이의 관계였다. 부모가 아이에게 어떤 감정을 느끼고, 아이와 어떻게 상호작용하는지가 열쇠였다.

스루프 연구진은 회복탄력성에 대해서 중요한 사실을 발견하였다. 삶에서 발생할 수밖에 없는 실망스러운 일에 얼마나 잘 대처할 수 있는지를 예측할 수 있는 가장 중요한 요소는 생후 첫 2년 동안 주 양육자로부터 얻은 안정감 수준이었다.

아동기 역경 경험을 예방함으로써 개인과 지역사회 및 사회 전반에 막대한 비용을 절감할 수 있다. WHO에서 개발된 개념인 장애보정손실수명(The Disability-Adjusted Life-Year: DALY)은 질병으로 인한 사망과 장애 발생을 통합하여 질병에 대한 부담을 측정할 수 있도록 한 것인데 유럽과 북미에서는 아동기 역경 경험을 10% 감소하는 것은 연간 300만 장애보정손실수명과 맞먹고 이를 금전적으로 환산하면 1,050억 달러를 절약할 수 있다고 예측한다(Murray, 1996).

ACEs는 교육과 구직능력과 같은 인생의 기회뿐만 아니라 건강과 심신의 안녕에 장기적으로 부정적인 영향을 끼칠 수 있다. 또한 부상, 성병, 모자 건강(십대 임신, 태아 사망 포함), 성매매 등의 위험성뿐만 아니라 만성적인 질병과 암, 당뇨병, 심혈관 질환 및 자살의 원인이 되기도 한다. ACEs는 부적절한 거주환경, 잦은 이사, 음식 부족과 같이 사회적 자원이 결핍된 상태이다. 이와 같은 건강의 사회적 결정요인으로 인해 아동은 독소적 스트레스(지연화, 장기화)를 경험한다.

아동기 역경 경험으로부터 오는 독소적 스트레스는 뇌 발달에 변화를 가져와서 주의력, 의사결정, 학습 및 스트레스 반응 등에 영향을 끼친다. 아동기의 해로운 환경은 과각성 시키고 신경전달물질들을 과도하게 분비시켜 자동적으로 투쟁-도피-경직 반응을 작동시키고 신경세포의 자연스러운 연결과 발달을 방해한다(Anda et al., 2006; van der Kolk, 2006). 이러한 두뇌의 변화가 장기적으로는 정서적 통제, 사회적 애착, 충동 조절 및 인지 과정 등을 불안정하게 할 수 있다(Anda et al., 2006, 2010; Whitfield, 1998).

아동기 역경 경험의 생존자 중에 자기통제 능력이 약한 경우가 많다. 효과적인 정서 및 행동에 대한 모델링이 부재한 가정에서는 종종 불안이나 내적 갈등 해소를 위해 부적응적 대처방법만이 강조된다. 정서적 관리가 되지 않고 인지적으로 왜곡된 사고구조가 만성적이고 해로운 스트레스를 해소하는 데 지속적으로 사용되면 그것들은 성격적 특질이 된다(Bloom & Farragher, 2013). 독소적이고 만성적인 스트레스 상황에서 성장하는 아동들은 건강하고 안정적인 관계를 형성하기가 어렵다. 그러한 환경에서 자라서 성인이 되면 직업의 불안정 등으로 경제적인 고통을 받게 되고 우울감을 갖게 된다. 이로 인해 그들의 자녀들도 영향을 받게 된다. 역경 경험으로 인해 또 다른 역경 경험을 하는 것이다. 비록 위험과 보호 요소는 개인과 가족 수준이지만, 어떠한 아동이나 개인도 그들이 경험하는 역경이 그들의 탓이 아님을 주지하여야 한다.

아동기 역경 경험을 예방하여 방임, 학대 및 폭력으로부터 아동을 보호하기 위해서는 위험 요소와 보호 요소들을 필수적으로 다루어야 한다. 개인, 가족 및 지역사회 요소가 아동기의 역경 경험 발생에 영향을 미칠 수는 있지만 그것이 직접적 원인은 아닐 수 있다. 아동기 역경 경험이 학대, 방임, 가정 내 어려움과 왕따, 원조교제, 학교 폭력과 같은 가정 밖에서 일어나는 트라우마적 사건, 지역사회 폭력 목도 등과 같은 많은 경험 유형을 포함하기 때문에 다양한 아동기 역경 경험에 적용되는 위험 요소와 보호 요소가 많이 존재한다. 이러한 위험 요소와 보호 요소는 다음과 같다.

- 개인 및 가족 위험 요소
  - 특별한 돌봄이 필요한 아동(예: 장애, 정신건강 문제, 만성적 신체 질환)을 케어해야 하는 가족
  - 아동이 주 양육자와 친근하게 느끼지 않고 자신의 속마음을 이야기할 수 없다고 느낄 때
  - 아동이 일찍 데이트를 하고 성적으로 조숙할 때
  - 친구가 거의 없거나 공격적이거나 비행적인 친구들과 사귀는 아동과 청소년
  - 아동의 필요와 발달단계에 대한 이해가 없는 부모
  - 아동기에 학대나 방임 경험이 있는 부모
  - 어린 부모나 한부모
  - 저소득 가족
  - 저학력 성인 및 가족
  - 심하게 양육 스트레스나 경제적 스트레스를 경험

- 훈육으로 신체 처벌을 하는 가족
- 훈육방식이 비일관적이고 부모의 관여가 낮은 수준
- 다른 사람들(친척, 친구, 이웃)과 연결되지 않고 소외
- 갈등수준이 높고 부정적인 의사소통 유형
- 폭력이나 공격성을 수용하거나 정당화하는 태도

• 지역사회 위험 요소
  - 폭력과 범죄율이 높은 지역사회
  - 빈곤율이 높고 교육의 기회가 제한적이고 경제적 기회가 적은 지역사회
  - 실업률이 높은 지역사회
  - 알코올 및 약물의 접근성이 쉬운 지역사회
  - 지역사회 내 주민들 사이에 서로 알지 못하고 지역사회 참여가 낮을 때
  - 젊은 사람들을 위한 지역사회 활동이 적을 때
  - 주거가 불안정하고 거주민들의 이동이 낮은 지역사회
  - 지역사회 내 가족들이 섭생을 충분히 하지 못할 때
  - 사회적 및 환경적으로 높은 장애를 갖고 있을 때

• 개인 및 가족 보호 요소
  - 가족이 안전하고 안정적이고 양육적 관계를 맺어서 아동이 안전하고 보호받고 있고 지지받고 있음
  - 긍정적인 친구관계와 동료망을 갖고 있는 아동
  - 학교생활을 잘 하는 아동
  - 가족 외 멘토나 역할 모델을 하는 성인을 갖고 있는 아동
  - 아동의 기본적인 의식주의 필요를 채워주는 가족
  - 고등교육을 받은 주 양육자
  - 안정적인 직업을 갖고 있는 가족
  - 건강한 사회적 지지 자원과 이웃과의 긍정적 관계를 맺는 가족
  - 가족 규칙을 일관성 있게 유지하고 부모로서의 지도 감독의 역할 수행
  - 갈등을 평화롭게 해결하는 성인 양육자

- 아동이 문제를 해결하는 것을 돕는 양육자
- 즐거움과 긍정적인 활동을 함께 하는 가족
- 아동에게 학교의 중요성을 일깨우는 가족
• 지역사회 보호 요소
  - 가족이 경제적으로나 재정적인 도움을 받을 수 있는 지역사회
  - 가족이 의료나 정신건강 서비스를 받을 수 있는 지역사회
  - 안전하고 안정적인 주거 공급하는 지역사회
  - 안전한 육아시설을 갖춘 지역사회
  - 양질의 유아교육시설을 갖춘 지역사회
  - 안전하고 능동적인 방과 후 프로그램이 있는 지역사회
  - 성인에게 가족 친화적 정책에 기반한 구직 기회를 제공
  - 지역사회, 경제, 보건, 정부 및 기타 부분들과의 강한 파트너십
  - 거주민들이 서로 연결되어 있다고 느끼고 공동체 유대감
  - 폭력이 용납되거나 수용되지 않는 지역사회

과거에 트라우마를 겪었던 사람이 현재 스트레스를 겪으면 그 사람은 강하고 참을 수 없는 감정을 느껴 자신이 연습으로 익숙해진 행동으로 그것을 해결하려고 할 수 있다. 사회복지사들은 사회 심리력을 살펴서 아동기의 역경, 혼란스러운 가족 환경을 살펴보고 그런 것이 현재 제시하는 문제를 악화시키는 요소인지를 고려해야 한다.

아동기에 경험한 트라우마가 성인기 우울에 유의미한 영향을 미친다는 연구(송리라 외, 2016)에 의하면, 사회적 관계의 질이 조절효과를 가져서 사회적 관계의 질이 높을수록 트라우마 경험의 부정적인 효과가 감소됨을 보고하였다. 또한 생애 초기의 경험뿐만 아니라 이후에도 정신건강에 지속적인 영향을 미칠 수 있기 때문에 성인기의 긍정적인 사회적 관계 구축이 트라우마의 부정적 효과를 감소시키는 방안이 될 수 있음을 보여 준다. 아동과 가족이 지속적으로 안전하고, 안정적이고 양육적인 관계를 맺을 수 있는 환경을 만드는 것이 아동기 역경경험을 예방하고 모든 아동이

자신의 잠재력을 발휘할 수 있게 도울 수 있다.

5. 회복탄력성과 트라우마 이후의 성장

1) 회복탄력성

회복탄력성(resilience)은 넓게 정의하면 체계의 기능과 생기 및 발달을 위협하는 방해에 성공적으로 적응하는 역동적 체계의 능력이라고 정의할 수 있다. 한 개인이 성장발달 과정에서 다양한 생활 사건들과 부딪히며 획득하는 긍정적 적응력으로, 실패와 위험에 처한 개인이 더 나은 결과를 보여 주고 심리적·정신적 상처를 입은 후에도 잘 회복되는 것이다. 회복탄력성으로 번역된 Resilience는 라틴어 'resilire(튕기다)'라는 어원에서 유래하였다. 이 개념은 어떻게 큰 위기, 놀람, 재난의 상황 속에서 복잡한 시스템들이 예기하고, 적응하고, 회복하고 학습하는지에 대해 관심 있는 많은 영역에서 차용되었다(Larkin et al., 2014). 회복탄력성은 일련의 과정과 변곡점(turning point)들에 깃들여져 있다. 회복탄력성은 환경과 상호작용하며 시간과 함께 변화한다(Rutter & Sroufe, 2000).

연구자들은 오랫동안 아동기에 일어나는 학대, 폭력, 트라우마적 생애 사건 등에 집중하여 연구하였다. 연구의 초점이 아동기의 위험요소와 다양한 장애 및 문제에 집중된 이유는 그것들이 매우 흔히 발생하였고 정신병리적으로 관련이 있기 때문이었다. 고위험에 노출된 아동들에 대한 연구 결과는 매우 다양하였는데, 그 가운데 역경이나 위기와 같은 고위험 환경에도 불구하고 잘 성장하는 것을 보고하는 연구들도 나오기 시작하였다.

카우아이 종단 연구(Kauai longitudinal study; Werner & Ruth, 1979)는 회복탄력성의 개념을 소개할 뿐 아니라 아동기의 역경경험이 성인기에 부정적인 영향을 미치지 않기 위해 무엇이 필요한지를 밝혀냈다. 미국 하와이 제도 내 카우아이 섬에서 1954~1956년에 태어난 사람들을 1세, 2세, 10세, 17/18세, 30세가 된 시점까지 추적하여 개별 심층 인터뷰를 통해 90%에 가까운 698명의 개인들의 삶의 자료를 수집하였다. 연구의 결과는 전반적으로 예상할 수 있는 수준이었다. 역기능 가정의 아동일수록 학교나 사회에서 부적응하였고 주 양육자의 성격이나 정신건강에 결함이 있을 때 아동에게도 좋지 않은 영향을 끼치는 것으로 나타났다. 부모와 동료와의 관계가 좋은 아동일수록 자율성과 효능감도 높았다. 이 종단 연구자들은 기존 연구자들과 마찬가지로 어린 시절에 겪었던 역경이 훗날에 어떤 문제를 일으킬 가능성이 있는가에 대한 구체적인 인과관계를 찾아내려고 노력했다. 그래서 전체 연구 대상 중에서 가장 열악한 환경에 노출된 200여 명의 아동을 선별하였다. 그런데 이 고위험군 아동 중에 2/3는 예상대로 학습장애 등 부적응을 보였지만, 나머지 1/3은 별다른 문제없이 성인으로 성장하였다. 연구자인 에이미 워너(Emmy Werner)는 이러한 역경을 이겨낼 수 있었던 공통 속성을 '회복탄력성'으로 불렀다. 카우아이 종단 연구에서 우리가 알게 된 것은 회복탄력성의 핵심이 인간관계라는 것이다. 역경 속에서 회복탄력성을 발휘한 이들의 공통점은 아이를 무조건적으로 이해해 주고 받아주는 성인 존재가 적어도 한 명은 있었다는 것이다. 타인으로부터 무조건적인 수용을 받은 아동들은 자기 자신과 타인에 대한 사랑과 존중감을 배울 수 있고 타인을 배려하고 인간관계를 맺을 수 있다. 안나 프로이트와 그 동료(Freud & Burlingham, 1943)는 그들의 저서 『전쟁과 어린이』에서 부모의 존재 및 양육자의 반응이 아동의 반응에 영향을 끼쳐 부모가 함께 있는 아동은 전쟁으로 인한 '트라우마적 쇼크'를 거의 보이지 않는다는 것을 관찰했다. 이처럼 흔히 기댈 언덕이라고 하는 존재가 아동의 회복탄력성에 영향을 미친다.

실패와 트라우마로부터 회복하는 능력과 스트레스에 맞서는 능력 및 자기 갱신의 역량은 회복탄력성의 중요한 영역이다. 회복탄력성은 가족, 관계적 문제나 건강문제 또는 직업적 및 경제적 스트레스 등의 역경, 트라우마, 불행, 위협 또는 매우 중대한 스트레스에 직면하여 잘 반응하고 적응하게 한다.

회복탄력성은 개인 고유의 특성과 더불어 외부 환경적 요인의 영향을 동시에 받는 것으로 이해되고 있다. 적응 결과에 영향을 주는 요인은 크게 보호 요인과 위험 요인이다. 위험 요인은 만성 질환, 가난, 부모와 분리, 폭력에의 노출 등 축적된 스트레스로부터 유래하고, 감정 및 행동상의 문제를 초래하여 회복탄력성에 부정적 영향을 미친다. 그에 반해 보호 요인은 이러한 위험 요인이 개인에게 미치는 부정적 영향을 감소시킴으로써 긍정적 적응을 유지할 수 있도록 돕는다. 보호 요인은 문제 해결 능력, 낙관주의, 자기효능감, 공감, 그리고 수용 등의 개인의 내적 특성 요인과 가족, 지역사회로부터의 지지, 의미 있고 긍정적인 상호관계 등과 같은 외부 환경적 요인을 모두 포함한다. 즉, 외부 환경 자극에 대한 개인의 적응적 혹은 부적응적 반응은 다양한 유전적·생물학적·심리적 요인이 관련되고, 이러한 위험 요인과 보호 요인의 복합적인 상호작용 과정에 의해 결정된다.

- 강철 효과(steeling effect): 아주 어릴 때부터 자신이 감당할 만한 과제에 대해서 자꾸 대처해 본 경험이 있을수록 어려운 상황에 잘 적응해 나갈 수 있다는 것이다. 어린 시절부터 과제에 대처해 온 것들이 더 어려운 상황이 닥쳤을 때 대처할 수 있는 능력을 갖게 한다(Garmezy, 1987).
- 완충 효과(buffering effect): 위험요인이 얼마나 많으냐에 상관없이 그러한 상황에 대해서 어떻게 지각하고 있으며 스스로 그 상황을 어떻게 대처해야겠다고 마음먹기에 따라서 달라진다. 가정 내 갈등이나 애착 여부에 상관없이 아동이 그 상황을 어떻게 지각하고 적응하고 역할을 맡느냐가 영향을 미친다(Qu et al., 2015).
- 사회적 접촉과 맥락 강조: 가정 내 위험요인이 있더라도 학교, 사회 내에서 정서적 애정관계를 잘 갖거나 학교 경험이 긍정적인 경우에 전환될 수 있음을 강조하고 있다. 오늘날 사회적 접촉이 강조되면서 지역사회의 역할과 멘토의 역할을 강조한다.

2) 트라우마 이후 성장

우리 주변의 다양한 문제-아동기 학대, 방임으로부터 사별, 불륜, 질병, 장애, 전쟁 등과 같은 비극적 사건에 이르기까지의 문제-에서 이러한 사건들이 사람들로 하여금 불안에 기반한 증상 경험을 하게 만드는데 우리는 이를 외상 후 스트레스 장애

(PTSD)라고 명명한다.

트라우마 이후 성장(Post-Traumatic Growth: PTG)이라는 개념은 매우 스트레스적이고 트라우마적인 사건을 겪어낸 사람들에게 주관적으로 일어나는 긍정적 변화를 지칭한다(Tedeschi & Calhoun, 2004). 많은 사람들이 트라우마로 인해 심각한 정서적 건강문제나 고통을 겪고 있지만 트라우마적 상황 이후의 성장 경험이 정신과적 장애 발생 보고보다 훨씬 많다는 보고가 있다(Tedeschi & Calhoun, 2004).

회복탄력성과 트라우마 이후 성장의 차이점에 주목할 필요가 있다. 회복탄력성이 어려운 경험에서 오뚝이처럼 일어나는 것이기에 개인적 성장도 일어날 수 있지만 회복탄력성과 트라우마 이후 성장이 같지는 않다. 회복탄력성이 역경상태에서 적응하는 과정이라면 트라우마 이후 성장은 삶이 바뀌거나 역경의 결과로 경험되는 긍정적인 변화를 말한다(Cicchetti & Banny, 2014).

단순히 트라우마 이전으로의 회복뿐만 아니라, 개인의 이전 적응 수준, 심리적 기능 수준, 또는 삶의 자각 수준을 넘어서는 진정한 변화를 의미하며, 자신에 대한 지각의 변화, 타인과의 관계성의 변화, 삶에 대한 철학의 변화, 영성의 변화 등을 포함한다(Tedeschi, 1995). 이 이론에 따르면 트라우마 이후 성장은 트라우마 때문에 일어나는 것이 아니라 트라우마를 겪은 사람이 사건 이후에 트라우마적 사건에 대한 반응을 뛰어넘어 대응할 때 그리고 트라우마의 잠재적 전환 가능성에 대한 숙고할 때 일어난다. 즉, 인지적 해석 과정이 따라야 한다는 것이다.

트라우마를 당한 직후에는 왜 자신에게 그러한 불행이 닥쳤는지 원망하며 분노를 표출할 수도 있다(Roley-Roberts et al., 2015)는 스트레스와 트라우마에 대한 대처 전략으로 활용되는 긍정적 사고와 반추가 트라우마 이후 성장에 직접적인 영향을 미친다고 주장하며, 치명적 사건에 대해 단순히 반추(rumination)하는 것과 합리적으로 사건을 생각하려고 하는 의도적 반추는 완전히 다른 결과를 이끌어 낸다고 주장하였다. 의도적 반추란 단순히 치명적 트라우마에 대한 기억을 회피하거나 한탄만 하기보다는 적극적으로 해당 사건과 상황에 대처하는 인지적 과정이다(Tedeschi & Calhoun, 1995). 의도적 반추는 새로운 인생 목표를 세우고 긍정적인 신념을 갖는 데 도움을 준다. 의미 있고 긍정적인 반추과정을 통해 트라우마에 관한 인식이 수정될 가능성이 커진다. 어떻게 트라우마에 대처하느냐에 따라서 부가적으로 발생할 수 있는 부정적 문제를 최소화시키거나 예방할 수 있는 것이다(Chun & Lee, 2008). 사고나 트라우마에 대해 새로운 시각을 갖고 재해석하는 반추 과정을 통해 트라우마에서 의미를 찾으려고 할 때 인지적이며 건설적으로 대처하게 되는데, 이러한 인지적 과정을 통해 트라우마 이후 성장이 일어나게 된다(Tedeshi & Calhoun, 2004).

3) 트라우마 이후 성장의 역동

'적응'이란 개인이 변화하는 삶의 환경에 얼마나 조화를 이루는가로 정의되는데, 개인의 정서 상태와 심리적·신체적 건강을 포함한다. 트라우마 이후 성장이 트라우마 이전의 적응 수준을 넘어서는 긍정적 변화라고 할 때, 트라우마 이후 성장은 이러한 '적응'과 긴밀히 연관된다. 트라우마 이후 성장과 적응의 관계에 대하여 상반되는 두 입장이 있다.

첫 번째, 트라우마 이후 성장과 적응은 동일한 개념이 아니며 비례하지 않는다는 입장이다. 트라우마 이후 긍정적 변화가 일어나고 트라우마 이후 성장이 촉진되었더라도, 적응은 잘 안 될 수도 있고 잘 될 수도 있듯이 각각 독립적이라는 것이다. 개인의 정서 상태, 심리, 신체적 건강이 좋지 않더라도 개인의 삶에서 건설적이고 철학적 그 이상의 변화가 일어났다면 적응 정도와 관계없이 트라우마 이후 성장이라고 본다. 즉, 트라우마 이후 성장이 반드시 적응의 향상, 고통의 감소와 동일한 것은 아니라고 보는 것이다. 트라우마 이후 성장이 이루어져도 고통은 그대로 남을 수 있는 것이며, 고통이 남아 있다는 것은 적응 면에서는 긍정적이지 못한 것이다. 실제로 많은 연구들을 보면 트라우마 이후 성장과 적응은 정적 상관을 보이기도 하고 또는 상관이 없거나 역상관을 보이는 등 일관성 없는 결과를 보인다(Maercker & Zoellner, 2004).

두 번째는 적응이 잘 되어야 진정한 트라우마 이후 성장이라고 보는 입장이다. 트라우마 이후 성장이 정신건강 의학적 영역으로서 가치를 지니려면, 트라우마 이후 성장은 적응과의 관계가 밀접해야 하며 독립적으로 보아서는 안 된다는 것이다. 즉 트라우마 이후 적응이 잘 되어야 트라우마 이후 성장도 촉진되었다고 보는 관점이다. 트라우마 이후 성장과 적응을 독립적으로 본다면, 트라우마 이후 성장은 개인의 철학적, 심리학적 분야의 변화 현상일 뿐, 인간의 적응과 협업을 중요시하는 정신건강 의학적 가치와 멀어지게 되기 때문에, 연구 의미를 갖기 위해서는 트라우마 이후 성장은 적응과 비례해야 의미를 갖는다는 실용적인 입장이다(Zoellner & Maercker, 2006).

우리는 치료나 개입의 장에서 트라우마에 대한 이야기를 통해 '희생자' '피해자'로만 있게 할 뿐만 아니라, 의도하지는 않았더라도 트라우마를 상기시켜 다시 상처를 주거나, 또는 반대로 서비스이용당사자로 하여금 너무 쉽게 모든 것을 잊고 받아들이고 정상으로 돌아가라고 종용하기도 한다.

특히 신약 성서는 트라우마 이후 성장을 하나님을 의지하게 인도하고 연단으로 인해 하나님의 자녀로서 성화되는 것으로 묘사하고 있다. 바울은 "우리가 고난 중에서도 기뻐하는 것은 고난은 인내를, 인내는 연단된 인격을, 연단된 인격은 희망을 갖게 한다는 것을 알기 때문입니다."(롬 5:3-4) 또한 야고보는 "여러 가지 시험을 당하더라도 그것을 기쁨으로 여기십시오, 믿음의 시련은 인내를 만들어 낸다는 것을 아십시오, 그러므로 끝까지 참고 견디어 부족함이 없는 완전하고 성숙한 사람이 되십시오."(약 1:2-4) 이처럼 신학적·철학적·심리적인 면에서 고난과 고통은 의미와 성장으로 이끈다고 기록하고 있다.

트라우마 연구를 바탕으로 다음과 같은 이후의 다섯 가지 영역에서 트라우마 이후 성장이 관찰되었다.

- 전반적으로 삶을 누리고 삶의 우선순위를 갖게 됨
- 친근하고 의미 있는 관계 형성
- 개인의 힘에 대한 깨달음
- 자신의 삶의 새로운 가능성에 대한 깨달음
- 영성과 존재론적 영역에서의 성장: 이러한 성장은 개인으로 하여금 하나님께 좀 더 가까이 하고 신의 존재에 대해 개인이 느끼는 것을 의미(Tedeschi & Cal-

houn, 1996)

이와 같은 트라우마 이후의 성장 경험을 연속선상으로 개념화하면 [그림 6-1]과
같이 제시할 수 있다. 이 그림에서 한쪽은 트라우마를 이해하고 재경험하는 것이며,
다른 한쪽은 트라우마 경험을 부정하고 생각하는 것을 허용치 않는 것이다.

피해자 정체성		트라우마 이후 성장		트라우마 최소화
트라우마 반복적으로 생각		고통의 의미 숙고/반추		빠른 용서
곤란, 상실 및 부적응적 행동에 과도한 초점		곤란과 성장이 공존하는 것을 수용		트라우마에 대한 개인적 책임을 수용하라고 압박

[그림 6-1] 트라우마 이후 성장

만약 어떤 사람이 이 그림의 왼쪽 칸에 집중한다면 그는 피해자로 남을 것이다.
만약 그가 오른쪽 칸에 집중한다면 그는 스트레스와 부정적인 감정과 신체적 결과
를 다시 경험할 것이다. 중간 면에 있길 노력한다면 그는 고통의 의미를 찾고 건강한
인격으로 성장할 수 있다.

트라우마 이후 성장을 증진시키는 요소는 다음과 같다. 부정적인 감정들을 나누
고 인지적으로 분석하거나 반추, 긍정적인 대처전략(예: 긍정적인 평가), 성격적 기질
(예: 수용성), 기원이 다른 트라우마를 이전에 경험, 사건 중심, 회복탄력성, 성장을 위
한 활동 등이다.

그리스도인의 트라우마 이후 성장을 증진시키기 위해서는 다음 네 가지 중요 요
소가 필요하다.

• 불편한 감정 관리: 트라우마와 관련된 모든 감정(분노, 불안, 슬픔 등)을 표현하는
  일종의 애도작업이다. 자신의 감정을 표현할 수 있기 위해서는 '안전'한 환경 조

성이 매우 중요하다.

- 지지와 드러냄: 지지적인 사람들과 함께 트라우마와 관련된 생각과 감정을 솔직히 드러내는 연습을 통해서 사람들과 안전하게 소통하고 연결되고 이해받고 수용됨을 경험하게 된다.
- 인지적 과정: 트라우마를 겪는다는 것은 하나님, 자신, 타인들에 대한 핵심 신념과 수치심을 느끼게 한다. 하나님의 말씀에 근거하여 경험을 재구성하는 것이 인지적 재구조의 기능이다. 이러한 과정으로 트라우마 때문에 오늘날 어떻게 더 강해졌는지를 발견하도록 돕는다.
- 용서: 개인은 해를 야기한 사람과 상황을 용서하는 과정을 밟음으로써 종교적이고 영적인 성장을 이룬다.

특히 기독교 임상가는 고통을 듣고 그것을 탐색하며 모든 것에 임재하시는 하나님의 존재를 재해석하도록 돕는 사람이다. 그렇게 할 때 그리스도의 고통에 우리 모두 참여하고 우리의 짐은 가벼워지며 트라우마를 통해서 가능한 변화를 경험하는 기회를 갖게 될 것이다. 위기 동안에 성장이 가능하기도 하지만 반드시 성장이 일어나는 것은 아니다(Tedeschi & Calhoun, 2004). 어떤 현실은 고통과 성장 사이의 선택을 허락하지 않는 사건도 있다. 궁극적으로 우리의 목표는 하나님과의 관계에서 영적으로 성장하는 것이다.

제3부

통합

제7장
영성적 지역복지운동

　모든 국민의 인간다운 생활을 보장하기 위하여 생활의 곤란한 문제를 개인·집단·지역사회 수준에서 예방하고, 보호하며, 치료하고, 회복하기 위한 민간 및 공적 개입의 프로그램, 서비스, 제도 등의 총체적인 체계를 사회복지라고 정의할 때, 이러한 체계를 전문적인 방법으로 실천하는 통합적이며 종합적인 행위를 사회복지실천이라고 할 수 있다. 사회복지실천을 이렇게 이해하면서 기독교적인 관점으로 재구성하면 '사회복지실천은 창조주의 창조 이념에 의해 지음 받은 인간에로의 인간성 회복 운동'이라는 개념으로 정리할 수 있다. 즉, 하나님의 형상으로서의 인간성을 회복할 수 있도록 인간 개인은 물론이고, 이 세상의 질서와 구조를 포함한 사회적 환경도 인간성 회복을 뒷받침할 수 있도록 변화시켜야 한다는 것이다.

　이미 김덕준(1979: 94)도 같은 맥락에서 기독교사회복지실천을 정의하였다. 기독교사회복지실천은 하나님의 형상으로 창조된 인간의 존엄성(창 1:27)을 인식하는 데서부터 출발한다는 것이다. 예를 들면, 빈곤, 질병, 무지의 상태에서 유발되는 물리적·신체적 문제와 여러 가지 욕구 충족의 결핍과 불안 상태에서 오는 정신적·심리적인 문제, 그리고 복합 작용에 의한 문제들을 기독교사회복지 사상의 흐름에 일치하는 만민이 하나님 앞에 평등하며 종족과 계급에 차별이 없는 동질성의 인간성 구현, 즉 기독교 창조 사상에서 하나님의 형상대로 창조된 인간은 귀한 존재이므로 세상 사회의 어느 조건에 의해서도 무시되어서는 안 된다는 것이다(이준우, 2021b 재인용).

특히 하나님의 창조는 과거의 유일회적인 사건이 아니라 종말론적 차원에서 지속적으로 이루어지는 것이다. 따라서 창조의 완성은 이미 있는 물질적 완성에서 그 의미가 찾아지는 것이 아니라 역사적 과정 가운데 밝혀지는 하나님의 섭리와 일하심을 깨달음으로써 찾아져야 한다. 이런 점에서 창조와 부활은 서로에게 함께 속한 것으로 분리될 수 없는 것이다. 예수 그리스도의 부활은 창조의 완성을 드러내는 하나님의 계시적 행위로서 창조의 의미를 밝히는 것이다. 그 결과 부활은 예수 그리스도의 역사적 삶 가운데 드러난 창조의 참다운 계시이며 성육신의 사건은 창조에서 드러난 고귀한 생명의 실재를 나타낸다.

하나님의 아들이신 예수 그리스도께서 성령으로 잉태하여 동정녀 마리아의 몸을 통해 성육신하셨다는 사실은 신비적으로나 물리적으로나 다른 어떤 사실적 설명으로도 대체될 수 없는 하나님의 주권적 계시이다. 즉, 예수 그리스도의 존재는 생명의 기원과 생명의 참된 의미를 분명하게 드러내 주는 것이다. 그러므로 하나님께서 주신 생명을 소유하고 있는 인간은 모든 다른 피조물과 함께 하나님에 대한 의존적 관계성을 통해서만 가능한 존재이면서 동시에 다른 피조물들과는 다르게 자발적인 주체성도 가지고 있다. 그러면서도 하나님에 대한 의존적 관계를 나타내도록 요청된 존재이다. 인간이 하나님과의 관계에 응답하도록 요구되었다는 것은 하나님이 구원자로서 인간을 구원하시고 복 주시겠다는 표현이 된다. 이로써 인간은 언제나 하나님과의 동반자가 될 때, 진정한 생명을 누리며 살아갈 수 있게 된다.

따라서 '인간성 회복'은 예수 그리스도께서 성육신하신 결과로 인간에게 주어진 참된 생명을 인간이 하나님과의 풍성한 교제를 누리면서 온전히 하나님의 형상으로 회복되는 총체적인 과정이자 결과인 것이다.

한편, 성육신 하신 예수에게서 알려지고 드러난 생명력은 성령을 통해서 보다 구체적으로 이해될 수 있다. 성령은 죄에 대한 구원의 문제뿐 아니라 모든 생명체의 존속을 다루는 영으로서 인간을 거룩하게 하는 영이며 또한 모든 생명체를 살리는 영이시다. 성령은 인간의 삶을 새롭게 하시는 분으로서 인간을 거룩하게 할 뿐만 아니라 피조물들의 삶에 대한 창조자로서, 삶을 파괴하는 모든 세력에 대한 극복을 가능케 하는 힘이신 것이다. 그리하여 성령의 현존 가운데 가능해진 창조의 보존과 회개를 통한 영원한 삶으로 다시 태어남의 성화는 하나로서 경험될 수 있다. 성령 안에서 생명은 영원한 삶으로 충만케 되며 변화된다.

성령은 모든 종류의 생명체들이 더욱 각자의 삶 가운데 생명력을 강화하게끔 한다. 각기 자신의 것을 완성하여 드러내는 다양성과 함께 서로 간의 긴밀한 연관을 이루어 나가는 공동체성에서 생명의 의미를 실현하게 한다. 성령 안에서 드러난 생명이란 창조의 놀라움 가운데 펼쳐지는 새로운 생명이며 과거로부터 이제까지의 연속된 한계를 뚫고 드러나는 새로운 미래이고, 버려지고 폐기된 삶의 무의미성을 전혀 다르게 채우는 새로운 의미의 충만으로서 이해되어야 한다. 생명에 대한 희망과 성령 안의 현존의 방식은 오로지 예수 그리스도의 십자가 때문이다. 그리하여 '하나님 안에 있는 세계'의 참된 현실은 궁극적으로 예수 그리스도의 십자가를 통해서만 이루어질 수 있다. 그 결과 성령 안에 있는 생명이란 이미 오신 자의 미래 가운데 알려지는 것으로서 구체적으로 십자가의 죽음을 이기신 부활의 생명에 참여한 것으로 설명할 수 있다.

즉 십자가에 참여하는 것을 통해서 하나님의 미래적 생명의 잔치에 참여할 수 있게 된다는 것이다. 그러므로 지금 중요한 것은 예수 그리스도의 십자가와 부활을 통해서 드러난 생명의 철저한 긍정이 맹목적인 자연적 생명력으로 오해되어서도 안 되고, 또 이 세상 안에서 감추어진 미래적 생명의 모습으로서 여겨져서도 안 되며, 악과 죄의 결과 가운데 새롭게 창조되는 새로운 생명으로서 이해되어야 하는 것이다. 결과적으로 하나님의 형상 회복에 근거한 인간성 함양은 새로운 생명으로서 세워지는 인간의 실질적인 모습으로 구현된다. 그리고 바로 그 인간은 영성적 존재로서 기능하게 된다. 생명은 영성을 갖게끔 하고, 영성은 생명을 풍성하게 하는 오묘한 진리가 이루어지게 된다.

기독교적 생명이란 예수 그리스도 안에서 발생한 하나님의 계시를 통해서 주어진 삶이라 할 수 있다. 그래서 생명의 진정한 근원과 실재는 인간을 하나님의 종말론적 미래를 향해 부르신 예수 그리스도의 사건 가운데 놓여 있게 한다. 거기서 인간은 모든 존재와의 참된 연대 가운데 하나님과 함께하는 생명의 의미를 깨닫고 누리며 하나님이 이루신 예수 그리스도의 부활의 새로운 삶을 위해 인정된 자로서 새로운 생명을 형상화시킬 수 있게 되는 것이다. 이렇게 볼 때 생명은 하나님의 지속적인 창조의 역사 가운데 이루어지는 약속이며 동시에 영원한 내세를 향한 종말론적인 현재이다.

여기서 성령은 생명의 근원과 생명의 참된 목적을 예수 그리스도 안에서 밝히시는 분으로서 우리에게 참된 생명의 가능성이 되신다. 그리고 생명은 성령의 역사 가운데 세상의 미래적 존재를 위한 약속을 그 안에 품고 있는 은혜와 축복이 되는 것이다. 이제 생명의 모든 현상은 하나님과의 연관성 속에서 밝혀지는 미래를 향해 개방될 수 있으며 인간 자신과 세상을 이해하는 성서적 가치관인 영성을 갖게끔 한다.

하나님께서 모든 생명에게 자신의 약속을 지키고자 예수 그리스도 안에서 모든 것을 성취하시고 인간을 통하여 이 사실에 대하여 책임을 감당해야 할 존재로 부르실 때 하나님은 인간에게 영성을 허락해 주셨다. 기독교적 영성을 소유한 인간은 예수 그리스도의 뒤를 따르는 자로서 언제나 새롭게 생명의 역사를 발견해 나가며 회복과 보존의 사명을 다해야 하는 것이다. 즉, 그리스도 안에서 모든 세상을 위해 이루신 생명의 진실은 지나간 과거의 이야기로서 언제나 우리가 인용할 수 있는 단순한 사실이 아니고 언제나 우리 앞에서 새롭게 이루어져야 할 사실인 것이다. 그리고 그 사실은 세상과 역사 속에서 교회를 통해서 실천되어야 한다.

그러나 안타깝게도 한국교회는 그동안 하나님의 구속의 대상인 '인간'에 대한 이해를 등한시해 왔고, 그 결과 인간 삶의 일차적 터전인 '지역사회'를 발견하지 못한 큰 잘못을 범하여 왔다. 어떤 의미에서는 교회가 지역주민이나 지역사회를 위해 존재하는 것이 아니라 지역주민과 지역사회가 교회를 위해 존재하는 것으로 교회는 생각하여 왔다. 분명한 사실은 지역주민과 그들의 삶의 터전인 지역사회야말로 하나님께서 인간을 구속하시는 현장이며, 이 구속 사업을 위해 지역사회 내에 교회를 세우신 것이다.

성서는 하나님께서 간절한 심정으로 인간을 찾으시기 위해 지역사회를 향해 오심을 분명히 나타내고 있다. 그것은 "하나님이 세상을 이처럼 사랑하사 독생자를 주셨으니 이는 그를 믿는 자마다 멸망하지 않고 영생을 얻게 하려 하심이니라."(요 3:16)에서도 분명히 보여 준다. 예수님은 그의 공생애에서 많은 사람이 그에게 다가올 때 항상 그들에게 자기 마을로 돌아가 봉사를 하도록 권면했다. 주님은 항상 인간을 발견하고 이해하기 위하여 이 마을, 저 마을로 찾아다니며 사역하셨고, 인간 구원을 이룩해 나가셨다. 하나님이 친히 인간이 되시고 그 인간의 구속을 위해 인간들을 직접 찾아가신 예수의 구원 사역은 그 자체가 성육신적인 사역이었다.

그런 면에서 영적·육적 차원의 인간 이해는 그리스도의 '도성인신(incarnation)'의 사실에서 이루어져야 한다. 인간이 영적 구원을 얻어야 한다는 사실에는 기독교 신자들에게는 의문의 여지가 없다. 그러나 영적 구원의 대상인 그 인간이 육적 문제로 고통을 받는 경우, 이것 또한 핵심적인 기독교 사역의 대상이 되는 것이다. 당연히 '인간을 발견한다는 것'은 그 인간이 하나님이 계획하신 대로 행복한 삶을 살고 있는지 또는 불행한 삶을 살고 있는지를 파악하는 일이다. 동시에 그 불행의 원인을 찾아내고, 그 원인을 해결하려고 함께 그의 삶에 동참하는 것이다. 인간의 문제에 대한 궁극적인 해답은 하나님께 있다. 그러나 하나님께서는 이 해답을 실현하는 구속 사업으로 교회와 기독교 기관, 아울러 그리스도인들을 이 세상에 두셨고, 그래서 우리가 그리스도의 제자로서 그 인간들을 돕기 위하여 그들이 있는 지역사회를 향해 나아가는 것이다. 바로 이것이 성육신적인 지역사회복지실천이 된다.

1. 영성적 지역복지운동의 개념과 원칙

기독교는 인간의 구원을 위해 하나님의 사랑과 공의의 실천을 동시에 추구한다.

> 사람아 주께서 선한 것이 무엇임을 네게 보이셨나니 하나님께서 네게 구하시는 것이 오직 공의를 행하며 인자를 사랑하며 겸손히 네 하나님과 함께 행하는 것이 아니냐(미가서 6:8).

기독교적 영성은 이러한 사랑과 공의의 하나님 입장에서 생각하고 판단하는 하나의 관점 내지 가치관이라 할 수 있다. 그리고 기독교사회복지실천은 앞서(제3장) 고찰한 바와 같이 영성에 토대를 둔 영성사회복지실천이어야 한다. 아울러 영성사회복지실천의 핵심은 성육신적 사회복지실천이 되어야 한다. 결국 영성적 사회복지실천은 성육신 영성의 관점으로 수행되는 기독교사회복지실천 내지 교회사회복지실천인 것이다.

이와 같은 맥락에서 성육신 영성에 근거한 사회복지실천 중, 지역사회를 대상으로 수행하는 실천개입을 '영성적 지역복지운동'으로 개념화하여 제시하고자 한다. 인간의 생명이 참된 생명으로서의 가치를 지니면서 아울러 생명다운 생명의 삶을 살 수 있게끔 하는 것이 기독교 인권의 본질이라고 할 때, 영성적 지역복지운동은 생명 존중의 인권에 기초하면서 동시에 진정한 사회적 연대를 구현하는 영성사회복지실천의 주요한 방법으로 대두될 수 있다. 여기서 말하는 '영성적 지역복지운동'은 이준우(2021a)가 기존의 '지역사회개발, 사회계획, 사회행동' 등의 개념을 통합적으로 정리하여 재구성한 것을 성육신 영성의 관점에서 다시 개념화하여 제시하는 새로운 용어[1]다.

모든 사람이 살아가는 삶의 터전인 지역사회는 정해진 위계질서 속에서 여러 소규모 집단 간의 상호작용이 일어나며 상호 의존적인 관계를 맺는다. 그러면서도 부분적으로는 과거 전통적 위계질서로부터 해방되어 자신의 이익을 추구하는 자유분방하고 의식화된 개인들 간의 상호작용이 활발하게 일어나기도 한다.

그런데 지역사회라는 전반적인 인간 환경은 인간의 탐욕과 과도한 인간들 간의 경쟁 등으로 인해 생태학적으로나 경제, 정치, 사회, 문화 등 여러 부문들에서 지속적으로 황폐해지고 불안정해지는 위기에 처해 있다. 환경과 인간 상호 간의 조화를 이루며 살아야만 하는 기본적 욕구를 충족함에 있어서 지역사회는 가족, 사회복지시설, 민간 NGO, 교회를 비롯한 종교조직, 시장 심지어 복지국가까지도 총동원했었지만 여전히 모든 인간이 꿈꾸는 행복한 공동체로서의 지역사회는 실현되지 못하고 있다. 이런 현실 속에서 짐 아이프(Jim Ife) 교수는 가족, 교회, 민간 사회복지조직, 시장 그리고 복지국가가 실패한 자리를 메울 수 있는 것이 '지역사회개발'임을 주장한

---

1 이준우(2021a)가 쓴 『통합과 융합의 사회복지실천』의 제11장 내용을 성육신적 영성의 관점에서 압축적으로 재구성하였다.

다. 그렇다고 해서 과거로 돌아가 다시 한 번 지역사회, 지역사회개발의 의미를 '복원'시킨다든지 '재조명'하자는 것이 아니라 지금까지 친숙했던 것과는 아주 다른 '지역사회개발'에 대한 대안적 생각을 함께 해 보자는 것이다(Ife, 2005; 이준우, 2021a 재인용).

이와 같이 아이프가 제시했던 '지역사회개발'은 인간과 지역사회의 모든 잠재력을 '개발'시킨다는 기본 원칙을 갖고 있다. 그런데 아이프의 '지역사회개발' 개념[2]은 한국적인 맥락에서 '지역복지운동'으로 재구성되어 적용될 필요가 있다. 왜냐하면 한국적인 정서에서는 '개발'이라는 용어 자체가 주는 이미지가 너무도 확고하게 권위주의적이며 자본주의적인 인식으로 고착되어 있기 때문이다. 즉, 국가 주도적으로 자본의 '증식과 확대를 통해 확장되는 경제발전적인 현상'으로 '개발'을 이해하려는 경향이 크다. 과거 경제개발계획과 새마을운동 등을 비롯하여 여러 가지 관 주도적인 개발 사업들이 존재해 왔던 것이 크게 영향을 미쳤을 것이다.[3] 그래서 경제적이며 자본주의적인 개발을 철저하게 대치하는 아이프 교수의 대안적 접근으로서의 '지역사회개발'은 단순한 지역 차원에서의 지역사회복지 접근과 유사한 것이 결코 아님에도 한국적 상황에서는 '개발'이라는 명칭이 들어가는 순간 아이프의 파격적이며 혁신적인 개념은 약화되거나 사라지는 한계[4]에 다다르고 만다.

그 결과, 이준우(2021a)는 '지역복지운동이란 지역주민이 행복한 지역사회로의 변화를 목적으로 사회복지사와 함께 적극적인 개입을 수행하는 모든 과정과 전략, 방법, 기술 등을 아우르는 총체적인 활동'으로 정의한다. 자연히 지역복지운동의 목적

---

2 여기서 정리된 내용은 짐 아이프의 견해와 주장이 담겨진 두 권의 저서, 즉 짐 아이프 지음/류혜정 역(2005), 『지역사회개발』과 짐 아이프 지음/여지영 역(2018), 『아래로부터의 인권: 지역사회개발을 통한 인권의 실현』의 내용을 토대로 정리한 이준우(2021a)의 글을 중심으로 재구성한 것이다.

3 한국의 경우 개발모델이 소수의 자본가들과 엘리트들에게 막대한 이익을 제공한 반면, 사회적 극빈계층을 양산함과 동시에 마을공동체의 붕괴, 도시주변 빈곤 지역주민의 발생, 교육과 사회서비스의 불균형 등과 같은 사회적 양극화 문제 등을 초래했던 측면을 간과하지 않을 수 없다.

4 아이프가 '지역사회개발'을 자본시장의 논리가 주도하고 생태가 위협받는 세계화된 인간 환경에서 대안적인 새로운 지역사회복지실천의 중심 영역으로 부상시키려고 아무리 애썼다고 해도 한국에서는 쉽게 그 개념이 통용되기 어렵다.

은 지역사회를 소중한 인간 경험의 장이자 인간 욕구 충족의 장으로 재건설하고, 보다 광범위하며 비인간적이고 접근이 어려운 복지국가 기구나 국제경제, 관료제, 전문 엘리트 등에 의지하기보다는 인간다운 삶을 향한 경험의 축적과 인간의 욕구 충족을 위해 지역사회를 활용하는 데 있다.

이에 따라 지역복지운동은 지역사회를 살기 좋은 세상으로 만들어 가는 데에 그 궁극적인 목적을 두고 적극적으로 지역사회를 복지 친화적으로 재구성하는 전문적인 활동이다. 지역복지운동은 단지 지원하고 후원하며 돕는 활동에 그치지 않고, 도움을 받는 사람들의 마음과 상황까지 고려할 뿐만 아니라 서비스이용당사자와 그가 살고 있는 지역사회 자체를 그들이 행복하게 살아갈 수 있는 구조로 변화[탈바꿈(transformation)] 시키고자 노력하는 활동인 것이다. 여기에는 경제적이며 정치적이고 환경적·문화적·사회적 영역과 같은 거시적 차원을 포함하며 동시에 심리적이며 정신적인 영역도 아우른다.

특히 지역복지운동은 관 주도적인 공공적 사회복지서비스 체제에 종속되지 않고 민간의 자원과 역량을 최대로 이끌어 내어 공공의 손길이 미치지 못하는 사각지대를 적극적으로 발굴하여 자원을 연계하며 동시에 전문적인 서비스개입 실천을 수행하는 것으로도 나타난다. 또한 선의를 가진 시민들에 의해 자발적 사회봉사와 후원 등이 이루어지도록 함으로써 잠재된 지역사회의 자원을 인적·물적으로 '사회자본'화하는 활동이 되기도 한다. 나아가 지역복지운동은 빈곤과 지역주민들의 고통스러운 사회적 문제들을 예방하는 사업까지도 비중 있게 다루어야 한다. 당연히 서비스를 제공하는 공급자 관점에서 벗어나야 하며, 서비스이용당사자의 입장에서 그들의 권리와 자존심이 상하지 않도록 하면서 당사자들과 지역주민들이 스스로 자기 자신과 지역사회의 미래상을 그려보고, 그것을 실현하기 위해 노력할 의욕을 북돋우며 주체적인 역량을 갖게끔 하는 서비스개입 활동이다.

또한 지역복지운동은 민간의 잠재된 다양한 자원을 효과적으로 이끌어 내어서 지역에 있는 자원들과 더불어 그 자원이 꼭 필요한 대상과 지역에 최적화하여 제공함으로써 지역주민들과 복지서비스이용당사자들이 행복하게 살아갈 수 있는 지역사회를 성공적으로 만들어 내게끔 하는 데에 기여할 것이다. 오늘 우리 사회에서 놓쳐서는 안 될 지역사회의 욕구에 부응하는 자발적이며 창의적이고 사회운동적인 지역사회복지실천의 가치와 전략, 방법, 기술 등을 총체적으로 구현할 수 있는 접근이 지역복지운동이다.

영성적 지역복지운동은 창조 섭리에 따른 하나님의 형상을 향한 인간성 회복 운동이라는 관점하에서 이상에서 언급한 지역복지운동의 핵심적인 내용을 모두 포함하는 총체적인 활동이다. 나아가 이러한 영성적 지역복지운동은 지역사회를 대상으로 성령과 함께하는 성육신적인 영성사회복지복지실천의 핵심 방법으로 자리매김될 필요가 있다.

2. 영성적 지역복지운동의 원칙

아이프가 지역사회개발의 10가지 지침(상향식 의사소통, 아래의 지식·지혜·기술 인정하기, 자립 혹은 독립과 상호의존성, 생태학과 지속가능성, 다양성과 포용성, 과정의 중요성, 유기적 변화, 참여, 합의와 협동, 욕구와 권리의 정의)으로 내놓았던 내용과 26가지 원칙[5]을 통합 정리하여 20가지로 영성적 지역복지운동의 원칙을 제시한다.[6]

1) 상향식 접근

상향식(bottom-up) 접근이라는 영성적 지역복지운동의 원칙은 아래로부터의 변화를 추구하는 것으로서 영성적 지역복지운동 개념의 핵심이다. 이는 성육신적 영성의 본질을 가장 극명하게 구현하는 것이기도 하다. 친히 몸을 입고 구체적인 시공간에 임하신 하나님의 현존하심을 설명할 수 있는 것이 상향식 접근이다. 아울러 교

5　『지역사회개발』(Ife, 2005)의 '제10장 지역사회개발의 원칙'(pp. 403–453)과 『아래로부터의 인권: 지역사회개발을 통한 인권의 실현』(Ife, 2018)의 '제2장 지역사회개발의 원칙과 차원'(pp. 51–107)을 토대로 이준우(2021a)가 정리한 내용을 기독교 영성적 관점에서 재구성하였다.

6　여기에서 제시하는 지역복지운동의 20가지 원칙은 '세밧사'와 '인간과 복지'를 섬기는 이명묵 대표와의 심도 있는 논의를 통해 이준우(2021a)가 정리한 내용을 골격으로 삼아 재구성하였다.

회라는 공동체의 몸을 통해 지역사회를 온전히 섬기는 개입활동이 상향식 접근의 본질이다. 지역사회의 필요를 가장 먼저 살피고 그 필요에 부응하는 접근을 실행해 나가는 것이 상향식 접근인 것이다. 당연히 상향식 접근은 지역사회 스스로 자신의 욕구와 그를 충족시킬 방법을 결정하도록 지원하고, 지역사회 구성원들이 지역 차원에서 자신이 필요로 하는 것이 무엇인지 정확히 알고 있는 지역사회를 지향하게끔 이끄는 접근이다.

따라서 이와 같은 상향식 접근을 지역사회에서 실현하고자 애쓰는 영성적 기독교 사회복지사는 지역주민들보다 자신이 우월하다는 인식을 가져서는 결코 안 된다. 만약 우월감을 갖게 되면 그 순간부터 기독교사회복지사는 자신도 모르는 사이에 지역사회 구성원이 가지고 있는 중요한 기술들을 경시하게 된다. 주목해야 할 것은 주민들이야말로 하나님께서 미리 준비시킨 핵심인재들이며 지역사회와 지역 상황을 누구보다도 잘 알고 있는 사람들일 뿐만 아니라 지역적으로 개발되어 온 기술들을 그 환경에 가장 적합한 방식으로 활용할 수 있는 사람들이라는 사실이다.

영성적 지역복지운동은 이러한 기술들을 경시하고 주변화하기보다는 최대한 중시하고 활용할 방안을 모색하는 접근법을 취해야 한다. 그렇게 해야만 상향식 접근이 가능하게 된다. 그래서 기독교사회복지사는 언제나 지역주민들이 지역복지운동 과정에 반드시 필요한 주요 기술을 소유하고 있고, 궁극적으로 그러한 기술이 지역복지운동 과정에 적극적으로 활용되어야 한다는 사실을 잊지 말아야 한다. 주민과 더불어 활동하고 있는 영성적 기독교사회복지사는 주민의 기술을 현실화하고 강화하는 데 주력해야 한다. 주민들은 대부분 자신이 '기술'을 가지고 있는지 그러한 기술을 가지고 무엇을 할 수 있는지 모르고 있는 경우가 많다. 영성적 사회복지사는 지역사회에 대한 주민들의 참여를 확대하고 주민들의 활동을 지원하고 북돋우며 주민들이 전체로서의 지역사회의 이해에 적합하게 자신의 특별한 기술을 활용할 수 있도록 지원하는 데 많은 시간을 할애해야 한다.

2) 아래로부터의 지식, 지혜, 기술 인정하기

아래로부터의 지식과 지혜, 기술을 인정하는 것은 지역지식을 중시하는 것으로부터 출발한다. 이는 지역지식과 전문기술이 외부 전문가의 지식이나 전문기술보다 부차적인 것으로 취급되어서는 안 된다는 것이다. 물론 외부로부터 유입되는 지식이라는 이유로 무조건 지역사회에서 배척되어야 하는 것은 아니다. 경우에 따라서는 지역복지운동에 외부로부터의 지식이 유용하게 쓰이는 때도 있겠지만, 어떠한 경우에도 외부 지식은 지역사회 스스로 지역복지운동에 필요한 지식이 지역사회 내에 없다는 사실을 충분히 납득하고 난 다음에 비로소 의지할 수 있는 최후의 수단이 되어야 한다. 그러므로 영성적 지역복지운동은 공식적으로 인지된 것인지 아닌지를 불문하고 일단 지역지식을 확인하고 지역 내에서 활용할 수 있는 전문기술의 범위를 확정하는 것에서부터 시작되어야 한다. 결국 지역지식을 존중하고 우선적으로 활용함으로써 주민들에게 자신들이 실제적으로 우리 지역의 문제를 처리하는 데 필요한 지식을 가지고 있다는 사실을 납득시킬 수 있으며, 이는 변화를 향한 행동의 첫걸음이 될 수 있다. 아울러 지역문화를 중시해야 한다. 지역문화라고 해서 아무런 비판도 없이 무조건 이를 강화해야 한다는 것은 아니다. 오히려 문화는 정적이라기보다는 역동적이다. 변화가 늘 일어난다. 다만 자신의 지역문화를 중시하지 않는 지역사회는 주민들에게 강력한 지역정체성을 확립할 기회를 박탈하고 있다는 데에 주목해야 하는 것이다. 특히 문화적 세계화의 강제를 강화하는 것에 빠지지 않아야 한다. 지역주민들은 지역에 따라, 상황에 따라 각자의 다른 방식으로 자신의 문화정체성을 드러낼 수 있어야 한다.

따라서 영성적 지역복지운동은 가능한 한 지역사회의 주체성을 강화할 것을 목표로 해야 하고, 영성적 지역복지운동 프로젝트는 언제나 주체성 증대를 목표로 해야 한다. 대안적 지역복지운동은 결국 정부 의존적인 현 지역사회 시스템을 변화시키려고 하는 것이며, 그런 의미에서 정부로부터 강제되는 여러 가지 규제로부터 자유로워야 한다. 실제로 예수님은 자신의 권위와 권리만을 강요하지 않으셨다. 무책임하게 행동하지도 않으셨다. 지역사회와 동떨어지지도 않으셨다. 사회적 상호작용을 충실하게 하시면서도 가장 낮은 자리에 있는 사람들의 욕구와 필요까지도 살피시고 반영하셨다.

3) 자립(혹은 독립)과 상호의존성

자립이란 개념은 국가서비스를 축소하는 것을 정당화하는 방편으로서, 그리고 불운에 대한 책임을 개인에게 돌리기 위한 방편으로서 오용되어 왔던 측면이 있다. 하지만 이는 매우 개인화된 자립 개념이다. 지역복지운동에서 추구하는 자립은 개개인이 아니라 지역사회에 적용된다. 아래로부터의 전문지식을 높게 평가하는 이념에 따라, 자립은 지역사회가 타 지역사회나 중앙권력에 의존하기보다 자신들이 가진 자원에 우선적으로 활용할 수 있도록 노력해야 한다는 점을 강조한다.

따라서 자립 혹은 독립이라는 개념은 영성적 지역복지운동에서는 개인보다는 지역사회에 적용될 필요가 있는 개념으로 재설정된다. 자립은 개인에게 적용하면 자본주의를 지탱하는 중요한 토대가 된다. 하지만 실제로는 우리의 일상은 경제적·사회적·문화적·정치적·물질적 생활을 포함하여 여러 면에서 상호의존적이기 때문에 개인 수준의 자립이 아니라 각 개개인 간의 상호의존을 강조하는 것이 중요하다. 지역복지운동은 사람들 사이의 상호의존을 인정할 뿐만 아니라 오히려 그것을 지지하고 촉진시키고자 한다. 그 결과 지역사회 수준에서 자립의 가치는 점점 더 실현 가능해지고 중요하게 되었다. 완전히 자립적인 개인이란 사실상 불가능하지만, 불확실한 미래상황과 언제든 닥칠 수 있는 위기상황 등에 즉각적이면서도 적절하게 대응할 수 있는 국가 능력의 미흡과 부재로 특징되는 미래사회에서 자립적인 지역사회는 필수적으로 요청되고 있다.

특히 자립은 빈곤문제를 해결할 수 있는 근본적인 접근이기도 하다. 구약성서에서는 빈곤한 자에 대하여 많은 부분에서 언급하고 있다. 그러나 그들에 대한 입장이 확실하게 일관성이 유지되고 있는 것이 아니라 상이한 경우도 존재한다. 일반적으로 하나님은 빈곤한 자를 특별히 돌보시는 분으로 나타나 있으나 가끔씩 가난은 율법을 어긴 사람들에게 하는 경고(신 28:15-46; 레 26:14-26)이거나 부유는 덕의 표상이며 빈곤은 형벌이라고 지적한 곳(시 112:1-3; 잠 10:15-16, 15:6)도 있다. 반면에 하나님께서 애굽에서의 빈곤과 속박으로부터 이스라엘 민족을 구원하신 사건에서 빈곤자들에 대한 하나님의 입장이 앞의 설명과는 다르게 묘사되고 있다(신 24:22). 하나님은 가난한 자에 대해 관대할 것을 명령하고 계시고(신 15:7) 이들에 대한 특별한 보호가 취해졌다. 이러한 배려에 대한 의무는 강력하게 명시되었고 이를 잘 지키는 자들에게는 하나님의 약속이 따랐다(시 41:1, 72:12; 잠 17:5).

또한 가난한 사람들에 대한 원조는 인간의 존엄성에 있으며 인간 존엄성의 근거는 하나님의 형상에 있다. 하나님께서는 "우리의 모습을 닮은 사람들을 만들자"(창 1:26)는 말씀에 따라 인간에게 하나님의 모습을 지니게 하셨고 하나님 다음가는 자리에 앉히시고 존귀와 영광의 관을 씌워 주셨다(시 8:5). 따라서 인간은 빈곤자, 장애인으로 태어났거나 노숙인의 자녀로 태어났더라도 인간으로서의 존엄성을 유지하고 살 수 있을 정도의 생활수준은 사회적으로 보장되어야 한다는 것이 하나님의 명령이라고 할 수 있다.

하나님 앞에서는 부자와 가난한 자가 평등하며 의로우나, 가난한 자가 불의한 부자보다 우월하다고 명시되어 있다(잠 19:1, 22:1-2; 전 4:13). 또한 성도의 가난한 자에 대한 태도는 구제해야 하며(잠 21:13; 잠 28:27; 잠 19:17; 시 37:26), 이자 없이 돈을 꾸어주어야 한다(레 25:36; 신 23:20)고 말한다. 가난한 자를 위하여 성도가 할 일은 미워하지 말고 친구가 되어 주며(잠 14:20) 불쌍히 여기라(잠 19:7)고 기록되어 있다. 가난한 자를 도운 사람이 받는 보상은 복을 받으며(잠 22:9) 보호를 받고(시 41:1-3) 하늘에 저장된다(눅 12:33). 가난한 사람을 멸시한 결과에 대해서는 하나님을 멸시하게 되고(잠 14:31; 잠 17:5), 저주를 받게 된다(잠 28:27; 잠 21:13)고 말하며, 가난한 자를 학대한 자는 가난하게 되며(잠 22:16) 영원한 불에 들어간다(마 25:41-46)고 지적하여 가난한 자에 대한 자선적 행위와 인권의 보장을 강조하고 있다.

구약의 예언자들은 권력을 가진 자들이 불의를 행하여 가난이라는 악이 나오게 되었다고 비판한다. 예언자들은 공정한 사회를 추구한다. 예언자들은 가난을 비난할 때 가난을 통하여 그들로부터 이득을 취하는 사람들까지 비난한다. 예언자 스가랴는 '과부와 고아, 더부살이와 빈곤자를 억압하지 말라(슥 7:1-10)'고 했다. 더욱이 구약성서의 견지에서 볼 때 탐욕과 재산의 축적은 하나님의 주인 되심에 대한 도전이 되며, 이런 의미에서 하나님에 대한 신앙과 신뢰가 부족함을 가리키고 있는 것이다. 하나님께서는 가난한 자들을 희생시켜서 축적한 모든 부를 배척한다고 하시고 정직한 자에게는 상을 주시고, 불의한 자에게는 반드시 형벌을 내리신다는 인과응보적인 사상으로 빈곤과 부를 이해하신다. 이는 빈곤이라는 것이 운명이나 숙명의 결과가 아니라 사회적 불평등과 착취로부터 발생하는 구조적 문제라는 것을 지적하는 것이다.

신약성서를 보면 예수님은 빈곤문제가 항상 있을 것(마 26:11)이라고 말씀하였고, 부자 청년에게 소유를 팔아서 빈곤한 자들에게 나누어 주라고 격려하였으며(마 19:21), 잔치를 베풀 때는 가난한 자들과 장애인들을 초청하여 이들과 함께 해야 복이 된다고 하였다(눅 14:13-14). 마태는 심령이 가난한 자는 복이 있다고 하여 빈곤을 영적으로 해석하였으며, 누가는 마리아의 노래(눅 1:45-55), 부자와 나사로의 이야기(눅 16:19-31), 유산의 공평한 분배에 관여하시기를 거부한 예수님의 거절과 이에 뒤따르는 어리석은 부자를 언급함으로서 가난한 자에 대한 관심을 표명하고 있다. 또한 신약에서 빈곤은 자유의 물질적인 측면으로서, 빈곤으로부터의 탈출은 물질적 자유의 획득을 의미한다고 볼 수 있다. '진리가 너희를 자유롭게 할 것이다(요 8:33).'라는 말씀은 빈곤이 강요하며 속박하고 있는 억압으로부터 인류의 해방을 의미한다고 할 수 있다.

초대교회는 공동사회의 개념으로 빈곤에 필요한 것을 나누어 가짐으로 공동으로 대처(행 4:34)하였고, 가난한 사람들을 위하여 여러 경로를 통하여 돌보아 주었다(행 6:1; 롬 12:13, 15:25-29). 야고보는 그의 서신에서 가난한 자를 돌보는 중요한 일을 게을리 한 사실을 독자들에게 상기시키고 있다(약 2장). '누구든지 하나님을 사랑한다고 담대히 말하면서 가난한 자를 돌보지 않으면 마음속에 하나님을 사랑하는 자리를 가지고 있지 않는다(약 2:14-26).'고 지적하고 있다. 특별히 그는 당시 그리스도인 가운데 부자를 환대하며, 가난한 자를 푸대접하는 사람을 꾸짖었다(약 2:5-9). 요한은 세상의 물건을 가진 사람이 그 형제의 궁핍함을 보고도 그에 관해 동정하지 않으면 하나님의 사랑이 어찌 거할 수 있겠느냐고 질문한다(요일 3:17-18). 가난한 사람으로서의 마음 자세는 돈을 사랑치 말라(딤전 6:10; 잠 17:5), 가지고 있는 상태에 만족할 줄 알아야 한다(히 13:5; 빌 4:11-12)고 말한다.

이렇게 신약성서에서는 '네 이웃을 내 몸같이 사랑하라(마 22:37), 친구를 위하여 제 목숨을 바치는 것보다 더 큰 사랑은 없다(요 15:12).'고 하신 성경 말씀처럼 이웃을 위하여 자기의 가장 소중한 것을 나누는 사랑의 정신이 교회의 중요한 역할임을 강조하고 있다. 가난한 사람들에 대한 관심과 이들에 대한 돌봄을 의무적 행위로 귀결시키고 있고, 이는 예수님은 가난한 사람들에게 복음을 전파하러 오셨고(눅 4:18; 7:22), '가난한 사람에게도 복이 있고 하나님의 나라를 유업으로 받는다(눅 6:25).'에서 단적으로 나타나고 있다.

결국 구약과 신약 성서 모두에서 나타나는 바에 따르면 하나님은 인간들이 빈곤으로부터 해방하여 진정한 자립을 스스로 실현해 나가기를 원하신다는 것이다. 그런 면에서 지역복지운동은 지역주민의 자립을 성취해 나가는 데에 초점을 모아야 한다.

4) 생태학과 지속가능성

세상과 인간을 위한 하나님의 목표는 하나님 자신이 아니다. 세상을 위한 하나님의 관심과 그에 따른 목표는 세상이다. 하나님은 세상이 행복하기를 원하신다. 이러한 하나님이 창조하신 아름다운 세상을 보존하기 위해서는 지역사회가 생태학적 지속가능성 원칙에 기초해야 한다. 생태학적 원칙들은 보다 과정 중심의 방식으로 지역사회를 성숙시킬 수 있게 도와주는 원칙이기도 하며, 그런 의미에서 효과적인 영성적 지역복지운동을 위해서도 중요하다. 특히 지속가능성은 생태학적 접근의 본질적 요소를 이룬다. 어떠한 지역복지운동도 지속가능성의 범주 내에서 이루어져야 하며, 그렇지 않을 경우 그것은 현재의 지속 불가능한 질서를 강화할 뿐이고, 장기적으로 존속되기도 어려울 것이다.

영성적 지역복지운동이 하나님의 창조 섭리에 따른 사회·경제·정치적 질서를 구축하려는 시도를 담고 있으려면, 무엇보다도 그 조직과 과정이 지속가능한 것이어야 한다. 또한 지속가능성은 재활용하기 어려운 자원의 사용을 최소화하고 가능한 한 사용하지 않을 것을 요구한다. 즉, 지역복지운동은 재활용할 수 없는 자원에 대한 의존을 최소화하고, 이를 재활용할 수 있는 자원으로 대체할 것을 목표로 해야 한다. 가령 자동차에 대한 대안으로서 자전거 사용 촉진, 자연 자원을 약탈하지 않는 경제 개발 프로젝트의 선택, 건설 재료로 고령삼림 목재를 사용하지 않는 것 등을 내용으로 하는 프로젝트와 전략이 추구되어야 하는 것을 들 수 있다.

지속가능성은 또한 오염 물질의 배출을 최소화할 것과 자연 자원을 보존하고 가능한 한 재활용할 것을 요구한다. 지속가능성은 비료 유출과 같은 오염을 최소화하고, 지역사회 기반의 재활용 구조를 구축한다는 점에서 지역복지운동의 핵심원칙에 부합한다. 재활용 프로젝트는 공식적인 지원이 없더라도 상당수의 지역사회에서 즉각적으로 실현이 가능하다는 점에서 지역복지운동의 현실적인 출발점이 될 수 있는 중요한 방안이다. 또한 재활용 프로젝트는 지역사회 수준의 계약 관계를 구축하고 광범위한 참여를 이끌어 낼 수 있는 이상적인 기제를 제공한다는 점에서 지역사회에 예상치 못한 이익을 가져다 줄 수 있다.

5) 전체성

전체성은 모든 것은 모든 것과 관계되어 있다는 관념으로 대표되는 원칙이며, 어떠한 구체적인 문제나 과정에 대해서도 보다 광범위하고 체계적인 이해를 가능하게 하는 관점으로서 필수적인 의미를 가진다. 예를 들어, 어떤 지역사회가 폭력범죄의 증가라는 상황에 처해 있고, 이를 해결하고자 한다면, 누가 폭력범죄를 자행하고 있는가, 어떻게 범죄자를 검거할 것인가, 어떻게 폭력범죄를 방지할 것인가에 대해서 고민하는 것만으로는 부족하다. 사회적이며 경제적인 불평등의 확장, 미디어의 성장, 도시계획, 인종차별, 고용기회, 약물사용에 대한 정책과 법적 규제, 과소비를 조장하는 사회분위기, 방송에서의 폭력 사용의 합법화 등을 포함하여 폭력범죄에 관련된 다른 문제들에 대한 검토가 필요하다. 이는 차례로 세계화, 기업권력, 사회비용의 수준과 같은 다른 문제에 대한 고려로 이어진다. 영성적 지역복지운동을 성공적으로 이끌기 위해서는 모든 지역사회 문제를 보다 넓은 사회적 맥락 속에서 이해하려는 자세가 요구된다.

더욱이 전체성은 지역사회가 지역사회 문제에 효율적으로 대처하려면, 다양한 문제들에 스스로 관여해야 하고, 지역복지운동에 대한 '유기적' 접근이 필요하다는 사실을 보여 준다. 지역복지운동에 있어 전체성은 또한 '파급효과'의 중요성, 즉 모든 사람은 단지 한 가지 일만을 할 수는 없고, 모든 행동은 연못의 잔물결과 같은 연쇄적 영향을 미친다는 것을 강조한다. 특히 파급효과는 사회구조의 가장 밑바닥까지 이른다. 가령 한 사람이 스스로도 인식하지 못한 채 행하는 모든 행동이 세계를 변화시키며, 한 사람이 다른 사람과 나누는 모든 대화는 사소하지만 중요한 방식으로 사회 모두를 변화시킨다는 것을 말할 수 있다. 이는 사람들이 말하거나 행하는 모든 것은 중요한 것이며 사람들이 너무 무력해서 세상을 변화시킬 수 없다는 느낌과는 반대로 모든 사람들은 언제나 세상을 변화시키고 있음을 말해 준다. 무엇보다도 사람들의 행동은 주변의 사람들의 삶에 영향을 미치며 그 영향력은 주변의 사람들과 그 외의 다른 사람들에게 파급되고 연쇄적인 영향을 미치므로 그 귀결은 감히 예측하기 어려운 것이다.

그러므로 한 사람의 변화는 수많은 관련 체계의 변화에 기폭제가 될 수 있으며, 동시에 다양한 체계의 변화가 한 사람을 변화시킬 수 있는 것이다. 영성적 지역복지운동은 이러한 전체성을 고려해야 한다. 이렇게 전체성을 염두에 둔 영성적 지역복지운동을 수행하기 위해서는 그 무엇보다도 사회적 영성이 요구된다. 사회적 영성은 영성이 개인적 차원에서만이 아니라 사회적 차원에서도 작용하는 것을 전제한다. 사회적 영성의 방향은 사회의 회복, 즉 공동체의 재건이며 약자를 존중하며 아울러 중심에 두는 가치를 핵심으로 둔다. 그 결과, 공공성, 관계성, 연대성과 같은 사회적 가치를 그리스도의 마음으로 지향한다.

6) 과정의 중요성

영성적 지역복지운동은 본질적으로 결과가 아니라 과정에 대한 것이며 도착이 아니라 여행에 대한 것이므로 대부분의 중요한 실천적 원칙은 과정에 초점을 맞추고 있다. 지역복지운동에서 전망은 과정이나 절차에 목적의식을 부여하고 궁극적인 지향점을 환기시키는 것이기 때문에, 과정이나 절차를 고려해야 할 경우에는 언제나 전망을 함께 고려해야 한다. 전망은 매우 중요한 것으로 지역복지운동은 언제나 전망과 부합하는 상황 속에서 수행되어야 한다. 물론 즉각적인 목표 또한 중요하다. 즉각적인 목표는 전망을 단순한 상상에 그치는 것이 아닌, 일상의 삶에 직접적인 관련성을 가지는 어떤 것으로 치환시키는 효과를 얻을 수 있으며, 지역주민들의 의식과 생활경험 속에 지역복지운동에 대한 확고한 의식을 심어 준다.

지역주민들은 시급히 해소되어야 할 당면한 욕구를 가지고 있으며 이러한 욕구의 대부분은 욕구가 해결될 때까지 기다리라고 종용하는 것만으로는 해소될 수 없는 것이다. 그래서 즉각적인 목표와 궁극적인 전망을 결합하는 작업이 필요하다.

7) 절차의 청렴성

영성적 지역복지운동의 과정은 결과보다 중요할 뿐만 아니라 진정한 의미에서 과정이 곧 결과다. 결국 목표는 존립 가능한 지역사회 절차를 세우는 것이다. 절차는 지속 가능성과 사회정의를 고려하는 한도에서 전망이나 결과에 대한 기대에 합치하여야 한다. 지역복지운동이 이러한 이상을 표방하는 절차를 사용할 수 있다면 장기적인 전망을 세우고 이를 달성하는 것도 그리 어려운 일은 아닐 것이다. 그러므로 영성적 지역복지운동에서 언제나 과정의 청렴성을 유지하기 위해 세심한 주의를 기울여야 한다.

8) 유기적 변화

유기적 변화라는 개념을 쉽게 이해하려면 기계와 식물의 차이를 생각해 보면 된다. 기계는 환경과 독립적으로 작동한다. 기계는 다른 장소로 이전시켜도 동일한 방식으로 작동하고 수리를 위해 옮길 수도 있으며, 몇 가지 입력 조작방법을 익히면 다룰 수 있다. 기계는 작동하고 있는 동안 기본적으로 동일한 구조와 형태를 유지한다. 반면, 식물은 고도로 환경에 의지하며, 여러 가지 다양한 방식으로 환경과 상호 작용한다. 주변 환경이 다른 장소로 식물을 이전할 경우, 심하면 죽을 수도 있다. 식물은 성장하고, 계절에 따라 변화하며 재생산된다. 식물은 기후, 방향, 토양, 물, 장소 등 무수히 다양한 환경적 요소를 고려하지 않으면 안 된다.

지역사회는 마치 식물과 같이 유기적이다. 그러므로 영성적 지역복지운동은 단일한 기계적 인과법칙에 의해 좌우될 수 없으며 복잡하고 역동적인 과정을 거친다. 지역복지운동을 관리하고 성장시키는 과정은 과학이라기보다는 예술에 가깝다. 지역사회는 본래의 잠재력을 고유한 능력으로 가지고 있으므로 지역복지운동은 지역사회의 역량이 최대화되기에 적합한 상태를 마련하고 잠재력이 발휘되도록 양분을 공급하는 과정이 되어야 한다. 유기적 변화를 추구하는 영성적 지역복지운동은 지역사회의 특성을 존중하고 중시하며 지역사회가 자신만의 독특한 방식으로 성숙될 수 있도록 지원하고 배려한다. 지역사회와 환경 간의 복잡한 관계에 대한 이해는 유기적 변화를 실현해 나가는 영성적 지역복지운동에서 필수적인 기초를 이룬다.

그러한 접근은 단선적 관점이 아니라 전체론적인 관점을 요구한다. 이와 같은 전체론적인 관점은 지역사회의 어느 한 가지 문제를 온전히 이해하려고 할 때, 그 문제를 야기하는 구성 요소의 어느 한 부분만으로는 그 실체를 제대로 파악할 수 없음을 전제한다. 그래서 영성적 지역복지운동은 '인간-우주-하나님'이라는 상호연결성의 맥락에서 생명을 지닌 모든 존재가 시공 우주뿐만 아니라 영성을 포함한 전체 세계 속에서 모두가 건강하고 풍성한 삶을 살 수 있는 지역사회를 지향한다.

9) 참여

영성적 지역복지운동은 언제나 참여를 극대화하기 위해 노력해야 한다. 그 궁극적인 목적은 모든 지역주민이 지역사회 절차와 활동에 적극적으로 참여하고, 참여를 통해 개인과 지역사회의 미래를 재창조하는 데 있다. 특히 참여는 역량강화와 의식향상에 있어 중요한 부분을 이룬다. 적극적인 참여자가 많아질수록 지역사회의 주체성과 포용성이라는 이상이 실현될 가능성도 높아진다. 물론 참여의 방식이나 수준은 지역주민에 따라 다를 것이다. 다양한 지역주민들은 여러 가지 다른 기술, 이해관계, 능력을 가지고 있다.

영성적 지역복지운동은 가능한 한 많은 주민에게 다양한 참여기회를 제공하여야 하며, 적극적으로 참여하고 있는 모든 주민을 공평하게 대우해야 한다. 아울러 지역 사회와 소통해야 한다. 예수님께서 성육신하여 인간의 몸으로 오셨듯이 지역사회로 들어가야 한다. 지역에서 원하는 것이 무엇인지를 살펴야 한다. 지역주민 모두의 일이 되어야 한다.

10) 협동과 합의

영성적 지역복지운동은 경쟁적 구조보다는 협력적 구조의 필요성을 강조한다. 지역복지운동은 경쟁을 부추기는 기득권의 지배에 도전해야 하고, 경쟁 중심의 사회적 경향이 잘못된 가설에 기초한 것임을 논증하려고 노력해야 한다. 그런 의미에서 지역복지운동은 과도한 경쟁으로 발생하는 갈등이 아니라 협동을 전제하는 대안 조직과 절차를 세워야 한다. 합의에 따른 의사결정은 그러한 대안의 하나다.

특히 협동은 지역사회의 경계 내로 국한되지 않는다. 공동이슈와 보편적 관심 사항이 있으면 다른 지역사회와 기꺼이 협력해야 하고, 이러한 지역사회 간 협력도 협동의 개념에 포섭된다. 일반적으로 지역사회들은 서로 경쟁관계에 있다고 생각되고 있다. 하지만 지역사회 간의 협동은 장기적인 관점에서 볼 때 훨씬 더 많은 편익을 제공할 수 있다. 또한 협동의 요구는 국제적인 차원까지 확대될 수 있다. '보통' 사람들의 일상적인 삶, 즉 지역사회 차원에서의 협동을 추구하는 확고한 기초가 확립된다면, 국제적 차원의 협동도 발전될 수 있을 것이다.

무엇보다도 일련의 협동은 합의로 이어진다. 사실상 합의는 협동의 특수한 형태, 즉 의사결정 과정의 협동으로 이해될 수 있다. 합의는 모든 사람이 그 과정 또는 절차에 동의하고 그 과정의 결과가 그 집단의 이해에 적합한 최선의 결정을 대변한다는 점에서 모든 사람을 만족시키는 것을 의미한다. 이러한 의미에서 합의는 의사결정 영역에 대한 협동 원칙의 확장을 뜻한다.

11) 구조적 불리에 대한 대처

기독교사회복지사는 미디어, 교육구조, 조직, 복지국가, 언어, 경제, 시장, 광고 등 실질적인 지역사회 생활 전반에 걸쳐 계급과 성, 인종 혹은 민족 억압이 작동하는 복잡하고도 미묘한 방식을 현실적으로 인식할 수 있어야 한다. 기독교사회복지사는 또한 자신의 성장배경과 자신의 인종 차별주의, 성 차별주의, 계급 기반의 태도, 억압 구조에 대한 참여 정도 등에 대해 비판적 인식을 가져야 한다. 아울러 억압의 다른 형태인 특정 연령, 장애, 성적 동일성 또한 중요하게 고려되어야 한다. 기독교사회복지사는 언제나 다양한 유형의 억압들을 염두에 두어야 하며, 어떠한 지역복지운동 프로젝트를 진행하더라도 그 프로젝트가 이러한 억압의 형태를 강화하는 것이 아니라 그에 대항하는 것이 되도록 노력해야 한다.

나아가 영성적 지역복지운동은 보다 건설적인 방식으로 계급, 성, 인종/민족, 연령, 장애 등의 문제에 대처해야 한다. 이러한 영역에서 억압 또는 불리가 실재하는 한, 지역사회는 자신의 잠재력을 완전히 발휘할 수 없을 것이고, 사회정의의 목표 또한 달성될 수 없다. 지역복지운동은 적극적으로 차별과 역차별을 철폐하려고 애쓰는 활동이어야 한다. 아울러 동등한 기회부여, 의식향상, 교육 등 지역사회 곳곳에 뿌리박혀 있는 수많은 불이익을 극복하기 위해 특별히 고안된 모든 전략을 고려하고 포함하는 것이어야 한다. 그 범위는 여러 가지 전후 상황에 따라 달라질 것이며, 기독교사회복지사는 이에 대해 상당한 주의를 기울여야 한다.

12) 불리의 담론에 대한 대처

권력관계가 끊임없이 변화하는 권력담론 속에서 규정되고 재규정되며 이러한 담론이 권력의 행사와 영속화에 기여하고 있는 한, 영성적 지역복지운동은 권력 구조만큼이나 권력 담론에 대해서도 효율적으로 대처할 수 있어야 한다. 권력 구조뿐 아니라 권력 담론 또한 권력 관계를 형성하고 있으며 지역주민들의 생활에 영향을 미친다는 것이다. 즉, 권력 구조와 권력 담론은 양자택일의 문제가 아니라 양자를 포함하는 보다 수용적인 패러다임을 통해 규명되어야 한다. 권력과 억압의 담론은 지역복지운동에서도 묵과할 수 없는 부분이다. 기독교사회복지사는 권력 담론을 현실적으로 인식하고 이를 해체하기 위해 노력해야 한다. 무엇보다도 먼저 기독교사회복지사는 지역사회 내외에서 권력 담론이 어떠한 방식으로 기능하는가, 즉 어떤 주민들은 주변화하고 무력화하는 반면, 어떤 주민들에게는 특권을 부여하고 능력을 고취시키는 방식에 대해 실제적으로 이해할 수 있어야 한다.

또한 단순히 권력 담론을 규정하고 해체하는 것만으로는 무력감을 치유할 수 없다. 따라서 지역복지운동은 적극적으로 지배적인 담론에 참여하고 담론의 재건에 적극적으로 개입함으로써, 지역사회 주민들이 권력의 추론적 구축에 동참할 수 있도록 길을 열어주어야 한다. 주민이 스스로 권력에 접근하고 권력관계를 구축할 수 있도록 도와주고, 누군가 다른 이의 관점이 아니라 주민 스스로의 관점에서 권력 관계를 이해하고 그에 대한 견해를 표명하게 하는 것이야말로 주민들을 역량강화 시킬 수 있는 길이다. 더 나아가 주민이 보다 넓은 사회적 담론 내에서 자신의 관점을 표명하도록 도와줌으로써 권력 관계를 새로이 규정하는 데 기여할 수 있다.

13) 역량강화

역량강화(empowerment)는 영성적 지역복지운동의 목표가 되어야 한다. 역량강화는 지역주민들이 스스로의 미래를 결정하는 능력을 증대시키고, 지역사회 생활에 참여하고, 영향력을 행사할 수 있도록 주민들에게 활용되는 자원과 기회, 어휘, 지식, 기술을 제공하는 것을 의미한다. 역량강화 전략은 주민들의 권력행사를 방해하는 실제적 장벽들이 있음을 인식하고, 이러한 장벽에 저항하여 이를 극복할 것을 요구한다. 이러한 관점에서 볼 때, 역량강화는 현재의 지배기구와 지배담론의 전복을 시도하는 급진적 변동을 추구하는 전략이라고 할 수 있다.

한편, 어떠한 지역복지운동 프로젝트도 그것만으로 완벽하게 지역사회 전체를 역량강화 시킬 수는 없다. 그럼에도 지역사회에서 상대적으로 소외되고 있는 집단이나 영역에 대한 역량강화는 보다 공정한 사회를 이룩하는 데 도움이 될 것이며, 주민의 역량강화는 그 지역사회를 강화시키고, 효율적인 지역사회 기반의 기구를 설립하는 데 일조할 수 있다. 지역복지운동이 역량강화를 표방하는 범위는 프로그램에 따라 다양할 것이다. 역량강화는 확정된 목표라기보다는 다양한 지역복지운동 과정의 부차적 산물이 되는 경우가 많다. 예를 들어, 지역사회 재활용 프로그램, 문맹퇴치 교실이나 여성보호시설의 설치와 운용은 지역사회 주민들의 참여 속에 이루어질 수 있으며, 지역사회 자체는 그 과정을 통해 역량강화 될 수 있다. 지역사회 전체를 역량강화 시키기 위해서는 지역사회 주민들이 자신의 지역사회와 자신의 삶에 대한 실제적인 통제력을 확보하는 법을 배우도록 도와주어야 한다. 지역사회 주민들은 단순히 '자원봉사자나 보조자'에 그치는 것이 아니라, 그 과정의 실질적인 일부로 이해되어야 한다. 어떠한 지역복지운동 프로젝트라도 결국 지역사회 주민들 '자신'의 프로젝트인 것이다.

14) 욕구의 정의와 기반 근거

욕구 정의(need definition)와 관련하여 두 가지 핵심적인 원칙이 있다. 첫 번째, 지역복지운동은 다양한 '욕구 정의'자 간, 즉 전체 주민, 소비자, 서비스 제공자, 조사 연구원 간의 합의를 도출하려고 노력해야 한다. '욕구 정의'자 간에 상이한 해결책이 제시되는 경우, 지역주민들의 욕구를 효율적으로 충족시킬 수 있는 가능성은 보다 적어지게 되고, 다양한 행동가들은 서로 상치되는 목적에 따라 활동을 펼치게 될 것이다. 그러므로 영성적 지역복지운동은 '욕구 정의'자 간에 효율적인 대화가 이루어질 수 있는 방안을 모색해야 한다. 두 번째 원칙은 다양한 욕구 정의 집단의 중요성에도 불구하고 생태학적 원칙과 사회정의 원칙을 손상시키지 않는 범위 내에서 주민들 스스로 욕구 정의가 이루어져야 한다는 점이다. 그런 의미에서 비판적 성찰이 중요하다. 비판적 성찰의 핵심은 지역주민들이 타인에 의해 규정된 욕구에 만족하지 않고, 스스로의 '진실한' 욕구를 명확히 드러낼 수 있도록 지역주민들을 대화에 적극적으로 참여시키는 데 있다. 지역복지운동이 해방과 역량강화를 지향하는 한, 비판적 성찰은 중요한 의미를 가진다.

15) 인권의 정의와 기반 근거

인권은 영성적 지역복지운동을 수행하는 기독교사회복지사에게 인권의 보호와 같은 수동적 의미에서나 인권을 촉진하는 적극적인 의미에서나 모두 중요한 의미가 있다. 인권의 보호는 어떠한 지역복지운동 프로젝트도 기본적인 인권 원칙을 확고히 해야 한다는 점에서 중요하다. 예를 들어, 직업의 자유, 결사의 자유, 표현의 자유에 관한 권리는 어떠한 조직과 프로그램에서도 보호되어야 하는 기본권이다. 하나님은 인간의 생명이 침해되는 그 어떤 것도 용납하지 않으심을 인지하게 되면 적절한 생활기준을 보장받을 권리, 교육받을 권리, 지역사회의 문화생활에 참여할 권리, 자기결정의 권리, 가족에 대한 보호와 지원을 받을 권리는 지역복지운동에 있어 훌륭한 지향점이 될 수 있다. 특히 하나님의 형상대로 지음 받은 고귀한 인간이라는 사실을 인식하게 되는 것은 그 자체로 지역복지운동의 중요한 목표가 될 수 있다.

16) 개발 속도

지역사회를 유기적으로 변화시키려면 무엇보다도 먼저 지역사회 스스로 변화의 완급을 조절해야 한다는 사실을 명심해야 한다. 영성적 지역복지운동의 과정을 촉진시키기 위해 지나칠 정도로 급하게 그 과정을 '압박'하려고 한다면, 그 과정은 타협적인 것이 될 수밖에 없다. 오히려 지역사회가 그 과정에 대한 주체성을 상실하는 결과를 낳을 수 있으며 지역주민들의 신뢰를 상실할 위험도 있다. 성공적인 지역복지운동은 지역사회의 자체적인 보폭의 속도에 따라 움직일 것이며, 성공적인 기독교사회복지사라면 그 속도를 가늠할 수 있고 그에 따라 행동할 수 있어야 한다. 당연히 지역사회가 그 자체의 역동성이 허용하는 범위를 넘어서 보다 빨리 움직이게끔 압력을 가하지는 않을 것이다.

영성적 지역복지운동은 본질적으로 장시간을 요하는 과정이다. 어느 누구도 단시간 내에 자율적이고 적극적이며 참여적인 지역사회를 만들어 낼 수는 없다. 즉각적인 결과는 아주 최소한의 기본적인 변화의 과정을 자극하고 장려할 수는 있겠지만 결과적으로는 일시적인 것에 그치는 경향을 초래할 수밖에 없다. 그러므로 어떠한 경우에도 지역복지운동의 속도를 앞당길 수는 없다는 사실을 반드시 기억해야 한다. 이러한 현실은 기독교사회복지사에게 좌절감을 주는 경우가 많으며 하루빨리 결실을 보기를 원할 때, 무엇보다도 측정할 수 있는 결과를 선호하는 경영자나 정치인, 관료들이 과정에 개입되어 있을 경우 기독교사회복지사는 더욱 난감해진다. 이는 관료주의 방식이 지역복지운동에 부적합한 또 하나의 이유이기도 하다.

영성적 지역복지운동은 지역사회를 배우는 과정이다. 기독교사회복지사는 지역주민들이 스스로 자신의 욕구를 표현하기 전에, 주민들에게 어떻게 하라고 지시하거나 또는 보다 교묘하게, 정중하면서 현혹될 수 있는 제안을 하여 지역주민의 욕구 정의 과정을 빨리 끝내고 싶은 유혹에 빠질 수 있다. 지역사회가 실제로 무엇을 원하는지 명확히 알기도 전에 기금 요청에 대한 제안서를 제출하는 것, 길어질 수도 있는 논의를 단축하기 위해 다른 지역사회의 경험에 기초한 모임 기구를 제안하는 것, 또는 지역주민들이 자신이 원하는 바에 대해 생각할 기회를 갖기도 전에 '행동계획'을 선제적으로 제시하는 것이 이러한 예에 포함될 수 있다. 지역사회가 변화하는 절차는 시간을 필요로 하며, 때로는 무한히 계속될 것 같은 길고 지루한 시간을 요하는 경우도 있다. 그렇지만 그 절차에 머물러 '시간이 걸릴 만큼 걸리도록' 내버려 두는 것 외에 다른 방법은 없음을 분명하게 인식해야 한다.

17) 평화와 비폭력

하나님은 평화의 하나님, 즉 샬롬의 하나님이시다. 그러므로 하나님의 나라는 평화의 나라다. 당연히 폭력이 사라지고 화해와 평안으로 이뤄지는 나라가 하나님나라다. 이렇게 비폭력에 기초한 하나님의 나라를 만들려면 비폭력적 절차가 필수적이다. 즉, 절차적 관점에서 볼 때 폭력적 수단으로 비폭력적 목표를 달성할 수는 없다. 여기서 비폭력은 단순히 물리적 폭력의 부재를 뜻하지는 않는다. 구조적 폭력이라는 개념은 사회구조와 제도가 그 자체로 폭력이 될 수 있음을 의미하기 때문에, 소수를 차별하고 억압하는 사회는 공공연한 폭력이 난무하는 경우가 아니라도 폭력적인 사회로 간주될 수 있다. 따라서 부의 분배와 기회의 배분에 있어서의 총체적 불평등, 성차별을 비롯한 거의 모든 구조적 불리는 모두 폭력적 형태를 대표한다. 마찬가지로 사법제도, 교육제도, 사회보장제도는 그에 포함되는 강압적 요소 때문에, 그리고 그러한 시스템이 사회통제를 영속화시키는 방법으로 기능하고 있기 때문에, 폭력적 사회를 반영한다.

중요한 사실은, 영성적 지역복지운동이 비폭력적 수단을 통해 평화를 향한 변화를 모색한다는 점이다. 따라서 갈등을 야기하고 증폭시키는 전술은 지역복지운동에서는 일반적으로 받아들여질 수 없는 것이다. 지역복지운동은 과정상 공격보다는 지지를, 배제보다는 수용을, 맞서기보다는 더불어 활동하는 것을, 대치보다는 중재를 추구한다. 이는 '규칙'을 바꾸고, 정치적 또는 지역사회 절차상의 불문율에 의한 규제를 거부하도록 요구한다. 이는 모임, 논의, 기타 상호작용이 앞서 논의한 바와 같은 다양한 형태를 가질 것임을 의미한다.

그런 면에서 포용성은 비폭력적 관점이 표방하는 주요 원칙의 하나이다. 포용성은 배타적인 절차보다는 포용적인 절차를 추구하며, 입장을 불문하고 비록 자신과는 반대되는 견해를 취하더라도 모든 참여자의 의견을 중시하고, 누구든 자신의 입장을 바꾸는 것을 부끄러워하지 않을 수 있도록 환경을 조성할 것을 요구한다. 대치 혹은 저항은 때로 불가피한 것이고 실제로 바람직한 경우도 있지만 비폭력 원칙은 반드시 고수되어야 한다. 물론 비폭력의 원칙을 유지하는 것이 쉬운 일은 아니다. 특히 경쟁을 중시하고 대치와 갈등, 폭력이 문화적으로 정착된 사회에서 사회화된 사람에게 이러한 원칙의 채택과 유지는 결코 쉬운 일이 아니다. 그럼에도 불구하고 포용성은 성공적인 지역복지운동을 위해 매우 중요한 원칙이다.

따라서 폭력이 난무하는 이 세상에서 교회는 '인간 구원'과 '샬롬(평화)'을 실현해야 한다. 그런 측면에서 구약의 도피성 제도와 도피성 율법은 영성적 지역복지운동의 지침이 될 수 있다. 도피성(ערי המקלט)[7] 제도는 폭력으로 가득 찬 세상에서 진정한 샬롬의 가능성을 구체적으로 현실화시키려는 역사적인 제도였기 때문이다. 물론 도피성 제도를 둔 것은 인간 역사에서는 오직 이스라엘에게서만 나타나는 독특한 제도이다(de Vaux, 1983: 291).

> 여호와께서 여호수아에게 일러 가라사대 이스라엘 자손에게 고하여 이르라 내가 모세로 너희에게 말한 도피성을 택정하여, 부지중 오살한 자를 그리로 도망하게 하라. 이는 너희 중 피의 보수자를 피할 곳이니라(수 20:2–3).

도피성에 도망할 수 있는 사람은 '부지중(בבלי־דעת)'에 '오살한 자(מכה־הנפש בשגגה)'이다. 먼저 '부지중'이란 '알지 못하고(without knowing)' 한 것, 다시 말해 의도 없이 한 일을 가리킨다. '오살한 자(מכה־הנפש בשגגה)'란 '실수(שגגה; error)로 인간을 죽인 자'를 가리킨다. 여기서 '실수'라고 번역된 히브리어 '셰가가(שגגה)'는 '태만(negligence)'이나 '무지(ignorance)'로 인한 실수 중 하나를 가리킨다(김지찬, 2008: 54). 결국 도피성은 비고의적으로 살인한 자, 태만이나 무지 같은 실수로 살인한 자를 보호하기 위한 제도인 것이다. 다시 말해, 도피성은 원한이나 미움 없이 실수로 살인한 자를 보호하기 위한 제도이다. 결국 이스라엘에서는 특정 도시를 지정해서 도피성을 세우고, 그곳에서 도피자들이 공정한 재판을 받을 수 있도록 도움으로써, 심각한 사회적

---

7 '도피성(cities of refuge)'이란 명칭 'ערי המקלט(아레 함미크라트)'는 '도시'라는 의미의 'עיר(이르)'의 복수 연계형과 '끌어들이다(to draw in)'라는 의미의 동사 'קלט(칼라트)'에서 나온 명사 'מקלט(미크라트)'가 연결된 복합 명사이다. 따라서 최근 일부 학자들은 비록 이 성들이 '도피와 피난을 위한 도시'이면서 사실은 '끌어들이다'는 개념을 가지고 있는 'מקלט(미크라트)'의 의미를 감안하여 '수용하는 도시(city of admittance)'로 봐야 한다고 주장한다. 실제로 이런 명칭은 도피자들이 단지 피신하는 수동적인 장소가 아니라 무고한 도망자들을 손님으로 받아들이는 장소라는 의미를 드러내기에 좋은 명칭이라 할 수 있다(Woudstra, 1981: 234–236). 그러나 이 용어는 '도피성'을 다루고 있는 신명기 본문에는 나타나지 않으며, 여호수아서(민수기 35: 9–28과 역대기 6: 42, 52 포함)에만 나온다. 또한 한국교회에서는 '도피성(cities of refuge)'이라는 용어를 일반적으로 사용해 왔다. 따라서 '수용하는 도시'라는 의미를 염두에 두고, 편의상 늘 사용하는 '도피성'이란 용어를 사용한다.

갈등을 평화적으로 해결하고자 시도한 것이다.

이렇게 여호수아서 20장에 나오는 도피성 제도는 사실상 가나안 땅에서 펼쳐질 여호와의 새로운 사회를 위한 원대한 계획의 일부였다. 폭력이 난무하는 사악한 가나안 사회와는 달리, 여호와의 새로운 사회에 대한 이상의 핵심은 하나님의 '샬롬'이 구현되는 데에 있었다. 그것의 대표적인 사례가 도피성 제도였다. 가나안 사회는 소수의 지배자들이 땅의 대부분을 차지하고 다수의 농민들과 목축업자들이 사회의 천민인 '하비루'로 전락하는 경향이 짙어지면서 대부분의 백성들이 삶을 유지하기 힘든 사악한 공동체로 바뀌고 있었다. 특히 가나안 땅은 만성적인 소규모 전쟁을 일상적으로 경험하는 복수와 증오로 얼룩진 폭력 사회였다. 이런 가나안 땅에 진정한 '샬롬'을 유지하기 위해서 여호와께서 가나안 땅을 이스라엘 12지파에게 선물로 분배(수 13-19장)하신 후에 제시한 제도가 바로 도피성이었다(Chaney, 1995: 186-188).

한국교회가 진정한 도피성의 기능과 역할을 감당하여 거룩한 하나님의 백성의 공동체로 회복되기 위해서는 영성적 지역복지운동을 수행해야 한다.

18) 국제적 요소와 지역적 요소의 결합

국제성과 지역성의 관계는 어떠한 방식의 영성적 지역복지운동에 있어서도 간과될 수 없는 부분으로 기독교사회복지사라면 정도의 차이는 있겠지만 이를 의식하지 않을 수 없을 것이다. 세계화와 그 영향력에 대한 이해, 그리고 국제 문제가 지역에서 수행되는 개입실천에 영향을 미치는 방식에 대한 인식은 지역복지운동에서 중요한 의미를 가진다. 지역복지운동이 국제문제를 고려하는 경우에도 그 초점은 지역 상황에 맞춰져야 한다. 국제적인 이슈나 세력은 모든 지역사회에 영향을 미치며 지역사회가 당면한 여러 문제점과 이슈를 만들어 내는 요인이기도 하다. 그러므로 지역사회를 이해함에 있어, 기독교사회복지사는 지역적인 것만큼 국제적인 것을 이해할 수 있어야 하며, 그 상호작용 방식도 이해할 수 있어야 한다.

더욱이 국제적인 요소와 지역적인 요소의 결합은 분석을 넘어 행동을 향해 나아가야 한다. 하지만 지역적이면서 동시에 국제적인 실천은 기독교사회복지사에게 결코 쉽지 않은 도전이 될 것이다. 이는 아래로부터의 세계화 방식을 활용함으로써 해결할 수 있는 과제인데, 아래로부터의 세계화란 변화를 지향하는 풀뿌리행동을 국제적인 수준에서 결합시키고, 지역주민들과 지역사회의 이해에 세계화의 아젠다를 재구축하고자 하는 것이다. 그러므로 기독교사회복지사는 언제나 지역적인 요소와 국제적인 요소의 결합이 가지는 중요성을 인식하고, 변화를 지향하는 국제적 운동과 지역사회를 결합시킬 수 있는 실질적 방안을 지역사회와 더불어 모색해야 한다.

19) 반식민주의

식민주의는 어떠한 상황에서도 기독교사회복지사에게 영향을 미칠 수 있다. 식민주의의 영향력은 비단 국제적인 개발활동에 국한되지 않는다. 자칫 기독교사회복지사는 지역을 식민지화할 수 있는 아젠다를 강압적으로 제시하고, 지역사회의 문화와 경험을 경시하며, 지역사회 주민에게서 정체성을 박탈함으로써, 자신과 더불어 활동하고 있는 주민들을 쉽게 지배할 수 있다. 만약 기독교사회복지사가 권위주의적이며 나만이 이들을 도울 수 있다는 식의 자만심에 기초한 신념을 가지고 있고, 자신의 문화적 배경과 경험에 과도한 자부심을 느끼고 있다면, 식민주의 실천의 위험은 이미 현실화되고 있는 것이다.

기독교사회복지사가 식민주의 실천으로부터 자신을 방어할 수 있는 방법에는 여섯 가지가 있다. 첫째, 비판적인 자기인식, 정치의식, 반성을 한다. 둘째, 지배문화 또는 식민지배문화 내의 자신의 자리매김, 그리고 그 의미를 탐구한다. 셋째, 대안적인 담론과 행동의 모색을 위한, 그리고 피지배자가 자연적인 저항을 표출할 수 있는 공간을 제공한다. 넷째, 행동에 돌입하기 전에, 한 걸음 물러서서 듣고, 배운다. 다섯째, 지역주민과의 연대, 그리고 공동의 아젠다를 공유한다. 여섯째, 상호작용적인 점검을 지속적으로 적용하면서 '역지사지'의 관점으로 스스로를 성찰한다. 결국 지역복지운동이 진정으로 지역주민의 역량강화를 추구하고 억압의 구조와 담론을 극복할 수 있으려면, 식민주의 실천에 대한 인식과 도전이 반드시 필요하다.

20) 지역사회 건설

'지역사회 건설'의 원칙은 영성적 지역복지운동의 과정이 언제나 사람들을 결합시키고, 주민들 간의 유대를 강화하며, 독립성보다는 상호의존성의 관념을 강조하려고 노력해야 함을 뜻한다. 그러나 독립성과 개인주의가 만연해 있는 사회에서 상호의존성을 대안적 관점으로 제시하는 것 자체가 쉬운 일은 아닐 것이다. 상호의존성이란, 인류를 지극히 독립적인 개인의 힘으로 보는 것이 아니라 서로에게 의존하는 존재로 파악하는 관념이다. 이러한 관점에서 볼 때, 독립성의 관념은 미신에 불과하다. 오히려 사람들은 자신의 상호의존성에 감사해야 하며 인적 결합을 강화할 수 있는 방안, 즉 지역사회 건설을 위해 노력해야 한다. 이러한 상호의존성을 받아들이고 그 중요성을 인정하는 것, 그리고 상호의존성을 장려할 수 있는 방안을 모색하는 것 자체가 지역복지운동의 중요한 과정을 형성한다.

그런 면에서 지역복지운동의 모든 측면은 지역사회 건설의 과정으로 통합될 수 있다. 이는 주민들에게 서로를 소개할 기회를 부여하는 것, 주민 간의 대화를 위한 공간을 제공하는 것, 개인주의적 활동을 지양하고 지역사회에서의 일상적인 활동이 보다 집단 중심의 활동이 되도록 노력하는 것을 포함한다. 지역사회 내의 상호권익과 상호의무의 장려는 보다 나은 지역복지운동을 가능하게 하는 기초가 되며 사회자본을 창출하고 지역사회연대를 강화하는 데 도움이 될 수 있다.

3. 영성적 지역복지운동의 전략

이상에서 다룬 지역복지운동의 원칙들을 성공적으로 준수하기 위한 영성적 지역복지운동의 전략은 다음과 같이 정리해 볼 수 있다.

1) 인권을 존중하는 영성적 지역복지운동

영성적 지역복지운동은 인간의 고귀한 존엄성을 권리적인 차원에서 회복하고 보호하는 데에 초점을 두어야 한다. 모든 인간은 존귀하며 평등하다. 권리에 기초한 영성적 지역복지운동은 사회적 약자에게 권한을 부여하고, 지역사회 안에 정의에 기초한 평등을 구현하며, 모든 생명이 존엄성을 얻도록 하는 것이다. 그럼으로써 영성적 지역복지운동은 서비스 제공자와 서비스이용당사자가 함께 동반자로서 건강한 지역사회를 세우는 일에 헌신하도록 해야 한다. 여기에 반드시 전제해야 할 것은 도움을 받은 사람들이 낙인 찍히는 일이 없도록 최선을 다해야 한다.

따라서 영성적 지역복지운동은 서비스이용당사자들을 무조건 도움의 대상으로 간주하지 말아야 한다. 사회복지기관이나 공공서비스전달체계에서 일방적으로 그들을 도움의 대상으로 생각한다면, 복지공급주체는 항상 그들에게 도움을 주어야 한다는 종속적 관계에서 양자는 화해할 수 없는 쌍방의 이기적이며 배타적 관계로 전락하게 될 것이다. 이에 영성적 지역복지운동의 관심은 그들로 하여금 능력과 잠재력을 계발하여 사회 환경에 적응할 수 있도록 지원해야 하는 사명이 있다. 그리고 이용당사자들을 일방적으로 사회복지기관으로 불러들이는 것도 중요하지만, 그들이 있는 곳으로 직접 찾아가서 서비스를 제공하는 것이 최선의 방법이 될 수도 있음을 잊어서는 안 된다.

2) 인간의 생존권을 실현하는 영성적 지역복지운동

영성적 지역복지운동은 인간의 생존권을 지역사회에 실현해야 한다. 먹고 사는 문제가 지역사회에서 해결될 수 있도록 하는 일은 지역복지운동에서 기본이며 핵심적인 요소이다. 영성적 지역복지운동은 취약한 계층의 사람들에게 따뜻한 희망으로 다시금 살아갈 수 있도록 하는 힘이 되어야 한다. 이것이 영성적 지역복지운동의 본질이다. 사회적 약자들이 자립할 수 있도록 지원하는 일은 영성적 지역복지운동의 핵심 요체다.

따라서 영성적 지역복지운동은 빈곤을 타파함으로써 생명을 풍성하게 하는 사회적인 계몽 내지 운동이 되어야 한다. 적자생존과 약육강식의 원리에 기초한 신자유주의 경제하에서 무한경쟁은 전통적인 국가, 지역, 가정 공동체뿐만 아니라 지구상의 모든 생명 공동체를 위협으로 몰고 가고 있다. 이에 생명을 살리고 풍성하게 하는 생명 살림 지역복지운동을 끊임없이 추구해야 한다. 이를 위해 영성적 지역복지운동은 가장 우선적으로 절대빈곤과 싸워야 한다. 영성적 지역복지운동은 다양한 사회기관들과 공공영역, 각각의 개인들과 최대한 협력하여 우리 사회의 극단적 양극화와 상대적 빈곤을 해결할 수 있다는 희망을 주어야 한다. 치열한 경쟁에서 낙오되고 밀려나는 다양한 계층에 대한 사회적 배려가 절대적으로 필요하다. 절대빈곤 내지 상대적 빈곤의 삶을 살아가는 이들에게 필요한 사회적 안전망을 제공해야 한다.

3) 타인과 함께하는 나눔의 영성적 지역복지운동

영성적 지역복지운동은 타인(他人)과 함께하는 나눔의 실천이 얼마나 삶을 풍요롭게 만드는지를 가르치는 현장이면서 동시에 활동이어야 한다. 지역사회에서 이루어지는 기존의 많은 사회복지실천이 그 일을 하는 사회복지기관이나 시설의 유익과 발전을 위해서 도구화되는 경우가 종종 있어 왔으나, 타인(他人)과 함께하는 영성적 지역복지운동은 서비스이용당사자의 입장을 핵심가치로 하여야 한다. 이렇게 이용당사자의 시각에서 이루어지는 타인(他人)과 함께하는 나눔의 영성적 지역복지운동은 서비스를 제공하는 사람들과 이용당사자 모두를 행복하게 만든다. 영성적 지역복지운동은 모두 타인(他人)과 함께하는 정신에 기초하여 지역사회를 살기 좋은 삶의 터전으로 재구성하며 이용당사자의 자립적 역량까지 강화시킬 수 있도록 노력해야 한다.

4) 지속가능성을 지향하는 영성적 지역복지운동

우리가 삶의 터전으로 삼고 있는 지역사회, 환경, 경제, 생태계는 서로 밀접한 관계를 맺고 있으며 한 사람의 작은 활동이 가까이는 이웃에서부터 멀리는 지구 전체에까지 영향을 미친다. 특히 지구온난화로 인한 기후 위기 상황에서 상대적으로 더위와 추위에 취약한 사회적 취약계층은 여름에는 온열질환에 시달리고 겨울에는 혹한과 싸워야 하는 어려움에 직면하고 있으며, 코로나바이러스의 대유행으로 전 지구적으로 감염병과 싸우고 있다. 기후 위기와 상시적 감염병 위기에서 취약계층의 어려움은 더욱 가중되고 있는 현실이다. 이제 지역복지운동은 인간이 삶의 터전으로 삼고 있는 환경과 생태계를 보존하려는 노력에도 힘을 보태야 한다.

이를 위해 영성적 지역복지운동은 진정성 있는 자원봉사 교육과 활동을 통해 지역사회를 복지 친화적으로 변화시키는 주체가 되어야 한다. 지역사회에는 지방정부, 지방행정기관, 여러 복지기관, 비영리단체, 시민단체 등 자원봉사 참여를 이끌어낼 수 있는 다양한 영역이 있다. 동시에 지역사회에는 복지의 사각지대가 있다. 이곳에서 차상위 계층을 향한 보살핌, 긴급한 재원지원과 구호활동은 주요한 지역복지운동의 영역이다. 즉, 지역복지운동은 서비스를 제공하는 사람과 서비스를 이용하는 당사자들을 연결시키는 소중한 활동이다. 또한 후원과 지원은 단지 자선이 아니라 지구를 살리고 보다 아름다운 세상을 만들어 나가는 데 꼭 필요한 '사회적 투자'라는 인식을 모든 사회구성원들이 깨닫고 이해할 수 있도록 교육하는 대 사회적 인식계몽 활동을 영성적 지역사회복지운동을 통해 적극적으로 해 나가야 한다. 이를 효과적으로 달성하기 위해서는 지역복지운동은 단순한 봉사나 후원에 그치는 것이 아니라 그 봉사와 후원이 지역사회의 봉사교육 현장으로 전환되게끔 한다. 지역복지운동의 현장은 봉사하기 위해 참여하거나 후원하는 이들에게 봉사교육이 이루어지는 봉사교육의 교실이 되어야 한다.

특히 영성적 지역복지운동은 한두 번 단기적으로 하고 말 것이 아닌 지속적이고 장기적인 상시적 실천으로 추진되어야 한다. 이것을 위해 사전에 영성적 지역복지운동을 위한 면밀한 검토와 연구를 통하여 체계적인 지역복지운동의 계획을 수립해야 한다. 또한 지역복지운동을 실천하는 과정에서 예상되는 모든 사태를 사전에 준비하고 대비책을 수립하여야 한다. 특히 지역사회 각각의 전통과 문화적 특수성에 대한 주의 깊은 관찰과 연구를 통해서 독특성을 극대화할 수 있는 선택과 집중으로 영성적 지역복지운동을 추진해 갈 필요가 있다. 또한 영성적 지역복지운동의 서비스이용당사자들에게 국가 공공기관 및 사회복지시설이 제공하는 사회보장과 사회적 서비스, 보호 등을 적절하게 받을 수 있도록 적극적으로 지원해야 한다.

5) 지역사회와의 연계를 강조하는 영성적 지역복지운동

영성적 지역복지운동은 지역사회의 공공기관 및 사회복지시설들과 협력하여 지역사회를 중심으로 다양한 지역공동체들과 자원들이 상호 연계할 수 있도록 해야 한다. 이를 위해 지역사회의 복지기관들과 긴밀한 관계를 유지하면서 다양한 영역의 복지서비스이용당사자들, 즉 장애인, 각종 질병환자(폐결핵, 간질병, 각종 암환자, 알코올 중독자 등), 소년소녀가장, 노숙자, 실직자, 고령자, 독거인, 외국인 근로자, 불법 체류자, 다문화가정 등을 개인적으로, 혹은 집단으로 지원하고 보호하며 자활하는 일에 솔선해야 한다. 나아가 영성적 지역복지운동은 지역사회의 심각한 문제들을 해결하기 위해 중요한 사회복지정책 결정에도 깊이 참여할 수 있어야 한다. 아울러 지역사회 공동체와의 유기적인 협력 관계는 영성적 지역복지운동이 지역주민들에게 양질의 가장 효과적인 사회운동이 될 수 있게끔 한다.

6) 행복한 지역사회 건설의 핵심적인 주체로서의 영성적 지역복지운동

행복한 지역사회란 지역주민들이 자기가 꿈꾸고 원하는 바를 삶의 터전에서 실제로 이루어 내고 그것을 누리면서 사는 살기 좋은 사회이다. 존립 가능하고 지속가능한 지역사회 차원의 기구와 과정의 성취를 위해서는 행복한 지역사회 건설이 필수적이다. 최선의 영성적 지역복지운동은 지역주민들을 결합시키고, 모든 지역사회 활동이 지역사회 건설을 강화시킬 수 있도록 노력하며, 이를 위해 가능한 한 많은 주민을 참여시키고, 그 과정 수행을 위해 상호의존성을 배가시키며, 공식적·비공식적 상호작용의 기회를 제공하려고 노력해야 하는 데에 있다. 행복한 지역사회 건설은 단순히 사람들을 모으는 이상의 의미를 가진다. 행복한 지역사회 건설은 지역주민들이 더불어 활동하도록 장려하며, 주민들이 상황을 처리함에 있어 상호 협조할 수 있는 구조를 개발하고, 모든 사람이 서로에 대해 기여할 수 있고, 결과적으로 다른 이들에게 존중받을 수 있는 방안을 마련하는 제 활동을 포함해야 한다.

영성적 지역복지운동은 지역사회와 복지를 만나게 하는 활동을 해야 한다. 이를 위해 도움의 손길을 필요로 하는 곳으로 찾아가는 지역복지운동을 확대해 가야 한다. 활발한 소통과 나눔을 통해 지역사회 내에 주민 상호 간의 역동적 관계를 형성하는 공간과 체계를 만들어 가야 한다. 지역사회의 자생력이 회복되고 자립과 화해가 일어나는 지역공동체가 이루어지도록 해야 한다. 빈부귀천, 남녀노소가 상호 호혜적 사랑 안에서 극복되어 모든 지역주민이 상생하고 수평적인 협력관계를 일상화하려는 노력이 삶의 양식으로 자리매김되어야 한다.

7) 옹호를 통한 영성적 지역복지운동

옹호는 사회에 고통받는 사람들이 많이 있다면, 그 개인이 아닌 사회도 또한 고칠 부분이 많다는 가정에서 출발한다. 따라서 개인뿐만 아니라 사회도 변화해야 한다고 강조한다. 그래서 빈민을 위한 프로그램의 법 및 행정적 변화를 위해서 개인적으로나 또는 미국 사회복지사협회와 같은 조직을 통해 로비하는 것도 옹호의 한 방법이다(Khan, 1973).

사회복지와 옹호는 서비스이용당사자의 자기결정을 존중한다는 점에서 완전하게 일치된 시각을 가지고 있다. 영국에서는 '옹호자(advocate)'로 활동하는 사람들 대부분이 사회복지사 출신이라는 점에서 볼 때, 권리옹호는 사회복지의 필연적인 발전 형태이며 사회복지사는 이용당사자의 이익만을 위하여 일하고 이용당사자의 의존심을 증폭시키지 않도록 노력해야 한다고 강조하고 있다(Dale, 1986). 미국에서는 권리옹호 이념이 사회복지사가 완수해야 할 기본적인 의무라고 여겨지는 데 대하여, 영국에서는 권리옹호가 다양한 사회복지 기술의 하나로서 설명되고 있다. 우리나라에서는 '애드보카시(advocacy)'를 '권리 옹호'라는 용어로 사용하기도 하는데, 사회복지에서 '권리 옹호'란 사회정의의 보장과 유지를 목적으로 개인, 집단, 지역사회

의 이익을 위하여 일련의 행위를 직접적으로 대변, 옹호, 지지하는 활동이며 이용당
사자를 서비스 이용의 권리 주체로서 인식하는 것이라고 하였다(이명현, 2004: 김수
정, 2007 재인용).

특히 바커(Barker, 1994)는 잠재적으로 사회행동과 옹호의 전략들은 사회체계를
개인, 가족, 소집단에게 더욱 잘 응답하도록 만드는 데 초점을 두는 옹호와 더 넓은
구조적이고 사회적인 변화를 목적으로 하는 사회행동이 함께하는 연속체를 나타낸
다고 하였다. 즉, 사회행동을 "욕구를 충족시키거나, 사회문제를 해결하거나, 불평등
을 바로잡거나 인간 삶의 질을 향상시키기 위하여 제도적인 변화를 성취하기 위한
통합된 노력"으로 정의하고, 옹호는 "다른 사람들을 대표하고 방어하는 직접적인 활
동, 즉 사회복지실천에서 직접적인 개입이나 임파워먼트를 통해 개인 또는 지역사
회의 권리를 옹호하는 것"으로 정의했다.

결국 사회행동은 사회변화를 목적으로 하는 사회복지실천의 핵심적인 개입방법
이고, 사회를 구성하는 개인의 권익을 위한 활동인 옹호는 사회행동의 여러 가지 기
술 중 하나로서 이해할 수 있을 것이다. 그러므로 옹호는 사회를 이루는 사람들의 변
화를 목적으로 하는 것이기 때문에 사회문제 해결을 위해 사회변화를 추구하는 사
회행동의 하위개념으로 인식하는 것이 적절하다(김수정, 2007).

제8장

영성적 노인복지

2020년에 우리나라 인구는 유소년인구인 0~14세가 12.2%, 생산가능인구인 15~64세가 72.1%, 65세 이상 노인인구는 15.7%였다. 30년 후인 2050년에는 전체 인구가 450만 명 정도 감소하고, 유소년인구는 8.9%, 생산가능인구는 51.3%, 노인인구는 39.8%가 되어 생산가능인구는 급감하고 노인인구는 급증할 것으로 예상된다. 따라서 생산가능인구 대비 부양받아야 하는 노인인구의 비율인 노인부양비가 2020년에 21.7%였던 것이 2050년에는 77.6%로 악화되어 일자리, 세금, 노령연금 수령 등의 문제를 놓고 노년층과 젊은층 간의 세대 간 갈등이 최고조에 달할 뿐만 아니라 국가존립 자체도 위태로울 것이라는 분석이다. 산업을 유지하기 위해 울며 겨자 먹기 식으로 외국인 노동자를 수입해야 하고, 이를 잘 관리하지 못하면 지금 서구 선진국에서 보듯 사회분란이 일어날 수밖에 없다.

가족부양의 전통이 점점 사라지는 상황에서 비생산인구인 노인에 대한 사회적 부양의 문제, 비교적 건강하여 일자리나 의미 있는 사회활동을 통해 자존감을 유지하고자 하는 노인 사회참여의 문제, 그리고 일자리, 가치관 및 가족관계에 있어서 세대 갈등을 줄이고 공동체 의식을 확대시킬 세대 간 소통의 문제 등이 고령사회의 사회적 이슈로 등장하였다.

영성적 노인복지의 실천은 교회가 말씀에 기초하여 고령사회라는 사회적 이슈를 문제가 아니라 희망으로 전환시키기 위한 지혜로운 대안을 제시할 수 있어야 한다. 이러한 대안 제시를 위해 교회 지도자들은 교회의 인적 및 물적 자원을 효과적으로 동원하고, 다양한 특성을 갖는 노인들의 눈높이에 맞는 프로그램을 개발하고, 정부 및 노인전문 유관기관과 협력할 준비가 되어 있어야 한다. 특히 교회가 노인에 대한 인식을 전통적 시혜 차원의 구제가 아닌 사회자본의 형성이라는 비전을 갖고 고령사회를 선도하기 위해서는 신도들을 훈련시켜 노인복지를 위한 봉사자로 육성하는 것이 필요하다. 이제 우리의 관심사인 고령사회에서 영성적 노인복지 실천을 위한 교회의 역할은 무엇인가에 대해 살펴보고자 한다.

1. 노년학의 주요 긍정 담론

영성적 노인복지를 탐색하기 위한 기초 작업으로서, 최근 노년학의 과제 중 노년을 긍정적으로 이해하려는 주요 담론에 대해 이해하는 것이 필요하다.

첫째는 생산적 노년이다. 이는 과거 가난하고 병약한 노인의 이미지를 벗어나 활동적이고 적극적이며, 부양의 대상이 아니라 가정과 사회에 기여하는 노인의 이미지와 연결된다. 적절한 건강관리를 통해 독립성을 유지하면서, 변화하는 환경에 잘 적응하기 위해 학습의 기회를 적극 활용하고, 의미 있는 사회활동에 참여함으로써 노년기에 자아를 실현하는 삶을 말한다. 모든 노인이 다 이러한 삶을 구가할 수는 없겠지만, 이런 목표를 정하고 개인과 가정과 사회가 노력하는 것은 고령사회에 중요한 과제이다.

둘째는 제3의 인생이다. 제3의 인생(the Third Age)이란 말은 1990년대에 영국과 불란서에서 소득 활동 및 자녀 양육의 의무가 끝나는 시기와 의존적인 노년기 사이에 새로운 영역이 출현하고 있는 것에 주목하여, 이 전환기(transition period)를 잘 보내기 위해서는 이 연령대의 사람들에게 교육이 필요하다는 주장에 많은 사람이 호응하면서 나타난 개념이다(Freedman, 2014). 제1의 인생은 세상에 태어나서 부모의 양육과 교사의 지도를 받으며 성장하는 어릴 때이다. 제2의 인생은 성인이 되어 직장을 갖고 결혼을 하여 독립된 가정을 꾸리고 사회의 책임 있는 일원으로 활동하는 인생의 황금기이다. 제3의 인생은 직장에서 퇴직하고 자녀들을 출가시키면서 육체가 쇠퇴하고 사회적 역할도 축소되는 노년의 시기이다. 각각 대략 30년씩이다.

그런데 제3의 인생은 성과와 업적에 연연하지 않고, 자기가 삶의 주인이 되어 진정 바라던 바를 여유 있게 추구할 수 있는 인생의 마지막 기회이다. 그것은 자기가 늘 해오던 일과 관련될 수도 있고, 혹은 전혀 새로운 일일 수도 있다. 내면의 자아(Inner self)가 희망하는 것을 실행함으로써 최고의 만족감과 희열을 느낄 수 있는 시기이므로, 지혜롭게 계획하고 결심하기에 따라 제3의 인생은 인생의 가장 축복받는 시기일 수도 있고, 아니면 불편과 불만의 시기일 수도 있다. 제3의 인생은 사실 노년기라고 부르기보다는 왕성한 중년기와 의존적인 인생 말년 사이에 존재하는 좀 모호하고 불안한 시기이다. 이 시기는 중년기 삶의 과제와 걱정거리로부터 자유롭지만 삶의 규범과 사회적 역할을 자기 스스로 결정해야 한다. 사회적 책임이 줄어드는 대신 인생의 궁극적 의미에 대한 관심이 높아진다. 이 시기는 인생의 새로운 절정기이자 성취의 시기이며, 어쩌면 인생에서 가장 중요한 공헌을 할 수 있는 시기일 수 있다(김동배, 2018).

셋째는 신노년문화이다. 이는 어른으로서 자기 신념이 있고, 어린이와 젊은이에게 삶의 지혜를 나누어 줄 수 있는 자신감이 있으며, 경제적으로도 상당한 능력이 있어 자신의 라이프 스타일을 그대로 유지할 수 있는 노인들에 의해 향유되는 문화이다. 이들은 기존의 노인에 비해 합리적인 사고방식과 미래지향적인 생활의식을 갖고 있으며, 노년기를 개성적인 자기실현의 시기로 인식하고 있다. 경제적인 면에서는 여유로운 삶, 사회적인 면에서는 참여적인 삶을 추구한다. 이 문화의 향유자는 이제까지 많은 사람이 인식해 왔듯이 노년기가 의존적이고 고통스러운 시기가 아니라 생산적이고 활기차며 보다 긍정적인 모습을 추구하는 시기라는 것을 보여 준다.

신노년문화는 다양한 영역을 포함한다. 교육, 여행, 봉사를 포함하여 적극적인 취미활동, 공연, 스포츠, 시민활동, 권익운동, 이웃돌봄과 나눔 등이 있다. 본인의 취향과 능력에 따라 참여하면서 자기를 개발하고 즐거움을 누릴 뿐만 아니라 공익적인 활동에도 관여하는 것이다. 향후 신노년문화에 관심 있는 노년학자들과 사회활동가들은 이런 문화의 개념을 구체적으로 정의하고, 방향성을 제시하며, 신노년문화를 표방하는 단체를 많이 조직하게 될 것이다(김동배, 2015).

2. 생산적 노년의 활성화를 위한 기독교적 과제

1) 개인적·사회적 차원의 과제

생산적 노년을 추구함에 있어서, 개인적 및 사회적 차원에서 다음과 같은 관점에서 활성화 과제를 제시해 볼 수 있다.

(1) 창조적 시간관리자

창조적 시간관리자로서 노년에 대한 인식 전환이 필요하다. 당신은 혼자서 즐기는 취미가 있는가? 당신은 배우자, 성인자녀, 손자녀와 함께 어울리는 시간을 계획해 놓았는가? 당신은 같은 연배의 친구들과 함께하는 의미 있는 활동이 있는가? 당신은 물질 혹은 자원봉사로 후원하는 단체가 있는가? 당신은 몇 년 동안 계속할 수 있는 새로운 모험을 시작하였는가? 이것들은 생산적 노년생활에 관한 논의에서 제기되는 질문들이다.

노년기 시간관리는 노년생활에 있어서 소득과 건강 못지않게 중요한 문제이다. 많은 사람은 퇴직 이후 10~20년의 세월을 특별한 계획 없이 그냥 흘려보낸 것에 대해 후회한다. 직장생활은 대과 없이 잘했고 자녀들도 비교적 잘 키웠는데 이제 본인의 노년생활을 가장 적절한 방법으로 보낼 수 있는 방법은 무엇일까에 대해 고민을 안 해 본 사람이 없겠지만, 뚜렷한 해법을 찾지 못하는 경우가 많다. 이제까지 그럭저럭 잘 살아왔는데 이제 와서 무슨 새로운 시도를 해 본다는 게 선뜻 내키지 않는 경우도 있다. 노년기 시간관리는 전적으로 자기 책임하에 이루어지는 것이지만, 효과적인 시간관리를 할 수 있도록 도움을 받는다면 노년생활은 상당히 다른 양상으로 전개될 수 있을 것이다.

노년기에도 젊었을 때만큼 창조적 시간관리가 가능할까? 창조성(혹은 창의성)이란 돌연한 직관에 수반되는 경우도 있지만, 대체로 일생을 통해 계속되는 꾸준한 노력의 결과로 나타난다. 창조성을 연구하는 학자들은 얼마간 특정 영역에서 일정 양의 지식을 소유하는 것이 창조성을 발전시키는 데 필요하다고 본다. 그러니까 어느 날 갑자기 창조적인 사람이 되거나 창조적인 활동을 할 수 있는 게 아니고, 평소 생각하고 고민하고 노력한 끝의 어느 순간 창조성을 발휘할 수 있는 것이다.

노년을 위한 성경공부 교재 『꿈꾸는 노년』(대한예수교장로회총회교육부, 1994)에서 제시하고 있듯이, 노년기는 자기의 꿈을 실현하기 위해 자기의 시간 전체를 다 들여도 괜찮은 시기이다. 그 꿈은 정말 인생에 있어서 한번 해 보고 싶었던 일, 남들은 알아주지 않더라도 나에게는 참 의미 있다고 생각하는 일이다. 그 꿈을 이루기 위해 뭔가 새로운 지식과 기술이 필요하다면 그것을 습득할 수 있는 시간은 충분히 있다. 다만 그 꿈을 이루기 위해 무언가를 시작할 수 있는 용기가 부족할 뿐이다. 정신과 의사이며 분석심리학자인 칼 융(Carl Jung)은 "인생의 오전을 위해 만든 프로그램으로 인생의 오후를 살 수는 없다."라고 갈파하였다.

꿈을 실현한다는 말은 꿈을 완성한다는 말과 다르다. 노년기에는 언제까지 그 일을 마쳐야 한다는 시간제한이 없다. 꿈을 이루어 나가는 그 자체가 보람인 것이다. 그리고 그 꿈은 전 세대로부터 지금까지 우리가 누려온 문화와 문명을 계승 발전하는 데 기여하는 일이라면 더욱 가치가 있을 것이다. 수십 년간 수행된 하버드대학교 성인발달 연구 결과에서 "노년의 삶을 즐길 줄만 안다면 노년은 온통 즐거움으로 가득 채워질 것이다."라고 주장한 데에는 노년에도 평생의 꿈을 이루어 간다는 아름다운 의지가 담겨 있다(Vaillant, 2002).

창조적인 시간관리자는 3단계를 거쳐 성숙한 단계로 나아갈 수 있을 것이다. 첫째는 학습하는(learning) 단계, 둘째는 즐기고 참여하는(enjoying) 단계, 셋째는 지도하는(teaching) 단계이다. 이를 노년의 창조적 시간관리 'LET 3단계'라 명명할 수 있다. 'LET'에는 사회가 노년기의 창의적 활동을 격려하는 분위기와 여건을 허(許)하라는 의미도 포함되어 있다. 노년생활을 창의적으로 보내는 방법은 본인의 관심 영역을 배우는 것에서부터 시작하여, 여러 사람과 함께 즐기고 나누는 과정을 거쳐, 결국 가르치는 것으로 발전시키는 것이다. 각 단계는 2~3년 걸릴 것이다. 무슨 일이든지 처음 배워서 시작하는 경우라도 6~7년 꾸준히 한다면 지도자의 자격을 취득할 수 있다. 관심 영역은 취미생활, 전문가 자격증, 학문적인 전공 등 다양하다. 생산적 노년의 궁극적인 목표는 노년이 지혜와 경륜을 활용하여 가정과 사회에서 진정한 어르신 혹은 스승의 지위와 권위를 회복하는 것이다.

(2) 단체활동

단체활동을 통한 생산적 노년의 활성화가 필요하다. 우리나라 노년들은 젊었을 때 단체활동의 경험과 훈련이 부족했기 때문에 노년기에 들어와서 특정한 목적을 갖는 노년단체를 조직하거나 가입하여 지속적인 단체활동을 하는 경우는 그리 흔하지 않다. 노년기 단체활동은 다음과 같은 점에서 의의를 찾을 수 있다.

- 단체 구성원들과 동반자 관계를 가지면서 서로 격려하고 사기를 북돋운다. 단체활동은 가정과 사회에서 저하된 노년의 자신감과 지위를 향상시킨다.
- 타인과의 다양한 인간관계 속에서 적절한 정신적 자극을 받는다. 이런 적절한 자극과 긴장은 정신건강에 도움이 된다.
- 집단심리를 이용하여 혼자서는 무력감 때문에 할 수 없었던 일을 시도할 수 있는 자신감을 얻는다. 사회가 어린이와 청소년의 치기어린 행동에 관용을 베풀듯이, 때로 창의적이기도 하고 때로 도전적이기도 한 노년의 단체활동에도 관용을 베풀어야 할 것이다.
- 노년단체는 지역의 여타 사회단체 및 행정관서와 관계하면서 지역사회 노년의 입장과 이익을 대변할 수 있다. 노년이 사회적으로 폄하되고 권익이 제대로 보장되지 못하고 있다고 판단될 때 노년권익을 실현할 목적으로 활동하는 노년단체의 출현도 바람직하다.

노년단체는 정부의 지원을 받는 단체와 민간 스스로의 관심과 열정으로 모이는 단체로 구분할 수 있을 것이다. 특히 베이비붐 세대가 노년이 되면 다양한 사회참여 욕구가 분출할 것이고, 정부지원 단체만으로는 충분히 그 욕구를 충족시킬 수 없을 것이다. 종교를 배경으로 하는 봉사단체, 노년의 학습욕구를 충족시키는 교육단체, 예술적 창의성을 함양하는 문화단체, 노년 소비자를 보호하는 소비자단체, 인권·농촌·평화·환경 등의 사회운동단체, 노년의 차별반대와 권익신장을 추구하는 노년권익단체 등에서 노년은 이사나 자문위원으로, 임직원으로, 혹은 학습자나 자원봉사자로 참여할 수 있으며, 청년 및 중장년과 함께 배우고 일함으로써 자연스럽게 세대교류 혹은 세대전수가 이루어지므로 노년은 사회적 주류의 일원이 되어 당당하게 활동할 수 있는 것이다. 그러한 관점에서 초고령사회를 준비하는 우리 사회는 이제 많은 노년단체들이 다양한 형태로 설립되고 활동할 수 있도록 지원해야 할 것이다. 교회는 노년기 단체활동의 장을 마련해 주고 지원함으로써 영적으로 민감한 노년기에 교회를 거점으로 하는 사회활동을 통해 심리적 안정감과 삶의 보람을 느낄 수 있도록 해야 할 것이다.

그런데 이러한 단체활동에 참여하고자 하는 노년은 아무 준비 없이 참여할 수 있는 것이 아니다. 과거의 지식과 기술이 현 사회에 맞지 않을 수 있기 때문에 이를 보완해 주는 평생교육이 필요하다. 평생교육은 개인의 자기계발을 위한 것이지만, 이 교육은 단체활동의 형태로 이루어지는 것이 바람직하다. 평생교육의 내용은 다음에 자세히 다루도록 하겠다.

(3) 자원봉사

자원봉사를 통한 생산적 노년의 활성화가 요구된다. 사회가 발전해 나가는 과정에서 어두운 그늘이 드리워지고 급격한 사회변동으로 불평등이 심화되면서 사회통합을 저해하는 문제를 해결하는 대안으로서 자연스럽게 자원봉사가 각광을 받게 되었다. 자원봉사는 보수를 기대하지 않고 타인을 도우며 공익에 기여하는 활동이지만, 그 과정에서 자원봉사자 자신의 이상을 실현할 수 있으므로 자기의 연장(extension of self)이라는 의미 있는 효과를 가져온다. 자원봉사의 사회적 목표는 시민의 자발적 참여를 통해 바람직한 사회변화를 추구하는 것이므로 조직체를 통해 지속적으로 하지 않으면 성과를 볼 수 없을 것이다(김동배, 2005).

자원봉사활동은 노년들에게 사회적 유용성을 느끼게 하며 고독감을 없애거나 의사소통을 잘하게 하는 등 노년기를 풍요롭게 하는 사회참여의 기회를 제공한다. 노년기 자원봉사활동은 상실되었던 사회적 지위와 역할을 회복시킨다는 점에서 아주 바람직한 활동이며, 미래지향적인 노년의 삶의 질 향상을 위해서 적극 개발해야 하는 사회적 과제이다. 품위 있는 노년생활을 보내면서 가정과 사회에서 진정한 어르신의 모습을 갖추기 위해서는 건강이 허락하는 한 자원봉사활동에 참여하는 것이 필요하다. 자기 연령대 혹은 젊은 사람들과 같이 어울리면서 자원봉사활동을 통해 사회에 참여하는 것은 아주 건강하고 보람된 집단여가활동이다.

인류사회를 발전시키는 노력에는 크게 두 가지가 있는데, 하나는 보수를 받고 노력하는 것이고, 다른 하나는 보수를 받지 않고 노력하는 것이다. 발전된 사회에서는 이 두 가지 노력이 동일하게 존중된다. 보수와 봉사라는 2개의 커다란 톱니바퀴가 서로 맞물려 돌아갈 때 사회의 발전을 이룩할 수 있다고 보는 것이다. 특히 봉사, 즉 보수나 금전적 보상 없이 노력하는 일에 사람들이 관심을 보이면 보일수록 그 사회는 성숙한 사회, 따뜻한 사회가 될 것이다. 현재보다 더 많은 사람이 자원봉사활동에 참여하고, 좋은 자원봉사활동 프로그램이 개발되어, 자원봉사가 일상적 생활양식으로 자리 잡을 수 있도록 사회구성원 모두가 지혜를 모아야 할 것이다.

현재 우리나라 노년 자원봉사의 이슈는 전체 노년의 6~7%밖에 되지 않은 자원봉사 참여율을 성인 자원봉사 참여율 20%의 절반 수준인 10%까지 올리는 것이다. 선진국의 경우 노년 자원봉사 참여율은 전체 노년인구의 30~40%라는 사실은 우리에게 큰 도전을 준다. 최근 우리나라 자원봉사 발전의 주요 과제로서 자원봉사관리자(기관에서 자원봉사자를 관리하고 지도하는 직원)가 시의성과 창의성 있는 봉사활동 프로그램을 개발하여 운영할 수 있는 능력과 품위를 갖추었는가 하는 문제가 있다.

3,600만 명 이상을 회원으로 두고 있는 미국은퇴자협회(American Association of Retired Persons)는 그 어떤 사업보다 자원봉사에 많은 무게를 두고 있다. 이 단체는 "봉사를 받지 말고, 봉사하자!(To serve, not be served!)"라는 캐치프레이즈를 걸고 다음의 3대 주요 사업을 수행하고 있다.

- 지역사회에의 참여(getting involved): 회원들은 그들의 경험, 전문성, 재능, 창의력을 발휘하여 지역사회의 삶의 질을 향상시키는 데 기여한다.
- 새로운 친구 사귀기(making new friends): 같은 취미와 관심, 같은 추억을 간직하고 있는 사람끼리 만나서 공통의 관심사를 토의하고, 정보를 교환하고, 서로에

대한 홍미를 갖고 취미활동을 같이 한다.
- 차이 만들기(making a difference): 노년의 복지 문제를 포함하여 연방 및 주 정부의 정책에 영향을 미치는 활동을 전개한다.

기독교인은 평생을 통해 봉사심이 몸에 배어 있다고 해도 과언이 아니다. 교회에서 주관하는 자원봉사활동의 목표는 신앙인들의 잠재력을 개발하여 교회 내·외의 봉사활동에 참여하게 함으로써 세상을 섬기는 일을 통해 세상을 변화시키는 일꾼으로 성장하게 하는 것이다. 생산적 노년의 기독교적 의미는 노년이 자신의 노화현상에 수동적으로 대처하는 것이 아니라, 어두움에 빛을 비추고 죽음을 생명으로 바꾸신 그리스도를 닮아 하나님나라의 회복을 목표 삼아 단체적 봉사활동에 꾸준히 참여함으로써 세상을 아름답게 변화시키는 데 주역으로 활동하는 것이다.

2) 생산적 기독노년 육성을 위한 교육원리

성서의 가르침을 바탕으로 하여 교회에서 노년을 위한 교육 프로그램을 계획함에 있어서 중심이 되는 원리는 무엇일까? 노년은 아동이나 청소년과는 달리 그 욕구와 능력이 다양하다. 무심히 보면 노년은 대체로 신체적·정서적·사회적으로 비슷한 것 같지만 개개인은 그 어떤 연령층보다도 더 다양하다. 그래서 노년에 관한 연구는 다양성에 그 기초를 두고 이루어져야 한다. 이러한 다양성을 염두에 두고, 생산적 기독노년을 위한 교육원리로서 기독교 교육학 학자인 밀러(Miller, 1981)의 주장을 제안하고자 한다.

(1) 깨달음(awareness)

노화에 영향을 미치는 생물학적, 심리학적, 사회적 그리고 문화적 조건뿐 아니라 개인적 감정을 깨닫게 하는 것이다. 그리고 결국 삶의 한계를 두신 하나님의 존재를 깨달을 수 있게 하는 것이다. 노년이 되면서 깨닫게 되는 것은 가까이 다가와 있는 죽음의 느낌, 여생에 무엇을 할 수 있을지에 대한 안목, 젊을 때와는 다르게 느껴지는 몸의 기능들 등 이러한 변화들에 대해서 말할 수 있게 하고, 자신의 감정을 표현할 수 있게 하고, 나아가 그 감정을 수용하게 만드는 것이 '깨달음'의 교육이 지향하는 바다.

(2) 의지적 결단(intentionality)

늙어감에 따라 맞게 되는 여러 상황들에 대해서 책임감을 가지고 살 수 있도록 하는 것이다. 그리고 그것을 통해 결국 하나님의 목적과 뜻을 수용할 수 있게 하는 것이다. 노년들은 어떤 결정을 내리는 일에 두려움을 많이 느끼고 주저하게 된다. 이들을 위해서 자신들의 상황에 맞게 의지적인 결정을 내릴 수 있도록 도와주되, 그 상황은 하나님의 뜻에 따라 그들에게 주어진 특별한 것이라는 것을 알게 함으로써 기꺼운 마음으로 하나님의 뜻에 합한 결정을 내릴 수 있게 돕는 것이 '의지적 결단'의 교육이 지향하는 바다.

(3) 일관성(coherence)

이전 세대 그리고 후세대의 삶과 합류되는 연속선상에서 삶을 이해하게 함으로써 자신의 삶에 대한 보다 큰 성취감을 갖게 하는 것이다. 그리고 그 이해는 결국 하나님 말씀의 뜻과 능력을 알게 됨으로써 이루어지는 것이다. 노년들은 대체로 아직까지 발휘하지 못한 억압된 잠재력과 놓쳐 버린 기회들에 대해서 안타까움을 가지고 있다. 그들에게 과거에서 미래로 연결되는 자신의 삶의 연속성을 깨닫게 함으로써 자신의 세대에서 이루어지지 않은 하나님의 약속들이 언젠가는 이루어지리라는 희망을 갖게 하는 것이 '일관성'의 교육이 지향하는 바다.

(4) 상호의존(mutuality)

노년들의 모든 관계가 '서로 돌보는 공동체'로서 상호영향을 미치게 함으로써 그 안에서 하나님의 사랑과 공의가 구현될 수 있게 하려는 것이다. 노년들은 배우자와 친구들의 죽음에 의해 교제의 폭이 점점 줄어들게 된다. 노년들을 죽음으로 이끄는 것은 육체의 질병 못지않게 고독과 존엄성 상실일 수도 있다. 노년들이 감수하기에 불공평해 보이기도 하는 하나님의 뜻 속에는 서로 더욱 사랑하라는 깊은 뜻이 숨어 있다. 즉, 하나님은 그의 사랑으로 이루어진 노년들의 공동체 안에서 그들이 서로 교제하고, 존엄성과 우정과 대화를 되찾을 수 있게 되기를 원하신다는 것을 이해하고 실천하게 하는 것이 '상호의존'을 위한 교육이 지향하는 바다.

3. 노인의 욕구와 영성적 노인상담

고령사회의 한 단면은 많은 노인이 불행한 삶을 산다는 것이다. 2020년부터 65세 이상의 노인대열에 합류하는 베이비붐 세대는 부유하고 신체적 건강에 관심이 많고 사회적으로 활동적이어서, 고령친화산업이 발전하면서 노인의 삶이 윤택해질 전망이다. 그럼에도 불구하고 여전히 불행하게 노년기를 보내는 노인은 결코 적지 않은 수가 될 것이다. 그 단적인 예가 노인 우울증 환자의 증가이다. 우울증은 자살의 주요 원인인데, 노인 자살률은 2016년 우리나라 65세 이상 노인 10만 명당 53.3명으로 OECD 회원국 평균 18.4명의 3배이다. 우리가 노인 자살률 1위의 불명예를 차지한 것은 우리 사회의 문제점을 여실히 드러내 보이고 있다.

노인자살의 원인으로 보이는 몇 가지 이유가 있다. 박지영(2011)은 임상경험을 통해 노인들이 전반적인 삶의 무의미성과 희망 없음을 느낄 때 자살을 시도한다고 보았다. 구체적으로 보면 첫째, 부모의 책임성(자식에게 부담을 주고 싶지 않음), 둘째, 인과응보(잘못 살아온 날들에 대한 대가를 치름), 셋째, 자기 존엄성(더 이상 인간 노릇을 못하는 것에 대한 마지막의 존엄한 선택), 넷째, 삶의 의미(밥 먹는 것 말고는 아무 것도 할 수 없는 벌레 같은 여생 청산), 다섯째, 문제 해결(신체적 고통 해결), 여섯째, 아노미(살아야 할지 죽어야 할지 모르는 방황의 결론) 등이다.

자살로 유인하는 노인 우울증의 원인은 다양한데, 정신의학적으로 분석하면 유전, 신체 내 화학전달물질의 불균형, 질병에 의한 신체기관의 분열, 내분비 기능의 조절 이상, 상실감, 절망감, 인지적 왜곡, 만성적 스트레스, 생애 스트레스 사건 등이다(Blazer, 2007). 노인은 나이를 먹으면서 우울증을 포함하여 다양한 신체적·정서적·사회적 변화를 경험하게 되고, 이 변화에 적응하지 못하면 자살로 생을 마감할 수 있는 것이다.

노년은 인간발달 과정의 일부이며, 과거의 책임으로부터 벗어나 새로운 과업을 얻거나 과거의 과업에 새로운 의미를 부여하는 시기이다. 진정한 나 자신으로부터 유리되어 다른 모습으로 살아왔던 페르소나를 벗어 버리고 진정한 자기 자신과 조화를 이루는 삶을 살아야 한다. 고령사회에서의 기독교 상담은 오랫동안 세상을 살아본 사람으로서, 인간과 세상의 이치 뒤에 있는 하나님의 뜻을 깨닫고, 평생을 지켜주셨고 장래에도 인도하실 하나님께 감사하며, 신체적 노화와 사회적 자원의 손실에도 불구하고 가급적 자율적인 삶을 살 수 있도록 도와야 할 것이다.

1) 노인의 욕구와 상담

노년기는 평생을 다녔던 주된 직장으로부터 퇴직을 하거나 자녀양육의 의무감으로부터 벗어나, 자유로운 시간에 자기가 원하던 일을 여유롭게 할 수 있는 시기이다. 따라서 노년기에는 누구나가 다 사회적 역할을 잃는 시기가 아니라 어떤 사람의 경우에는 오히려 새로운 사회적 역할을 얻는 시기일 수 있다. 그러나 한편, 노년기의 사람들은 감소된 수입, 축소된 사회적 역할, 가족을 포함한 인간관계의 변화, 그리고 약화되는 건강에 어떻게 대치해야 할지 제대로 준비되지 못한 경우가 많다. 은퇴 후 특정한 사회적 역할이 주어지지 않는 상황에서 정체성의 혼란을 경험하기도 한다. 허다하게 남아도는 시간을 어떻게 의미 있게 보내야 할지 매우 당혹스러워하기도 한다.

노인상담은 다음에 제시되는 노년생활의 여섯 가지 측면을 고려하여 노인들이 적절히 대처할 수 있도록 도와야 할 것이다(김동배, 2007, 2018).

(1) 건강관리
노화는 인생의 정상적인 과정의 일부분이다. 노화와 더불어 신체적 허약 혹은 질병은 피할 수 없는 현상이다. 노인은 자신의 노화에 따른 신체적 변화를 이해해야 하며 신체적 및 정신적 건강을 유지하기 위해 노력해야 한다. 영양, 위생, 청결에 관한 지식이 있어야 하고, 건강을 위한 좋은 습관을 길들여야 한다. 한국인에게 가장 많은 성인병, 그리고 노인과 그 가족에게 치명적인 타격을 주는 중풍과 치매에 대한 예방과 치료법을 알고 있어야 한다. 치료와 건강관리를 돕는 지역사회자원과 의료서비스체계에 대해 이해하고 있어야 한다. 기억력을 유지할 개인적인 비법(秘法)을 개발해야 한다. 노인의 성기능에 관한 정확한 정보가 필요하며, 성에 관한 부정적 선입관을 시정한다. 재혼의 가능성과 예상되는 문제에 대해서도 탐구한다.

(2) 재정관리

연금을 포함하여 노년기 소득원천과 규모에 대해 평가해야 한다. 은퇴 후의 소득과 예상되는 노후생활비를 평가하고, 소득을 올리고 지출을 줄이는 방안을 연구해야 한다. 일상적인 지출과 개인적으로 예상되는 특별지출을 고려하면서 재산 운용과 투자방안을 연구해야 한다. 재정관리에 있어서 안정성·수익성·환금성을 적절히 적용해야 한다. 소득이 있는 일은 항상 활력을 주기 때문에 재취업, 시간제 고용(part-time) 등의 가능성을 탐구한다. 경로우대 및 노인할인제도를 포함하여 소비자로서 노인이 갖는 권리를 행사한다. 노인들이 보통 당하는 사기 수법에 대해 주의한다. 연금의 사후 처리, 유산상속 및 유산의 사회 환원에 대해 계획을 수립한다.

(3) 인간관계

장노년기의 심리적 특징에 대해 이해하고 있어야 한다. 자신의 심리적 특성과 가치관이 어떤 생활양식을 만들었으며 어떤 변화가 필요한지 이해할 필요가 있다. 가족관계의 변화에 따라 자기의 습관도 어떻게 변화해야 할지 탐구한다. 노후에 부부·자녀·친구의 역할과 기능에 대해 생각하며 그런 인간관계에서 새로이 조정해야 할 것을 탐구한다. 노후생활을 지지하는 자원의 고갈현상과 이를 보충하는 방법, 그리고 도움이 필요할 때 도움을 요청하는 요령을 터득한다. 노년기 사회적 지위의 변화와 지위를 유지하기 위한 방법을 이해한다. 자신과 타인을 속박하는 사고방식에는 어떤 것이 있는가를 발견하여 인간관계를 보다 효과적으로 개선할 주장력훈련(assertiveness training)을 실시할 필요가 있다. 인간관계는 집단학습 혹은 집단상담을 통해 향상될 수 있을 것이다.

(4) 주거선택

자녀와 동거 및 별거의 장단점을 파악하고 어느 것을 선택할지에 관한 문제이다. 「노인복지법」에 의해 노인주거시설(retirement housing)이 경제력과 건강 정도에 따라 다양하게 개발되고 있는데, 양로 및 요양시설을 포함하여 노인주택의 다양성을 이해하고 노인주택의 입주 가능성을 파악한다. 노인주택을 선택하는 데 있어서 촉진 및 방해 요인을 개인적·가정적·사회적으로 파악한다. 만약 지금 살던 집에서 이사한다면 주거선택으로 고려해야 할 것은 첫째, 위치·규모·가격이 중요하고, 둘째, 가족·종교·교우관계 혹은 재취업이나 자원봉사의 가능성을 고려해야 하며, 셋째, 노화와 더불어 높아지는 의존성을 보완해 줄 각종 서비스와 위락시설도 고려해야 할 것이다.

(5) 여가선용

노인이 갖고 있는 '시간'이라는 자원을 유효 적절히 사용하면 노년이란 인생에서 아주 의미 있는 기회가 될 수 있다. 인생을 회고해 보며 무엇을 정말 하고 싶었는지 혹은 배우고 싶었는지 검토해 보고 자기에게 가장 만족을 주는 여가선용 방법을 선택한다. 직업과 연관된 것을 찾을 수도 있고 익숙지 않은 새로운 것을 탐구할 수도 있다. 취미활동과 자원봉사활동의 종류와 의미를 탐구하고 참여할 수 있다. 자원봉사는 새로운 사회적 역할을 얻고, 자신에 대한 새로운 가능성을 발견하고, 새로운 사회적 조직(교육, 의료, 사회봉사, 시민운동, 문화예술 및 공공단체)에 가입함으로써 사회발전에 기여하는 집단활동이다. 즐겁고 의미 있는 여가활동은 정신작용이 쇠퇴하는 것을 막음으로써 정신적 노화를 예방한다. 집단여가활동은 회원 상호 간 양보와 타협, 그리고 협동정신을 필요로 한다.

(6) 죽음준비

죽음의 문제를 공개적으로 다룬다는 것은 우리나라 사회에서는 금기시되어 있으나 한번은 필히 다루어야 할 주제이다. 죽음에 대한 자신의 느낌과 태도를 이해하고,

피할 수 없는 죽음을 수용하여 그 미지의 세계에 대한 불안을 극복해야 한다. 자아통합감을 강화하여 과거의 생에 대한 긍정적인 평가를 하도록 한다. 올바른 장의 절차와 장기 기증에 대해 이해하고, 말기환자를 위한 호스피스의 개념도 이해한다. 배우자 사별을 포함하여 죽음에 대한 적응과정을 이해한다. 종교인이라면 이 주제를 종교와 결부시켜서 다룬다. 비종교인이면 새로이 종교를 가질 가능성을 탐구한다.

2) 노인상담 영역

노인에 대한 상담의 문제를 김애순(2008)은 다음과 같이 제시하였다. 이를 적응이라는 기준으로 크게 두 영역으로 나누면 다음과 같다.

- 신체 적응
  - 은퇴 후 적응   - 우울증   - 알코올 중독
  - 기억력 감퇴와 치매   - 간병 부담   - 죽음의 불안과 애도
- 관계 적응
  - 가족관계   - 부부갈등(황혼이혼, 재혼 포함)
  - 이성 친구 관계   - 혼외정사

한편, 미국노인의학협회 회장을 역임한 블레이저(Blazer, 2007)는 노인의 정신건강에 관한 문제를 다음과 같이 열거하였다.

- 기억상실   - 우울   - 의심증과 흥분   - 불안
- 불면증   - 건강염려증   - 알코올 및 약물 남용   - 사별
- 신체 질병에 따른 통증과 부적응 행동

〈표 8-1〉은 노인상담의 모범적인 사례로서 동안교회가 서울시로부터 위탁받아 운영하는 동대문노인종합복지관 프로그램을 보여 주고 있다(동대문노인종합복지관, 2007).

〈표 8-1〉 노인상담 프로그램 사례

상담 영역	주요 문제	세부 내용
정서적 영역	상실과 고독	• 배우자 상실과 사회 적응 • 노인의 가족 내 지위 하락, 가치관이나 생활양식의 변화에 따른 세대 간 갈등 • 성격 특성 변화: 우울감, 완고성, 내향성, 수동성, 의존성, 조심성, 친근한 사물이나 사람에 대한 애착의 증가
경제적 영역	빈곤과 일자리	• 은퇴 후 재정관리 • 소득 감소나 상실로 인한 생계유지 지원 • 사회보장제도 정보 제공 • 유산 배분 • 경제활동 지원(취업알선, 부업알선 등)
신체적 영역	질병과 부양	• 노년기 건강 유지 및 질병 예방 • 질병 치료 및 의료비 지원 • 노인복지시설 및 노인전문 의료시설 정보 제공 • 가족 부양체계 조성 • 부양가족의 부담 경감을 위한 지원
사회심리적 영역	소외와 무위	• 종교활동, 사회단체 및 비공식 모임 참여 • 노년기 친구 및 이웃 관계 • 가족 내 역할 부적응 • 은퇴 이후 사회적 관계 유지 • 복지제도에 대한 정보 제공

3) 노인상담 프로그램 개발 현장

노인상담 프로그램을 개발하기 위해서는 노인의 건강상태에 따라 어떤 서비스가 필요하게 되는지를 파악하는 것이 좋다. 여기에서는 노인의 보건의료와 사회복지서비스를 혼합한 것으로서 가장 보편적으로 사용되는 보호연속체(continuum of care) 개념에 의해 노인을 위한 서비스를 분류하고자 한다(김동배, 1995). 보호연속체는 인간이 노년기의 생애주기를 통과하면서 필요하게 되는 욕구를 예상해서 그 욕구에 적절히 대응하는 서비스를 망라하는 것이다.

〈표 8-2〉는 보호연속체 개념에 의한 서비스의 분류이다. 가로 열은 노인의 건강상태를 나타내며, 왼쪽으로 갈수록 독립성이 떨어지는 노인을 위한 서비스이다. 세

〈표 8-2〉 보호연속체 개념에 의한 노인 서비스의 분류

능력 수준	병약한 노인을 위한 시설서비스 (← 의존적 생활)	거동 가능하지만 노쇠한 노인을 위한 서비스 (독립성)	비교적 건강한 노인을 위한 서비스 (독립적 생활 →)
삶의 향상을 위한 서비스 (높음 ↑)	• 입소자 소집단 활동 • 입소자와 결연 • 입소자를 위한 공연	• 노인보호주택 • 노인아파트 • 공유주택 • 교통편의 제공	• 교양강좌 • 자원봉사 • 클럽활동 • 견학 • 취미활동 • 여행 • 문예창작 • 체육대회 • 공동작업 • 마을 미화작업 • 일감 제공 • 성교육 • 재혼 • 젊은이와 연합활동 • 노인권익 옹호활동 • 엘더호스텔(Elderhostel)
인식 강화를 위한 서비스	• 회상요법 • 치매예방 서비스	• 가족상담 • 젊은이 대상 노인 이해 교육 • 위기 개입	• 개별·집단 상담 • 은퇴준비교육 • 인간관계교육 • 죽음준비교육 • 정보제공·의뢰(생활·건강정보, 노인용품 등)
신체 보호를 위한 서비스	• 주간보호 • 단기보호	• 우애방문 • 재가복지서비스 • 중식 제공 • 자조집단 • 그룹홈	• 법률상담 • 재무상담 • 주거상담
생존을 위한 서비스 (낮음 ↓)	• 요양보호 • 호스피스	• 독거노인 결연 • 후원금 지급 • 긴급 의료서비스	• 질병예방 교육 • 건강증진 클럽 • 범죄예방 훈련
서비스 목표 / 건강상태	병약한 노인을 위한 시설서비스	거동 가능하지만 노쇠한 노인을 위한 서비스	비교적 건강한 노인을 위한 서비스

로 기둥은 서비스가 목표로 하는 능력수준을 나타낸 것으로 아래로 내려올수록 더 깊은 보호와 개입이 필요하다. 특정한 서비스가 제공되는 위치는 고정적이지 않기 때문에 표 안에 그려진 선을 너무 엄격하게 적용할 필요는 없다.

　노인상담 프로그램은 상담실이라는 공간만이 아니고 보호연속체에 제시된 것처럼 노인의 다양한 욕구를 해결하는 서비스 현장에서 개발되어져야 할 것이다. 서비

스 현장에는 살고 있는 집을 위시하여 노인을 위한 다양한 의료, 복지, 교육, 여가선용 기관 등 노인의 삶이 이루어지는 다양한 장소가 포함된다.

4) 노인상담 프로그램 개발의 원칙과 상담 기술

고령사회의 진전에 따라 지역사회의 복지기관과 많은 교회에서 노인상담 프로그램을 개발하려고 노력하고 있다. 그러나 우리나라에 아직은 노인상담 기관이 많지 않은 것이 현실이다. 교회가 노인상담 프로그램을 개발하려고 할 때 어떤 원칙을 가져야 하는가? 김동배(1995)는 노인상담 프로그램 개발의 원칙으로 다음과 같은 요소를 제시하였다.

(1) 상담과 사회복지의 혼합

노인은 신체적·정서적·사회적 여건과 특성이 그 어떤 인구계층보다 더 다양하다. 따라서 노인에 대한 전문가적 접근은 '노인은 다 다르다.'라는 인식에서부터 시작해야 한다. 노인상담에 있어서, 노인이 처한 상황에 따라 내담으로 끝나는 경우도 있고, 정보제공과 사회복지서비스로의 연결 내지 의뢰까지 나아가야 하는 경우도 있을 것이다. 사회복지의 본질은 공동체적 삶의 향상을 위한 지역사회 자원 동원이라고 볼 수 있다. 사회복지가 상담 기능을 포함함으로 사회복지실천(clinical social work)이라는 영역을 발전시켰듯이, 상담이 사회복지 기능을 포함함으로써 보다 폭넓은 영역을 개발할 수 있을 것이다. 특히 노인상담 분야에서 그렇다.

(2) 신체와 정신의 상호작용을 고려

인간은 본래 신체와 정신 작용이 매우 깊은 상관관계 속에서 기능한다. 신체적 불편함은 곧 정신적 긴장으로 표현되고, 정신적 고통은 곧 신체적 이상으로 나타난다. 특히 질병과 죽음이 다른 인구계층보다 더 가까이 있는 노년기에는 이 관계가 더욱 긴밀해진다. 삶의 취약한 측면이 증가하는 노년기의 프로그램은 신체와 정신의 상호작용을 고려하여, 한 프로그램 안에 이 두 요소가 서로 긍정적으로 작용하도록 계획해야 할 것이다. 운동과 신체적 활동은 정신작용을 활발하게 하여 스트레스와 정신질환을 예방하고, 학습이나 문예창작을 위해 활동하는 것은 신체작용에 긍정적인 영향을 미친다. 노인상담 프로그램에는 이 두 요소가 항상 포함되어 치료적 효과(therapeutic effect)를 거두어야 할 것이다.

(3) 활동이론과 분리이론의 적용

노년사회학에서 가장 많이 인용되는 이론은 서로 상반된 내용을 담고 있는 활동이론(Activity Theory)과 분리이론(Disengagement Theory)이다. 활동이론이란 노인의 사회활동 참여 정도와 생활만족도는 긍정적 상관관계에 있으므로 성공적인 노년기를 위해서는 사회적 역할을 활발히 수행해야 한다는 것이다. 분리이론이란 노화현상과 더불어 사회는 노인을 분리하는 경향이 있으며 동시에 노인도 사회로부터 분리되기를 원하므로, 노인의 사회적 은퇴는 당연하고, 사회화가 잘된 노인일수록 복잡한 사회로부터 분리되어 있다는 것이다. 두 이론이 다 노인의 사회적 활동 성향을 잘 설명한다. 어떤 노인의 삶은 활동이론으로 잘 설명이 되고, 다른 노인의 삶은 분리이론으로 잘 설명이 된다. 노년기 안에서 어떤 시기는 사회적 활동을 선호하고, 어떤 시기는 사회로부터 분리되기를 원한다. 따라서 노인상담에 있어서 보다 윤택한 삶을 위해 내담자에게 어떤 활동을 제안할 때 그 노인의 특성과 욕구에 맞는 제안을 해야 할 것이다. 활동이론에 적합한 프로그램의 예로는 단체여가활동, 자원봉사활동, 일자리 참여 등이 있고, 분리이론에 적합한 프로그램의 예로는 회상요법(Reminiscence Therapy), 영성 관련 독서와 기도, 따뜻한 날의 산보 등이 있다.

(4) 다양한 자조집단의 개발

자조(自助, mutual-help, self-help)집단은 첫째, 유사한 문제를 갖고 있는 사람들끼리 모여 서로 정서적 지지를 함으로써 다른 사람들과 같이 있을 때 느끼는 불안, 좌절감, 죄의식 등의 부정적인 감정으로 벗어나 구성원들이 서로 이해받고 있다는 심리적 안정감을 주고, 둘째, 실질적인 도움으로서 구성원들끼리 정보, 경험, 자원을 교환하고, 셋째, 역량을 발휘하여 자신과 타인을 위한 권익옹호자로서의 역할을 할 수 있다. 노인상담 과정에 결혼상태, 질병, 취미 등에 있어서 유사한 특성을 갖고 있는 노인들끼리 자조집단을 형성할 수 있도록 권장할 필요가 있다. 교회는 다양한 형태의 소규모 자조집단이 자연스럽게 형성되어 치유와 성장이 일어나도록 도와야 한다. 노인의 자조집단은 노인 상호 간 위로와 격려를 주며, 우울감을 낮추고 삶의 자율성을 높여 성공적인 노후생활에 기여한다.

노인상담은 일반 상담에 필요한 기술에 더하여 다음과 같이 노인의 특수성을 고려한 추가적인 기술이 필요하다(이효선, 2008; Blazer, 2007).

- 상담 방법
  - 노인에 대한 존경과 존엄을 가지고 접근한다.
  - 노인을 생물심리사회적 관점에서 이해한다.
  - 노인의 과거력을 이해하고, 현 시대의 가치를 어느 정도 수용하는지 파악한다.
  - 노인의 의존성을 줄이고 독립성을 강화하기 위해 강점관점의 접근을 한다.
  - 치료적 의사소통에서는 희망을 유지하되 정직한 대화가 중요하다.
  - 필요에 따라 옹호자로서의 역할을 수행한다.
  - 노인의 사생활을 침해하지 않는다.
- 상담 환경
  - 노인과 신체적으로 가까운 곳에 자리하여 상담한다.
  - 충분한 시간을 갖고 상담을 진행한다.
  - 정확하고 천천히 말한다.
  - 노인이 겪고 있는 문제를 적극적이고 체계적으로 질문한다.
  - 비언어적 의사소통에 민감해야 한다.
  - 가벼운 신체접촉은 효과적인 의사소통을 돕는다.
  - 젊은 사람의 경우보다 물리적 환경에 더 신경을 쓴다.

5) 기독교 노인상담

기독교 노인상담이 지향하는 노인관은 첫째, 공경의 대상으로서의 노인, 둘째, 지혜의 원천으로서의 노인, 셋째, 돌봐 드려야 할 대상으로서의 노인으로 나누어진다 (김동배, 1995). 다음에 이와 관련된 성경 구절들을 정리하였다.

---

① 공경의 대상으로서의 노인

(창 20:12, 출 21:15-17, 레 19:3, 레 19:32, 잠 17:9, 마 21:28-30, 막 7:10-12, 롬 16:13, 골 3:20, 딤전 5:1-2, (외경) 토 10:11-12, 14:13 등)

부모에게 순종, 효도하고 노인을 공경하는 것은 하나님께서 기뻐하시는 일 가운데 가장 으뜸이다. 이것은 자녀들이 축복받고 장수하는 비결이다. 부모로서는 시부모와 장인장모의 구별이 없다. 부모에게 불효하거나 노인을 공경하지 않는 죄는 하나님께서 용서하지 않으신다.

② 지혜의 원천으로서의 노인

(창 21:1-8, 신 32:7, 삼하 19:31-39, 욥 15:7-13, 시 9:12, 시 92:14-15, 잠 1:8-9, 잠 20:29, 잠 23:24-26, 욜 2:28, 고후 4:16, 딛 2:2-3, (외경) 지 4:8-9, 집 8-9 등)

사람의 나이는 지혜를 얻게 하는 것이니 노인을 사회로부터 격리시켜 고독하게 지내도록 할 게 아니라 존경하고, 훈계를 경청하고, 그 지혜를 배워야 한다. 노인의 창의성과 잠재력을 계발하여 후손들에게 영적인 상담자가 될 수 있도록 환경을 조성해야 한다. 노인도 단지 나이가 많은 것으로만 축복일 수 없고, 하나님에 대한 믿음과 순종 아래 의인의 삶을 살며, 자식과 후손을 위해 사랑을 베풀고 교육적 책임을 지고, 가정과 나라를 위해 기도해야 한다.

③ 돌봐 드려야 할 대상으로서의 노인

(삼상 22:3-4, 사 46:3-5, 말 4:4-6, 딤전 5:4, 딤전 5:9-10, 롬 8:38-39, 요일 4:11-

> 12, 약 2:14-17, (외경) 집 8:6 등)
>
> 하나님의 뜻은 인생이 노년이 되어 죽을 때까지 평안히 지내는 것이다. 하나님 안에서 모든 사람은 인간으로서의 존엄성이 있기 때문에 형제자매로서 서로 돕고 고통을 나누어야 한다. 노인도 하나님의 자녀이므로 사랑과 도움의 대상이다. 특히 늙은 과부들은 자식과 교회로부터 보호를 받아야 한다.

개인주의가 만연하여 배려와 돌봄이 가족과 이웃의 자연스러운 미덕으로 지켜지지 못하여 돈을 주고 사고파는 상품으로 변질된 현대사회에서 이 노인관이 어떻게 유지될 수 있을지 큰 과제이긴 하지만, 교회는 상담을 포함한 노인복지의 다양한 영역에서 성경 말씀이 현실 세계에서 구체적으로 실현되도록 관심을 기울여야 한다. 영성적 노인상담은 인간에게 한계를 두신 하나님의 뜻을 깨닫고, 가까이 다가와 있는 죽음을 수용하면서 부활과 영생에 대한 확신을 갖고, 여생에 무엇을 더 할 수 있는지에 대한 안목을 키우는 것이 목적이 되어야 할 것이다.

한편, 루터교 신학을 배경으로 노인목회 지침서를 만든 벡커(Becker, 1986)는 보다 적극적인 입장에서 교회의 혁신적 노인사역을 위한 3대 전략을 밝히고 있다. 그는 성도들의 주택문제, 육체적·정신적 건강문제, 범죄에 대비한 안전문제, 또한 사회 전 구성원들을 위하여 공의를 구현하는 문제들은 이미 오랫동안 교회의 관심사가 되어 오고 있는 문제들인데, 여기에 그러한 문제들에 봉착해 있는 노인들을 위해서는 서비스가 추가적으로 제공되어야 한다고 주장한다. 적극적인 노인목회 상담은 이러한 전략을 수립할 수 있어야 할 것이다.

• 정보제공과 의뢰로서의 기능(ministry of information and referral): 사회가 점점 다원화되어 감에 따라, 지금의 노인들이 젊었을 당시에는 없었던 주택, 법률, 사회복지, 건강, 교육문제들을 대행해 주는 각종 대행사들이 범람하고 있는 현실 속에서 노인들은 어떤 문제에 봉착했을 때 도대체 어떤 곳을 통해서 도움을

얻어야 하는지 분간하지 못한 채 당황하게 되는 경우가 많다. 교회는 지역사회에서 이미 제공되고 있는 서비스를 중복되게 제공할 필요 없이 서비스 제공 업체나 단체에 대한 정보를 제공해 주거나 노인들을 그곳으로 연결시켜 주는 일을 통해 노인을 섬길 수 있다. 이런 사업은 사회에서도 또 교회에서도 소외된 채 홀로 열악한 환경 속에서 살아가고 있는 독거노인들을 찾아내어 그들을 도울 수 있는 각종 기관으로 연결시키는 작업까지 이루어져야 할 것이다.

• 옴부즈맨으로서의 기능(ministry of the ombudsman): 옴부즈맨으로서의 기능이란 정보제공과 의뢰로서의 기능과 밀접하게 연관된 기능이다. 보다 특별한 기능이라면 옴부즈맨은 노인들이 도움을 요청하러 관공서에 갔다가 미로 속에서 헤매게 되지 않도록 지름길로 인도하고, 꼬인 문제들을 바로잡으며, 노인들과 자원봉사 서비스를 연결시키는 브로커 역할을 한다는 것이다. 옴부즈맨은 노인들에게 찾아가야 할 곳뿐만 아니라 찾아가서 만나야 할 사람까지 알려주어야할 필요가 있고, 법에 관련된 문제들, 재정적인 문제들, 특히 유언장을 작성하는 문제 등에 있어서 노인들에게 도움을 주어야 한다. 옴부즈맨에게는 노인을 긍휼히 여기는 마음이 요구되고, 노인들의 욕구를 헤아려 낼 수 있는 훌륭한 인터뷰 기술, 인내심을 가지고 각 상황에 잘 대처해 나가는 능력, 그리고 상상력 또한 요구된다.

• 노인권익 옹호자로서의 기능(ministry of advocacy): 기독공동체 안에서는 하나님의 공의에 대한 열정은 구원이나 은혜에 대한 열정만큼 뜨겁다는 것이 온전히 깨달아지지 않고 있다. 그러나 히브리서 기자는 그리스도를 "하나님 아버지 앞에서의 옹호자"로 묘사하고 있다. 즉, 그리스도는 하나님의 심판의 보좌 앞에서 그의 공의와 자비를 구하면서 우리들을 대신해서 신원(伸寃)해 주시는 분이시다. 교회는 사회의 불공평성에 의해서 희생당하고 있는 노인들이 의지할 수 있고 공의로운 대접을 받을 수 있는 노인들의 휴식터가 되어야 할 것이다. 옹호의 주된 기능은 불공평을 예방하고 시정하며, 공의를 적극적으로 행하는 것이다. 옹호자들은 노인들을 대상으로 하는 사기꾼들을 색출하기 위해서 항상 깨어 있어야 하며, 억울한 일을 당하는 노인들을 법정에서 옹호하여야 하며, 젊은

이들 위주로 계획되는 모든 환경조건이 노인들을 배려하는 것이 될 수 있도록 적극적인 역할을 하여야 한다. 옹호자들은 교인들, 특히 노인 교인들을 모아서 옹호자로서의 활동, 즉 범죄감시단, 재판감시단, 시청 혹은 사기 기업체 앞에서의 시위단 등을 구성할 수 있도록 그들을 고무시켜야 할 것이다.

이러한 기능들은 이제까지 교회가 행해 왔던 전통적인 기능들을 다소 넘어선 것들이지만 향후 점점 더 필요하게 되는 기능들이다. 우리나라에서도 고령사회에서 초고령사회로 넘어가는 과정에 지역사회 노인복지서비스가 다양하게 제공되는데, 이때 교회에서 또한 기독교 상담 영역에서 적극적으로 고려해야 할 서비스인 것이다. 현대교회의 사역은 영적인 영역에만 머무르지 않고 교회 각 구성원의 생활 전반을 배려하는 보호공동체로서의 기능으로 확대되어야 한다. 특히 노인들이 실제적으로 필요로 하는 도움에 초점을 맞추어야 하며 때로는 개별적으로, 때로는 집단활동으로 상담의 범위와 방법을 다양화해야 할 것이다.

4. 고령사회에서 교회의 역할

1990년대 초 퍼트넘(Robert Putnam)이 만들어 쓰기 시작한 이래 약 30년간 사회과학 분야에서 활발하게 논의되고 있는 사회자본(social capital)에 대해 교회는 매우 중요한 의미를 부여한다. 사회자본은 신뢰와 호혜성의 규범에 기초를 두고, 개인이나 조직이 연결망을 형성하여 현대사회가 초래한 병리현상을 극복하기 위한 생산적인 자본으로서의 역할을 수행한다는 것인데, 교회는 사회자본의 핵심 요소로 작용할 수 있다. 교회는 많은 인적 및 물적 자원을 활용하여 사회적 보호가 필요한 이웃을 구제하고, 공동체적 봉사를 주도하며, 건전한 시민참여를 활성화시키는 주역으로 기능할 수 있다.

노년기는 인생에서 성과와 업적에 연연하지 않고 진정 바라던 바를 여유 있게 추구할 수 있는 기회이다. 노년기는 사회적 역할을 잃는 것이 아니라 새로운 사회적 역할을 얻는 것일 수 있다. 노년기는 가족, 친구, 이웃과 새로운 인간관계가 생기며 새로운 의미에서 인생을 재출발할 수 있다. 청소년기에는 30~40년 앞을 내다보며 인생의 목표를 세운다. 이제 평균수명이 연장되어 퇴직과 자녀출가 후의 노년기가 30~40년이 되는데, 이 오랜 노년기에 삶의 목표를 세우지 않는다면 그것처럼 큰 모순은 없을 것이다. 인생 후반부에는 "백발은 영화의 면류관이라 공의로운 길에서 얻으리라"(잠 16:31)는 말씀을 성취하는 현실적인 방안을 마련해야 한다. 따라서 교회는 구체적으로 평생교육, 세대통합 그리고 노인목회에 중점을 둔 사회자본의 산실이 되어야 할 것이다.

1) 평생교육

노인을 위한 평생교육의 목표는 고령사회를 위기가 아니라 기회로 전환시킬 수 있는 새로운 패러다임을 구축하는 데 있다. 노년기 평생교육은 인지적 기능을 유지하면서, 의미 있는 여가선용의 기회를 제공하고, 나아가 죽음을 앞둔 사람으로서 우주적인 깨달음을 가능하게 하는 교육이다.

인생의 후반부에 이루어지는 평생교육은 노년기가 갑작스럽게 다가와 우물쭈물하는 사이에 그냥 흘러가는 것이 아니라 뭔가 의지적인 계획에 의해 이루어질 수 있도록, 그래서 개인적으로 성공적인 노년생활을 할 뿐만 아니라 사회적으로도 많은 긍정적인 이익이 돌아갈 수 있도록 하는 데 의의가 있다. 나아가 노인은 비생산적 인구집단이고 사회적 짐이라는 인식을 불식시키고 가정과 사회에서 진정한 어르신으로 존경받는 지위 회복의 차원에서 그 의의를 찾을 수 있다. 평생교육은 퇴직준비에서부터 죽음준비에 이르기까지 교육대상의 욕구에 따라 건강, 재산, 재취업, 주거, 가족, 취미, 봉사, 심리, 죽음, 영성 등 노년생활을 의미 있게 보내며 에너지를 재충전하기 위한 내용을 담을 수 있다. 전문직에 종사하던 은퇴자에서부터 뭔가 삶의 편안한 마감을 원하는 촌로에 이르기까지 평생교육의 대상자는 다양하다.

최근 베이비붐 세대의 대거 은퇴와 관련하여 이들을 사회적 성장 동력으로 활용할 수 있는 방안이 모색되고 있는데, 평생교육은 이 같은 국가적 과제를 수행할 수 있는 중요한 방법이다. 고령사회에 행복하고 보람된 노년생활을 돕기 위해 평생교육이 담당할 수 있는 부분은 대단히 많다. 교회는 노인의 평생교육을 위한 중요한 인프라이므로 교회와 정부가 협력하면 노인의 삶의 질 향상에 큰 시너지 효과를 낼 수 있을 것이다.

보건복지부는 2015년부터 4년간 국민연금공단에 '행복노후설계센터'를 설립하여 전 국민을 대상으로 재무상담을 포함하여 일자리, 건강, 여가 등 생활영역 전반에 걸친 상담 서비스를 제공하였고, 현재 국민교육 차원에서 퇴직준비교육 혹은 생애설계교육을 좀 더 적극적으로 전개하고자 하는 계획을 구상하고 있다. 베이비붐 세대의 대거 은퇴와 관련하여 정부는 평생교육을 통해 이들을 사회적인 성장 동력으로 활용할 수 있는 방안을 적극 모색해야 할 것이다. 교회가 노년을 위한 평생교육 프로그램을 개발하여 운영하고 이를 정부가 지원한다면 노년을 위한 평생교육이 활성화될 수 있을 것이다.

2) 세대통합

세대갈등이란 전통적 가족제도가 핵가족으로 변화하면서 사회적으로 청년세대와 노년세대 간에 제한된 자원과 역할을 더 많이 차지하려고 갈등을 빚는 것이다. 결국 이것은 양 세대 모두에게 불행이라는 생각에서 최근 세대통합에 관심이 모아지고 있다. 과거에는 청년들이 노인을 존경하고, 노인은 청년을 지도하면서 자연스럽게 전통이 계승되고 세대통합이 이루어졌다. 현재 정치경제적으로 그리고 정서적으로 거리감을 갖고 있는 양 세대가 더 많은 교류를 통해 서로를 이해하고 협력하면서 유대관계를 강화하여 세대통합을 이룰 때 모두에게 이익이 된다는 주장이 힘을 얻고 있다(김동배, 2022. 4. 11.).

노인 입장에서 볼 때 세대통합은 개인적으로는 가족 내에서 자녀 및 손자녀와의 원만한 관계를 통해 사랑과 존경을 받는 것이며, 사회적으로는 아동, 청소년 및 장년들과 같이 어울리면서 그들에게 삶의 지혜를 전수하거나 그들이 겪는 어려움을 어루만져 주는 것이다. 이것은 긍정적인 노인 이미지를 형성하는 데도 도움이 된다.

따라서 교육·사회·종교 단체는 세대통합을 위한 프로그램을 적극적으로 개발할 필요가 있다. 예를 들면, 노인들이 과거에나 통용되었던 권위의식을 버리고 현대의 인간관계에 적합한 대화법을 새로이 배운다든지, 아동과 청소년 교육현장의 다양한 영역에 보조교사로 참여한다든지, 혹은 청년 및 장년층과 더불어 지역사회 봉사활동에 참여하는 일들이다.

노인들은 마음을 열어 젊은 세대를 받아들여야 한다. 가치관과 행동양식이 다르다고 꾸짖지 말고, 그 세대가 꿈꾸고 자랑스럽게 여기는 것이 무엇인지에 대해 깊은 이해심을 발휘해야 한다. 그들의 눈높이로 내려가 그들에게 도움이 될 수 있는 것이 무엇인지 찾아야 한다. 영화 〈인턴〉은 온라인 쇼핑몰의 30대 여성 경영자와 70대 남성 인턴사원이 서로의 결핍을 메워나가면서 세대 공감을 이루는 따뜻하고 활기찬 드라마이다. 젊은이는 노인을 기피하지 말고 한 발작 앞으로 나와 노인을 수용하고, 노인은 젊은이를 배척하지 말고 한 발작 뒤로 물러나 젊은이를 이해한다면 아름다운 세대통합을 이룩할 수 있을 것이다.

노인과 젊은이의 만남은 횟수가 중요한 게 아니고 만나는 질이 더 중요할 수 있다. 오랜만에 만나도 의미 있는 만남이라면 그게 더 좋을 수 있다. 오래 전 교육사회학자인 올포트(Gordon Allport)는 접촉가설(Contact Hypothesis)이라는 주제의 연구에서 젊은이의 노인에 대한 긍정적 태도는 만남의 빈도에 있지 않고 만남의 질에 있다는 이론을 전개하였다. 교회 안에서 양 세대의 만남, 서로에 대한 이해와 배려, 그리고 가치 있는 전통의 전수가 이루어질 수 있는 기회를 많이 만들어야 하겠다. 한국 교회의 부정적인 이미지 때문에 젊은 세대가 교회출석을 기피하고 있는 위기상황에서 이 주제는 매우 중요한 의미를 담고 있다.

3) 노인목회

노인목회는 그리스도의 사랑으로 노인을 섬기는 사역을 말한다. 좀 더 구체적으로 말하면, 앞에서 제시했듯이 공경의 대상으로서의 노인, 지혜의 원천으로서의 노인, 그리고 돌봐드려야 할 대상으로서의 노인을 위하여 말씀을 선포하고 교회 내외의 자원을 동원하여 노년기에 하나님의 형상을 닮은 인간의 모습을 회복하도록 돕는 것이다. 그래서 "우리의 겉사람은 낡아지나 우리의 속사람은 날로 새로워지도다"(고후 4:16)라는 말씀이 현실적인 그리고 영적인 노인의 삶에서 경험되도록 돕는 것이다.

노인목회는 노인이 믿음 안에서 웰다잉(well-dying)을 지향하도록 도와야 한다. 웰다잉이란 삶이 잘 진행되고 있을 때 죽음을 준비하는 것이다. 즉, 인간의 유한성과 죽음의 필연성을 대면하면서 현재의 삶이 얼마나 소중한지 곱씹어 보고, 그래서 삶의 한 걸음 한 걸음을 귀하게 여기는 것이다. 여전히 좋은 사람들과 함께하고 있음에 행복을 느끼고, 결국 비움을 통해 삶의 무게를 하나씩 덜어냄으로써 영적 자유함을 맛보는 것이다. 웰다잉은 웰빙(well-being)의 기초가 된다(김동배, 2019). 따라서 노인목회에는 앞에서 제기한 평생교육, 자원봉사, 새대통합과 함께 사별목회가 포함된다.

노인목회는 교회가 정부 및 지역사회와 협력하여 이루어질 때 시너지 효과를 낼 수 있다. 예를 들면, 고령친화도시(Age-friendly city)를 함께 만들어 가는 것이다. 고령친화도시란 세계적인 고령화와 도시화의 추세에 효과적으로 대응하기 위해 세계보건기구(WHO)가 추진하는 프로젝트로서 2021년 현재 우리나라 31개 시·도·자치구가 가입되어 있다. 이는 활기찬 노년(active ageing) 개념에 입각해 도시 전체를 고령자가 살기 편한 환경으로 변화시키자는 취지의 국제포럼이다. 고령친화도시 가이드 8대 영역은 다음과 같다.

① 외부환경 및 시설(outdoor spaces and buidlings)
② 교통수단 편의성(transportation)
③ 주거환경 안전성(housing)
④ 시민참여 및 고용(civic participation and employment)
⑤ 여가 및 사회활동(social participation)
⑥ 존중 및 사회통합(respect and social inclusion)
⑦ 커뮤니케이션 및 정보(communication and information)
⑧ 지역돌봄 및 건강서비스(community support and health services)

고령친화도시 건설은 고령사회에 가장 효과적으로 대응하는 정책적 접근이자 아동·청소년·여성 및 장애인 모두가 살기 좋은 지역사회의 실현이라고 볼 수 있다. 고령친화도시는 시·도가 추진하는 WHO 건강도시, 유비쿼터스 도시, 여성친화도시, 장애인행복도시 등 살기 좋은 도시 사업들과 연계하여 추진되고 있으며 다양한 민관협력체계를 구성하고 있는데, 여기에 교회의 적극적인 참여가 요구된다(김동배, 2012).

최근 노인목회의 구체적 방법론으로서 교회학교 안에 노년부의 설치 필요성이 대두되고 있다. 구체적으로는 첫째, 노년기 인지발달에 따른 체계적 성경공부의 필요성, 둘째, 인생-역사-세계 이해에 관한 심도 있는 교육의 필요성, 셋째, 가정-교회-사회에서 원로로서의 역할을 담당할 필요성, 그리고 넷째, 젊은이에게 신앙의 전통과 삶의 지혜를 전수할 필요성이다. 이는 경로대학이나 평생대학의 틀을 벗어나 좀 더 체계적인 교육 목표, 과정, 내용을 갖는다.

즉, 교회학교 노년부는 노년기에 맞는 성경공부와 코이노니아를 교육목표로 하고, 단계별 교육과정을 통해 심화교육을 지향하며, 성경적 세계관에 입각한 노후설계의 교육내용을 갖는다. 또한 필연적으로 맞이하게 되는 죽음을 수용하고 부활과 영생에 대한 소망을 품을 수 있는 영성훈련의 장이다. 학급편성은 연령과 성을 고려할 수 있으며, 필요에 따라 주제별 특별 교육코스를 편성할 수도 있다. 교사로는 목회자와 전문가의 팀 티칭이 좋으나, 그룹활동을 위한 보조교사도 필요하다.

노인 학습자는 자기지시적(self-directed) 학습 성향이 높아 외적인 보상보다 내적인 보상에 의해 더 크게 동기화되며, 자아실현-자아통합-자아초월을 동시에 추구하고자 하는 의지가 강하다. 따라서 노년부라는 조직은 자율성을 최대한 보장하여 그 안에서 신도 간에 상호 격려하며 개별적 인생 목표가 달성될 수 있도록 돕는 것이 필요하다. 이제 베이비붐 세대가 노년으로 편입되는 시기가 도래하였는데, 노인목회는 고령시대에 부응하는 중요한 교회 역할이므로, 노인 신도의 특성과 욕구에 맞춰 프로그램을 개발할 수 있도록 교회학교 안에 노년부를 신설하는 것이 필요하다 하겠다.

5. 아름답고 의미 있는 생(生)의 완성을 위한 영성적 노인복지

목회상담가인 타텐호브(Tatenhove, 2011)에 의하면 노화는 죽음을 준비하라는 신호이다. 죽음을 준비하는 삶이란 죽음이 다가왔을 때 영원한 삶에 대한 준비가 되어 있는 방식으로 현재의 삶을 사는 것이다. 각각의 사람들은 자신이 노화라는 자연법칙에 어떻게 반응하고 대응할 것인가를 결정할 책임을 진다. 노년기 영성은 육체적인 활력과 건강의 쇠퇴에도 불구하고 영적 성숙과 사후의 삶에 대한 준비를 향상시키는 힘이다. 태어나서 죽을 때까지 인간은 희망을 놓칠 수 없는데, 희망은 성서적 가르침을 관통하는 실마리이기 때문이다. 시편 저자는 "사슴이 시냇물 찾기에 갈급함 같이 내 영혼이 주를 찾기에 갈급하나이다."(시 42:1)라고 기술하였다.

기독교 교육가인 보겔(Vogel, 2011)은 영성은 자신에게 궁극적으로 참되고 가치 있는 것과 연결되는 방식이라 하였다. 노년기는 중요한 역할에서 면제되고, 세상과 타인의 복지에 기여하고, 성장할 기회와 도전이 되는 새로운 역할을 다시 받는 시기이기도 하다. 일에 파묻힌 삶을 정당화하는 부담에서 벗어나고, 과도한 자아실현이 요구되는 순환고리에서 해방되면서, 노인들은 새로운 모험을 하고 새로운 역할과 과업을 시작할 수 있는 내적 자유를 얻게 된다.

영성심리학자인 밀너(Millner, 1998)는 노화에 대한 부정적인 인식에 대항하여 조용한 혁명을 일으키며 노년의 삶을 즐겼던 50명의 노인에 관한 이야기를 성격유형에 따라 설명하면서 '창조적 노화(Creative aging)'라는 용어를 썼다. 노화가 성숙한 삶이 되기 위해서는 늙는다는 것이 숨기거나 부인되어야 할 것이 아니다. 그것은 오히려 성장의 한 과정으로서 이해되고, 확인되고, 경험될 수 있어야 한다. 그것에 의해 우리는 인생의 신비를 깨닫게 되기 때문이다.

노년의 의미는 젊은 시절과 같이 업적을 내야 하는 책임감과 생존적 이해관계에서 해방되어서 마음을 확대시키는 기회를 가질 수 있는 데 있다. 이 시기의 인간은 좀 더 넓고 여유로운 쪽으로 진보할 수도 있고 혹은 좀 더 좁고 답답한 쪽으로 쇠퇴할 수도 있다. 의사이며 목회상담가인 폴 튜니어(Paul Tournier)는 "흠모할 만한 노인이란 넓게 마음을 열고 이해력을 가지고 보답을 기대하지 않는 사랑을 발휘하며, 관대하고 진실하고 흠모할 만하고 질투가 없으며, 가까이하는 사람에게 아무것도 말하지도 행동하지도 않지만 생명의 위로와 격려를 주려는 것 같은 사람이다."라고 하였다(주선애, 1995 재인용).

아름다운 노년이란 세상을 향해 마음을 열고 인간의 희로애락에 관심을 게을리하지 않으면서 자기 인생의 마지막 남은 부분까지 세상의 유익을 위해 헌신하는 노년일 것이다. 또한 자기 자신에게 집착하지 않고 모든 이해관계와 욕심에서부터 해방되어 풍요로운 유머 감각을 갖고 살아가는 사람일 것이다. 그래서 말년에 풀 한 포기를 즐기며 새로운 진리를 터득하며 항상 새롭게 느끼며 죽음에 대한 불안을 가지는 것이 아니라 영광의 승리로 수용할 수 있어야 그리스도 안에서의 참된 노화라 할 수 있다(주선애, 1995).

노년에 대한 교회의 역할은 마이어오프(Mayeroff, 1972)가 '돌봄의 목회(Caring ministry)'라는 용어를 사용하면서 제안하였듯이 노년의 가능성과 제한성에 관한 지식을 갖고, 그들이 그리스도의 말씀 안에서 자율적으로 성장할 수 있도록 돕고, 경청과 관용으로 인내하면서 그들에게 성령께서 역사하심으로 영원한 안식을 얻을 수 있다는 희망을 주어야 한다. 특히 그들 자신이 불투명한 미래에 잘 대처할 수 있도록 필요한 정보를 제공하고 격려해야 할 것이다.

노년에 관한 이러한 여러 가지 제안을 기초로 하여 고령사회에서 영성적 노인복지가 추구하는'아름답고 의미 있는 노년'의 실제적인 모습은 어떤 것일까(김동배, 2007)?

첫째, 의존적인 노년이 아니라 독립적인 노년이다. 신체와 정서 그리고 경제적인 측면에서 노년은 타인에게 의존적이기 쉬운데 의존성이 높은 노년은 사실 가족이나 주위의 타인으로부터 사랑과 존경, 그리고 인격적인 대접을 받기 어렵다. 건강한 노년은 말할 것도 없고 비록 병약하여 임종간호를 받아야 하는 상황에 처해 있다 하더라도 노년은 품위를 지키며 자기의 신변과 운명을 스스로 결정할 수 있도록 존중받아야 하고, 노년 스스로도 독립성을 유지할 수 있도록 노력해야 한다. 교회는 노년이 심리적 및 사회적으로 자립심을 갖고 자신을 드러낼 기회를 갖음으로써 성숙한 인격체로 삶을 유지할 수 있도록 지원해야 할 것이다.

둘째, 닫힌 노년이 아니라 열린 노년이다. 심리적인 측면에서 노년은 폐쇄적이고 고집스러운 자세를 갖기 쉬운데 세상을 있는 그대로 이해하고 수용할 수 있는 넓은 마음의 소유자이어야 한다. 자녀, 젊은이, 새로운 친구를 자기의 주관으로만 보면 불만과 불평을 떨쳐 버리기 어렵다. 새로운 기술을 습득하여 세상과 융합하는 데 주저하지 않는 노년은 급격히 변화하는 세상에 움츠러들지 않고 오히려 그 변화를 즐길 수 있다. 그리스도를 본받아 주위 사람들을 격려하고 힘을 실어주는 노년은 가정과 사회에서 관심의 중심에 서 있게 될 것이다.

셋째, 받는 노년이 아니라 주는 노년이다. 사회적인 측면에서 노년은 주위로부터 도움을 받는 대상이 되기 쉽다. 도움을 받는 데 익숙하고 의존적인 노년은 사회적 주변인으로 살아갈 뿐이지 결코 사회적 주류로 인정되기 어렵다. 노년이 갖고 있는 자원은 많이 고갈되었지만 그래도 남아 있는 자원을 갈고 닦아서 가정과 사회에 유익한 자원으로 전환할 때 노년은 사회적으로 유용성을 인정받을 뿐만 아니라 개인적으로도 효능감을 느낄 수 있다. 노년들이 가정과 교회와 사회를 위해 어떤 의미 있는 역할을 수행할 수 있도록 도와드리는 것, 그리고 다양한 봉사활동에 참여할 수 있는 기회를 드리는 것은 고령사회에서 교회가 노년들에게 사는 흥미와 의미를 느끼게 할 수 있는 효과적인 방법이다.

이러한 삶을 사는 노인은 사람이 봐도 아름답고 하나님이 보시기에도 아름다울 것이다. 젊음의 아름다움과 노년의 아름다움은 그 질에 있어서 다르다. 오히려 장년을 통해 노년에 이르도록 이러한 특징을 잘 개발한 사람은 "보시기에 참 좋았더라" 하신 하나님의 인간을 향한 사랑을 완성하는 길을 걷는 사람일 것이다.

제9장

영성적 장애인복지

세계의 각 국가들에서 장애를 가지고 있는 사람으로 인정하는 기준은 상이하다. 대부분의 선진국의 경우 전체 인구 대비 장애인의 비율이 높으나(20~30%대), 개발도상국은 장애인의 비율이 낮게 나타난다(10% 미만). 최근 한국의 장애인출현율은 약 5% 내외로 보고되고 있다. 가령, 2013년부터 2018년까지 5개년간 한국의 등록장애인 비율을 살펴보면, 4.8~5.0%로 나타나고 있다. 우리나라의 한 가구를 4인으로 가정하면, 약 1,000만 명이 장애인당사자나 장애인가족이 되는 것이다. 즉, 장애인복지는 우리나라 인구의 1/5이 직·간접적으로 관련이 있는 매우 중요한 정책임을 나타내는 것이라 할 수 있다(정지웅, 2019a).

교회 사역의 영역으로서 장애인복지 역시 매우 중요한 의미를 갖는다. 구한말 이루어진 초기 선교는 만인형제사상에 토대를 둔 기독교 이념에 의거하여, 사회로부터 소외되어 있었던 장애인에 대한 의료적·교육적·복지적 접근이 중심이 되어 시작되었다(강창욱, 김해용, 이준우, 2006; 김병하, 2004). 예를 들면, 감리교 의료선교사 로제타 셔우드 홀(Rosetta Sherwood Hall) 여사는 1894년 평양에 조선 최초의 맹아학교를 세웠는데 이는 한국 장애인선교와 특수교육의 효시이기도 하였다(이준우, 2015). 또한 제생원의 교사로 부임한 독실한 기독교인이었던 박두성은 홀 여사가 개발한 4점으로 된 뉴욕식 점자인 한글 점역에 한계가 있다고 판단하여 1923년 비밀리에 '조선어점자연구위원회'를 조직하고 7명의 연구위원이 연구한 결과를 종합 검토하여 1926년 11월 4일 '훈맹정음'을 반포하기에 이른다. 이 점자체계는 현재 우리나라

293

모든 점자 교과서나 서책에 사용되고 있으며 한국의 자랑이다. 이어서 1941년에는 성서 점자 원판 제작을 완성하여 시각장애인에게 성서를 보급하고자 했던 박두성의 평생의 기도와 노력이 마침내 실현되었다. 그리고 1935년에는 이창호 목사에 의해 평양맹아학교가 설립되었다. 이 학교는 통학제와 기숙제를 병행한 특수학교였다. 기숙사에서는 날마다 찬송과 기도 소리가 끊이지 않았다. 1946년 4월 19일 이영식 목사에 의해 광복 후 최초의 사립특수학교인 대구맹아학교가 설립되었다. 대구맹아학교는 대구광역시 서성로 소재 중앙교회당에서 맹아동 2명, 농아동 10명으로 출발한 이래, 1959년에는 농학교인 대구영화학교와 맹학교인 대구광명학교로 발전하였다(이준우, 2015).

교회의 본질적 임무는 예수 그리스도의 복음을 땅 끝까지 전파하여 하나님의 백성들을 양성하는 것으로 이것은 주님의 명령에서 비롯된다(이준우, 2007). 이 복음전파와 양육을 통한 전인적 구원과 재활이라는 교회의 사명은 교회의 복지적 과업이라 할 수 있으며, 이는 구주에 대한 사랑과 순종에서 나온 것으로 이 과업에서 제외되는 사람은 한 사람도 없다. 그래서 장애인 문제는 하나님의 일, 즉 그리스도의 몸 된 교회의 건강성을 회복시키기 위한 하나님의 일이다(이준우, 1994). 따라서 장애인을 향한 사랑과 섬김의 복지는 교회의 가장 핵심적인 사역 중 하나일 수밖에 없다(이준우, 2007). "맹인이 보며 못 걷는 사람이 걸으며 나병환자가 깨끗함을 받으며 귀먹은 사람이 들으며 죽은 자가 살아나며 가난한 자에게 복음이 전파된다 하라."(개역개정 눅 7:22 하반절) 이 말은 세례 요한이 그의 제자들을 통하여 예수께 그분의 메시야 되심을 물었을 때 예수께서 대답하신 말씀이다. 우리 육신의 장애와 영혼의 장애 그리고 사회적 장애를 불쌍히 여기시고 고쳐 주심으로써 우리 삶의 모습을 다시 온전케 해 주시고 이를 통하여 하나님과의 화해를 이루게 하시는 것, 바로 그것이 그분의 메시야 되심을 증거하는 예수 일생의 사업이셨고, 이는 오늘날 우리가 예수님의 제자들로서 계속 완성해야 할 그분의 뜻인 것이다. "주의 성령이 내게 임하셨으니 이는 가난한 자에게 복음을 전하게 하시려고 내게 기름을 부으시고 나를 보내사 포로 된 자에게 자유를, 눈 먼 자에게 다시 보게 함을 전파하며 눌린 자를 자유롭게 하고 주의 은혜의 해를 전파하게 하려 하심이라."(개역개정 눅 4:18-19) 결국 복음은 첨예한 현실의 모순에 대해 눈과 귀를 멀게 하는 소리가 아니라 그것을 직시하고 해결을 가능케 하는 소리이며, 죄의 노예가 된 인간을 위해서 예수 그리스도 안에서 이루신 하나님의 구속사역을 기쁘게 선포하는 소리인 것이다. 따라서 진정한 복음은 장애인들에게 구원의 감격과 은혜의 사랑으로 전해져야 하며, 그들의 아픔을 치유할 뿐만 아니라 사회적으로 더 이상 장애인들을 장애인이 되게 하지 않도록 해야 한다(이준우, 2007).

1. 영성적 장애인복지의 기초: 성경적 장애인관[1]

1) 성경에 나타난 장애 및 장애인관

기독교가 장애인 문제를 해결할 수 있다는 관점에서 볼 때, 장애와 장애인에 대한 성경적 관점을 규명하려는 시도의 중요성은 더욱 부각된다. 장애인에게 예수 믿고 천당만 가면 모든 것이 다 해결된다고 하는 현실 도피적, 내세 지향적 선교는 잘못된 것으로서 장애인에게 복음과 삶의 문제 해결은 분리가 아니라 통합개념임을 명심해야 한다(이준우, 2005).

그리스도의 탄생과 더불어 시작되는 신약시대에는 이스라엘 민족에게 주어졌던 기존의 율법이 이 땅에 거주하는 만민들에게 적용되는 새로운 계명으로 대체된다. 신약의 많은 부분은 옛 율법의 기본 정신이 계승된 새 계명의 시대가 시작되었음을 강조하고 있다. 그리스도는 '율법의 마침'(롬 10:4)이시며 율법은 그리스도에게로 이끄는 '몽학선생'(갈 3:24)으로 우리를 거스리고 우리를 대적하는 '의문에 쓴 증서'(골 2:14)로 장차 오는 좋은 일의 그림자이며 참모습이 아닌(히 10:1-15) 것으로 이해되며, 모세보다 더 좋은 언약의 중보이신 예수 그리스도의 새로운 계명으로 첫 언약이 대체되었음을 선포하고 있다. 새로운 계명으로 인하여 정죄의 율법은 사라지고 '사랑과 용서의 율법'이 약속의 시대를 이끌어 가는 새로운 중심이 되고, 억압의 율법시

---

1 이 절의 내용은 이준우(2007)의 내용을 수정·보완하여 제시한 것이다.

대가 끝나고 '자유의 율법시대'가 시작된 것이다.

율법의 올무에 매어 있어 이를 벗어나면 정죄 받던 구약시대가 지났으며, 새로운 약속의 시대에는 장애가 죄의 결과일 가능성은 원천적으로 사라진다. 신약시대에는 더 이상 미리암과 같은 경우는 존재하지 않으며, 장애의 치유에 대한 구약의 예언들이 예수의 행적 속에 표본이 되어 나타난다. 예수의 말씀과 이적을 보면서도 죄를 짓는 사도들에 대해 예수는 정죄보다는 용서하시며 형제의 잘못을 일흔 번씩 일곱 번이라도 용서하라고 말씀하신다. 예수께서는 여리고에서 만난 두 시각장애인이 우리를 불쌍히 여기어 달라고 소리 지를 때, 그들을 불쌍히 여기시고 만져 주시니 그들이 보게 되었고(마 20:29-34), 또한 잔치를 배설하거든 차라리 가난한 자들과 지체장애인들과 저는 자들과 시각장애인들을 청하라고 하셨다(눅 14:13).

신약의 장애인관을 극명하게 보여 주는 대표적인 예는 요한복음 9장에 나타난다. 날 때부터 시각장애를 가진 사람을 보고 이것이 누구의 죄 때문이냐고 묻는 제자들의 질문 속에는 이미 구약의 장애인관이 전제되어 있다. 예수님께서는 단호하게 '누구의 죄도 아니며 그에게서 하나님의 하시는 일을 나타내고자 하심'이라고 선언하시고, 그의 장애를 치유하신다. 장애에 대한 편견에 젖어 있는 바리새인들은 눈을 뜬 시각장애인이 예수를 찬양하는 것을 듣고 "죄 가운데서 태어난 주제에 가르치려 든다"(요 9:24)고 하지만 예수는 그에게 시각장애인이 되었으면 오히려 죄가 없었으리라고 말씀하신다. 3년 동안의 지상 활동에서 예수는 많은 장애인에게 새로운 삶을 열어 주셨고, 이사야의 예언을 성취(35:5-6; 61:1-3)하셨다. 그 과정에서 예수는 그들의 믿음을 먼저 확인하고 소외계층에게 진정한 복음과 자유를 전하기 위해 보내신 자의 뜻을 충실히 이행하셨다.

마가복음 2장(1-12)에서는 지붕을 뜯어내고 병상에 누운 채로 내려진 뇌병변장애인의 믿음을 보시고 "소자야 네 죄사함을 받았느니라"고 하시지만 그의 병을 즉시 치유해 주시지는 않으셨다. 그러나 의심 많은 서기관들의 마음의 중심을 읽으시고 "일어나 네 상을 가지고 걸어가라"고 하시어 그가 일어나 나가니 비로소 그들이 영광을 하나님께로 돌린다. 이 부분은 교회 장애인복지의 본질이 육신의 장애를 치유하는 것만이 아니라 하나님과의 온전한 관계회복을 위한 죄로부터의 구원에 기초하고 있음을 보여 주는 일례라 할 것이다.

이와 같이 신약성경에 기록된 예수님의 행적에서는 시각장애인, 청각장애인, 지체장애인 등과 같은 장애인들에게 '돈 얼마를 자선하셨다'는 이야기는 찾아볼 수 없고 한결같이 그들의 육체적·정신적 장애를 근본적으로 해결해 주셨다고 기록되어 있다. 이는 장애인들에게는 생활능력이 없기 때문에 일시적인 자선, 구제도 필요하지만 이것은 인간다운 생활을 하게 하는 궁극적인 방법은 아니라는 점을 시사해 준다. 예수는 장애인들을 근본적으로 치유해 주심으로써 그들이 인간다운 생활에 정상적으로 참여할 수 있도록 해 주셨다.

일시적이고 간헐적인 자선과 구제는 그들을 계속해서 의존하는 존재로 규정 짓는다는 것을 생각하면 예수께서 하신 장애인에 대한 전인적 접근은 오늘날 우리에게 장애인 문제해결의 근본적인 방안이라 할 수 있는 영성적 장애인복지의 방향을 제시해 주고 있다.

2) 영성적 장애인복지의 관점

(1) 장애에 대한 관점

하나님의 독생자에게 있어서 장애는 죄의 결과로 인한 열등함을 의미하는 것이 아니었다. 예수가 보인 장애치유 이적은 죄사함을 의미한다기보다 비장애인에 비해 생활의 불편함이 많은 장애인을 치유하심으로써 영성적 장애인복지를 완결하려는 데 있다. 즉, 예수에게 있어 '장애는 차별의 개념이 아니라 차이의 개념'이었고 장애인에 대한 우월의식이나 동정심에 입각한 것이 아니라 '형제애와 실제적 평등'에 입각한 것이었다.

장애에 대한 비성경적 인식으로 생활의 불편함과 더불어 사회경제적 소외까지 감내해야 하는 장애인에게 있어 장애의 치유는 무척이나 중요한 의미를 지닌다. 그러나 기독교 장애인복지의 본질이 단순히 육체적 장애 치유에 한정된다면 선교의 본질적 의미인, 생활의 중심에 하나님과 이웃에 대한 사랑을 갖고 살아가는 삶의 구현은 퇴색되고 말 것이다.

장애인은 영적·정신적·물질적·신체적으로 비장애인에 비해 상대적으로 열악한 상황에 처해 있다. 그렇다고 해서 구휼대상으로만 인식되어서는 안 된다. 그들도 그리스도의 능력으로 충분히 자립할 수 있고, 나아가 비장애인들이 할 수 없는 소중한 일까지 감당하기도 한다.

(2) 예수께서 주신 모든 계명의 충실한 적용

기독교는 모든 민족과 남녀, 노소, 빈부, 장애와 비장애의 차별 없이 적용되는 새로운 보편 규범을 정립하였다. 따라서 기독교인은 장애인을 자신의 이웃으로 인식하여 합당한 모든 권리를 보장하는 실천적 삶을 살아야 한다. 이와 같은 사랑의 실천 근거는 예수님의 가르침과 사역에서 뚜렷하게 찾을 수 있다. 예수님의 새 계명은 결코 소극적이거나 탁상공론적이 아니라 가히 혁명적이셨고 구약의 옛 계명을 보다 철저하게 만드신 것과 동시에 극복하신 것이었다. "내가 너희를 사랑한 것 같이 너희도 서로 사랑하라."(요 13:34) 이것은 "네 이웃을 네 몸과 같이 사랑하라"(레 19:18)는 옛 계명보다 더욱 철저하다. 예수님은 십자가 위에서 죽으시기까지 우리를 사랑하셨기 때문이다. 이 새 계명은 예수님의 사랑을 기준으로 제시하고 있다. 그러므로 이 계명은 친구를 위하여 목숨까지도 버릴 수 있는 사랑을 요구하고 있는 것이다(요 15:13; 요일 3:16). 이 사랑은 정신적일 뿐 아니라 구체적이다. "누가 이 세상 재물을 가지고 형제의 궁핍함을 보고도 도와 줄 마음을 막으면 하나님의 사랑이 어찌 그 속에 거할까 보냐, 자녀들아 우리가 말과 혀로만 사랑하지 말고 오직 행함과 진실함으로 하자"(요일 3:17-18) 또한 "가서 네 있는 것을 다 팔아 가난한 자들을 주라"(막 10:21)는 말씀은 "너는 반드시 그에게 구제할 것이요 구제할 때에는 아끼는 마음을 품지 말 것이라"(신 15:10)는 말씀보다 더 지키기 힘들다. 구약 율법은 "그 요구하는 대로 쓸 것을 넉넉히 꾸어주라"(신 15:8)고 명령하지만 예수님의 가르침은 우리가 가진 것을 다 팔아 가난한 자에게 주라고 한다.

그러나 오늘 우리의 현실은 어떠한가? 지금도 지역사회 내에 장애인 관련 시설이 들어서려고 하면, 여러 가지 이유들로 인근 지역 주민들의 반대가 심한 경우가 발생한다. 또한 장애인이기 때문에 결혼, 취업, 복음전도에 이르기까지 삶의 많은 영역에서 소외 문제가 지속적으로 나타나고 있는 실정이다. 이는 결국 하나님보다는 물질을 숭배하는 사고의 형태이며 율법의 올무에 얽매여 수건을 동여매고 거울을 보는 자와 같은 반기독교적 사고일 뿐이다.

기독교인은 지극히 낮은 자에게 한 일이 곧 예수 자신께 한 일(마 25:31-46)이라는 말씀과 형제의 약한 믿음을 상하게 하는 것이 곧 그리스도에 대한 죄(롬 14; 고전 8)라고 한 말씀을 교회 장애인복지에서도 적용해야 한다. 장애인에 대한 온당한 시각과 품행에 입각한 영성적 장애인복지는 장애인에 대한 특별한 계명과 함께 모든 동료, 이웃에 적용되어야 할 계명을 수행하는 가운데서야 완결될 수 있다. 장애인의 본질은 장애라는 특수성에 있는 것이 아니라 바로 '인간'이라는 데 있기 때문이다.

(3) 장애인의 지역사회 참여와 통합을 위한 노력

교회는 지역사회 내의 장애인들에게 지역사회와 복음과 만날 수 있는 기회를 최대한 보장해 주어야 하며, 이웃으로서 누릴 수 있는 동등한 권익의 보장을 위해 노력해야 한다. 우선 교회의 프로그램으로서 예배·심방·제자훈련 등과 지역사회의 프로그램으로서 의료·교육·직업재활에 장애인이 접근하는 데 불편과 차별이 없도록 성의 있고 조직적인 노력을 해야 한다.

교회는 정책의 장애인 문제에 대해서 성경적 관점에 입각해서 그들이 그리스도의 한 소중한 지체로서 설 수 있도록 해야 한다. 즉, '장애인과 더불어 살아가는 사회'의 구현을 위해 다른 사회 부분보다 높은 관심으로 대책을 강구해야 한다.

구약의 많은 율법이 폐하여져도 신명기 15장과 레위기 19장은 고린도후서 8장(12-13절)으로 이어져 내려오는 바, 그 주된 내용은 이웃을 도울 때 아낌이 없어야 하며 자신의 몸과 같이 사랑하며 영원히 고기를 먹지 못할지라도 형제를 실족케 하지 말라는 것이다. 특히 현대사회의 빈곤이 상대적 박탈감을 자극하여 삶을 더욱 고통스럽게 하는 현실 속에서 날로 커져 가는 지역교회의 모습은 과연 그 지역 내 장애인들에게 어떻게 비춰질까를 걱정하는 것에서부터 한국교회의 솔직한 반성은 시작되어야 한다.

2. 하나님나라 운동과 영성적 장애인복지실천[2]

현재 교회가 실천하고 있는 장애인복지의 현주소는 어떠한가? 여기서는 이와 같은 질문을 토대로, 하나님나라 관점에서 장애인선교를 재조명하고, 향후 추구해야 할 영성적 장애인복지를 구체적으로 탐색해 보고자 한다.

1) 영성적 장애인복지의 근거로서 하나님나라 운동

성서에 의하면 교회의 본질과 사명은 예수 그리스도에게서 위임받은 하나님나라의 사역을 실천하는 일이다(마 10:1-15). 그것은 개인의 영혼구원은 물론 사회구원, 자연의 구원, 종교(교리와 신학)와 질병과 죽음으로부터의 해방을 포함하는 온전한 복음의 진리를 선포하는 것이다. 이러한 교회는 "하나님나라가 가까이 왔다."는 임박한 종말을 선포하고 가르치는 종말론적 공동체(마 4:23, 9:35)와 하나님나라의 도래를 위하여 세상의 악과 싸우는 해방공동체이다. 다시 말해서 교회는 종말론적 희망속에서 하나님나라의 복음을 선포하고 하나님나라의 실현을 위하여 일해야 한다. 그러므로 한국교회는 하나님나라의 도래를 위하여 선택받은 종말론적 백성으로서 이 세상에서 장애인을 향한 예수 그리스도의 사역을 실현하는 공동체가 되어야 한다. 즉, 한국교회는 장애인의 모든 삶의 영역에 하나님의 사랑과 정의를 선포하는 종말론적 은사공동체가 되어야 한다.

이런 측면에서 영성적 장애인복지란 장애인들이 하나님나라의 통치를 받고 복된 인생을 살게끔 하나님나라를 확산하는 운동이다. 교회는 장애인의 삶의 과제에 대하여 직시하고 영성적 장애인복지를 계획해야 할 것이다. 이것은 장애인복지에 대한 인식의 전환을 요구한다. '장애인이 교회의 어떤 이웃(선교의 대상)인가'라는 질문 대신에 '교회는 장애인을 위해 어떤 이웃(섬김의 공동체, 선교의 공동체)인가'라는 새로운 질문을 던져야 한다. 이를 통해 다음과 같은 몇 가지 핵심적인 과제가 주어지게

---

2 이 절의 내용은 이준우(2010)의 내용을 수정·보완하여 제시한 것이다.

된다(강창욱, 김해용, 이준우, 2006).

첫째, 장애인도 비장애인과 같이 인간의 존엄성을 지닌 존재로 인정해 달라는 교회를 향한 과제이다. 장애인도 하나님의 형상을 입은, 그리고 하나님의 생명을 받은 하나님나라의 시민권을 누릴 존재임을 교회는 다시 한번 확인해야 한다. 교회가 선포하는 복음에는 장애인도 우리의 형세이며, 동역자이고, 하나님나라의 핵심적인 구성원임을 신앙고백으로 만방에 전파할 선교적인 과제를 갖고 있다. 둘째, 장애인이 교회를 향해 원하는 것은 의료, 교육, 심리사회, 직업, 접근성, 정보 등의 영역을 실천의 과제로 삼아 달라는 것이다. 영적 지원이라는 측면에서의 선교과제는 상기한 영역들과 관련을 맺을 때 진정한 의미를 갖게 된다. 전인적 재활의 중심은 영적 재활에 있는데 이것은 영적 차원이며 이것이 인간의 삶으로 나타날 때는 의료, 교육, 심리, 사회, 직업 재활 등으로 나타나게 된다고 보아야 할 것이다. 곧 이러한 재활 중심의 선교 사역을 통해 영적 재활에까지 이르게 하는 이념적 틀이 장애인선교의 핵심이 된다고 본다. 셋째, 장애인들은 교회공동체에 속하여 장차 누릴 하나님나라에서의 삶을 체험하고 이것이 그들의 신앙과 소망으로 연결되어 이 세상에서 살아가면서 재활을 성취하려는 노력의 밑거름이 될 수 있도록 교회가 장애인을 위한 생명의 공동체, 사랑의 공동체, 섬김의 공동체가 되어 주기를 바란다.

2) 하나님나라 운동과 영성적 장애인복지의 관계

예수의 공생애 핵심 주제는 하나님나라의 구현, 즉 하나님나라 운동이다. 눈물과 탄식과 고통이 가득한 이 땅에 하나님나라가 온전히 구현되게 하는 것, 이것이 바로 메시야로 이 땅에 오신 예수의 핵심 사명이며, 예수께서 선포하셨던 하나님나라는 죄와 사탄의 통치 세력이 무너지고, 공의와 사랑과 평화가 구현되는 하나님의 왕적 통치가 이루어지는 영향권을 의미하였다(이한수, 1992). 그리고 그 영향권이 확대되어 가는 활동이 바로 하나님나라 운동이라 할 수 있다.

그렇다면 선교는 무엇이며 장애인선교는 또 무엇인가? 선교가 예수의 복음을 전하는 것이고, 예수가 전하고자 하는 복음의 본질이 '하나님나라'라고 한다면, 장애인선교는 예수께서 장애인을 대상으로 하나님나라를 구현하시고자 직접 행하신 사역이라고 볼 수 있다(눅 7:21-23, 17:14, 18:42; 마 8:3, 9:30; 막 7:35, 8:25; 요 9:7 등). 따라서 장애인선교는 장애인과 비장애인 가릴 것 없이 하나님의 모든 피조물이 온전한 평화를 누리며 하나님께 찬양과 영광을 돌리며 행복하게 공존하는 하나님나라를 실현하는 것이다.[3]

이렇게 진정한 하나님나라는 하나님의 샬롬(평화)으로 구현된 그 하나님의 사랑으로 하여금 하나님나라 구성원들의 삶을 소망으로 연결시킨다. 인간은 그 소망 안에서 사회적 고립을 극복하여 장애인과 비장애인, 건강한 자와 병자, 젊은이와 노인, 남자와 여자들 간의 진정으로 하나 된 생활 공동체를 이룰 수 있는 근거가 된다. 다시 말해서, 하나님나라에 대한 소망이야말로 인간적인 공동체를 새롭게 갱신하는 근거가 되는 것이다(유장춘, 2009).

그러므로 하나님나라 운동은 그 자신이 먼저 하나님의 통치를 받아들여 그 영역 안으로 들어가는 것이며, 사람들이 당신의 통치를 받아들이게 하여 그 영역 안으로 들어오게 하는 것이며, 당신의 통치를 위하여 동역하는 운동이다. 그리고 그 분의 주권 앞에 굴복하고 그 주권을 따라 살아가는 운동이며, 언제 어디서나 그 분의 백성으로서 자아정체성을 확립하고, 전도하고 성장하며 변혁을 주도하는 운동인 것이다.

하나님나라 운동의 맥락에서 볼 때, 영성적 장애인복지실천은 장애인들의 삶의 영역에 하나님의 통치가 실현되게 하는 것이며 하나님의 은혜를 경험하며 살아가는 장애인의 인구가 확대되어 가도록 하는 운동이고 장애인의 삶과 사역의 주권이 하나님께 있음을 인정하도록 하는 운동이며, 장애인들도 당당하고 명예로운 하나님의 백성으로서의 자아정체성을 확립하도록 돕는 사역이다.

---

3   창조주 하나님은 악인과 선인, 의로운 자와 불의한 자를 차별하지 않고 모든 생명체의 생존에 절대적으로 필요한 햇빛과 비를 공급해 주시는 생명의 하나님(마 5:43-45)으로서 장애인들에게도 한없는 사랑을 주시는 분이시다. 그래서 예수는 그의 제자들이 편협한 이웃 사랑의 범주를 뛰어넘어 약자와 죄인과 원수까지도 포괄하는 하나님의 '큰 사랑'을 본받을 것을 촉구하신다(마 5:48). 예수의 하나님나라는 지상 모든 인간의 구원과 행복과 평화를 지향한다. 장애인이든 비장애인이든 하나님의 형상대로 지음 받은 모든 인간은 이 땅에서 하나님의 자녀로서 하나님을 믿으며 행복하게 살아갈 권리를 지니고 있는 것이다.

여기에서 장애인의 영적 구원과 복지문제(신체·심리·사회·직업 등)를 해결하는 전인적인 복지가 나타나야 한다. 영성적 장애인복지는 상호 연관되는 영적 구원과 복지, 이 두 개의 큰 축이 통합되어 형성된다. 이는 영혼구원과 사회복지, 특수교육이 기독교적 관점 속에서 통합되는 개념이 장애인복지선교라는 용어와도 연결된다. 예수께서 세상에 오신 것은 단지 기적이나 베풀기 위해 오신 것이 아니라 하나님나라의 복음을 선포하기 위해 오셨다. 하나님나라의 통치, 하나님의 통치는 이 세상에서 실현되어야 하며, 그 결과 현재와 미래 모두에서 구원이 일어나야 한다. 그 구원은 인간을 위한 구원이면서 동시에 구원받은 인간을 통한 더 큰 세상의 구원이다. 이 구원이 장애인을 향할 때, 그것이 바로 하나님나라 운동으로서의 장애인복지선교가 되는 것이다.

3) 기독교 세계관에 근거한 하나님나라 운동으로서의 영성적 장애인복지

영성적 장애인복지는 기독교적 세계관을 통해 하나님나라 운동으로서의 그 성격과 기능을 보다 더 분명하게 정립해 낼 수 있다. 기독교 세계관은 하나님께서 구조와 방향을 창조하셨다는 것을 전제로 한다. 하나님께서 창조하신 모든 피조물은 하나님의 목적에 따라 모든 것이 아름답고 완전하고 선한 것이다. 장애인도 역시 하나님이 지으신 피조물로 그 목적에 따라 아름답고 완전하며 선한 존재임을 인정해야 한다. 그들은 비장애인들과 비교될 이유를 갖지 않는다. 하나님의 하시고자 하는 일을 위하여 지음 받았을 뿐이다(유장춘, 2009).

그런데 인간은 타락된 방향으로 나아가 장애인을 차별하고 소외시키며 비하할 뿐 아니라, 그들의 정당한 권리를 박탈하며 생활을 고립 또는 격리시키고 숭고한 생명의 존엄성을 가치절하 시켜 하나의 생명력 없는 부양의 대상으로 추락시키고 말았다. 장애인선교 운동은 이러한 타락적인 방향을 되돌려 구속적 방향으로 나아가도록 하는 운동이다. 그래서 교회는 장애인의 존엄성과 가치를 회복하도록 도우며, 그들이 인간의 다양한 영역에 참여하게 하고, 그들의 권한을 강화하고 위임하고 존중하여 사회적 역할을 담당하도록 역할을 분담해야 할 뿐 아니라 삶의 공동체 안에서 일치와 화해를 경험하게 해야 할 것이다.

〈표 9-1〉 기독교 세계관적 관점에서 본 장애인 문제

		기독교 세계관	근거 성구	기독교 세계관적 관점에서 본 장애인복지선교	근거 성구
구조	창조	하나님께서 지으신 목적에 따라 모든 것이 아름답고 완전하고 선하다.	나 여호와가 말하노라 내 손이 이 모든 것을 지었으므로 그들이 생겼느니라(사 66:2)	하나님이 지으신 장애인은 그 자체로 아름답고 완전한 존재이다.	그에게서 하나님이 하시는 일을 나타내고자 하심이라(요 9:3)
방향	타락	인간은 하나님의 목적을 상실하고 잘못된 길로 나아갔다.	우리는 다 양 같아서 그릇 행하여 각기 제 길로 갔거늘...(사 53:6)	인간의 사회는 장애인을 차별, 소외, 비하, 박탈, 고립, 격리, 죄악시, 가치절하, 부양대상으로 추락시켰다.	제자들이 물어 이르되 랍비여 이 사람이 맹인으로 난 것이 누구의 죄로 인함이니이까(요 9:2)
	구속	예수 그리스도께서 인간에게 바른 길을 보여 주고 이끌어 내신다.	예수께서 이르시되 내가 곧 길이요 진리요 생명이니 나로 말미암지 않고는 아버지께로 올 자가 없느니라(요 14:6)	교회는 장애인을 회복, 참여, 일치, 존중, 치료, 위임, 역할분담, 권한강화, 공동체화 해야 한다.	그들과 함께 성전으로 들어가면서 걷기도 하고 뛰기도 하며 하나님을 찬송하니(행 3:8)

출처: 유장춘(2009), p. 27.

3. 영성적 장애인복지의 목표[4]

1) '사회정의'의 구현

'사회정의'라는 말은 창세기에서부터 계시록에 이르기까지 이 세상을 바로잡고자

---

4 이 절의 내용은 이준우(2010)의 내용을 수정·보완하여 제시한 것이다.

하는 하나님의 의도를 뜻한다(Wright, 2009). 그 하나님의 의도는 과거에 있었던 예수님의 부활과 미래에 있을 하나님의 새로운 세상 사이를 이어가게끔 하는 데에 있다. 그래서 믿음의 사람들이 말씀에 근거하여 바른 신앙으로 살면서 죄악된 세상을 정의로운 사회로 혁신시켜 나가야 함을 전제하고 있다. 예수 그리스도가 부활했기 때문에 하나님나라는 이미 현재에 도래한 것이고, 장차 이루어질 완전한 하나님나라가 곧 실현될 것임으로 믿음의 사람들은 이 땅의 불의를 척결하고 하나님께서 원하시는 사회정의를 위해서 수행되는 구체적인 활동들을 해야 한다. 그러한 활동들 가운데 중요한 것이 영성적 장애인복지라 할 수 있다.

부활의 복음은 해방의 복음이다. 사도 바울은 그리스도 안에서 이루어진 하나님의 나라 혹은 새 창조에서는 옛 창조의 전형적인 세 가지의 차별적 구분들이 다 해소되었다고 선언한다(김세윤, 2003). 즉, 유대인과 이방인 간의 인종적 그리고 구원사적 구분, 남자와 여자 간의 성적 구분, 그리고 상전과 노예 간의 사회신분적 구분이 해소되었다는 것이다(갈 3:28). 그리스도 안에서의 새 창조의 질서를 표현하는 것이 하나님나라 운동이라면 하나님나라 운동에 기반한 장애인복지는 이런 신분적·성적·인종적 구분에 의한 차별을 제거해 나가야 하며, 장애와 비장애 간의 차별이 가져오는 불의와 억압을 없애도록 해야 하는 것이다. 이것이 '사회정의'의 구현이며 이를 통해 장애가 해방되고, 약하고 가난한 장애인들의 인권이 증진될 수 있다.

2) 아름다움의 회복

장애인들에게 복음이 전파되고 그들이 구원받은 하나님의 자녀가 되면 심미적인 인식과 예술적 창조성 등이 회복될 수 있다. 장애인이라 할지라도 창조하는 사람이 될 수 있으며 놀라운 예술적 재능을 발휘할 수 있는 이유는 장애인도 하나님의 형상이기 때문이다. 예수가 새 창조의 첫 번째 사례이면서 동시에 강력한 능력으로 죽은 자 가운데서 부활하셨을 때, 그 못 자국은 단지 예수의 손과 발에 남아 있는 가시적인 흔적만은 아니었을 것이다. 그 못 자국은 예수를 알아볼 수 있는 십자가 사건을 경험해야만 하셨던 그 분의 상징이며 표시였다고 할 수 있다(Wright, 2009).

장애도 마찬가지이다. 장애가 고통과 상처의 흔적으로만 머물지 않고, 아름다움으로 승화할 수 있다면 장애는 찬란한 부활의 영광이 될 것이다. 이처럼 예술이 이 세상의 상처와 부활의 약속 모두를 다룰 수 있게 되고 동시에 그 두 가지 모두를 표현하고 거기에 반응하는 법을 배우게 될 때, 우리는 새로운 비전, 새로운 임무를 향해 가는 길에 설 수 있게 될 것이다. 이를 위해서 장애인들로 하여금 진지하면서도 참신한 상상력을 가지게끔 지원할 필요가 있다. 십자가를 향한 간절한 묵상과 기도로 시작되는 상상력, 부활을 통해 자신의 아름다운 창조 세계를 심판하시면서 동시에 다시 긍정하시는 하나님의 신비를 분별하는 상상력이 필요하다. 이렇게 상상력을 배양하면서 적극적으로 장애인 예술가를 양성하고, 이를 통해 장애인을 통한 아름다움을 창출해 내는 일은 하나님나라 건설에 매우 유용한 장애인복지의 한 방법이 될 것이다.

3) 예배

예배란 '하나님을 믿고 그를 경배하며 그를 섬기는 봉사적 행위'를 뜻한다고 할 것이다. 이러한 봉사는 곧 공적인 예배에서 출발하여 그리스도인의 전 삶의 봉사로서, 섬김의 삶으로 나타나야 한다(롬 12:1). 즉, 예배는 기독교적 신앙과 삶의 총체적 표현이라고 할 수 있다. 결국 예배는 그리스도인의 삶에 있어서 가장 중요한 요소이자 '그리스도인 여부'를 가늠하는 척도가 된다. 기독교는 예배하는 종교이다. 예배하는 일 없이 기독교는 존재하지 않는다고 할 만큼 기독교에 있어서 예배는 중요하다. 예배는 기독교의 생명과 같은 신비로운 은혜의 사건이다. 하나님은 언제나 예배 가운데 계셔서 인간을 만나시며, 대화하시며, 은혜와 자비를 베푸시기를 기뻐하신다.

그러므로 예배는 그리스도인들에게 있어서 신앙의 생명을 공급받는 은혜의 샘과 같은 것이다. 이런 예배에 장애인이라는 이유로 참여할 수 없다면 불행한 일이다. 분명 장애인도 하나님의 형상대로 지음 받은 존엄한 인격체임을 우리가 믿는다면 당연히 장애인도 예배에 참여해야 할 것이며 이 땅 위에서 그리스도인다운 삶을 살 수 있도록 예배할 수 있는 여건을 조성해야 하는 것이다. 그런데 오늘 한국교회는 아직도 장애인이 오기에는 교회의 건물구조부터 문제가 된다. 휠체어를 탄 장애인이 올 수 있기에는 너무 벅찬 계단, 좁은 좌석 통로, 장애인이 전혀 이용할 수 없도록 만들어진 화장실 등, 그러나 더 근본적인 문제는 이러한 물리적 환경을 극복하고자 하는 모습이 없거나 부족한 목회자와 교인들의 의식이 여전히 존재하고 있다는 것이다.

그리스도의 사랑과 '모든 인간은 하나님 앞에 평등하다'고 부르짖는 교회에서 신앙생활을 하고 있는 교인들의 장애인에 대한 몰이해는 단순히 교인들만의 책임이라기보다는 그들의 지도자인 목회자에게 더 큰 문제가 있다고 여겨진다. 어쨌든 모든 한국교회의 예배마다 장애인이 함께할 수 있도록 실질적인 조치가 이루어져야 할 것이다. 주님께서 우리를 인정해 주시듯이 누구나 지닌 모습, 즉 '있는 그대로' 인정받고, 그 모자람들은 서로의 사랑으로 채워지며 어려움들을 서로 함께 나눠지려고 노력하는 교회, 우리 모두 다양한 모습 그대로 함께 모여 조화롭고도 바르며 아름답고도 자연스럽게 주님께 예배 드리는 교회야말로 하나님나라를 건설해 나가는 교회의 모습이다.

4) 인식 개선

장애인과 관련된 여러 문제점들에 있어서 그 원인이 되는 것은 여러 가지가 있으나, 그중에서도 가장 근본적이며 근원적인 문제는 역시 장애인에 대한 잘못된 이해와 그릇된 인식으로부터 비롯되는 것들이다. 따라서 장애인 문제의 해결은 장애인에 대한 바른 이해로부터 시작되며, 또한 장애인에 대한 잘못된 인식과 편견, 그리고 장애인에 대한 차별의식을 제거하고, 건전한 장애인관 형성을 위해 노력해야 하는 것이 선결된 과제이자 가장 중요한 문제이다. 즉, 장애에 대한 이해와 참여 그리고 장애예방 등에 대한 계몽이 필요하다. 장애인들은 심신의 장애보다 부정적 편견에서 오는 사회적 장애가 더 무섭고 크다고 이야기하고 있다. '장애란 차별의 개념이 아니라 차이의 개념'이라는 차원에서 이해하고 불편한 짐을 서로 나누어 가지는 것이 곧 이웃사랑이라는 것을 구체적으로 깨우쳐 주는 계몽이 필요하다.

5) 역량강화 실천: 가치 있는 사회적 역할 부여

장애인의 역량을 강화하는 일은 장애인에게 하나님의 형상대로 창조된 존재로서 가치 있는 사회적 역할을 부여해 줌으로써 가능해진다. 이는 동정이나 자선이 아닌 권리와 책임으로서 서비스가 주어져야 하며, 결국 영성적 장애인복지는 가치 있는 사회적 역할을 가져다줄 수 있는 방향으로 초점이 모아져야 한다는 것을 의미한다.

한국의 학교교육과 가정교육 그리고 사회적인 환경은 다양성(多樣性)과 창조적 기질보다는 일양성(一伴性)과 적응성을 강조하여, 사회가 요구하는 수준에 이르지 못하거나 적응하지 못하면 사회는 그러한 인간을 낙오자이자 문제성 있는 존재로 평가(낙인, stigma)하게 된다. 그러나 하나님은 장애를 갖고 있든 그렇지 않든 모든 인간을 존귀하게 창조하셨고, 현대사회를 살아가는 모든 인간이 누려야 할 복지는 인간다운 생활임을 이미 성서를 통해서 말씀하셨다(이준우, 2005). 장애인들을 위한 복지도 인간적인 삶을 누릴 수 있는 기회를 부여하는 데 초점을 맞추어야 한다. 즉, 장애인을 위한 복지의 최대 목표는 장애인이 우리 사회의 평등한 인간으로 자리매김하여 이 사회의 진정한 한 구성원으로 인정받고 참여하는 사회적 통합이 실현된 이 땅에서의 '하나님나라' 구현이다(강창욱 외, 2006).

4. 영성적 장애인복지 상호연계협력 모델[5]

영성적 장애인복지실천의 실질적인 방안으로서, 교회, 장애인선교단체, 기독교복지재단의 상호연계협력 모델을 살펴보고자 한다.

1) 교회의 역할

영성적 장애인복지실천을 위한 교회의 역할은 다음과 같이 논의될 수 있다(이준

---

5 이 절은 이준우(2015)의 내용을 수정 · 보완하여 제시한 것이다.

우, 2014). 첫째, 교회는 장애인선교단체와 기독교복지재단의 다양한 사업들과 프로그램들이 기독교적 세계관이나 성경적 가치관에 근거하게끔 적극적으로 지원할 필요가 있다. 가령 장애인선교단체나 기독교복지재단의 채플이나 신앙 관련 프로그램을 지원하는 것이다. 일반적으로 장애인선교단체는 교회로부터의 지원과 중보로 운영된다. 즉, 장애인선교단체의 젖줄은 교회다. 또한 기독교복지재단의 뿌리는 기독교 영성에 있음을 잊어서는 안 된다. 기독교 영성은 본질적으로 하나님과 깊은 관계로 밀착되는 것이다. 그래서 기독교복지재단의 사회복지실천이 영성에 기반을 둘 때, 기독교복지재단에 근무하는 사회복지사의 실천은 기독교의 세계관과 가치관 그리고 그 윤리의식에 기초하지 않을 수 없다. 기독교 세계관을 통해 조성된 가치체계는 이타적이며, 생명 중심이고, 하나님나라를 궁극적 가치로 설정한다. 그래서 진정한 기독교 영성은 사회복지실천을 위한 윤리적 기준을 제시한다. 일반적으로 영성적 사회복지사는 세속적 사회복지사보다 더 높은 수준의 윤리적 의식을 갖고 있어야 한다.

실제로 기독교적 영성을 소유한 사회복지사는 "여호와를 의뢰하여 선을 행하는 것"(시 37:3)과 같이 사회복지실천을 수행하게 된다. 여기서 여호와를 의뢰한다는 것은, 첫째, 여호와께서 이루시도록 맡기는 것이며, 둘째, 길을 지도하시는 하나님을 인정하는 것이다. 셋째, 성령의 음성에 귀 기울이는 것이며, 넷째, 주목하여 훈계해 주시기를 바라는 것이다. 나아가 다섯째, 지혜를 구하며, 여섯째, 앞서 행하시기를 요청하는 것이다. 마지막으로 일곱째, 이 사람 앞에서 은혜를 입게 하옵소서! 하는 것이다. 이렇게 사회복지실천을 감당하는 영성적 사회복지사는 철저하게 자신의 이익을 최대한 배제하고 하나님의 뜻을 따라 이타적 사랑과 섬김을 실현하는 실천개입을 한다.

기독교복지재단에서 일하는 사회복지사에게 요구되는 정신이 바로 이와 같은 기독교 영성에서부터 출발하는 가치관이어야 하는 것이다. 영성적 가치관에 근거한 사회복지실천은 이용자 중심 서비스, 사회정의에 대한 통찰과 용기 있는 실천, 인간 존엄성의 추구, 인간관계의 중요성 인지, 성실함을 동반한다. 결국 장애인선교단체와 기독교복지재단의 영적 토대로서의 역할을 교회가 감당해야 하는 것이다. 마치 기독교 대학의 교목실과 같은 역할을 하는 것이다. 장애인선교단체와 기독교복지재단에 대해 영성적 지원을 하는 것이다.

둘째, 장애인통합 사역의 노하우가 있는 교회의 경우, 장애인선교단체를 통해 다른 지역 교회에 적극 전달할 수 있어야 한다. 장애인교육부서, 장애인주일, 장애인세례, 장애인통합예배, 장애인위원회 등의 사역 경험이 있는 교회는 장애인선교를 막 시작하는 교회들의 롤모델이 될 수 있다. 향후 지역교회들이 단순히 물리적 통합이 아닌 건강한 신앙 공동체를 세워 갈 수 있도록 통합 사역의 구체적인 노하우를 전달하는 과정에 장애인선교단체의 역할을 이끌어 낼 수 있어야 한다.

셋째, 장애인선교단체와 기독교복지재단의 사업들이 지역사회를 복지친화적인 공동체로 만들어 나갈 수 있도록 교회가 적극 지원해야 한다. 기독교복지재단은 지역사회를 복지 공동체로 만드는 데에 있어 하나의 모델을 한국 사회에 보여 주고 있다. 가령, 밀알복지재단이 건립한 밀알학교의 경우, 장애인과 그 가족들만 주로 오고 갔던 우리나라 특수학교의 전형적인 모델을 뛰어넘어 지역주민들이 애용하는 '사랑 공동체'로 기능하고 있으며, 주일이 되면 교회가 사용하는 교회당이 된다. 교회와 교인들이 장애인선교단체 및 기독교복지재단과 힘을 합쳐 노력하면 얼마든지 지역사회를 복지친화적인 공동체로 만들 수 있음을 보여 주고 있다.

넷째, 교회는 기독교 관련 기관들과의 네트워크를 형성하여 장애인선교단체와 기독교복지재단을 지원할 수 있다. 한국교회 내에 있는 다양한 기독교 관련 조직들 상호 간의 네트워크 협력을 통한 다양한 기독교사회복지 실천개입 노력은 서비스 이용자들의 삶의 질을 보다 효과적이고 효율적으로 개선하기 위해서라도 반드시 필요한 일이고, 또한 중요한 일이기도 하다. 교회는 잠재력이 풍부한 조직들과 자원들을 연결할 수 있는 충분한 역량이 있다. 교회를 통한 실질적인 기독교 관련 기관 네트워크는 결과적으로는 장애인선교단체와 기독교복지재단에만 유익이 되는 것이 아니라 그 일에 쓰임 받는 교회 공동체 구성원들의 신앙 성숙에도 큰 도움이 될 것이다.

2) 장애인선교단체의 역할

장애인선교단체는 교회를 비롯한 여타의 한국교회와 기독교복지재단을 위해 다음과 같은 역할을 수행해야 한다. 첫째, 장애인선교단체의 사역은 정부의 지원에 의존하기보다는 교회의 자원을 동원하는 순수한 민간복지 방법에 집중할 필요가 있다. 장애인선교단체의 사역은 인간의 생명을 사랑하는 경건성과 순수성에 그 정체성을 두는 것이 전략적이다. 즉, 영성적 토대 위에서 수행되어야 하는 것이다. 이를 기반으로 세상에서 육신적으로, 정신적으로, 영적으로, 그리고 다른 사람들과 환경에 의해 상처를 입고 있는 많은 사람을 치유하며 고통을 해결해 주어야 한다. 물론 장애인선교단체의 궁극적 목적은 영혼의 구원에 두고 있지만, 장애인선교단체의 사역을 의도적인 전도와 양적인 성장의 수단으로 활용하지 말아야 한다. 그러므로 장애인선교단체의 사역은 개인의 영적 문제뿐만 아니라 실제적 삶의 회복과 향상을 위한 활동에 초점을 두어야 한다.

둘째, 장애인선교단체의 사역은 인간의 다양한 욕구의 영역인 사회적 · 경제적 · 문화적 · 육체적 · 심리적 · 윤리적 · 영적인 범주를 포괄해야 한다. 실제로 장애인선교단체는 서비스이용당사자(clients)의 실제적 욕구와 필요가 무엇인지를 이해하는 것이 중요하다. 장애인선교단체는 그들의 욕구와 필요에 대해 충분히 조사하고 그것을 충족시킬 수 있는 프로그램을 개발하여야 한다. 그리고 개발된 프로그램은 많은 한국교회와 적극적으로 공유해야 한다. 장애인선교단체는 일방적인 영적 구원과 영적 치료에서 벗어나 전인적 치료를 위한 다양한 생활영역에 관심을 두어야 한다. 왜냐하면 인간은 누구든지 사회와 환경에 의해 존중받아야 할 내적 존엄성을 가지고 복지의 삶을 선택할 권리와 생존의 가치를 가지고 있기 때문이다. 다시 말하면, 인간의 삶의 가치는 재산소유의 풍요로움이나 부족함에 있는 것이 아니라(눅 12:15), 인간의 존엄성과 권리에 그 근거를 두어야 한다. 이를 위해서도 앞의 첫째와 마찬가지로 영성적 토대 위에서 장애인선교단체의 사역이 진행되어야 한다.

셋째, 장애인선교단체의 사역은 서비스이용당사자들을 일방적 도움의 대상으로 간주하지 말아야 한다. 장애인선교단체가 일방적으로 그들을 도움의 대상으로 생각한다면, 장애인선교단체와 한국교회는 항상 그들에게 도움을 주어야 한다는 종속적 관계로 인해 양자는 화해할 수 없는 쌍방의 이기적이며 배타적 관계로 전락하게 될 것이다. 그러므로 장애인선교단체의 관심은 그들로 하여금 그들의 능력과 잠재력을 계발하여 사회환경에 적응할 수 있도록 돕는 데에 모아져야 한다. 그리고 이용당사자들을 일방적으로 장애인선교단체로 불러들이는 것만이 아니라 그들이 있는 곳으로 직접 찾아가서 서비스를 제공하는 것에도 보다 최선을 다해야 한다.

넷째, 장애인선교단체의 사역은 평신도의 적극적인 동원과 참여가 요구된다. 초대교회에서 교회의 복지사업과 그 활동을 관리하고 협력했던 주체가 평신도(고전 12:28)였던 것과 같이, 현대교회에서도 전문적인 복지사업과 사회봉사 교육을 받은 평신도의 전문성을 효과적으로 활용해야 한다. 동시에 교회의 평신도의 전문성을 활용하여 국가 공공기관과 사회단체의 제도적 문제점을 개선하는 일에 적극적이어야 한다. 이런 측면에서 장애인선교단체의 사역은 활동의 범위와 영역을 분명하게 정하고, 사역에 참여할 수 있는 평신도들을 선정하여 훈련시켜야 한다. 여기에서 교회와 장애인선교단체는 보다 더 유기적으로 연계 협력할 필요가 있다. 장애인선교단체는 교회의 다양한 프로그램을 통하여 개발된 평신도의 영성(spirituality)과 주어진 삶의 터전과 직장생활을 통하여 개발된 전문성(professionalism)의 양자를 장애인선교단체 사역의 바람직한 자원들로 활용하여야 한다.

다섯째, 장애인선교단체의 사역은 지역사회의 복지기관들과 협조하여 교회를 중심으로 지역단위와 지역사회 공동체에 이르기까지 점진적으로 확대되어야 한다. 장애인선교단체는 기독교복지재단을 비롯하여 사회복지실천을 위해 지역사회 공동체의 질서와 욕구를 만족시키는 여타의 다양한 공공기관 및 사회복지기관들과 협력하여 이들 기관들을 교회와 연결시키는 일을 해나갈 필요가 있다. 지역사회의 복지기관들과 긴밀한 관계를 유지하면서 다양한 영역의 서비스이용당사자, 정신 및 신체장애인, 다양한 질병환자(폐결핵, 간질병, 각종 암환자, 알코올 중독자 등), 소년소녀가장, 노숙인 및 실직자, 이혼자, 고아 및 과부, 고령자 및 독거인, 외국인 근로자 및 불법 체류자, 다문화 기혼자, 다문화가정 자녀, 청소년 범죄자들을 개인적으로 혹은 집단으로 보호하고 지원하는 일에 교회를 연계시켜 나가야 한다. 장애인선교단체의 가장 큰 사명은 직접적인 서비스뿐만 아니라 지역교회와 지역사회의 다양한 조직들과 기관들을 중재하고 연계시키는 일에 있다고 본다. 장애인선교단체를 통해 구현되는 지역사회 공동체와의 협력관계는 지역주민들에게 효과적이며 양질의 복지서비스와 함께 가장 효과적인 간접적 복음화 운동이 될 수 있을 것이다.

여섯째, 장애인선교단체의 사역은 교단 및 교파를 초월하여 지역교회의 교회연합운동으로 수행되어야 한다. 지역단위의 교회사회복지실천을 위하여 지역교회들이 범교단적인 공동 프로그램을 개발하여 진행하게끔 장애인선교단체는 적극적인 노력을 기울여야 한다. 교회사회복지실천의 연합활동은 군소 교회들의 부족한 복지예산과 인력 문제 등을 해결할 수 있는 장점이 될 수 있다. 만일에 동일한 지역에서 다양한 교단 및 교파별, 혹은 각 교회단위로 교회사회복지실천이 추진된다면, 하나님나라를 지향하는 신학적 차별성뿐만 아니라, 교파 및 교단 이기주의와 독선적 자기합리화에 빠질 위험성을 초래할 수 있다.

일곱째, 장애인선교단체의 사역은 '지역화'와 '세계화'를 동시에 능동적으로 추진해야 한다. 장애인선교단체 사역을 위한 지역화의 과제는 교회와 지역사회를 연결하는 '지역사회 네트워크'를 구축하여 지역사회가 요구하는 프로그램을 개발하여 제공하여야 한다. 동시에 장애인선교단체 사역의 세계화를 위해 특성화된 복지선교 교육프로그램을 개발해야 한다. 가능하다면 대학과의 연계 협력도 필요하다. 이렇게 특성화된 교육프로그램을 통해 아시아, 아프리카, 러시아를 비롯한 동유럽 출신의 지도자들을 교육하여 해당 국가에 파견하는 한편, 현지 국가에 복지선교 내지 사회복지실천의 교육제도와 프로그램을 수출하여 현장 지도자들을 양성하는 방법을 도입해야 한다. 나아가서 장애인선교단체 사역의 지역화를 위해 기독교복지재단과 협력하여 '지역사회센터(community center)'를, 그리고 세계화를 위해 '세계화센터(global education center)'를 설립하는 것도 하나의 방안이 될 것이다.

이제는 장애인선교단체의 사역이 '복지선교'로 정립되고 이러한 '복지선교'가 새로운 선교의 패러다임으로 정착되고 교육되어 한국교회에 널리 확산되어야 한다. 장애인선교단체의 사역은 그 자체가 하나님의 뜻이며 의미 있는 활동이다. 그래서 장애인선교단체의 사역이 '예수 믿고 구원 받으라!'는 구호적인 전도 내지 영혼구원만을 강조하는 전도의 도구가 되어서는 안 된다. 선교는 하나님의 '샬롬'을 실현하며 하나님나라를 완성해 나가는 것으로 보아야 한다. 이렇게 선교를 정의하면 선교는 이제 '복지선교'로 재인식되어야 하는 것이다. 복지선교는 교회의 사명인 인간과 인간 사이에 먼저 인간화를 이루고, 인간과 자연 사이에 파괴와 훼손 대신에 질서와 조화의 관계를 이루며, 나아가서 인간과 하나님 사이에 순종과 화해의 관계를 회복하게 할 목적을 가지고 있다. 장애인선교단체와 교회는 복지선교를 통하여 이 땅에 하나님나라의 복음을 선포하며 교회의 사회복지를 구체적으로 실천하기 위한 예수 그리스도의 대행자(agent)로서의 사명을 감당해야 한다.

따라서 장애인선교단체는 교회와 협력하여 사회와 세계에 하나님의 지상명령인 복지선교를 대행할 지도자들을 체계적으로 교육해 나가야 한다. 또한 그들이 미래 교회와 사회를 위해 공헌할 복지선교의 과제를 설정하는 것 역시 매우 중요하다. 이 일은 장애인선교단체와 대학이 연계하거나 아니면 장애인선교단체가 보다 주도적으로 구현해 나가야 가능하다. 왜냐하면 복지선교는 교회의 선교적인 사명으로 수행되는 과업이기 때문이다. 그래서 복지선교 교육은 어떤 식으로든 교회를 통하거나 교회와 연계되어 수행되어야 하는 것이다. 더욱이 복지선교의 교육은 학생들로 하여금 일반 사회복지 교육에 비해 보다 소명감과 신뢰감을 요구하고 있으며, 보다 성실하고 능동적인 그리스도인으로서의 역할을 강조할 수밖에 없는 것이다.

이에 복지선교의 교육은 사명감을 가지고 능동적으로 하나님의 '소명'을 실현하는 인간성 함양 교육이 되어야 하며, 영성을 배양하는 신앙교육이 되어야 한다. 또한 전문성을 갖추게 하는 교육이어야 하고, '자원화'를 위한 교육, '네트워크 능력' 고취를 위한 교육, 정보화를 위한 교육이어야 하며, 더 나아가 복지선교를 위한 평생교육을 활성화해야 한다. 복지선교의 교육은 신학과의 학문적 교류와 합류를 통해 그 가능성을 발견해야 한다.

3) 기독교복지재단의 역할

(1) 통합관리 지원체제 구축

기독교복지재단은 교회와 협력하에 장애인선교단체와 다양한 장애인복지시설, 장애인사업장 그리고 특수학교 등에서 이루어지는 복지·재활·교육·여가·일자리 사업 등을 종합적으로 관리·운영하는 통합관리 지원체제를 구축할 필요가 있다. 이를 위해서는 기독교복지재단 산하시설들 중에서 통합관리를 종합적으로 개입실천할 수 있는 거점 기관을 선정하여 운영하는 방법이 가장 현실성 있다고 본다. 기독교복지재단 산하시설들 가운데 선정된 거점기관이 적극적으로 여러 조직들과 시설들을 함께 만날 수 있도록 지원하고 파트너십을 하고자 하는 능동적인 노력이 있어야 한다. 특히 연계와 협력은 각 기관들이 사심 없는 '내려놓음'에서 출발하여 다른 기관에 대한 존중과 배려의 과정을 통한 신뢰 형성이 기본적으로 조성되어야 성공할 수 있다.

영성적 장애인복지실천을 실현하기 위해서는 기독교 세계관에 근거한 양질의 실질적인 교육과 훈련이 있어야 한다. 특히 다양한 영역에서 여러 유형의 전문가들이 함께 일하는 기독교복지재단 사무국 및 산하시설들의 현실을 생각해 볼 때, 기독교복지재단 전체가 유기적인 연계조직으로 거듭나서 명실상부한 통합관리 체제로 변화되기 위해서는 지속적이고 체계적인 직원 교육과 훈련이 개발·시행되어야 한다. 특히 기독교복지재단 내 사회복지사들과 다양한 전문가들에게 '영성수련회'를 비롯한 지속적이고 체계적인 '슈퍼비전'과 교육의 기회를 제공하며, 표준화된 통합관리 운영 및 전문성 제고를 위한 직무교육체제를 개발해 나갈 수 있을 것으로 본다.

보다 원활한 장애인복지 및 직업재활 서비스의 접근성을 보장하기 위한 지원들로는 우선 기독교복지재단 내에 있는 장애인복지시설의 인력 등에 대한 정기적인 실태조사와 정보 축적이 필요하다. 이를 통해 기독교복지재단 산하시설과 여러 전문인력 등에 대한 데이터베이스를 구축·관리하고, 장애인복지서비스 및 재활서비스 공급자와 수급자를 연계하는 기능이 통합 연계 지원체제를 통해서 수행되어야 한다. 특히 기독교복지재단 산하시설들이 운영하고 있는 양질의 서비스와 프로그램에 대한 정보들을 수집하여 필요할 때 각각의 시설들이 공유하는 일이 요구된다. 특히 기본 데이터 수집과 자료 형성 등과 같은 매우 기초적인 정보 생성과 저장 및 축적이 시급히 요구된다. 그리고 이를 통해 기독교복지재단 직원만이 아니라 서비스를 이용하는 장애인들이 기독교복지재단 및 산하시설에서 제공하는 다양한 장애인복지 및 재활 서비스를 보다 수월하게 이용할 수 있는 기반을 조성해 나가야 한다.

진정한 사회복지시설은 지역주민과 복지시설과의 구체적인 작은 연결고리를 만들어 줄 수 있어야 한다. 기독교복지재단 산하시설들의 사회복지사와 전문가들은 장애인들에게 복지서비스를 실어 나르는 도구이자 프로그램을 소통하는 역할을 수행하여야 한다. 장애인들의 욕구에 기반한 서비스 이용자 중심의 프로그램을 개발하고 실행하기 위해서는 다양한 물적·인적 정보교류를 통한 소통이 중요하다. 따라서 모든 기독교복지재단 산하시설들은 기독교복지재단 내의 기관이나 시설 간의 네트워크만이 아니라 보다 폭넓게 지역사회에 산재해 있는 여러 기관들의 프로그램을 소통하는 네트워크 구축 거점센터로서의 역할을 구체적으로 수행할 필요가 있다.

(2) 창의적인 장애인 직업재활서비스 개발과 정착 실현

현대자본주의 사회의 중증장애인복지에서 중요한 영역 중 하나가 직업재활이다. 창의적이며 혁신적인 장애인 직업재활서비스를 개발하고 성공적으로 정착시키기 위해서는 서비스 수행 인력의 전문성 확보가 담보되어야 한다. 사회복지사, 작업치료사, 직업재활전문인력 등과 같은 전문가들에 대한 전문성 함양을 위한 다각적인 노력이 요구된다. 더욱이 이들 인력에 대한 지속적인 재보수 교육과 훈련이 요구된다. 특히 장애인복지 및 직업재활인력 양성과정 평가 및 교육 프로그램의 개선, 슈퍼바이저 양성과 전문성 강화, 교육매뉴얼 개발 등을 선도적으로 해나갈 필요가 있다.

기독교복지재단 산하시설에서 이미 개발되어 활발하게 시행되고 있는 다양한 프로그램들을 지역사회 내 장애인들이 경험할 수 있도록 지원하기 위해서는 기존 장애인 직업재활서비스에 대한 산하시설들 상호 간의 효과적인 홍보와 함께 기독교복지재단 내 사회복지사, 작업치료사, 직업재활전문가들의 역량이 강화되어야 한다. 또한 여러 형태의 장애인복지시설에서 제공되는 직업재활서비스에 대해 장애인들이 스스로 접근하지 못하는 경우가 많으므로 기독교복지재단이 보다 적극적으로 장애인 직업재활서비스에 대한 홍보와 연계협력을 강화해야 한다.

기독교복지재단 산하 여러 시설들이 공급하는 직업재활서비스의 효과성과 성과에 대한 과학적이며 객관적인 평가관리 시스템을 도입하여 체계적으로 운용할 필요가 있다. 사회복지시설들의 경우에는 정부 차원의 시설평가나 다양한 프로포절 등으로 일정 수준 성과측정이 이루어져 가고 있으나, 직업재활 영역에서는 복지와 경영이 혼재된 상황이어서 부득이하게 기존의 성과 측정의 경우 주로 산출(out put) 평가나 품질(quality) 평가 수준에 머물렀다면, 이제는 실제적인 서비스 이용자의 질적인 변화를 파악할 수 있는 결과(outcome) 평가에까지 이르러야 할 것으로 본다.

이를 위해서 기독교복지재단 산하에 있는 시설들에서 일하는 뛰어난 직원들과 대학에 있는 교수들, 그리고 관련 전문가들을 중심으로 TFT를 구성해서 자체 평가관리 시스템을 구축하고 평가척도를 개발해 실제적으로 평가를 수행할 필요가 있다. 다만 여기에서 주의해야 할 것은 평가가 실무자의 또 하나의 부담이 되지 않게끔 해야 하며, 오히려 전체적으로 업무량을 줄여 주면서 실질적인 서비스 이용자의 변화를 도출해 내는 효과적인 서비스 지원 도구로서의 역할을 하게끔 해야 한다는 점이다.

(3) 비공식적 관계망에 대한 지원 제공

장애인 문화와 사회 속에서 형성되는 비공식적 관계망은 매우 중요하다. 가령 청각장애인들의 경우 농인들만의 독특한 문화와 삶이 있으므로 비장애 가족들과의 단절과 소외가 있을 가능성이 높다. 그러므로 장애인 당사자만이 아닌 그 가족 전체에 대한 개입실천이 필요하다.

장애인을 대상으로 하는 비공식적 관계망은 같은 서비스를 받는 동료, 이웃 등을 통해서도 강화될 수 있다. 장애인복지서비스와 프로그램을 통한 동료 장애인과의 만남은 장애인 서비스 이용자들에게 매우 중요한 지지체계로 나타날 것이다. 이러한 주변 지지체계를 강화하기 위해서는 무엇보다 동료들과의 상담 및 만남을 통해 이뤄져야 한다. 특히 장애인거주시설과 장애인복지관 등이 적극적으로 연계하여 '동료상담, 동료만남, 좋은 친구 되기' 등과 같은 프로그램을 공동으로 개발하고, 이에 대한 지속적인 홍보와 관련 정보를 제공할 필요가 있다.

기독교복지재단 산하시설에 조직되어 있는 각각의 장애인부모 모임을 활성화함으로써 장애인의 비공식적인 관계망이 외연적으로 확장되고, 동시에 내실 있는 지지체계로 발전해 나가게끔 할 필요가 있다. 특히 발달장애 아동의 경우 실질적인 옹호자 내지 지지자, 대변자 등의 역할을 부모가 하게 된다는 현실을 감안할 때, 장애인부모 모임이 감당해야 할 책무는 매우 크다고 할 수 있다. 뿐만 아니라 부모 모임은 기독교복지재단에서 수행되고 있는 다양한 장애인복지실천 활동들이 제대로 잘 이루어지고 있는지를 모니터링할 필요가 있으며, 동시에 우수한 사업이나 프로그램 등은 적극 알리고 지원하는 역할을 해야 한다. 이에 장애인부모 모임이 보다 실질적으로 장애인복지서비스 수준을 향상시키는 데에 기여할 수 있게끔 그 활동의 범위와 수준이 확대되어야 할 것이다.

(4) 지속적인 자기계발과 효과적인 사회적응을 위한 장애인 평생교육 개발

학령기 특수교육과 성인기 직업재활, 평생교육, 주간서비스 등에서 필요로 하는 콘텐츠를 기독교복지재단 산하시설들이 공동으로 제작·운영하는 방식으로 포털 구축이 요구된다. 지역에 맞는 서비스 이용자 중심의 혁신적인 장애인복지서비스와 프로그램을 개발하여 시행하기 위해서는 보다 창의적인 접근이 요구된다. 개발된 장애인교육 프로그램 매뉴얼은 장애인선교단체를 비롯해 기독교복지재단의 여러 장애인복지 관련 단체 및 산하 각 지회의 장애인교육 담당인력 및 유관부서 그리고 무엇보다도 각 지역의 장애인교육 관련 시설이나 현장에 직접 보급될 수 있도록 하며, 매뉴얼을 '장애인교육 포털'에 파일 형태로 탑재하여 활용성을 높이도록 한다.

장애인들에게도 자원봉사 활동을 할 수 있는 구체적인 기회를 만들어 제공해 나갈 필요가 있다. 장애인 자원봉사인력에 대한 구체적인 정보를 파악하여 '장애인 자원봉사은행'(가칭)을 구축하고, 장애인 봉사자가 지닌 자원과 그 자원을 필요로 하는 대상자 및 기관 간에 연계가 자유롭게 이루어질 수 있도록 하여야 할 것이다. '장애인 자원봉사은행'은 앞서 제시한 '장애인교육 포털' 안에 설치하거나 별도의 '장애인

자원봉사 포털'을 구축하여 운영할 수도 있다.

5. 영성적 장애인복지가 지향하는 공동체

기독교는 '그리스도의 지체'라는 말을 많이 사용한다. 고린도전서 12장(12-31절)은 하나의 완벽한 신앙 공동체로서 갖추어야 할 요건들을 보여 준다. 교회는 다양한 지체들의 은사와 아름다움과 존귀함을 볼 줄 알아야 하며, 한 지체의 고통을 자신의 고통으로 깊이 느껴야 한다. 장애인도 하나님의 영광과 의를 드러내는 똑같은 인간임을 인식해야 한다. 장애인은 교회에서 없어서는 안 되는 존재이며, 한 인간으로서 그리고 하나님의 백성과 자녀로서, 그리스도의 한 몸을 이루는 지체로서, 복음의 도구요 통로요 매개체로서, 하나님의 일꾼으로서 중요한 역할을 감당하고 있는 것이다. 따라서 교회는 장애인을 목회와 복지의 주체와 대상으로서 적극적으로 받아들여야 한다(이준우, 2007).

이를 위하여 영성적 장애인복지가 지향해야 할 '하나님나라 건설을 위한 각 구성원들의 은사와 재능에 기반한 종말론적인 해방 공동체'의 모습을 제언하고자 한다.[6] 첫째, 더불어 함께 어울리는 공동체다. 하나님나라 건설을 위한 공동체는 장애와 비장애, 남녀노소, 빈부, 학벌 등 온갖 현실적인 차이에도 불구하고 더불어 살아가며 함께 어울리는 공동체이다. 서로가 서로에게 관심을 갖는, 특히 관심 밖으로 밀려난 이웃, 관심이 필요한 이웃에게 관심을 주고 함께 사랑으로 어울리는 서로 연합하는 공동체이다. 걸을 수는 없으나 듣고 볼 수 있는 사람은 다리가 불편한 사람들의 다리가 되어 주며 팔이 건강한 사람은 팔이 불편한 사람들의 팔이 되어주고 마음이 건강하지 못한 사람들은 마음이 건강한 사람들로부터 사랑의 도움을 받으며 건강한 비장애인들은 오히려 장애인의 순수한 신앙의 열정에 도전을 받는 공동체, 눈빛만 보아도 서로의 아픔과 기쁨을 감지할 수 있는 마음과 마음이 통하는 공동체, 바로 그러한 공동체를 꿈꾸어 보는 것이다. 인간의 죄로 인해 이것은 지극히 비현실적인 이

---

6 이하 내용은 이준우(2015)의 내용을 수정·보완한 것이다.

상일지도 모른다. 그러나 그리스도와 함께한 가운데 비록 완전하지는 못할지라도 함께 어울리는 이 공동체를 향해 영성적 장애인복지는 나아가야 한다.

둘째, 함께 믿음이 커가는 공동체다. 하나님나라 건설을 위한 공동체는 자기 자신과 타인이 어우러져 하나님을 만나 신앙 안에서 함께 살아가는 공동체이기에 서로를 믿고 서로의 무한한 가능성을 믿는 공동체가 되어야 한다. 이는 서로가 서로에게 믿음을 일깨워가며 서로의 부족함을 함께 채워가는 하나 되는 믿음의 공동체이다. 말씀을 묵상하고 말씀을 배우며 말씀대로 실천하려는 노력이 엿보이는 공동체이다. 체계적이고 계획된 말씀대로 실천하려는 노력이 엿보이는 공동체이다. 이를 위해서는 체계적이고 계획된 말씀공부와 성서교육 프로그램이 있어야 할 것이다.

셋째, 세상 변혁의 주체로서의 공동체다. 하나님나라 건설을 위한 공동체는 장애인의 편견과 소외 그리고 장애인 자신의 죄악 된 문제들 모두를 극복하기 위한 노력이 있는 공동체이다. 장애인들의 삶의 증진을 위해 외쳐야 될 것은 과감하게 외치는 공동체이다. 장애인을 바르게 알리고 장애인의 생활이 얼마나 열악한가를 인식하고 사회구조적인 모순들을 함께 해결해 가려고 노력하는 공동체이다.

넷째, 나눔과 섬김의 공동체다. 하나님나라 건설을 위한 공동체는 함께 생활하면서 서로 섬기며 사랑의 나눔을 지속적으로 실천해 가는 공동체이다. 세상 사람들에게 실천을 통해 참된 나눔과 섬김의 모습을 보여 줌으로써 이 세상이 보다 아름답게 만들어지도록 기여하는 공동체이다. 예수님이 우리 인간들을 섬기시고 사랑을 나누셨듯이 우리도 나눔과 섬김의 생활이 필요하다.

다섯째, 자립적 생산 공동체다. 하나님나라 건설을 위한 공동체는 장애인과 비장애인이 인구비율에 맞게 함께 어울려 생산하고 그 생산을 통한 이윤과 가치들을 필요에 따라 공유하고 나누어서 누구나 자립적으로 살아갈 수 있어야 한다.

제10장
통일복지:
화해와 평화의 한반도 공존공생

1. 한반도 공존공생의 의미와 영성사회복지의 중요성

남한과 북한의 통일은 헌법적 측면, 민족사적 측면, 경제적 측면에서 당위를 갖는 매우 중요한 과제다. 대한민국 헌법에 의하면, 대한민국은 통일을 지향하며, 국민과 대통령은 통일의 사명이 있다고 명시되어 있다. 민족사적, 인도적 측면에서 고찰해 보면, 남북한의 분단은 민족의 자주적 의사와 관계없이 외세에 의해 인위적으로 이루어진 반역사적 현상으로서, 남북한이 원치 않는 분단으로 인해 발생한 이산가족의 고통과 한을 해소하기 위해서라도 통일은 반드시 이루어져야 할 필요가 있다(김동성, 2007; 신중섭, 2006; 이병수, 2010). 이상적 측면에서뿐만 아니라, 통일은 경제적 측면에서도 그 당위성이 확보된다. 세계 유수의 금융사들(골드만삭스, 모건스탠리, 도이치증권, 씨티그룹, 맥쿼리, 크레디트스위스)의 예측에 의하면, 통일한국은 코리아 디스카운트(Korea discount)가 해소되어, 국가 신용등급이 현재 남한에 비해 2단계 이상 도약하게 된다(조선일보, 2014. 1. 10). 또한 골드만삭스의 보고서에 의하면, 통일한국의GDP 규모가 2050년에는 6조 560억 달러에 이르러 그 규모가 프랑스, 독일, 일본 등 주요 G7국을 추월할 것이라고 전망하고 있다(Goldman Sachs, 2009: 정지웅, 2016b 재인용).

하지만 통일의 당위성은 경제적 편익이나 감상적인 민족주의 측면에서만 도출되어서는 안 되며, 세계사적 차원과 영적 차원에서 고민되어야 할 필요가 있다. 우리는 분단의 고통을 극복하기 위해서 대립과 갈등의 역사를 성장의 통증이라 여기고, 이를 발전과 성숙의 계기로 승화시키는 것이 요구된다. 몸이 성장하면 정신도 이에 따라 성장해야 한다. 우리 민족의 정신이 보다 더 성숙해지기 위해서 새로운 차원의 '믿음'이 요구되는 것이다(김성이, 2012).

남한과 북한의 대립 관계는 냉전의 양상을 극단적으로 나타내는 것으로서, 한반도의 평화체제 구축은 단지 남북한 간의 문제를 넘어서는 세계사적 의미를 지닌 과제라고 할 수 있다(정지웅, 2020a). 분단의 원인이 이데올로기적 갈등과 제국주의적 패권 경쟁의 배경을 가지고 있음을 지각한다면, 통일의 전제 조건 역시 국제적 차원에서 이해되어야 함을 알 수 있다. 통일은 민족의 자주적 문제이기도 하지만, 동시에 국제적 문제이기도 하며 본질적으로 세계정치적 문제임을 고려할 때에, 국제적 공감대를 얻을 수 없는 통일은 남북한 민족이 간절히 원한다 하더라도 달성되기 어려운 측면이 있음을 간과해서는 안 된다. 따라서 우리는 통일을 단순히 민족사적 사명으로 인식하는 것이 아니라, 세계사적 사명으로 인식해야 한다.

한반도 분단은 국제 냉전체제의 모순이 표출된 것으로서 현 인류의 고통과 불행의 표본이라고 할 수 있다. 하지만 바로 이러한 고난의 현장에 우리의 사명이 있다. 그 사명은 "이 불의의 짐을 원망도 하지 않고 회피도 하지 않고 용감하고 진실하게 지는 데 있다. 불의의 결과는 그것을 지는 자 없이는 결코 없어지지 않는다. 인간을 위하여, 또 하나님을 위하여 이것을 져야 한다. 우리가 이것을 자진하여 택한 것은 아니다. 우리가 잘못하였으므로 우리에게로 왔다. 그러나 또 하나님이 그렇게 섭리하였다"(함석헌, 2003: 479~480). 우리 민족이 인류의 대립과 살상에 대한 죄악을 짊어지고, 그것을 극복하여 세계가 새로이 나아가야 할 방향을 제시할 수 있다면, 그리고 그러한 길을 남북한의 통일이 상징적으로 보여 줄 수 있다면, 세계가 환영하는 통일의 길로 나아갈 수 있다.

이상의 논의를 고려한다면, 한국교회가 영적·정신적 토대가 되어 남북한 간의 화해와 평화를 향해 노력하는 것은 중요한 사명이 된다. 교회가 적극적으로 추진하는 화해와 평화의 '선교'와 '사회복지실천'이야말로 한국교회가 지난 1945년 민족분단 이후부터 오늘에 이르기까지 지속적으로 평화통일을 향해 기울여 왔던 다양한 노력[1]의 실제적인 성과로 자리매김 될 수 있을 것이다. 즉 통한의 분단 시대에 한국 교회가 지향하고 인도하여야 할 미래는 남북이 이전의 어두운 관계를 청산하고, 분열을 조장하였던 낡은 사고를 버리며 '지식에까지 새롭게'[2]되는 화해와 평화의 시대를 열어야 하는 것이다(이준우, 2020).

교회는 분단 장기화 시대의 남북한 모든 사람이 하나님이 원하시는 남북한 미래의 방향을 새롭게 인식하고 지향하는 새로운 피조물, 갈등과 대립시대의 오류를 폐기하고 새로운 화해시대를 창출하는 '새 사람'[3]이 되도록 하여야 한다. 교회는 남북이 새로운 화해의 복음 안에서 형제자매와 '하나 됨'을 추구하도록 지도하는 사역을, 다른 어느 기관이나 단체, 심지어 기업보다도 주도적으로 인도해야 한다(방연상, 2018). 교회는 예수 그리스도를 통한 화해의 복음을 전파하기 위해 보냄을 받았다. 교회를 통해 선포되는 기쁜 소식으로서의 화해는 하나님의 보편적 사랑과 평화를 지향한다. 예수 그리스도께서는 하나님과 인간의 화해를 위해서, 인간과 인간의 화해를 위해 헌신하셨다.[4] 예수 그리스도를 따르는 신앙 공동체가 교회라면 당연히 교회는 화해 중재자의 역할을 남북한 사이에서 적극적으로 수행해야 한다(이준우, 2020).

통일의 당위성과 통일 준비의 필요성을 고려하였을 때, 우리나라의 모든 영역에서, 모든 이들이 통일에 대해 관심을 가지고 통일을 위한 실질적인 준비가 필요함을 알 수 있다(정지웅, 2016b). 그리고 이러한 사항은 사회복지 영역에서도 역시 마찬가지다. 특히 사회복지는 통일 후 "남북한의 제도적 차이와 경제구조의 차이에서 나타나는 사회적 불안정 요소를 해결하는 데 가장 중요한 대안"(박종철 외, 2011: 116)이 될

---

1 신옥수(2015), 평화통일신학의 형성과 과제: 하나님나라 신학의 빛에서, **평화통일신학: 신학적 근거의 모색**, 15를 참고하기 바란다.

2 "새 사람을 입었으니 이는 자기를 창조하신 자의 형상을 좇아 지식에까지 새롭게 하심을 받은 자니라(골 3:10)."

3 "그런즉 누구든지 그리스도 안에 있으면 새로운 피조물이라 이전 것은 지나갔으니 보라 새 것이 되었도다(고후 5:17)."

4 "너희는 유대인이나 헬라인이나 종이나 자주자나 남자나 여자 없이 다 그리스도 예수 안에서 하나이니라(갈 3:28)."

것이라는 점에서 더욱 시급한 준비가 요청된다. 실제로 독일의 경우를 보면, 단순히 정치·경제제도의 통합이 이루어졌다고 해서 모든 국민이 만족을 느끼는 것은 아님을 알 수 있다. 미켈스(1999)는 "(통일 이후)경제적 선물들은 동독 사람들이 느끼는 소외감과 열등감을 보상해 주지 못했다"고 지적하면서, 통일 후 사회통합을 이루어 내기 위해서는 통일로 인한 최악의 후유증을 완화할 수 있는 사회복지체계가 있어야 한다고 주장하였다(박범종, 2010). 요컨대, 사회복지정책을 어떻게 구축하는가는 남북한의 통합 수준과 통일한국의 국민들이 통일한국에 갖는 애정과 정통성에 대한 인식을 결정지을 것이다(정지웅, 2016b). 영성사회복지는 사회복지의 다양한 접근 중에서도 심층적 수준에 대한 인식을 견지한 것임을 고려할 때, 남북한 주민의 본질적 욕구 충족과 사회통합을 위해 매우 중요한 의미를 지니고 있음을 알 수 있다.

2. 통일에 관한 신학적·방법론적 지형

남북한의 문제를 해결하기 위한 해법을 제시하는 데 있어, 한국교회는 진보 진영과 보수 진영으로 나뉘어 다양한 시각을 제시해 왔다(이준우, 2020).[5] 김정형의 주장을 인용하여 김성건(2018)[6]은 다음과 같이 한국교회의 통일을 향한 실천의 진영 간 차이를 제시하였다. 진보 진영에 속한 한국교회들이 해방 직후 통일정부 수립 운동, 1950년대 통일 운동, 2000년대 대북 포용정책 등 분단 저지 혹은 분단 극복의 노력에 적극적으로 동참하였지만, 보수 진영에 속한 다수의 한국교회들은 분단 극복의 과제보다 자유 수호의 과제를 더욱 중요하게 여기면서 분단 저지 혹은 분단 극복의 노력에 상대적으로 소극적으로 참여하였다. 분단 자체를 한반도를 괴롭히는 다양한 악의 근원으로 보고, 분단 극복을 하나님의 뜻으로 이해하였던 진보적 교회들은 반공 이데올로기에 대한 비판적 자기성찰 및 공산주의자들과의 화해를 촉구한 반면, 일본 제국주의와 공산주의의 핍박 속에서 신앙의 자유와 소중함을 절실하게 깨달은

---

5 이하 이 절의 내용은 이준우(2020)의 내용을 재구성하였다.

6 김성건(2018), 통일 이후의 한국사회와 기독교, **기독교사상, 715**, 30–41을 참고하길 바란다.

보수적 교회들은 공산주의와는 어떠한 화해나 협력도 불가능하다고 보고 자유 민주주의 국가로서 대한민국의 국가 정체성 수호를 위해 반공 사상을 고수하여 왔다는 것이다.

또한 보수 진영의 한국교회들은 예수 그리스도의 복음의 핵심을 죄인을 위한 십자가 구속의 사역에서 찾으며, 오늘날 한반도를 향한 하나님의 일차적인 뜻이 북한교회의 재건과 민족 복음화에 있다고 본다. 통일선교정책서 발간위원회(2015)에서 엮은 보수적이며 복음주의적인 학자들과 목사들의 논문들은 선교운동을 통해 통일을 실현해야 함을 역설한다. 복음으로 통일을 이뤄내야 한다는 것이다. 통일을 위한 북한선교가 힘 있게 실행되어야 한다는 것이다. 같은 맥락에서 강동완(2013), 김형석(2015), 박영환(2011), 조요셉(2014), 조은식(2007; 2013; 2014)도 통일을 준비하는 한국교회의 역할을 선교적인 차원에서 논한다. 아울러 통일 자체가 목적이 아닌 북한 동포들도 종교의 자유를 갖고 하나님을 믿을 수 있도록 한국교회가 노력해야 함을 강조한다. 신앙이 기독교의 통일 논의에서 중심 주제가 되어야 한다는 것이다.

이렇게 같은 개신교회임에도 진보와 보수의 입장이 극명하게 차이가 나는 이유는 선교에 대한 신학적 인식이 근원적으로 다르기 때문이다. 이는 한국에서만의 문제가 아니다. 서구 기독교로부터 유입된 선교신학 자체가 이분법적 경향을 보이고 있다. 즉, 진보 진영에서는 교회가 구조적이며 사회적인 부조리와 사회악을 제거하고 사회변혁에 더 많은 몫을 담당해야 한다고 주장하면, 대부분의 보수주의 내지 복음주의 교회들은 이에 대해 회의적이다. 보수주의 교회에서는 교회가 사회적 관심을 표명하고 봉사할 영역은 인간 실존의 본질적 구원이 우선되어야 한다고 주장한다. 왜냐하면 교회는 사회를 비판하고 모범을 보일 수는 있어도 본질상 정치적 조직체는 될 수 없다고 인식하기 때문이다. 나아가 진보 진영의 교회가 사회구조의 개혁을 위해 적극적인 사회행동을 해야 한다고 주장할 때 보수 진영에서는 이것이 복음의 핵심을 왜곡시킬 수 있다고 우려하며, 심지어 진보의 사회행동은 사회적 반감을 일으켜, 선교 자체가 어려워질 수 있다고 걱정한다.[7] 안타깝게도 한국의 경우 한국전

---

7   Paton, D. M., Ed. (1976), *Breaking barriers, Nairobi 1975: The official Report of the Fifth*

쟁이라는 엄청난 사회적 어려움을 겪었고, 여전히 분단된 조국의 현실 앞에서 이와 같은 양 극단의 인식차가 좁혀지지 못하고 있는 상황이다.

한편, 김영한(1990)에 따르면 평화통일운동의 주체는 민족이나 민중이 아닌 민주 시민이 되어야 한다. 보수 진영은 통일 이후 민족공동체의 사회경제체제로서 남한 의 자유민주주의와 시장경제가 불평등을 야기하는 문제가 있지만, 최근 들어 일부 유럽 국가에서도 비판을 받는 사회민주주의보다 여러모로 한층 적합하다고 강변한 다. 이에 더해 한국교회 내에서 현재 보수 세력은 흡수통일을 주장한다. 반면 진보 세력은 기독교적인 화해와 평화 실현에 부합하는 남북한 교류협력에 방점을 둔다.

이상의 논의를 통해서 볼 때, 결론적으로 보수와 진보로 나뉜 한국 기독교가 통일 과 관련하여 상호 소통하며 서로 연계함으로써 실질적인 진영 간 통합에 구체적으 로 기여할 수 있는 측면이나 방안을 현 시점에서 제시하기란 쉽지 않아 보인다. 그럼 에도 이렇게 '통일 지상주의'를 주장하는 진보 진영과 '선교 지상주의'를 주장하는 보 수 진영이 하나로 연합할 수 있는 접근은 없을까? 물론 진보 진영의 중심 이념을 '통 일 지상주의'로 설정할 수 있느냐 하는 것과 보수 진영의 중심 이념을 '선교 지상주 의'로 설정할 수 있느냐의 문제는 여전히 논란이 될 수도 있을 것이다.

하지만 통일과 선교는 진보와 보수를 넘고, 자타의 진영을 초월해서 한국 기독교 인들의 지상과제 중 하나다. 통일과 선교에 대한 진보와 보수의 차이는 통일의 목표 를 선교에 두느냐, 선교의 목표를 통일에 두느냐의 차이에 있을 뿐, 통일과 선교는 양대 진영의 공통분모가 되고 있음을 알 수 있다. 그리고 통일은 선교의 물꼬를 터서 민족 복음화에 결정적인 역할을 할 것이고, "선교의 열매는 사회적 참여와 변화"라고 선언했던 로잔언약의 결론을 따를 때 통일은 선교의 가장 큰 열매가 될 것임에는 틀 림없다는 사실로 인하여 이 두 진영의 차이를 넘어 모두 옳은 것이라는 사실도 인정 해야 할 것이다(유장춘, 2019: 382).

Assembly of the World Council of Churches, Grand Rapids, MI: WM. B. Eerdmams, 52; Bosch, D. (1987), The scope of mission, *International Bulletin of Mission Research*, 3, 97-98을 참고하길 바란다.

특히 전통적인 선교[8]와는 달리 '하나님의 선교(Missio Dei)'라는 개념은 교회나 인간 대행자가 선교의 주체나 수행자가 아니라는 사실을 명백하게 밝혀준다. 하나님의 선교에 의하면 선교는 먼저 그리고 궁극적으로 창조주, 구세주, 거룩하게 하시는 주이신 삼위일체 하나님께서 세상을 위하여 하시는 일이다. 교회는 이 일에 참여하는 특권을 누리는 것이다(Bosch, 2010: 69-71). 즉, 선교는 먼저 교회의 활동이 아니라 하나님의 속성이다. 하나님은 선교의 하나님이시다. 그러므로 하나님의 선교 관점에서 보면 교회가 수행해야 하는 선교란 하나님의 선교에 참여하며 그것을 섬기는 사역이라 할 수 있다(박보경, 2008: 78-79).

그 결과 선교는 교회 개척이나 영혼 구원과 같은 교회 중심적 목적들에 제한될 수 없다. 다시 말해, 하나님의 선교로서 인류와 우주의 온전한 복지를 지향하여야 한다. 그 궁극적인 목적은 하나님나라를 실현해 가는 것이다. 하나님나라는 하나님의 주권적 통치가 이루어지고 그럼으로써 하나님께 대한 충성과 헌신이 나타나는 나라를 말한다(강아람, 2014: 11-45). 이미 하나님의 나라는 임했으나 아직 완성되지는 못했다. 그래서 모든 피조물, 모든 민족, 모든 인간의 삶을 포괄하는 모든 세상에 대한 하나님의 통치의 회복이 일어나야 한다. 하나님의 선교는 모든 피조물, 인류와 자연을 회복시키는 것이다. 하나님의 선교는 바로 그 하나님나라를 회복시켜 나가는 활동인 것이다.[9] 이것이 바로 하나님의 선교이며 동시에 교회가 감당해야 할 선교의 지향점이다.

---

8 전통적으로 '선교(mission)'라는 용어는 지리적 확장(geographical expansion)을 의미한다. 선교의 의미가 이렇게 지리적 영역에 한정되면 선교는 해외에 나가서 아직 복음을 접하지 못한 사람들에게 복음을 전하는 활동으로 이해된다. 통상 이러한 선교는 일방적인 성격을 띠게 된다. 가령 서구에서 세계의 다른 지역들로 퍼져가는 복음전도 활동으로 인식되는 것을 들 수 있다. 여기서 선교사는 복음 확장의 대행자(agent)가 된다.

9 크리스토퍼 라이트/정옥배, 한화룡 역(2010), **하나님의 선교: 하나님의 선교 관점으로 성경 내러티브를 열다**, 서울: IVP, 32-36을 참고하길 바란다.

3. 기독교 공동체의 사회복지와 평화의 관계

성경에서 '평화'란 단어를 찾아보면 구약에서는 '샬롬(שׁלוֹם)'이라는 히브리어 단어를 사용하고 신약에서는 '에이레네(εἰρήνη)'라는 단어를 사용한다(Butler, 2004: 1261-2).[10] '샬롬'이라는 말은 '샬렘(완전하다, 건전하다)'이라는 말의 명사형으로서 '완전하다, 건전하다, 완성하다, 마치다, 회복하다, 보답하다'라는 뜻의 '솨람(שׁלם: shaw-lam)'을 기본어근으로 하고 있다. 성경은 그리스도를 인류에 샬롬(평화)을 가져다줄 '평화의 왕'이라고 부른다(엡 2:14). 신약에서 사용된 '에이레네'라는 단어는 요한복음 14장 27절에서 '평안'이라고 번역되었는데[11] '평강, 평화, 화평'이라고 번역되기도 한다. '결합하다'라는 뜻의 '에이로(eiro)'에서 파생된 단어로 '평화, 번영, 하나가 됨, 고요, 안식, 다시 하나가 되다'라는 의미를 가지고 있다(Butler, 2004: 1261-1262). 에이레네는 단순히 서로가 평화로운 관계(relationship)나 평화를 유지하려는 태도(attitude)를 말하기보다는 오히려 평안 그 자체인 완성적 의미에서의 상태(state)를 의미한다고 볼 수 있다. 즉, 결합되어(eiro) 하나(μονογενης)가 된 상태를 말하는 것이다.

이러한 성서적 의미들을 살펴볼 때 그리스도가 평안 그 자체이며, 그리스도를 받아들인 성도가 평안이고 그들의 모임인 공동체가 평안 그 자체인 것으로 볼 수 있다. 무슨 노력이나 일의 결과라기보다는 존재하는 방식으로의 평안을 말하는 것이다. 하나님나라의 도래는 곧 평화로 존재하는 세계의 도래이며 평화의 실현은 곧 구원의 완성이다(윤응진, 2001: 178).

기독교의 공동체는 보편적 차원의 공동체적 특성을 공유하지만 훨씬 다른 차원에서 그것을 추구한다. 하나님과 인간의 본질로서 삼위일체, 예수 그리스도의 성육신, 진리의 길로서 십자가, 그리고 궁극적 종말로서 하나님의 나라 등 기독교의 이념을 구성하는 기본 골격이 공동체로서의 교회다. 그것이 민족적 단위에서 성취될 때에 이루어지는 것이 평화통일이라고 말할 수 있다. 그런 의미에서 영성사회복지는 공

---

10 이하 이 절의 내용은 유장춘(2012)의 내용 중 일부를 재구성한 것이다.

11 '평안을 너희에게 끼치노니 곧 나의 평안을 너희에게 주노라. 내가 너희에게 주는 것은 세상이 주는 것과 같지 아니하니라. 너희는 마음에 근심하지도 말고 두려워하지도 말라(요 14:27).'

동체라는 단위에서 이루어지고 있는 것을 민족단위로 끌어올려야 하는 과제를 안고
있다. 〈표 10-1〉은 기독교 공동체 사회복지실천의 평화요인과 통일요인의 관계를
정리하여 제시하고 있다.

〈표 10-1〉 기독교 공동체 사회복지실천의 평화요인과 통일요인

사회복지실천	평화요인	통일요인	
		주 제	실 천
심리정서적 변화	용서/화해/회복	민족정서의 회복	과거 청산, 역사적 공통성 확인, 민족 정체성 확립, 상대 개념 재정립, 인도 주의
생계보장/생활안정	탈경쟁/양보/희생	나눔/원조	식량공급, 자원공유, 인도주의적 원조 영유아/장애인/노인 등 취약계층 보호
공생관계/사회통합	평등/자유/사랑	소통/상호성	초청, 왕래, 토론, 문화교류, 긴장완화
사회정의/공정함	공정성/투명성	민주화/체제개선	인권개선, 평화/통일교육
환경개선/쾌적함	안녕/평안/휴식	자연보존/민족유산	생태연구/녹화사업/유적발굴 관광자 원개발

1) 심리정서적 용서 · 화해 · 회복과 통일요인

영적 신앙공동체의 내면적 삶에 대한 우선순위는 사회복지적 측면에서 심리정서
적인 치유와 성장을 이뤄내고 용서 · 화해 · 회복이라는 평화요인을 갖게 하여 과거
를 청산하고 역사적 동질성과 민족정체성을 확립함으로써 적으로 자리매김한 북한
을 동족으로 받아들이고 인도주의적 차원에서 관계를 회복시켜 나갈 길을 만들어
내게 될 것이다.

통일이 정치적인 이유로 진행되든지, 경제적인 이유로 진행되든지, 문화적인 이
유로 이루어지든지, 진정한 통일은 마음으로부터 상대를 수용하기 전까지는 진정한
통일이 아니다. 많은 사람이 통일 후에 더 큰 혼란이 있을 것을 걱정하고 있다. 그것
은 욕구 중심의 복지(need based approach)를 통해서 해결될 수 있는 문제는 아니다.

그렇다고 심리정서적 수준에서 해결되기도 어렵다. 상호 모순적 지향점이 있기 때문이다. 서로가 주체성이 강한 개인으로 서면 설수록 갈등이 심해질 것이요 역량이 강화되면 될수록 경쟁도 심화될 것이다. 상대에 대한 진정한 수용은 하나님 앞에서 발견한 자아의 존재를 인식하고 깨달은 후에 오는 겸손과 하나님의 은혜에 대한 깨우침으로 말미암은 사랑으로부터 오는 것이다.[12] 그것은 그 하나님께서 창조하신 존재 자체가 갖는 가치와 권리를 인정함으로써 가능해진다. 천부인권을 기초로 하여 관계를 재정립할 때 진정한 수용과 평등의 관계가 수립될 수 있다는 것이다.[13] 그것은 어떤 조건이나 환경 또는 자질에 의해서 결정되는 타인수용이 아니라 있는 그대로를 받아들인 무조건적인 것이다.

2) 생활안정을 통한 탈경쟁적 관계와 통일요인

현재 북한은 절대적인 식량부족과 천재지변의 재해로 신음하고 있으나 한국정부는 일체의 인도주의 사업을 외면하고 있다. 인도주의적 접근과 활동을 포기하는 것은 인간이기를 포기하는 것이다. 그래서 그것은 상대방의 고통의 문제 이전에 우리 자신의 존재론적 문제다. '인간으로서의 나'를 상실하는 것이기 때문이다. 인간이기를 포기하며 얻은 것이라면 어떤 경제적 성공이나 정치적 승리도 의미를 상실하고 만다. 인간으로서 존재의 가치를 상실하였기 때문이다. 과거 독일의 통일과정에서 헬무트 콜 수상이 이끄는 서독정부는 인도적 분야와 의약품 제공과 같은 분야에서는 동독에 대해 즉각적이고 체적인 원조를 제공할 준비가 되어 있었다. 그리고 이러한 사안에 대해서는 동서독 간에 가능한 한 방해받지 않는 통행이 이루어지도록 요구할 수 있었다(황병덕 외, 2011: 171). 인도주의를 내세우면서 정치논리와 경제논리를 전제로 한다면 그것은 가치의 전도임에 틀림없다.

---

12 마더 테레사는 "하나님에 대한 지식은 사랑을 낳고 자기 자신에 대한 지식은 겸손을 낳는다."고 말한다. 그리고 진정한 겸손이란 "내가 아무것도 아니라는 사실을 깨닫는 것"이라고 말했다.

13 진정한 화합사회를 이루기 위해서는 권리에 기초한(right based approach) 복지가 필요하다(한국사회학회 편, 2013: 122-130).

기독교 공동체는 존재론적 의미 중심의 가치관을 설정하고 자발적 가난, 소박한 삶을 선택하여 살아가는 사람들이다. 그 결과는 생계의 보장과 생활안정이라는 사회복지적 결과를 가져온다. 가난하지만 자발적으로 선택한 것이기 때문에 그 가난이 고통이나 비극으로 다가오지 않고 자긍심과 만족으로 경험되는 것이다. 그리고 그것은 경쟁을 벗어나서 양보하고 희생하고 살아가게 하는 상부상조의 평화요인을 유인하게 될 것이다. 이러한 평화요인이 민족관계에 영향을 미친다면 인도주의적 원조를 촉진하고 식량과 에너지를 함께 나누며 경제적 유대가 강화됨으로써 통일의 가능성을 높여줄 것이다.

3) 사회통합을 통한 평등 사회의 통일요인

기독교 공동체의 일치를 지향하는 '하나 됨'의 정서는 사회복지적 측면에서 공생관계를 일으켜 세우고 사회통합을 가속화하게 된다. 그것은 다시 사랑 안에서 평등과 자유를 추구하는 평화요인을 유도하고 이러한 기초적 지향성이 민족적 차원으로 확대되어 결국 남북 간의 긴장을 완화하여 대화의 물꼬를 트고 상호 초청, 왕래, 토론, 교류를 가져오게 할 것이다.

통합이란 것은 자유와 평등이 보장된 상황 아래에서만 의미를 갖는다. 자유롭지 못한 상태에서 통합이란 자기상실이며 노예화, 예속화에 불과한 것이고, 평등이란 것은 자유로울 수 있는 절대적인 조건이기 때문이다. 퀘이커 공동체에서는 일치를 위하여 '조화'를 이루도록 노력하는데, 그것은 그들 사이에서 어떠한 강제도 쓰지 않으면서 일치된 행동에 이르도록 하자는 평화주의의 기술을 가리키는 말이었다 (Brinton, 2009: 217). 이런 공동체정신은 미국사회를 형성하는 과정에서 매우 중요한 영향을 미쳤다. 과거 우리 민족의 전통적 농촌사회에서 배태된 두레공동체도 그런 면에서 도시적 삶을 살아가는 오늘의 시민들에게 이 배워야 할 공동체적 요인들을 풍부하게 갖고 있다. 협동생활운동, 노동의 쾌락화, 노동능률 제고, 공동부조, 공동오락, 공동생활 활성화, 공동규범 제정, 사회통합, 공동체의식 함양 등은 우리 전통 두레에서 배울 수 있다. 평등을 기초로 하는 절대적인 자유, 처음 시작할 때 한 번만

하는 자유선택이 아니라 계속적으로 끝이 없이 선택을 해감으로써 누리는 자유는 비교적 작은 단위의 영적인 공동체에서나 가능한 것이다(Brinton, 2009: 201). 그러나 작은 단위에서 경험된 것은 다른 차원, 즉 더 큰 사회 또는 민족적 차원에서도 실현할 수 있는 근거가 된다.

4) 사회정의 실현으로서 공정성과 투명성 확보와 통일요인

공동체교회의 영적 민감성은 사회정의에 대한 책임감을 강화하고 공정하고 투명한 구조를 지향하는 평화요인을 형성하는 데 기여할 것이다. 우리사회가 진정한 민주화를 이루어 체제를 개선하고 인권존중의 선진국이 된다면, 그리고 일상 속에서 평화교육과 통일교육을 진행한다면 평화의 기조 위에서 통일의 기회는 오고야 말 것이다.

현재 남쪽에서는 한국 주도의 점진적 합의통일을 주장하고 북쪽에서는 사회주의 체제로의 적화통일을 사수하고 있다. 남북 간의 체제경쟁이 이제 끝났다고 하지만, 한국사회는 여전히 지도층이 부패하고 정부는 조정능력을 상실하여 총체적 위기를 맞이하고 있다. 경제는 천민자본주의에 물들어 있고, 정치와 관료는 지역감정이나 이념논쟁의 뒤에 숨어서 복지부동하고 있으며, 사회도 출세경쟁과 서열화에 매몰되어 황폐하기만 하다. 우리 사회의 인권의식의 문제는 늘 반공주의적 안보의 관성력에 사로잡혀 있어서 보수와 진보, 세대 간의 가치갈등을 일으키고 있다. 그래서 우리 자신이 만족할 만한 인권수준에 이르지 못한 것이다(황병덕 외, 2011: 155). 이러한 상황에서 진정한 민주주의를 실현하기에 요원하다. 우리 남쪽 내부의 민주적 역량이 갖추어져야 북쪽에도 체제개선과 구조적 변화를 요구 할 수 있는 것이다. 문익환 목사는 "민주화와 통일은 동전의 양면이다."(이봉근, 2016: 23)라고 말했다. 우리 사회의 민주화를 위해서는 통일이 진전되어야 하고 민주화가 진전되어야 통일도 가능한 것이다. 그런 측면에서 민주적 구조가 실현되고 있는 작은 신앙공동체들의 영향이 확대될 필요가 있다.

5) 친환경 생태활동을 통한 안정과 통일요인

기독교 공동체의 친환경 생태친화적 태도와 삶이 사회 저변으로 확장되어 간다면, 쾌적한 생활환경을 마련함으로써 평안과 휴식의 공간이 마련되고 삶의 여유와 복지적 혜택을 누리게 될 것이다. 민족 단위에서 생태를 연구하고 녹화사업을 진행하며 민족의 유산과 유적을 함께 발굴함과 동시에 세계에 개방할 수 있는 관광자원을 개발하는 것은 통일의 여정에서 매우 의미 있는 과정이라고 본다.

독일 통일 이후 20년이 지났을 때 실시된 사회조사의 결과를 보면, 동서독 모두 정치제도적 측면에서 불만족이 월등히 강했고, 정의로움이나 경제적 측면, 치안, 사회상태, 부패 등 모든 면에서 나아지지 않았다고 생각하고 있으나 환경적인 부분에서만은 확실하게 나아졌다고 평가되었다(황병덕 외, 2011: 336-338). 앞으로의 세대가 환경의 시대라면 통일은 환경적인 면에서 큰 희망을 가져다줄 것이다. 생태친화적 삶은 종교와 이념을 초월해서 정신적 가치를 지향하는 대다수 공동체들의 한결같은 지향점이었다. 선진사회로 나아가는 길목에서 영적인 신앙공동체들의 친환경적 삶은 남북 간에 공감대를 형성하고 서로를 보듬는 공통분모로 자리잡을 수 있을 것이다.

4. '사람들의 이야기'로 바라본 통일복지

1) 인간관계 갈등으로 해석한 남북관계

지금까지 통일에 관한 논의들은 대부분 정치외교학적 관점에서 진행되었다. 하지만 통일은 거시적인 논의일 뿐 아니라, '사람들의 이야기'로 인식되는 것 역시 중요하다. 복지는 국가를 구성하는 3요소(영토, 국민, 정부) 중에 국민에 대한 논의다. 따라서 통일복지의 중심에는 국민이 있다. 통일복지는 통일의 과정에서 사람들의 삶을 최우선 과제로 보아야 한다. 통일복지는 외세에 대한 주권회복이나 영토회복에 관한 정치 이야기가 아니라 사람들의 삶과 성장에 관한 이야기가 되어야 한다.

이러한 관점에 의한다면, 통일복지는 남북한 관계를 국제정치적 관점이 아닌 인간관계의 관점을 취할 수 있다. 노벨경제학상 수상자 갈브레이드(Galbraith)는 『백만인의 경제학』 서문에서, 국가의 경제는 어느 집 안주인이 살림살이를 꾸려가는 가정경제보다 어려운 것이 아니라고 했다. 남북관계도 국가와 국가 간의 복잡한 외교관계라고 볼 수도 있지만, 어찌 보면 결혼생활 속의 부부관계로 이해될 수도 있다.

아무리 친밀한 잉꼬부부 관계일지라도 갈등(Fitzpatrick & Winke, 1979)은 필연적으로 발생하기 마련이다. 하물며 외세에 의해 분단되고 전쟁으로 상처받은 남북 간에 갈등이 존재하는 것은 너무나 당연하다. 갈등 속에서 백년해로를 하는 부부도 있지만 갈등을 극복하지 못하고 파경에 이르는 부부들도 있다. 성공적인 결혼생활은 갈등이 없어서가 아니라 그 갈등 상황을 어떻게 잘 대처하며 극복하느냐에 따라 결과는 판이하게 달라진다. 국가 간의 외교문제도 마찬가지이다. 남북 간에 군사적 침략, 도발이 발생하고, 핵 위기가 지역 안보를 흔들어 놓고 있는 상황에 놓여 있는데, 남북 서로가 원하는 것이 무엇인지 알려고 하지 않고 대화를 하자고 해서만 되겠는가? 이러한 상황에서 북한에게 '6자회담' 복귀를 요구하고, 남북대화 채널을 유지할 것만 강조한다면 소통은 불가능한 것이다.

그러므로 남북 대화 이전에 필요한 것은 남북 갈등의 원인을 먼저 찾아내려는 노력이 요구되는 것이다. 남북 갈등의 원인을 찾지 않고서는 남북 대화 채널은 외교적 허세로 끝나는 동시에 극단적 군사도발 상황으로 재현될 수밖에 없다. 상대국을 적대시하는 상황에서는 외교단절, 경제협력의 단절, 민간교류의 단절을 겪게 되고, 그러한 갈등이 증폭되면 결국 전쟁(戰爭)을 겪게 된다.

갈등 상황을 어떻게 풀어 갈 것인가? 부부는 일심동체(一心同體)여서 항상 한마음 한뜻이어야 한다고 생각하면 오산이다. 남북관계를 보며 갈등 상황을 풀어나가려는 노력보다는 경제적 우위를 위한 국력 경쟁, 국제사회에서 우위를 점하기 위한 외교적 경쟁, 국지적 도발과 전쟁으로 힘을 과시하는 군사적 경쟁의 역사로 가득 차 있다. 부부가 차이와 다름을 포용하지 못하고 경쟁만 일삼으면 갈등은 커지기 마련이다. 역설적으로 갈등을 느끼는 영역은 부부가 함께하는 공유 영역이다. 공유 영역에서의 삶의 한 형태가 갈등이다. 부부가 서로 다름과 차이를 인정하게 되면, 부부갈등은 절반쯤은 해결된 것이다. 갈등은 사랑하는 부부간의 운명적인 불행이 아니라, 모든 부부관계에 있어서 충분히 일어날 수 있는 사랑의 파생물이기 때문이다. 그래서 갈등이라는 개념 자체를 긍정적으로 받아들여야 한다. 싸움과 미움과 역경의 시기를 연단의 시기로 받아들여야 한다.

2) 도구적 역할과 표현적 역할

빌리어는 "모든 참사랑은 존경에 입각한다."라고 말하였다. 부부에게 필요한 것은 따뜻한 인간적 교감이다. 부부의 인간적 관계는 서로의 역할 분담을 존중함으로 시작한다. 전통적으로 남편에게는 땀을 흘려 노동으로 돈을 벌어 가족을 위해 봉사하는 도구적(道具的) 역할이 있고, 아내에게는 남편을 사랑으로 내조하고 자녀들을 끊임없이 보살피며 양육하는 표현적(表現的) 역할이 있다.

이제 남과 북은 도구적 역할과 표현적 역할이 모두 수행되어야 한다. 북한주민의 복지 증진을 위한 남한의 나눔과 봉사활동이 일방적 능력의 과시여서도 섣부른 정치적 자비여서도 갈등해결에 도움이 되지 않는다. 대학 적십자 봉사활동 시절 빵, 과자, 아이스크림 등을 잔뜩 사들고 가는 우리의 봉사 태도에 대해 지적을 받은 적이 있다. "고아들에게 거지역할을 가르쳐 주고 있다."는 것이다. 빵을 하나만 주는 것도 잘못이라는 지적도 받았다. 그들에게 빵을 주고 돌아서는 것이 아니라 그들이 먹는 것을 바라보며 우리도 역시 그 빵이 먹고 싶다는 마음을 전달해야 한다. 어느 순간 그 고아는 앞에 서서 먹고 싶어하는 우리에게 빵을 주는 마음을 스스로 가질 때까지 기다려야 한다. 남한이 주는 선물에 대해 북한이 핵위협으로 대응한다고 일방적으로 몰아세우지 않고 그들이 감사를 표시할 수 있는 기회를 주어야 한다. 상대가 어린이처럼 유치한 행동을 한 것이라면 먼저 성인이 된 사람이 가르치지 못한 책임도 있다. 어린이의 잘못은 어른의 잘못이다. 우리도 같이 먹고 싶다는 마음을 전하지 못한 우리에게도 잘못은 있다. 그러나 상대의 행위가 잘못되어 갈 때 필요한 것은 교육이지 빵이 아니다. 상대가 악한 마음일 때는 마음이 변하도록 교육시키고 바뀔 때까지 인내해야 한다. 비료를 잘못 주어 잡풀을 자라게 해서는 안 된다.

3) 소통의 확장

　마음속 깊은 곳에서 우러나오는 성장한 어른으로서의 사랑의 언어와 몸짓, 이것이 남북의 소통(疏通)과 통일의 문을 여는 열쇠이다. 남한과 북한 사이에 불신이 팽배하고 소통이 되지 않는 이유는 통일의 결과(結果)만 보고, 통일로 가는 과정으로서의 소통(疏通)을 간과해 왔기 때문이다.

　소통의 첫 번째 장애요인은 다른 사람들도 나와 같은 의미로 단어를 사용한다고 생각하는 의미의 동일화(bypassing)이다. 단어란 하나의 용법만 있는 것도 아니고 그 자체가 의미를 갖고 있는 것도 아니다. '꽃'이란 단어를 예로 들어 보면, 남한 사람들에게는 사랑과 축복의 의미를 떠올리는 반면, 북한 사람들에게는 혁명적 의미가 있다. 똑같은 '꽃'이라는 용어를 두고도 남북한 사람들에게 의미가 다르니 소통이 될 수가 없다. 그래서 같은 언어를 사용하더라도 이질적 문화 간의 소통은 단순히 말과 명칭에 고착되지 말고 대화하는 상대방의 역사 문화적 맥락(context)을 고려해서 소통하도록 노력해야 한다. 단어에 의지하지 말고 마음을 열어야 한다. 캐어묻고 바꾸어 풀어서 말하는 습관도 익혀야 할 것이다.

　소통의 두 번째 장애요인은 전체적 판단(allness)이다. 자신이 말하는 것이 많이 축약되어 있다는 것을 모르고 자신 또는 타인이 말하거나 아는 것이 절대적이고 완전하다고 믿는 태도, 그 문제에 대하여는 할 말을 다 했다고 생각하는 자세이다. 사람들이 모든 것에 대해 모든 것을 다 알고 있다고 생각할 때 일어나는 소통의 장애이다. 어느 누구도 어떤 것에 대해 다 알고 있다는 것은 가능한 일이 아니다. 우리가 말하는 것에는 많은 것이 축약되어 있다.

　소통의 세 번째 장애요인은 동일성을 너무 강조하여 변화나 차이가 있다는 것을 인식하지 않는 단일화 또는 무분별(indiscrimination)이다. Stereotype이 범주화를 설명해 주는 유용한 단어이다. 분단 이후 남쪽은 반공이념으로 북쪽은 사회주의로 사회화되었다. 당연히 남쪽 사람들은 북한 사람들을 '빨갱이'라는 단어 한마디로 범주화하고는 그들에 대해 모두 알고 있는 착각에 빠지곤 했다. 마찬가지로 북쪽 사람들도 남한 사람들을 자본주의에 물든 부르주아로 쉽게 범주화하는 경향이 있었다. 남북한 사람들이 '자유'라는 용어를 사용할 때 그 단어가 의미하는 것은 비슷하지만, 자세히 들여다보면 자유라는 단어 속에는 많은 것이 축약되어 있다. 북한 사람들에게 자유란 사회주의 혁명과 주체사상의 틀 안에서 허용되는 한계를 가진 반면, 일부 남한 사람들에게는 SNS에서 자신의 의사를 마음껏 표현하는 자유를 뜻하기도 한다. 또한 남한 사회 내부에서도 군인들이 직업적으로 느끼는 자유와 시민들이 가지는 자유는 차이가 있다.

소통의 네 번째 장애요인은 양극화로 치닫는 흑백논리(polarization)이다. 선/악, 좋다/나쁘다, 뜨거운 것/찬 것, 성공/실패 등 중간노선을 인정하지 않는 이분법적 논리는 사람 간의 소통을 어렵게 만든다. 악하지 않은 것이 다 선은 아니고, 나쁘지 않은 것이 다 좋은 것은 아니며, 뜨겁지 않은 모든 것이 찬 것은 아니다. 성공하지 않은 것이 꼭 실패는 아니다. 소통의 목적은 현실적으로는 얼마만큼의 정도 차이가 있음을 인정하며 공존하는 상생이다. 따라서 '너(타자)는 너이고 나(주체)는 나이다'라는 이분법적 사고를 해체하고 함께 더불어 살아가는 '우리'라는 인식으로의 전환과 열림의 사고로 지평을 확장하는 것이 소통을 가능하게 한다.

소통의 다섯 번째 장애요인은 고정관념(frozen evaluation)이다. 고정관념이란 한 사람이 이전부터 오랫동안 가져온 변하지 않는 맹신적인 판단기준이다. 세상이 변하고 상황이 변하고 세월이 달라졌는데도 도무지 변하기 어려운 것이 고정관념인데, 고정관념을 지닌 사람과의 소통은 어려운 것이다.

과정 없는 결과는 없듯이, 소통의 과정 없는 남북통일의 결과도 기대하기 어렵다. 이른바 남한의 '대북정책'과 북한의 '대남정책'은 교류와 협력의 밝은 면도 있었지만, 견제와 군사적 충돌과 대결이라는 어두운 측면도 포함하고 있어서 남북관계의 신뢰 회복을 힘들게 만든다. 통일의 결과만 외치고 소통을 위한 노력은 소홀히 했기 때문에 남북 당국의 정책에는 때로는 관계 개선, 대로는 관계 악화의 혼돈이 되풀이된다. 그래서 역대 남북의 정부들 역시 '통일정책만 있고, 진정한 관계 회복은 회피하고 있다.'는 비판을 피할 수 없다. 그 어느 상황에서나 방어적 풍토를 야기하는 평가, 지배, 무관심, 우월성의 자세를 갖지 않도록 유념하며 동등하게 열린 자세로 이야기하며 같이 문제를 의논하고 해결점을 찾으려는 자세로 접근해야 할 것이다. 애정이 결핍된 언어는 거부당한다. 보살핌의 대상으로 대접받고 있다는 감정이입의 대화와 상호적인 신뢰와 존경으로 서로를 동등하게 대하는 열린 태도를 키워야 할 것이다. 그것이 성장한 어른의 소통 자세이다.

21세기 통일의 환경(環境)이 변하고 있다. 남과 북은 이질적인 두 개의 민족처럼 변해 버렸다. 남한은 외국인 근로자와 결혼이주민들의 인구가 급속도로 커져가는 다문화사회가 되었다. 결국 통일 환경은 단일민족의 재결합이 아니라 다문화사회의 조화로운 공존이라는 패러다임의 변화를 요구하고 있다. 이러한 한반도의 다문화적 변화는 이질적 문화와 민족, 인종들 사이의 소통(疏通)의 과정이 가장 중요한 과제가 되었음을 알려주고 있다. 이제 통일은 단일민족의 재결합이 아니라 함께 어울림의 소통이다.

서로 다름(異)을 극복하고 소통하게 하는 통일론을 하충엽(2011)은 통이론(統異論)으로 제시하고 있다. 통이론은 하나의 문화나 민족이 다른 문화와 민족들을 일방적으로 동화시키는 흡수통일의 결과를 논하지 않고, 성별, 민족, 계층, 사상, 취향, 세대에 따른 분할ㆍ분립의 상황에서도 이 모든 다름과 차이를 소통하게 하는 것이다. 다르다고 차별하지 않고 다양성(多樣性)이라는 이름으로 포용(包容)하며 다문화 사회인 모두가 막힘없이 함께 평화로이 소통(疏通)할 수 있게 하는 통이(統異)의 통일정책은 21세기 한반도가 펼쳐야 할 국가전략(國家戰略)이다.

4) 두려움의 해체

소통을 위해서는 두 가지의 기본 전제가 있어야 한다. 하나는 상대에 대한 두려움이 없어야 하고, 또 하나는 상대방을 인정하는 것이다. 페레스트로이카(perestroika)로 유명한 구소련의 고르바초프는 냉전을 종식한 공로를 인정받아 노벨평화상을 받았다. '전쟁은 왜 일어나는가?' 하는 문제는 국제정치학의 가장 오래된 논쟁거리 중하나였다. 고르바초프는 핵전쟁의 근본 원인을 제거하였다. 그가 깨달았던 전쟁의 원인은 바로 '적에 대한 두려움(fear)'이었다.

제2차 세계대전 당시 미국의 핵무기 개발과 일본 원폭 투하는 소련국민들을 핵전쟁의 공포로 몰아갔고, 스탈린 지배하의 소련은 곧 핵무기를 개발하는 데 성공했다. 이어 중공이 핵무기를 보유하게 되자 적국보다 더 많은 핵무기를 소유하는 것만이 핵전쟁의 억제(deterrent) 효과를 볼 것이라며 미국과 서방 진영은 더욱 많은 핵탄두를 생산하고 소련의 턱 밑에 배치하기 시작했다. 얼마 지나지 않아, 핵무기 생산 경쟁으로 말미암아 전 세계는 동서로 양분되어 인류를 몇 번이나 멸망시킬 수 있는 핵무기의 위협 아래 놓이게 되었다. 냉전 40년의 경험으로 고르바초프가 선택한 것은 미국의 핵공격에 대한 '두려움을 해체'하는 것이었다. 그래서 고르바초프의 구소련은 먼저 자신들의 핵무기를 해체해 버렸다. 적으로만 간주했던 소련군이 무기를 모두 고물상에 팔아 버리는 사태가 발생하자, 미국의 입장에서 소련은 더 이상 적(ene-my)이 아니었다. 소련이 무기를 먼저 내려놓는 순간 냉전(the Cold War)이 끝나 버린 것이었다. 고르바초프의 평화 공식은 남북의 평화통일에 그대로 응용될 수 있다.

미국의 군 정보분석가들이 북한의 핵보유에 대해 하나같이 입을 모아 말하는 것이 있다. 북한의 김일성 주석과 김정일 위원장은 미군이 가진 핵무기를 가장 두려워했고, 이 때문에 1950년대부터 소규모 실험실용 원자로를 만들어 미량이지만 끈질기게 플루토늄을 긁어모아 1990년대 들어 한 개의 핵탄두에 장착할 만큼을 보유할 수 있게 되었다는 것이다. 북한의 핵보유가 남한과 미국에게 위협이 되고 동북아 평화에 걸림돌이 되는 것은 분명하지만, 북한의 핵보유 그 자체는 미국에 대한 북한 당국의 '두려움'을 반증하는 것이다. 부시 행정부와 오바마 행정부 기간 동안, 북한의 대미정책은 핵개발 능력 향상과 핵위기 조장을 통한 북한체제의 안보 달성에 그 특징이 있다고 하겠다. 미국과 국제사회의 핵확산 반대 정책과 북한의 인권문제, 개혁개방 요구와 동반하는 북한 체제 변화에 대한 압박에 대해 북한 당국은 높은 수위의 위협(威脅)을 느끼고 있다. 이러한 북한 체제의 위협에 맞서는 최고의 대응은 핵무장이라고 북한은 인식하고 있다(서보혁, 2011).

그럼에도 불구하고 북한의 핵보유는 동아시아 지역 평화에 심각한 위협이 되고 있다. 그러나 다른 관점에서 분석해 보면, 핵미사일은 무기(weapon)일 뿐이다. 무기는 전쟁의 도구일 뿐 전쟁의 원인은 아니다. 북한이 핵무기를 해체한다고 해도 화학무기와 같은 '대량살상' 무기는 다양한 형태로 개발할 수 있다. 전쟁의 원인은 무엇인가? 바로, 전쟁의 원인은 적의로 가득 찬 두려움이다. 그러므로 평화를 원한다면 상대가 무기를 내려놓게 만드는 것이 아니라 그의 마음속에 있는 적의와 두려움을 해소하는 것이 우선이라 할 수 있다. 북한 당국이 남한에 대한 '적개심'과 '두려움'을 해체하는 순간 핵무기는 고철 덩어리로 전락한다. 남과 북이 서로를 적대하는 마음의 빗장을 열어야 비로소 평화와 통일의 문이 열린다.

5) 상대방 인정

독일 통일을 이야기할 때, 독일은 '결과로서의 통일을 추구하지 않았기 때문에 통일이 되었다'는 역설적인 이야기를 하기도 한다. 서독의 대동독 정책은 초기 아데나워 수상 시절(1949~1963) 추구되었던 '힘의 정치'라는 냉전 논리는 미국의 트루먼 대통령의 '봉쇄정책'과 코드가 맞았다고 할 수 있다. 오늘날 미국이 북한에 대하여 경제 제재에 나서는 것에 일조하는 대한민국의 대북정책과도 비슷한 상황이다. 동독은 분단 이후 두 개의 주권 국가에 기반을 둔 두 국가론을 주장했지만, 서독은 동독의 주권을 인정하지 않고 외교적으로 서독의 '단독 대표권'을 주장했다. 이에 따라 서독의 외교정책은 '동독을 승인한 국가와는 외교관계를 수립하지 않겠다'는 '할슈타인 독트린'을 유지했다. 1960~1970년대 사민-자민 연정의 '신동방정책'은 탈냉전적인 관계를 추구하기 시작했다. 이로써 할슈타인 독트린으로 인한 대동독 배제 전략이 폐지되게 되었다(권오중, 2007).

1963년 케네디 대통령이 서베를린을 방문한 이후 서베를린 시장 빌리 브란트의 외교정책 참모이자 공보실장이었던 에곤 바르(Egon Bahr)는 '현상을 변화시키기 위한 현상의 인정'이라는 개념을 이해하고, 통일을 위해서는 "불가피한 것을 인정해야 하며, 분단의 현실을 인정해야 분단 상황을 극복할 수 있다."는 정책적 판단을 했다. 분단의 인정을 통한 동서독의 평화로운 공존은 1972년 11월 8일 '동서독 기본조약'의 핵심내용에 포함되었다. 동서독 기본조약은 서독이 동독을 주권국가로 인정(認定)하고, 유엔 동시 가입과 상주대표부 설치, 동서독 간 교류 확대를 핵심내용으로 하였다. 이로써 할슈타인 원칙은 완전히 폐기되었다. 에곤 바르는 동서독의 통일은 "어떤 역사적인 결정을 통해서 실현되는 일회적인 행위가 아니라 많은 작은 걸음들과 단계들을 거쳐야 되는 과정"이라고 말했다(한운석, 1997). 이러한 에곤 바르의 '작은 발걸음 정책(Der Kleine Schritt)'의 개념은 "통일이 아니라, 현재 가능한 것부터 단계적으로 실천해 간다는 원칙"이다(박래식, 2008).

'신동방정책'에서 동서독의 통일은 공식적인 독일정책에서 더 이상 정책적 목표가 아니라, 부차적인 장기과제로 설정된 것이다. 당장 실현 불가능한 동서독의 통일의 과제에 매이는 것보다 유럽의 평화체제를 구축하면서 동서독 간의 긴장 완화와 교류 증진을 할 수 있는 당장 실현할 수 있는 작은 당면 과제들을 우선 추진하는 것을 원칙으로 한 것이다. 남북관계에 있어서도 상대를 먼저 인정(認定)하는 자세가 중요하다. 이러한 관점에서 노태우 정부가 추진한 '유엔 남북 동시가입'은 그 역사적 의의가 높다고 평가할 수 있다. 남북이 서로의 외교적 주권을 인정한 중요한 역사적 발자취인 것이다.

소통은 남북의 이질성을 인정함과 동시에 서로의 주권(sovereignty)을 먼저 인정하는 것이다. 또한 서로 다른 체제를 있는 그대로 인정하는 것이다. 체제의 우월함을 주장하지도 않고, 체제 간의 경쟁도 무의미하게 본다. 소통은 서로를 인정하면서, 서로가 일방적인 흡수통일을 위한 전략을 포기하는 것을 의미한다. 그러므로 소통은 상대를 지배나 설득의 대상자로서가 아니라 대화의 당사자로 예우(禮遇)하는 것에서 시작한다. 김정일 국방위원장의 사후에 정권을 잡은 김정은 총비서를 20대의 경험 없는 젊은이로 보고 정권의 정통성에 의문을 던지거나, 곧 무너질 수 있는 정권으로 본다면, 대화보다는 군사적 대결로 갈 우려가 있다. 통이 전략은 대화 상대에게 대화의 기본을 지키는 것이다. 통일복지 전략은 사상과 종교, 체제의 차이를 '있는 그대로' 존중해 주는 데 있다. 있는 그대로가 자연스러운 것이기 때문이다. 옳고 그름의 시비를 따져 대립함이 없어야 한다. 드골이 알제리의 프랑스인들에게 식민 지배를 강요하지 않고 "당신들을 이해했습니다!"라고 말한 것처럼, 남한 역시 북한의 체제변화와 개혁 개방을 일방적으로 요구하지 않고 북한을 먼저 있는 그대로 인정하는 포용의 자세가 필요하다.

5. 통일을 향한 남북 교류협력 방향 및 영성사회복지의 과제

통일의 과제 앞에서 남한과 북한의 사회복지 분야 교류협력은 필수적임을 알 수 있다. 본 절에서는 남북한 교류와 협력은 어떠한 방향으로 설정되어야 하는지에 대하여 라인홀드 니버(Reinhold Niebuhr)의 기독교현실주의 입장에 근거하여 고찰해 보고자 한다.[14] 첫째, 기독교현실주의에서는 '사랑'이라는 것이 성서의 명령에 근거하였을 때 반드시 달성되어야 한다는 것을 포기하지 않기 때문에, 북한의 취약계층을 위한 복지증진을 위한 지원은 '지극히 작은 자들'을 위한 실천으로서(마 25장) 정치·경제·사회·문화적 여건에 상관없이 수행되어야 한다는 인식을 할 필요가 있다. 즉, 사랑이라고 하는 것은 무조건적이면서도 궁극적인 가치이자 목적이기 때문에, 북한 사회나 지도부가 국제적으로 비난을 받을 만한 상황에 있다 하더라도, 이의 실현을 위한 인도주의적 차원의 북한 지원은 이루어져야 한다는 원칙을 견지하는 것이 요구된다. 특히 취약계층의 생명권 보장과 연관된 긴급구호가 필요한 부분은 UN의 대북제재가 예외인 경우가 있으므로 남한의 정부와 교회 및 사회가 적극적으로 지원해 줄 수 있는 가능성이 늘 열려 있음을 유념하며, 인내심을 가지고 지원을 위한 노력을 수행할 필요가 있다. 하지만 남한에서 북한에 인도주의적 차원에서 최소한의 수준이나마 지원하기를 원한다고 하더라도, 북한 정권 차원에서는 그러한 지원의 과정에서 북한 체제의 열악함이 대외적으로 공개되거나, 체제의 현 실태에 대해 북한 주민들이 인식할 수 있는 등의 위험이 있을 수 있기 때문에, 남한의 지원 자체를 거부할 수도 있다. 이 경우, 남한의 지원 주체는 북한 체제의 폐쇄적 특성을 감안하고, 단기간 내에 지원이 이루어지지 않을 수도 있음을 인식하며 중장기적 관점에서 지원 전략을 마련하며 준비하는 것이 요구된다.

둘째, 앞서 사랑의 원리에 입각한 대북 지원이 필수적임을 인식한다고 하더라도, 정의의 원리에 의거한 사업 수행이 현실의 사업추진에서 적용되어야 한다. 정의의 원리에 입각한 남북 사회복지 교류협력의 방향은 보다 구체적으로 다음과 같이 설

---

14 이하 남북 교류협력의 방향은 정지웅(2020a)의 내용 중 일부를 재구성한 것이다.

정되어야 할 필요가 있다. 먼저, 사랑의 원리에 입각하여 북한에 대해 지원을 하기만 하면 된다는 생각은 비현실적일 수 있기 때문에, 북한 지원에 대한 면밀한 조사와 검토를 통해 북한 주민들에게 실제로 필요한 물품과 서비스가 지원되도록 하며, 남한에서 지원한 것들이 북한 주민에게 제대로 전달되고 있는지에 대한 엄격한 모니터링이 이루어지는 것이 요구된다.

셋째, 남한에서 아무리 사랑과 인도주의적 의도를 가지고 북한에 지원을 한다고 하더라도, 그것이 북한 주민의 복지 증진에 기여하지 못할 수도 있으며, 북한 체제가 정치적 민주화 및 경제적 자유화로 전환되는 데 영향을 미치지 못할 수도 있음을 인식해야 한다. 도리어 남한의 선한 의도로 시작된 대북 지원이 예상치 못한 결과로 나타날 수도 있음을 경계해야 할 필요가 있다. 따라서 남한의 대북 지원은 북한 주민의 복지증진과 북한 사회의 긍정적 변화를 추동하는 절대선이라는 인식으로 조급하게 사업을 추진하는 것을 재고하는 것이 요구된다.

넷째, 남한의 북한 지원은 무조건적으로 수행해야 하는 사랑의 과제인 것이 분명하지만, 그것은 또 다른 한편으로 현실의 국제정치의 맥락 속에서 수행되는 것 역시 필요하다는 인식이 요구된다. 만약 남한의 대북 지원을 추진한다고 하더라도, 그것의 시기와 수준은 미국·일본과 같은 전통적 동맹국가들 및 중국·러시아와 같은 강대국 동반자 관계 국가들과 긴밀한 논의를 통하여 보조를 맞출 필요가 있다. 또한 국제정치의 변화 양상에 맞추어 대북 지원의 수준을 단계적으로 상승시키거나, 역으로 감소시킬 수도 있음도 인식하는 것이 필요하다.

영성사회복지의 관점하에 통일을 향한 노력으로 실천해야 할 과제들을 다음과 같이 제시하며 이 장을 마무리하고자 한다.[15] 첫째로, 통일 이전부터 이후까지 지속적으로 기독교 공동체의 확대와 저변화, 연합 그리고 협력이 필요하다. 지역단위의 공동체연합과 종교단위의 공동체 조직, 더 나아가 초종교적 공동체 운동이 활발하게 전개되고 이것은 다시 국가와 세계적인 연대로 이어져서 사회적 변화를 주도하는 세력으로 자리매김해야 한다. 둘째로, 기독교 사회복지전문가들은 영성에 기반한

---

15 이하 영성사회복지의 과제는 유장춘(2012)의 내용 중 일부를 재구성한 것이다.

사회복지의 의미를 주목하고 그 현상들을 조사 연구할 필요가 있다. 그들이 기반하고 있는 영적인 자원들이 어떻게 공동체로 활용되는지, 그 공동체의 삶과 동반되는 영향과 결과들은 무엇인지 조사하여 밝힘으로써 공동체 교회가 확산되고 저변화되도록 힘쓸 필요가 있다. 셋째로, 교회와 기독교 학교, 그리고 공동체적 육아기관들을 통하여 지속적인 '평화교육과 통일교육'이 이루어져야 한다. 넷째로, 기독교 공동체 교회의 영성적 이념을 사회화시켜 나갈 필요가 있다. 기독교의 복음과 진리, 교리들은 세속사회에서도 사회적 타당성을 갖는다. 십자가는 역사 속에서, 그리고 기독교 종교 안에서만 진리인 것이 아니라 경제, 사회, 정치, 문화 세상의 모든 영역에서 진리가 되는 것이다. 이것은 통일을 지향하는 과정에서 필수적인 진리이기도 하다.

하나님은 영이시다(요 4:24). 영이신 하나님의 형상을 따라 하나님께서 창조하신 존재가 사람이다. 따라서 사람도 영적인 존재다. 사람에게서 하나님의 형상을 제거하면 동물과 아무런 차이가 없다. 다시 말해, 사람에게서 영성을 빼버리면 짐승이 된다. 영성은 인간의 본질이요, 중심이요, 가장 중요한 특성이다. 이 창조론적 토대를 통해 우리는 인간을 설명하고 사회복지실천의 근거로 삼아야 한다. 인간의 내면에는 "하나님을 알만한 것(롬 1:19)" "하나님의 영광을 아는 빛(고후 4:6)" "그의 영원하신 능력과 신성(롬 1:20)"이 담겨 있다. 조지 폭스(George Fox)는 이를 "내면으로부터의 빛"이라 하고, 파커 팔머(Parker Palmer)는 "내면의 교사"라고 말했다. 우리는 이 특성이 살아 일어나 강해지고 성숙하면 위대한 사회복지실천가가 될 수 있음을 인류와 교회의 역사를 통해 알게 되었다. 영성의 세계는 거대한 바다와 같다. 그 세계를 통하여 인류는 엄청난 행복과 기쁨을 경험할 수 있었고 삶의 풍요로운 가치들을 발견해 왔다. 이 책은 사회복지실천의 근원을 그 영성의 세계와 연결할 수 있도록 안내하고자 제작되었다. 그러나 그러한 노력은 이제 시작의 시작일 뿐이라는 것을 후기에 적지 않을 수 없다.

기독교의 모든 진리는 보편성을 가진다. 기독교 진리가 기독교라는 종교나 교회라는 종교 현장 안에서만 타당한 것이 아니라 세속사회를 포함한 인간의 보편적 삶의 영역에서 타당성을 갖는다는 것이다. 하나님의 사람들은 "이방들이 그 이름을 바라리라."(마 12:21)고 하였다. 그것을 이름하여 '복음의 세속적 타당성'이라고 말할 수 있다. 그 보편성은 사회복지 영역을 포함하고 있다. 다시 말해, 기독교의 모든 진리는 사회복지 영역 안에서도 진리다. 비록 사회복지가 사회과학이라는 인본주의적 학문의 길을 통해 형성된 것이라 해도 복음은 과학에서도 진리다. 복음은 세속적 타당성을 갖기 때문이다. 종교도 진리를 추구하고 과학도 진리를 목표로 하고 있기 때문에 결국에 이 두 영역은 진리 안에서 만나게 될 것이다. 그런 의미에서 영성은 종교적 관점과 과학적 관점의 일치점인 진리라는 측면에서 논의되어야 한다. 사회복지실천은 그 일치된 지점으로서 충분한 가능성을 보여 주고 있다.

따라서 기독교의 핵심 진리들은 사회복지를 위한 실천적 구체성을 가졌는지 설명되어야 한다. 기독교의 핵심 진리라고 한다면 창조, 삼위일체, 성육신, 십자가, 이신득의, 부활과 하나님의 나라, 즉 종말론과 같은 개념들을 의미한다. 여러 학자의 참여를 통하여 다양한 접근이 나타나고 있지만, 이 책은 그러한 기독교의 진리가 어떻게 사회복지와 연결되는지를 설명하고자 하였다.

기독교의 하나님은 삼위일체이시다. 삼위일체(三位一體, Trinity)는 인간의 본질을 설명하는 하나님의 형상의 가장 중요한 뼈대가 된다. 사람이 하나님의 형상을 따라 지어졌다는 것을 설명하기 위해 우리는 삼위일체의 진리를 골격으로 삼아야 한다. 창세기에서 인간 창조의 핵심은 "우리의 형상을 따라 우리의 모양대로 우리가" 사람을 만들자는 말씀(창 1:26)과 "하나님이 자기 형상 곧 하나님의 형상대로" 사람을 만들었다는 말씀(창 1:27)에 있다. 창조 기사에서 하나님은 '우리'라는 복수와 '자기'라는 단수로 표현되셨다. 기독교는 일신론도 삼신론도 아닌 삼위일체론을 믿는다. 삼위일체의 진리는 인간의 본질을 설명하고 있다. 하나님께서 복수이시며 단수이신 것같이 사람도 복수이며 단수로 지어졌다. 한 남자와 한 여자, 아담과 하와가 "둘이 한 몸"(창 2:24)을 이루게 하셨기 때문이다. 성경 전체를 통하여 이 하나 됨의 경계는 점점 넓어진다. 노아에 와서 한 가족으로 확대되고, 아브라함에 이르러는 친족으로 넓어지며, 모세의 때에 민족으로 커지더니 다윗에 가서 국가로 확장되었는데 예수에 이르러 유대인과 이방인, 남자와 여자, 주인과 종, 모든 인류가 "다 그리스도 예수 안에서 하나"(갈 3:28)임을 선포하고 있다.

삼위일체 하나님처럼 남자는 여자가 아니고 여자는 남자가 아니지만 이 둘은 한 몸이라는 사실은 인간 존재의 본질이요 핵심이다. "나는 나이고 너는 너이며, 나는 네가 아니며 너는 내가 아니지만, 너와 나는 분리될 수 없는 하나다."라는 이 대명제는 사회복지실천의 근본이라는 것이다. "몸은 한 지체뿐만 아니요 여럿"(고전 12:12a, 14)이라는 말씀은 인간으로 하여금 복수가 되게 하라는 것이다. 복수가 되게 하라는 것은 개인 각자가 자립하여 주체가 되고 자율적으로 살게 하라는 것이다. 사회복지학에서는 이것을 '개별화(individualization)'라고 말한다. 여기서 개인의 자유와 독립과 다양성이 가능하게 된다.

동시에 성경은 "몸의 지체가 많으나 한 몸"(고전 12:12b, 20)이라고 말한다. 이 말씀은 단수가 되게 하라는 것이다. 단수가 된다는 것은 일체가 된다는 것인데 이웃과 지역사회가 공생적 관계를 이루고 모두가 참여하여 함께 협력하는 일치를 이루라는 것이다. 예수님의 기도에서 가장 강조되고 있는 주제는 '하나 됨'이다. "나와 아버지께서 하나이듯이 저들도 하나가 되게 하옵소서"(요 17:21) 이것을 사회복지학적으로 '통합(integration)'이라 말한다. 여기서 사랑의 관계와 역할의 분담과 상부상조의 공생성이 형성된다. 사회복지는 개인의 자유로운 선택과 집단의 평화로운 일치를 지향한다. 개인의 주체성과 지역사회의 공생성은 삼위일체 진리를 통해 나타나는 영성적 사회복지실천의 두 기둥이 되어야 한다.

결국 삼위일체의 진리를 통해서 도달하는 결론은 사람이 관계적 존재라는 것이다. 삼위일체 하나님의 관계를 페리코레시스(περιχορησις)라는 용어로 표현하는데 그 의미는 '상호내재적 일치'라고 말한다. '인간(人間)'이라는 말 자체가 사람이 관계적 존재임을 의미한다. 인간은 네 가지의 대상과 관계를 맺고 살아간다. 첫째는 나와 하나님의 관계이고, 둘째는 나와 이웃과의 관계이며, 셋째는 나와 나 자신과의 관계이다(약 1:27). 더 나아가서 사람은 자연 만물과 화목의 관계를 맺는다(골 1:20). 영성을 하나님과의 관계에만 국한시키는 것이 일반적인 관점이지만 성경은 이러한 관계가 모두 하나로 융합되어 있음을 나타내고 있다. 사회복지실천의 통합적 접근은 신체(bio)-정신(psycho)-사회(social)-생태(echo)에 머무르지 않고 영성(spirituality)에까지 나아가야 할 이유가 여기에 있다.

삼위일체의 하나님은 사랑이시다(요일 4:16). 하나님의 형상을 닮은 인간의 관계는 이 사랑에 근거한다. 사회복지의 주안점인 관계의 핵심은 사랑에 있다. 그 사랑은 사회복지적 용어로 사용되지 않지만 이타성이나 온정, 수용, 포용, 친절, 존중, 관대함, 온유, 환대 등의 개념으로 풀어져서 활용되고 있다. 영성의 차원에서 사랑은 행위나 태도의 영역에서 존재와 신념의 영역으로 들어가게 될 것이다. 즉, 절대적 신념으로 사랑의 가치관을 내면화한 인간으로서 자기를 준비하도록 요구한다는 것이다. 그것은 그리스도의 성육신적 존재론으로 이해될 수 있다. 거룩하신 하나님의 인간화는 영성민감형 사회복지사의 최고 모델이다.

그래서 성경은 예수가 하나님의 형상이라고 말한다(골 1:15). 기독교의 핵심은 기독론에 있고 기독교 영성의 중심은 예수를 인격적으로 만나고 대화하며 동행하는 삶이다. 예수는 삼위일체 하나님의 관계를 인류의 역사적 현장 안에서 실현해 내신 분이다. 예수의 정신과 삶, 그리고 그의 선택들은 영성적 사회복지사의 실천과정에서 끊임없이 요구되는 영감(靈感, inspiration)과 통찰(洞察, insight) 그리고 분별(分別, discernment)의 원천이다. 예수는 교리적인 또는 역사적인 존재로서 멈추지 않는다. 그는 실존적인 존재이며 '세상 끝날까지 항상' 함께 하시는 분이다. 예수는 지금도 '없이 계시는 분'으로 우리와 만나고 함께하신다. 영성민감형 사회복지사는 그 그리스도와 동행하고 함께 머무르며 일하는 것이다.

우선 예수의 영성은 초월(超越, transcendent)이다. 하이데거(Heidegger)는 인간의 본질을 탈존에서 찾아야 한다고 하였다. 탈존은 현존과 본질적으로 구분되는 '가능적 본질의 현실화'라고 설명한다. 윤동주는 별을 바라보며 멀고 먼 북간도의 어머니를 만나고, 장기려는 달을 바라보면서 북에 두고 온 아내와 만난다. 공간의 초월이다. 한용운은 걷잡을 수 없는 슬픔의 힘을 옮겨 새 희망의 정수박이에 들이붓고, 함석헌은 씨알을 바라보며 그 안에 담긴 오고 가는 모든 세대의 열매와 가능성을 '참'으로 받아들인다. 사실의 초월이다. 원자물리학자 스웨덴 붉(Swedenbory, 1688-1772)은 늘 가던 식당 안에서 찬란한 빛을 통해 영의 세계를 발견했고, 선다 싱(Sunder Singh)은 티벳 고원의 한 마을 깊은 우물 속에 갇혀서 천국의 문을 경험했다. 현실의 초월이다. 그리스도인은 현재를 살면서 영원을 지향한다. 영원한 종말이 현재의 나를 결정한다. 몰트만(Moltman)은 그것을 '종말론적 존재론(Eschatological Ontology)'이라고 말한다. 시간의 초월이다. 이처럼 영성은 보이는 것을 초월하고 논리를 초월하며, 결과를 초월할 뿐 아니라 자기 자신도 초월한다. 진정한 사회복지실천은 시공을 초월하여 보이지 않는 인간의 가치와 가능성과 자연력을 믿고 찾아내어 활용하는 초월의 영성적 활동이다.

동시에 예수의 영성은 내재(內在, immanence)다. 예수의 성육신(成肉身, incarnation)은 하나님께서 인간으로 오심(도성인신: 道成人身, the Word become flesh)을 말하는 것이다. 성육신의 영성을 가진 사람은 내려와서 함께 머무를 뿐 아니라 같은 존재로서 함께 어려움을 겪으며 자신을 나타내고 결국에는 대신 짊어지는 것을 선택한다. 이는 영성적 사회복지사의 전형적 실천유형이다. 몰로카이의 성 다미엔은 한센인들과 함께 살다가 함께 한센인이 되었고 결국 한센인으로 죽었다. 이세종으로부터 시작되는 호남 영성 맥락에 속한 이현필, 최흥종, 손양원, 강순명, 방애인, 여성숙 등은 한센인, 고아, 결핵인, 노숙자 등 그 시대의 가장 낮은 사람들과 함께 살아가며 성육신의 영성을 실현하였다. 신용복은 관계의 최고 형태가 '입장의 동일화'라고 말한다.

결국 영성은 십자가다. 십자가는 고통이지만 윤동주는 행복한 십자가로 표현한다. "괴로웠던 사나이/행복한 예수그리스도에게/처럼/십자가가 주어진다면……." 고통을 행복하게 받아들일 수 있었던 것은 그 길이 '아버지의 뜻대로' 가는 것이었기 때문이었다. 영성을 따라 선택할 때 다가오는 배척, 가난, 조롱, 소외 등의 고통스러운 일들은 "자기를 부인하고 자기 십자가를 지고 나를 따르라"는 그리스도의 주문을 따르는 일이기에 영성적 그리스도인들은 기뻐할 수 있다. 존 스토트(John Stott)는 스스로 하는 이런 선택을 '자기 소외'라고 말했다. 십자가는 하나님의 공의와 아버지의 사랑이 부딪히고 하나 되는 전율의 자리다. "엘리 엘리 라마 사박다니." 그 하나님 안 계심을 경험하는 자리에서, 진정한 믿음이 고백되고, 그 믿음을 통해서 결국 하나님을 만나게 된다. 하나님이 없는 자리에서 하나님을 만난다. 이처럼 십자가는 절망과 희망이 교차되는 자리다. 그리스도의 제자들은 십자가를 통해서만 믿음을 고백할 수 있고, 십자가를 통해서만 하나님을 만날 수 있다. 십자가는 기독교의 구원론을 구성하는 교리의 자리에 세워지는 것이 아니라 인간의 삶의 현장, 그 고통의 자리에서 세워지는 것이다. 그래서 "세상 등지고 십자가 보네……."라는 노랫말은 맞지 않는다. 십자가는 세상 속에 그 한가운데에 세워지는 것이기 때문이다. 기독교인으로서 영성민감형 사회복지실천가가 된다는 것은 이 십자가의 영성을 받아들이는 것을 의미한다.

이러한 사회복지실천가에게는 더 이상 무엇을 어떻게 실천하느냐가 중요하지 않다. 어떠한 존재가 되느냐가 중요할 뿐이다. 루터는 "하나님을 사랑하라. 그리고 네 맘대로 살아라."라고 말했다. 사랑은 존재를 지배한다. 사랑으로 존재를 지배당하는 사람이라면 그가 어떤 선택을 하더라도 사랑으로 하므로 결국 아름다운 것이 될 것이다. '내가 지금 무엇을 어떻게 할 것인가?'는 '나는 누구이며 어떤 존재인가?'가 결정하기 때문이다. '무엇을 할 것인가?' '어떻게 할 것인가?' '어떤 결과를 맞이하게 될 것인가?'는 모두 이차적인 질문이다. 그것보다 본질적인 질문은 '나는 어떤 존재인가?' '나는 누구인가?' '나는 어디에 있나?' '나는 지금 누구와 함께 있나?' 등의 질문이 존재론적인 본질을 결정하는 일차적인 질문이다. 이런 질문들이 영성적인 주제의 질문들이다. 이런 질문을 진지하게 던지는 사람은 일상과 일이 구분되지 않는다. 종교생활과 직장생활이 구분되지 않는다. 학문과 신앙이 구분되지 않는다. 제임스 파울러(James Fowler)의 신앙 여섯 단계 중에서 최종적인 단계는 보편화(universalization)의 단계다. 이 단계에 이르면 신앙의 비전과 자신의 의도의 양극이 일치되어 영성과 삶이 일치되는 상태에 이른다. 이세종, 이현필, 손양원, 김교신, 유영모, 마하트마 간디, 마틴 루터 킹, 칼카다의 테레사, 함마슐드, 본회퍼, 아브라함 헤셸, 토마스 머튼 등과 같은 사람들은 이 단계에 도달한 사람들이라고 봐야 할 것이다. 애이브러햄 매슬로(Abraham Maslow)는 이런 사람을 '자기 실현화된 사람(self-actualized person)'이라고 묘사했고, 칼 로저스(Carl Rogers)는 '충분히 기능화하는 인간(fully functioning human being)'이라고 표현했다.

영성적 사회복지실천의 최종적인 귀결은 '하나님의 나라'에 있다. 하나님을 닮아서, 하나님의 성품으로, 하나님의 뜻을 따르면, 거기에 하나님의 나라가 경험된다. 몰트만은 이 세상이 하나님의 나라를 실험하는 장이라고 말한다. 이 세상은 에덴동산으로부터 쫓겨났지만, 실낙원의 경험이 없으면 진정한 하나님나라의 가치를 알 수 없을 것이다. 영성적 사회복지사는 하나님의 나라를 위하여 일하는 최전선 일군이다. 일하는 사람들이 먼저 경험하고 누리는 것은 두말할 필요가 없다.

이 책은 여러 사람의 원고가 모여져서 제작되었다. 사람마다 주제와 분량 그리고 서술하는 방식이 서로 달랐다. 분산된 저작들을 주제별로 분류하고 맥락에 맞춰 다시 작성하는 수고를 담당한 이준우 형제에게 심심한 사의를 표한다.

아울러 영성적 사회복지실천의 개념과 가치, 실제적인 접근을 국내에서 가장 먼저 연구하신 박종삼 교수님(숭실대학교 명예교수, 전 월드비전 회장)께 감사드린다.

우리의 이 작은 성과물이 후학들과 후배 실천가들이 뛰어넘을 수 있는 뜀틀이 되길 바란다. 뜀틀을 넘어서 더욱 귀하고 복된 영성사회복지실천을 구현해 내길 소망한다.

2022년 4월
따스한 봄날을 느끼며
"마라나타! 아멘 주 예수여 오시옵소서" 기도와 함께

참고문헌

강동완(2013). '통일을 준비하는 교회의 역할'에 대한 논찬. 하충엽 편. **그래도 우리는 계속
선교해야 한다**(pp. 219-228). 서울: 굿타이딩스.

강아람(2014). 선교적 교회론과 선교적 해석학. **선교신학, 36**, 11-45.

강창욱, 김해용, 이준우(2006). **장애인복지선교개론**. 경기: 서현사.

구금섭(2004). John Wesley의 사회복지 사상에 관한 연구. **교회사회사업, 2**, 62-110.

권오중(2007). 독일과 한국의 분단과 통일문제의 구조적 차이와 양국 정부가 추진한 통일
정책의 변화와 한계에 대한 연구. **독일연구, 14**, 21-48.

기독교대백과사전편찬위원회(1985). **기독교대백과사전**(제11권). 서울: 기독교문사.

김규보(2017). 트라우마에 대한 현대 심리학적 접근의 평가와 기독교 병리학적 제안. **성경
과 신학, 81**, 171-205.

김덕준(1979). 구미사회사업 철학의 배경에 대한 시고: 기독교의 본질을 중심으로. **사회사
업학회지, 1**, 87-96.

김동배(1993). 지역사회조직 교육. **연세사회복지연구, 1**, 219-226.

김동배(1995). 노인문제와 교회의 역할. 한국기독교사회복지회 저. **기독교와 사회복지**(pp.
144-176). 서울: 예안.

김동배(2005). **시민사회와 자원봉사**. 서울: 학지사.

김동배(2007). 노인복지선교 프로그램 개발의 이론과 실제. **노인복지선교의 이해와 실제**
(pp. 67-97). 서울: 한국장로교출판사.

김동배(2015). 성큼 다가오는 초고령사회, 어떻게 대처해야 할까. **새문안 10월호**.

김동배(2018). **실행하는 교회사회봉사**. 서울: 좋은PR.

김동배(2019). **백세시대 시니어로 살기**. 서울: 좋은PR.

김동배(2022. 4. 11.). 세대갈등을 넘어 세대공존으로. 백세시대신문 금요칼럼.

김동배, 김상범, 신수민(2012). 무배우자 노인의 사회참여가 우울에 미치는 영향: 사회적
　　　지지와 자아효능감의 매개효과. **한국노년학, 32**(1), 289-303.

김동성(2007). 민족과 통일의 미래. **전략연구, 14**(41), 75-98.

김문조(2005). 네트워크 사회의 이념적 기초와 실천 전략. **담론 201, 8**(3), 93.

김병하(2004). 「특수교육개론」(1963)에 나타난 이태영(李泰榮)의 특수교육관. **특수교육저
　　　널: 이론과 실천, 5**(2), 29-49.

김성건(2018). 통일 이후의 한국사회와 기독교. **기독교사상, 715**, 30-41.

김성욱(2009). **대한민국 적화보고서**. 서울: 조갑제닷컴.

김성이(2013). **중독 치유복지: 예방 치유 그리고 정책(복지이야기 4)**. 경기: 양서원.

김성이, 김정란(2012). **동화와 통일복지**. 경기: 양서원.

김세윤(2003). **복음이란 무엇인가**. 서울: 두란노.

김수정(2007). 사회복지사의 사회행동 실천 과정에 관한 연구. 이화여자대학교 대학원 박
　　　사학위논문.

김애순(2008). **장노년기 상담**. 서울: 시그마프레스.

김영한(1990). **평화통일과 한국기독교**. 서울: 풍만.

김지윤, 이동훈, 김시형(2018). PTSD 증상의 조건비율에 근거한 한국 성인의 트라우마 경
　　　험에 관한 연구. **한국심리학회지: 문화 및 사회문제, 24**(3), 365-383.

김지찬(2008). 한국교회: 폭력의 원천인가, 도피성인가? **구약논단, 14**(1), 51-69.

김철민 외(2007). 한국전쟁을 통해 바라본 유고슬라비아 외교정책 변화에 관한 연구. **슬라
　　　브연구, 23**(2), 24-39.

김철민, 김성곤, 남궁기, 조동환, 이병욱, 최인근, 김민정(2007). 24주 추적조사를 통한 한
　　　국인 알코올 의존 환자의 재발 예측 인자 규명 연구. **생물정신의학, 14**(4), 249-255.

김형석(2015). **한국교회여, 다시 일어나라**. 서울: 새물결플러스.

김형용 외(2000). 사회서비스 산업화에 따른 사회적 노동의 위기: 지역사회기반 서비스로

의 전환 모색. **한국사회복지조사연구, 25**, 115-141.

김형용, 박미희, 김윤민, 정지웅, 오양래, 최새봄(2020). 2021 사회이슈트렌드-뉴노멀시대의 나눔 영역개발-. 서울: 사랑의열매 사회복지공동모금회.

노윤정(2020. 4. 3.). 전염병과 기후위기의 상관관계. Retrieved from http://www.lifein.news/news/articleView.html?idxno=10133

대한예수교장로회총회교육부 편(1994). **꿈꾸는 노년**. 서울: 한국장로교출판사.

동대문노인종합복지관(2007). 노인상담. **노인복지선교의 이해와 실제**. 서울: 한국장로교출판사.

문순홍(2006). **생태학의 담론**. 서울: 아르케.

민경국(2012). 자유주의 이념에 비춰본 1980년대 서구의 개혁정책. **제도와 경제, 6**(2), 19-55.

민병원(2004). 세계화와 지식네트워크. **한국정치학회 2004 추계학술회의 발표자료집**.

민중서림 편집부(1990). **민중 엣센스 국어사전**(제3판). 서울: 민중서림.

박래식(2008). **이야기 독일사**. 서울: 청아출판사.

박미애(2005). 위험사회의 성찰적 책임윤리: 막스 베버의 책임윤리와 울리히 벡의 성찰적 근대화 개념을 중심으로. **철학연구, 96**, 265-290.

박범종(2010). 남북한 통일 대비 복지재원 확보방안에 관한 연구: 독일 통일 사례를 중심으로. **한국시민윤리학회보, 23**(2), 197-216.

박보경(2008). 선교적 해석학의 모색. **선교신학, 18**, 78-79.

박수호(2003). 정보화로 인한 종교 영역의 변화와 포교전략. **불교학연구, 7**, 275-301.

박영환(2011). **북한선교의 이해와 사역**. 경기: 올리브나무.

박종삼(2002). 교회사회사업의 학문적 정체성: 문제의 제기. **교회사회사업학회자료집**, 18-30.

박종삼(2003). 교회사회사업의 영성적 실천방법: 거시적 측면에서. **한국교회사회 사업학회 학술대회 자료집**, 11-26.

박종삼(2004). 교회사회사업의 영성적 실천방법: 거시적 측면. **교회와 사회복지, 2**, 7-31.

박종철, 김수잔, 김일광(2011). 프로야구 구단의 사회공헌활동 유형과 대상, 구단 적합성 지각 및 구단 이미지 제고의 관계. **한국사회체육학회지, 43**, 359-369.

박지영(2011). 한국노인자살의 측성과 노인생명보호를 위한 교회의 역할. 한국인의 죽음 이해와 기독교의 죽음, 제4회 늘푸른복지문화대학 교사 세미나.

박충구(1997). 21세기 정보사회와 기독교의 과제. **신학과 세계, 34**, 187-212.

박형준(1994). 신기술혁명과 국제분업체계의 변화. **21세기 프론티어.** 서울: 길벗.

방연상(2018). 화해의 신학: 통일을 넘어 화해를 추구하는 교회와 신학의 역할. **신학과 사회, 32**(1), 9-40.

백남철(2015). 시민참여를 통한 도시정책수립과 한국의 사례. 기독공보, 28, 4면.

보건복지부(2021). **2021 정신건강실태조사.**

사행산업통합감독위원회(2018). **2018 사행산업 이용실태조사.**

서보혁(2011). **코리아 인권: 북한 인권과 한반도 평화.** 서울: 책세상.

성규탁, 김동배, 은준관, 박준서(1991). 한국교회의 사회복지 참여에 관한 연구. **신학논단, 19**, 247-296.

성서교재간행사(1980). **성서대백과사전**(제6권). 서울: 성서교재간행사.

손의성(2014). 지속가능한 생명 공동체를 위한 사회적 책임으로서의 교회의 지역복지거버넌스 참여. **한국기독교신학논총, 92**, 311-336.

손철성(2002). 탈전통적 개인주의와 자아 실현의 전망-마르크스, 테일러, 기든스의 논의를 중심으로-. **철학, 70**, 203-228.

송경재(2004). 사회적 자본과 네트워크-조직구조를 중심으로-. **사회이론, 25**, 21-39.

송경재(2005). 네트워크 시대의 인터넷 정치참여-탄핵정국 디시인사이드 정치토론 게시판을 중심으로-. **담론 201, 8**(3), 123-160.

송리라, 이민아(2016). 아동기 트라우마 경험과 성인기 우울의 관계: 사회적 관계의 조절 효과. **한국인구학회, 39**(2), 1-24.

송재룡(2010). 울리히 벡의 코스모폴리탄 비전과 그 한계: 공동체주의 입장에서. **현상과 인식, 34**(4), 86-103.

신경아(2012). 서구사회 개인화 논의에 대한 여성주의적 고찰. **페미니즘연구, 12**(1), 1-33.

신경아(2013). 시간제 일자리에 관한 여성주의적 소고. **페미니즘연구, 13**(2), 121-141.

신명열(2015). **이공 성자와 여인들: 20세기 한국의 호세아.** 서울: 정자나무.

신영복(1998). **감옥으로부터의 사색: 신영복 옥중서신**. 경기: 돌베개.

신옥수(2015). 평화통일신학의 형성과 과제: 하나님나라 신학의 빛에서. **선교와 신학**, **35**(35), 13-48.

신종헌(2011). 일부 지역사회주민의 자살행동 유병률과 관련 요인. 충남대학교 의과대학원 박사학위논문.

신중섭(2006). **국가인권위원회 어디로 가야 하나**. 서울: 자유기업원.

신중섭(2006). 통일의 당위성과 현실성: 통일에 대한 한 가지 사고 실험. **사회과학연구**, **35**, 71-96.

심상영(2007). 기독교의 자살관과 그 대책. **심성연구**, **22**(1), 1-15.

심수현(2012). 도박심각도, 삶의 만족도, 영성과의 관계 연구. **상담학연구**, **13**(3).

엄두섭(1987). **호세아를 닮은 성자: 도암의 성자 이세종 선생의 일대기**. 서울: 은성출판사.

엄두섭(1989). **영맥**. 서울: 은성출판사.

엄두섭(1999). **내가 존경하는 인물들**. 서울: 은성출판사.

오방식(2020). 불완전함의 영성-헨리 나우웬을 중심으로-. **장신논단**, **52**(5), 233-260.

오정수(2004). 교회사회사업의 영성과 세계관. **교회사회사업**, **2**, 181-194.

오종석(2020. 5. 27.). 큰 정부, 강한 시민사회. Retrieved from http://news.kmib.co.kr/article/view.asp?arcid=0924139806&code=11171440)

오현미, 장경섭(2014). 진화심리학과 개인화: 사회적 맥락의 비교검토. **사회와이론**, **24**, 43-94.

우재희(2014). 자살시도 경험이 있는 남성알코올중독자의 삶의 경험. **한국콘텐츠학회논문지**, **14**(2), 364-375.

우종모(2003). 정보불평등 문제와 사회복지적 접근. **인문사회논총**, **9**, 118-141.

유장춘(2000). **기독교사회복지의 이념과 실제**. 포항: 예와석.

유장춘(2002). 기독교사회복지운동의 방향과 전략. **연세사회복지연구**, **8**, 86-135.

유장춘(2003). 사회복지실천을 위한 영성적 접근 가능성에 대한 탐색. **통합연구**, **16**(2), 9-44.

유장춘(2009). 이준우 교수 강연에 대한 토론문: 기독교세계관과 하나님의 나라 그리고 장애인복지선교. **밀알 30주년 기념 장애인선교 세미나 자료집**, 79-81.

유장춘(2012). 평화통일을 위한 한국기독교공동체의 사회복지적 기여방안 모색. **한국기독교사회복지실천학회 창립학술대회 자료집**, 30-53.

유장춘(2018). 가족이 회복해야 나라가 바로 섭니다. 유장춘 페이스북.

유장춘(2019). '통일시대를 여는 복지선교 신학'에 대한 논찬. **기독교학회 추계학술대회 자료집**. 292-296.

윤명숙(2012). 남성가구주의 음주가 배우자 음주에 미치는 영향-배우자 폭력의 매개 효과. **한국사회복지학**, **64**(2), 111-131.

이광근(2015). 개인화, 계급, 하위정치: 울리히 벡의 논의를 중심으로. **동향과 전망**, **94**, 93-127.

이병수(2010). 통일의 당위성 담론에 대한 반성적 고찰. **시대와 철학**, **21**(2), 33-64.

이봉근(2016). 북한이탈주민의 사회적 배제와 대응 방안. 북한연구세미나 자료집, 23-39.

이삼열 외(1992). **사회봉사의신학과실천**. 경기: 도서출판 한울.

이상현(2020). 코로나19 국제정치와 글로벌 거버넌스. **세종정책브리프**, **4호**, 13-14.

이세종, KIATS(2011). **이세종의 명상 100가지**. 서울: KIATS.

이영욱(2004). 정보화 시대에 필요한 목회자의 리더십-'힘의 부여'를 중심으로-. **국제신학**, **6**, 129-165.

이우관(2003). 정보화와 복지정책의 변화. **한독사회과학논총**, **13**(1), 6-141.

이원규(1994). **종교사회학의 이해**. 경기: 나남출판.

이은희(2019). 알콜중독자의 우울이 자살사고에 미치는 영향-사회적 지지의 매개효과. **디지털융복합연구**, **17**(2), 423-431.

이종환, 김자영(2010). 복지서비스 분야 정보화사업 평가항목 개발에 대한 탐색적 연구. **한국사회복지행정학**, **12**(3), 184-208.

이준우(1994). **우리가 아끼고 사랑해야 할 사람들**. 서울: 여수룬.

이준우(2005). 장애인복지선교강의. 서울: 남서울은혜교회사이버농인사역부.

이준우(2006). **장애인복지실천론**. 서울: 인간과복지.

이준우(2007). 성서적 관점에서 본 장애인 문제의 본질과 교회의 역할-성서적 장애 및 장애인 관점을 중심으로-. **교회와 사회복지**, 5, 31-56.

이준우(2010). 하나님나라 운동과 장애인복지선교. **교회사회사업**, 12, 7-50.

이준우(2013). **고령화사회에서의 노인복지의 이해와 실천**. 서울: 파란마음.

이준우(2014). **복지선교와 복지목회: 교회사회복지실천의 새 지평**. 경기: 나남.

이준우(2015). 교회 협력에 기초한 장애인복지실천에 관한 사례연구. **한국사회복지조사연구**, 43, 263-299.

이준우(2019). **한국교회사회복지실천 들여다보고 내다보기**. 서울: 밀알.

이준우(2020). 우원(友園) 이호빈(李浩彬) 목사의 신학사상과 통일 복지선교. **한국기독교신학논총**, 118, 489-536.

이준우(2021a). **통합과 융합의 사회복지실천**. 경기: 인간과복지.

이준우(2021b). **김덕준의 사회복지 사상과 사회복지 교육**. 서울: 코람데오.

이준우(2021c). 박종삼의 사상과 사회복지실천 이해: 사회복지 연구자의 자문화기술지적 내러티브 탐구를 중심으로. **기독교사회복지**, 3.

이준우, 최희철(2021). **인간행동과 사회환경**. 경기: 양서원.

이준우, 홍유미, 김연신, 신빛나, 이현아(2011). **사회복지용어사전**. 서울: 서현사.

이한수(1992). **누가 예수의 제자들인가**. 서울: 도서출판 대장간.

이현아(2003). 영성민감형 사회복지의 실천과 적용. **제2회 한국교회사회 사업학회 학술대회 자료집**, 30-35.

이혜숙(2003). **종교사회복지**. 서울: 동국대학교출판부.

이홍석, 이홍표, 권기준, 최윤경, 이재호(2015). 무엇이 트라우마인가? 진화심리학적 측면에서 본 트라우마의 이해와 분류. **한국심리학회지**, 34(2), 565-598.

이효선(2008). **노인상담과 연구**. 서울: 신정.

임락경(2014). **임락경의 우리 영성가 이야기**. 서울: 홍성사.

임희모(2017). **예수 그리스도의 제자도 선교: 메시아적 파송과 통전적 영혼구원 선교**. 서울: 도서출판 케노시스.

전명수(2003). 정보화사회와 종교문화의 변용. **종교연구**, 33, 93-120.

전봉근(2020). 코로나 19 팬데믹의 국제정치와 한국외교 방향. 외교안부연구소 주요국제

문제분석, 8호, 10.

전상원, 한창수, 최준호, 배치운, 채정호, 고영훈, 윤호경, 한창우(2015). 외상후 성장 및 리질리언스 평가와 임상적 의의. **신경정신의학, 54**(1), 32-39.

전상현(2020). 감염병 시대의 방역과 기본권보장의 쟁점. **공법연구, 49**(2), 41-370.

전종설, 박아름(2014). 알코올중독자의 대인관계와 자살생각 간의 관계: 우울의 매개효과를 중심으로. **보건사회연구, 34**(1), 379-407.

정지웅(2011). 환경친화적 복지체제의 탐색. 강남대학교 사회복지전문대학원 박사학위논문.

정지웅(2015). 네트워크 사회의 도래에 따른 기독교사회복지의 방향 탐색-M. Castells의 논의를 중심으로-. **기독교신학논총, 95**, 313-336.

정지웅(2016a). 성찰적 근대화론의 장애학적 함의-개인화를 중심으로-. **비판사회정책, 52**, 147-178.

정지웅(2016b). 북한 장애인관련 법규의 장애학적 고찰. 한국장애인복지학, 33, 175-198.

정지웅(2019a). **장애인복지론**. 경기: 양서원.

정지웅(2019b). 진보는 옳고, 보수는 틀린 것인가. **비판과 대안을 위한 사회복지학회 학술대회 발표논문집**, 37-42.

정지웅(2020a). 기독교현실주의에 근거한 남북한 장애인복지 교류 협력방향. **한국기독교신학논총, 116**(116), 515-540.

정지웅(2020b). 포스트코로나 시대의 한국-ASEAN 장애인 고용과 노동 개선을 위한 과제. 포스트코로나 시대의 장애인 고용과 노동 환경개선을 위한 국제 컨퍼런스 자료집.

제해종(2015). 한국 사회의 자살 문제에 대한 기독교적 답변. **한국콘텐츠학회논문지, 15**(2), 552-566.

조선일보(2014. 1. 10.). 글로벌 금융社들 "전쟁위험 국가인 한국, 통일되면 성장유망 국가".

조요셉(2014). **북한선교의 마중물 탈북자**. 경기: 두날개.

조은식(2007). **통일선교: 화해와 평화의 길**. 서울: 미션아카데미.

조은식(2013). 샬롬의 관점에서의 통일선교. **선교신학, 34**, 295-322.

조은식(2014). 탈북자들의 남한 사회통합을 통한 평화 만들기. **한국기독교학회 제43차 정기 학술대회 자료집**, 192-201.

조은하(2002). 정보화 시대의 영성과 신앙공동체. **기독교교육정보**, 5, 86-116.

조현(2008). **울림: 우리가 몰랐던 이 땅의 예수들**. 서울: 시작.

주선애(1995). 교회노인교육과정. 총회교육자원부 저. **한국교회와 노인목회**(노인교육목회 연구시리즈 1, pp. 81-98). 서울: 한국장로교출판사.

최봉기(1999). **깊은 영성으로 나아가는 길**. 서울: 예영 커뮤니케이션.

통일선교정책서 발간위원회 편(2015). **주여! 70년이 찼나이다**. 서울: 포앤북스.

하충엽(2011). 이질화된 두 공동체 간에 형성되는 통일공동체. **교회사학**, 11, 163-180.

한국보건사회연구원(2009). 기후변화와 전염병 질병부담.

한덕연(2008). **사회사업 대안학교**. 서울: 사회복지정보원.

한덕연(2016). **복지요결**. 서울: 사회복지정보원.

한덕연(2018). **복지야성**. 서울: 사회복지정보원.

한운석(1997). 유신치하와 5.18 광주 민중항쟁 전후의 한국과 독일 개신교 에큐메니컬 협력과 김대중 구명운동. **한국기독교와 역사**, 2, 271-316.

함석헌(2003). **뜻으로 본 한국 역사**. 서울: 한길사.

황병덕 외(2011). **독일의 평화통일과 통일독일 20년 발전상**. 서울: 늘품플러스.

Alcoholics Anonymous (A. A.) (1992). Members of the clergy ask about A. A.

Alexander, J. C., Eyerman, R., Giesen, B., Smelser, N., & Sztompka, P. (2004). *Cultural trauma and collective Identity*. Berkeley, CA: University of California Press.

American Society of Addiction Medicine (2003). *The ASAM Criteria* (3rd ed.). The Change Companies, NY.

American Psychiatric Association (APA). (2013). *Diagnostic and statistical manual of mental disorders* (5th ed.). Arlington, VA: Author.

Anda, R. F., Butchart, A., Felitti, V. J., & Brown, D. W. (2010). Building a framework for global surveillance of the public health implications of adverse childhood experiences. *American Journal of Preventive Medicine, 39*(1), 93-98.

Anda, R. F., Felitti, V. J., Bremner, J. D., Walker, J. D., Whitfield, C., Perry, B. D., et al. (2006). The enduring effects of abuse and related adverse experiences in childhood. *European Archives of Psychiatry and Clinical Neuroscience, 256*, 174-186.

Anderson, G. R., & Mikula, J. (2002). *Spirituality and Religion in Child Welfare Practice, Christianity and Social Work: Readings on the Integration of Christian Faith and Social Work Practice* (2nd ed.). North American Association of Christians in Social Work.

Baker, C. N., Brown, S. M., Wilcox, P. D., Overstreet, S., & Arora, P. (2016). Development and psychometric evaluation of the Attitudes Related to Trauma−Informed Care (ARTIC) Scale. *School Mental Health, 8*, 61−76.

Barker. R. L. (1994). *The Social Work Dictionary* (3rd ed.). NASW Press.

Beck, U. (1992). *Risk Society: Towards a New Modernity*. New Delhi: Sage.

Beck, U. (2002). The Cosmopolitan Society and its Enemies. *Theory, Culture and Society 19*(1−2), 17-40.

Beck, U. (2006). **위험사회: 새로운 근대성을 향하여**. 홍성태 역. 서울: 새물결.

Beck, U. (2008). 위험에 처한 세계: 비판이론의 새로운 과제. **사회와이론, 12**(1), 7−36.

Beck, U. (2010). Varieties of second modernity: The Cosmopolitan turn in social and political theory and research. *The British Journal of Sociology, 61*, 409−638.

Beck, U. (2011). Global Inequality and Human Rights: A Cosmopolitan Perspective. Minerva Lecture. Tel Aviv University. March 2011 . 미간행 강연문.

Beck, U., & Beck−Gernsheim, E. (2012). *Fernliebe*. Berlin: Suhrkamp.

Becker, A. (1986). A Triad of Innovative Ministries. *Ministry with Older Persons*. Minneapolis: Augsburg.

Bell, D. (1999). The Coming of Post−Industrial Society: A Venture in Social Forecasting. Basic Books.

Brinton, H. (2009). The Evolution of Structural Embeddedness and Organizational Social Outcomes in a Centrally Governed Health and Human Services Network. *Journal of Public Administration Research and Theory, 19*(4), 873–893.

Leonard, B. J. (1988). The Spiritual Development of the minister. In Anne Davis & Wade Rowatt Jr. (Eds.), *Formation for Christian Ministry.* Louisville, KY: Review and Expositor.

Blazer, D. (2007). **노년기 정신건강**. 김동배, 김유심, 문수경, 박인아, 손의성, 채수진, 홍은진 역. 서울: 학지사.

Bloom, S., & Farragher, B. (2013). *Restoring sanctuary: A new operating system for trauma-informed systems of care.* New York: Oxford University Press.

Bosch, D. (2010). **변화하고 있는 선교: 선교신학의 패러다임 전환**. 김병길, 장훈태 역. 서울: 기독교문서선교회.

Bowlby, J. (1988). *A secure base: Clinical applications of attachment theory.* London: Routledge.

Brandsen, C. K. (2002). Spirituality, End-of-Life Care, and Aging. In B. Hugen & T. L. Scales. (Eds.), *Christianity and social work: Readings on the integration of. Christian faith and social work practice* (2nd ed., pp. 227–250). North American Association of Christians in Social Work.

Bullis, R. K. (1996). *Spirituality in Social Work Practice.* Washington, DC: Taylor & Francis.

Bullis, R. K. (2002). **영성과 사회복지실천**. 장인협 역. 서울: 사회복지실천연구소.

Burke, E. (2017). **프랑스혁명에 관한 성찰**. 이태숙 역. 경기: 한길사.

Canda, E. R. (1988a). Spirituality, Religious Diversity, and Social Work Practice. *Social Casework, 69*(4), 238–247.

Canda, E. R. (1988b). Conceptualizing spirituality for social work: Insights from diverse perspectives. *Social thought, 14*(1), 30–46.

Canda, E., & Furman, L. (1999). *Spiritual Diversity in Social Work Practice: The Heart of*

Helping. New York: Free Press.

Canda, E. R. (1989). Religious Content in Social Work Education: A Comparative approach. *Journal of Social Work Education, 25*(1), 36–45.

Caruth, C. (Ed.) (1995). *Trauma: Explorations in Memory.* Baltimore: Johns Hopkins University Press.

Castells, M. (2003). 네트워크 사회의 도래. 김묵한, 박행웅, 오은주 역. 서울: 한울아카데미.

Castells, M. (2004). Informationalism, and the Network Society: A Theoretical Blueprint. In M. Castells (Eds.), *The Network Society: A Cross-cultural Perspective.* Cheltenham: Edward Elgar.

Centers for Disease Control and Prevention (CDC). (2013). Adverse Childhood Experiences Study: Prevalence of individual adverse childhood experiences. Retrieved from http://www.cdc.gov/ace/prevalence.htm

Centers for Disease Control and Prevention (CDC). National Center for Health Statistics. National Vital Statistics System. https://www.cdc.gov/nchs/nvss/deaths.htm.

Chaney, M. L. / Freedman, D. N., & Graf, D. F. (trans.) (1995). 군주제 이전의 이스라엘 형성. 이순태 역. 서울: 한국신학연구소.

Christensen, R. C., Hodgkins, C. C., Garces, L., Estlund, K. L., Miller, M. D., & Touchton, R. (2005). Homeless, mentally ill and addicted: The need for abuse and trauma services. *Journal of Health Care for the Poor and Underserved, 16*, 615-622.

Chun, S., & Lee, Y. (2008). The experience of posttraumatic growth for people with spinal cord injury. *Qualitative Health Research, 18*(7), 877–890.

Cicchetti, D., & Banny, A. (2014). A developmental psychopathology perspective on child maltreatment. In M. Lewis & K. Rudolph (Eds.), *Handbook of developmental psychopathology* (pp. 723-741). New York: Springer.

Cnaan, R. (1999). *The Newer Deal: Social Work and Religion in Partnership.* NY: Columbia University Press.

Covington, S., & Bloom, B. (2007). Gender responsive treatment and services in correctional settings. *Women & Therapy, 29*(3-4), 9-33.

Cowley, A. S. (1993). Transpersonal Social Work. A Theory for the 1990s. *Social Work, 38*(5), 527-534.

Dale, P. (1986). *Dangerous Families: Assessment and Treatment of Child Abuse.* London: Tavistock.

de Vaux, R. (2016). **구약시대의 생활풍속**. 이양구 역. 서울: 대한기독교출판사.

Derezotes, D. S., Evans, K. E. (1995). Spirituality and Religiosity in Practice: In-Depth Interviews of Social Work Practitioners. *Social Thought, 18*(1), 9-56.

Diamond, J. (2005). *Collapse: how societies choose to fail or survive.* New York and London: Viking Penguin/Allen Lane.

Duhigg, C. (2012). **습관의 힘: 반복되는 행동이 만드는 극적인 변화**. 강주헌 역. 서울: 갤리온.

Duncan, B. L., Miller, S. D., Wampold, B. E., & Hubble, M. A. (2010). *The heart and soul of change: Delivering what works in therapy.* Washington, DC: American Psychological Association.

East, J. F., & Roll, S. J. (2015). Women, poverty, and trauma: An empowerment practice approach. *Social Work, 60*, 279-286. doi:10.1093/sw/swv030

Elliott, D. E., Bjelajac, P., Fallot, R. D., Markoff, L. S., & Reed, B. G. (2005). Trauma-informed or trauma-denied: Principles and implementation of trauma-informed services for women. *Journal of Community Psychology, 33*, 461-477.

Erickson, M. J. (1985). *Christian Theology.* Michigan: Baker Book House Company.

Erickson, M. J. (1994). **복음주의 조직신학**. 신경수 역. 서울: CH북스.

Erikson, E. H. (1993). *Childhood and society.* New York: W.W. Norton.

Fallot, R., & Harris, M. (2009). Creating cultures of trauma-informed care (CCTIC): A self-assessment and planning protocol. Retrieved from https://www.healthcare.uiowa.edu/icmh/documents/CCTICSelf -AssessmentandPlanningProtocol0709.pdf

Felitti, V. J., Anda, R. F., Nordenberg, D., Edward, V., Koss, M. P., & Marks, J. S. (1998)

Relationship of Childhood Abuse and Household Dysfunction to Many of he Leading Causes of Death in Adults. *American Journal of Preventive Medicine*, May, 245–258.

Fitzpatrick, M. A., & Winke, J. (1979). You Always Hurt the One You Love: Strategies and Tactics in Interpersonal Conflict. *Communication Quarterly, 27*(1), 3–11.

Foster, R. J. (1999). **생수의 강**. 박조앤 역. 서울: 두란노.

Fowler, J. W. (1981). *Stages of Faith: The Psychology of Human Development and the Quest for Meaning*. San Francisco: Harper & Row.

Freedman, M. (2014). **빅 시프트**. 한주형, 이형종 역. 서울: 한울.

Freud, A., & Burlingham, D. T. (1943). *War and children*. Medical War Books.

Garland, D. R. (1991). Families and Their Faith. The church's ministry with families. Irving, TX: Word.

Garland, D. R. (1992). *Church social work: Helping the whole person in the context of the church*. St. Davids, PA: North American Association of Christians in Social Work.

Garland, D. R., & Conrad, A. (1994). The church as a context for professional practice. In D. R. Garland & D. L. Pancoast (Eds.), *The church's ministry with families*. Irving, TX: Word.

Garmezy, N. (1987). Stress, competence, and development: Continuities in the study of schizophrenic adults, children vulnerable to psychopathology, and the search for stress-resistant children. *American Journal of Orthopsychiatry, 57*, 159–174.

George, V., & Wilding, P. (1999). *British Society and Social Welfare: Towards a Sustainable Society*. Palgrave MacMillan Ltd.

Gilder, G. (2000). *Telecosm*. New York: Free Press.

Glazer, N. (1988). *The Limits of Social Policy*. Mass: Harvard University Press.

Goldman Sachs (2009). A Unified Korea? Reassessing North Korea Risks (Part I). Global Economics Paper No: 188.

Goodman, A. (1990). Addiction: definition and implications. *British Journal of Addiction, 85*(11), 1403-1408.

Grant, J. E., Potenza, M. N., Weinstein, A., & Gorelick, D. A. (2010). Introduction to behavioral addictions. *The American Journal of Drug and Alcohol Abuse, 36*(5), 233-241. doi:10.3109/00952990.2010.491884

Gray, J. (1986). *Hayek on Liberty.* Oxford: Blackwell.

Grenz, S. J., & Olson, R. E. (1997). **20세기 신학**. 신재구 역. 서울: IVP.

Grim, B. J., & Grim, M. E. (2019). Belief, behavior, and belonging: How faith is indispensable in preventing and recovering from substance abuse: Correction. *Journal of Religion and Health, 58*(5), 1751-1752. https://doi.org/10.1007/s10943-019-00898-4

Grudem, W. (1994). *Systematic Theology: An Introduction to Biblical Doctrine.* Zondervan Academic.

Harris, M. E., & Fallot, R. D. (Eds.). (2001). *Using trauma theory to design service systems.* San Fransisco: Jossey-Bass.

Hayek, F. A. (1988). *The Fatal Conceit: The Errors of Socialism.* The University of Chicago Press.

Hodge, D. R., & Holtrop, C. (2002). Spirituality Assessment: A Review of Complementary Assessment Models. In B. Hugen & T. L. Scales (Eds.), *Christianity and Social Work: Readings on the Integration of Christian Faith and Social Work Practice* (2nd ed., pp. 167-192). North American Association of Christians in Social Work

Holden, T. (2012). Addiction is not a disease. *CMAJ April 3, 184*(6).

Hugen, B. (1994). The Secularization of Social Work. *Social Work and Christianity, 21*(4), 83-101.

Hughes, D. (1998). **고대 문명의 환경사**. 표정훈 역. 서울: 사이언스북스.

Ife, J. (2005). **지역사회개발**. 류혜정 역. 서울: 인간과복지.

Ife, J. (2018). **아래로부터의 인권: 지역사회개발을 통한 인권의 실천**. 여지영 역. 서울: 인간과

복지.

Inaba, D., & Cohen, W. (2011). *Uppers, downers, all arounders: Physical and mental effects of psychoactive drugs* (7th ed.). Medford, OR: CNS Productions.

James, A. (2002). Reflections on Henri Nouwen's Wounded Healer as a Model for Contemporary Social Work Practice. *Social Work & Christianity, 29*(3), 240-247.

Jellinek, E. M. (1952). Phases of alcohol addiction. *Quarterly Journal of Studies on Alcohol, 13*, 673-684. doi:10.15288/QJSA.1952.13.673

Jones, S. (1999). *Doing Internet Research: Critical Issues and Methods for Examining the Net.* Thousand Oak, California: Sage.

Joseph, M. V. (1988). Religion and social work Practice. *Social Casework, 60*(7), 34-52.

Jürgen, M. (1992). **사회봉사의 신학과 실천**. 이삼열 편. 서울: 도서출판 한울.

Kelly, J. F. (2014). The new science on A.A. and 12-step facilitation. *The Carlat Report, 2*(4), 1-5.

Khan, A. J. (1973). *Social Policy and Social Services.* NY: Random House.

Kirk, R. (2018). **보수의 정신**. 이재학 역. 서울: 지식노마드.

Ko, C., Yen, J., Yen, C., Chen, C., & Chen, C. (2012). The association between Internet addiction and psychiatric disorder: A review of the literature. *European Psychiatry, 27*(1), 1-8. doi:10.1016/j.eurpsy.2010.04.011

Koenig, H. (1999). *The Healing Power of Faith: Science Explores Medicine's Last Great Frontier.* New York: Simon and Schuster.

Koob, G. F., & Volkow, N. D. (2016). Neurobiology of addiction: A neurocircuitry analysis. *The Lancet Psychiatry, 3*(8), 760-773.

Kukathas, C. (1989). *Hayek and Modern Liberalism.* Oxford: Clarendon.

Kurtz, E. (1982). Why A.A. works: The intellectual significance of Alcoholics Anonymous. *Journal of Studies on Alcohol, 43*(1), 38-80. Reprinted in The Collected Ernie Kurtz (1999). Wheeling, West Virginia: The Bishop of Books, pp. 177-228.

Kurtz, E. (1991). *Not God: A History of Alcoholics Anonymous.* Hazelden Publishing.

Kurtz, E., & Ketcham, K. (2009). **불완전함의 영성**. 정윤철, 장혜영 역. 서울: 살림.

Larkin, H., Felitti, V. J., & Anda, R. F. (2014). Social work and adverse childhood experiences research: Implications for practice and health policy. *Social Work in Public Health, 29*(1), 1–16.

Leshner, A. (1997). Addiction is a brain disease, and it matters. *Science, 278*(5335), 807–808.

Levenson, J. S. (2014). Incorporating trauma-informed care into sex offender treatment. *Journal of Sexual Aggression, 20*(1), 9–22.

Macpherson, C. B. (2011). *The Life and Times of Liberal Democracy*. Oxford: Oxford University Press.

Maercker, A., & Zoellner, T. (2004). The Janus face of self-perceived growth: toward a two-component model of posttraumatic growth. *Psychological Inquiry, 15*(1), 41–48.

Manderscheid, R. W., Ryff, C. D., Freeman, E. J., McKnight-Eily, L. R., Dhingra,. S., & Strine, T. W. (2010). Evolving definitions of mental illness and wellness. *Prev Chronic Dis., 7*(1), A19. Prev Chronic Dis 2010;7(1):A19. http://www.cdc.gov/pcd/issues/2010/jan/09_0124.htm.

Mann, J. J. (2013). The serotonergic system in mood disorders and suicidal behaviour. *Philos Trans R Soc B Biol Sci., 368*.

Martin, G. (1994). **좋은 것도 중독될 수 있다**. 임금선 역. 서울: 생명의 말씀사.

Maschi, T., Baer, J., Morrissey, M. B., & Moreno, C. (2013). The aftermath of childhood trauma on late life mental and physical health: A review of the literature. *Traumatology, 19*(1), 49–64.

Maslow, A. H. (1943). A theory of human motivation. *Psychological Review, 50*, 370-396.

Mayeroff, M. (1972). *On Caring*. NY: Harper & Row.

McGrath, A. E. (2006). **기독교 영성 베이직**. 김덕천 역. 서울: 대한기독교서회.

Merton, T. (2002). **삶과 거룩함**. 남재희 역. 서울: 생활성서사.

Miller, D. (1981). Adult Religious Education and the Aging. In W. Clements (Ed.), *Ministry with the Aging*(pp. 235–249). San Francisco: Harper & Row.

Miller, D. (1998). *Material Cultures: Why Some Thing Matter*. Chicago: University of Chicago Press.

Millner, N. B. (1998). Moving Beyond Midlife. In *Creative Aging*. Palo Alto, CA: Davies–Black Publishing.

Morales, A. T., & Sheafor, B. W. (1992). *Social Work: A Profession of Many Faces* (6th ed.). Boston: Allyn and Bacon.

Morrison, L., Alcantara, A., Conver, K., Salerno, A., Cleek, A., Parker, G., et al. (2015). Harnessing the learning community model to integrate trauma–informed care principles in service organizations. Retrieved from http://mcsilver.nyu.edu/sites/default/files/reports/TIC–Implementation.

Murray, C. J. L. (1996). Rethinking DALYs. In Murray, C. J. L., & Lopez, A. D. (Eds.), *The global burden of disease: A comprehensive assessment of mortality and disability from diseases, injuries and risk factors in 1990 and projected to 2020*. Cambridge: Harvard University Press.

National Association of Social Workers (NASW). (2015). Code of ethics of the National Association of Social Workers. Washington, DC.

Netting, F. E., Thibault, J. M., & Ellor, J. W. (1990). Integrating content on organized religion into macropractice courses. *Journal of Social Work Education, 26*(1), 5–24.

NIDA. (1999, December 1). Thirteen Principles of Effective Drug Addiction Treatment. Retrieved from https://archives.drugabuse.gov/news–events/nida–notes/1999/12/thirteen–principles–effective–drug–addiction–treatment.

Nisbet, M. C. (2007). Deference to Scientific Authority Among a Low Information Public. *Public Opinion Research, 19*(1), 24–52.

Oakeshott, M. (1991). *On Being Conservative. In Rationalism in Politics and Other Es-*

says (2nd ed., pp. 407-437). Indianapolis: Liberty Fund.

Ogden, T. H. (2009). *Rediscovering psychoanalysis: Thinking and dreaming, learning and forgetting.* Routledge/Taylor & Francis Group.

Paton, D. M. (Ed.) (1975). Breaking barriers, Nairobi. The official Report of the Fifth Assembly of the World Council of Churches (Grand Rapids, MI: WM. B. Eerdmans, 1976), 52; Bosch, D, The scope of mission, *International Bulletin of Mission Research 3* (1987), 97-98.

Peck, S. (2003). **거짓의 사람들**. 윤종석 역. 서울: 비전과 리더십.

Pellebon, D. A., & Anderson, C. S. (1999). Understanding the Life Issues of Spiritually-Based Clients. *Families in Society, 87*(3), 229-238.

Poe, M. A.. (2002). Good News for the Poor: Christian Influences on Social Welfare. In B. Hugen & T. L. Scales (Eds.), *Christianity and Social Work: Readings on the Integration of Christian Faith and Social Work Practice* (2nd ed., pp. 63-77). North American Association of Christians in Social Work.

Qu, Y., Fuligni, A. J., Galvan, A., & Telzer, E. H. (2015). Buffering effect of positive parent-child relationships on adolescent risk taking: A longitudinal neuroimaging investigation. *Developmental Cognitive Neuroscience, 15*, 26-34.

Reporters without Borders (2020). #Tracker_19. Retrieved from https://rsf.org/en/tracker19-Coronavirus-Covid19

Ressler, L. E. (2002). When Social Work and Christianity Conflict. In B. Hugen & T. L. Scales (Eds.), *Christianity and Social Work: Readings on the Integration of Christian Faith and Social Work Practice* (2nd ed., pp. 93-118). North American Association of Christians in Social Work.

Richardson, P. T. (2001). **성격유형과 네 가지 영성**. 박종삼, 유형재 역. 서울: 한국심리검사연구소.

Roley-Roberts, M., Claycomb, M. A., Contractor, A., & Dranger, P. (2015). The relationship between rumination, PTSD, and depression symptoms. *Journal of Affective*

Disorder, 180, 116–121.

Ruddle, R. W. (2015). **헨리 나우웬: 상처 받은 인간. 상처 입은 치유자.** 이은실 역. 서울: 비아.

Rutter, M., & Sroufe, L. (2000). Developmental psychopathology: Concepts and challenges. *Development and Psychopathology, 12,* 265–296.

Saint Paul. (1978). Emotions Anonymous International, Emotions Anonymous. MN.

Schumaker, R. (2010). Analyzing Parts of Speech and their Impact on Stick Price. *Communications of the International Information Management Association, 10*(3), 1–10.

Schwab, K. (2016). *The Fourth Industrial Revolution.* Portfolio Penguin.

Shaw, T. V. (2008). An Ecological Contribution to Social Welfare Theory. *Social Development Issues, 30*(3), 13–26.

Sheafor, B. W., & Horejsi, C. R. (2005). **사회복지실천 기법과 지침**(개정판). 남기철, 정선욱, 조성희 역. 서울: 나남출판.

Sherwood, D. A. (1998). The Relationship Between Beliefs and Values in Social Work. In B. Hugen & T. L. Scales (Eds.), *Christianity and Social Work: Readings on the Integration of Christian Faith and Social Work Practice* (pp. 9–29). North American Association of Christians in Social Work.

Sherwood, D. A. (2002). Ethical Integration of Faith and Social Work Practice: Evangelism. In B. Hugen & T. L. Scales (Eds.), *Christianity and Social Work: Readings on the Integration of Christian Faith and Social Work Practice* (2nd ed., pp. 17–39). North American Association of Christians in Social Work.

Smith, D. E., & Seymour, R. B. (2004). The Nature of Addiction. In R. H. Coombs (Ed.), *Handbook of addictive disorders: A practical guide to diagnosis and treatment* (pp. 3-30). John Wiley & Sons, Inc.

Sroufe, L. A., Egeland, B., Carlson, E. A., & Collins, W. A. (2005). *The development of the person.* New York, NY: Guilford.

Staral, J. (2003). Introducing Ignatian Spirituality: Linking Self–Reflection with Social

Work Ethics. *Social Work & Christianity, 30*(1), 38–51.

Stevens, W. W. (1978). **조직신학개론**. 허긴 역. 서울: 요단출판사.

Stott, J. (1998). **현대기독교선교**. 서울: 대한기독교서회.

Straughan, H. H. (2002). Spiritual Development. In B. Hugen & T. L. Scales (Eds.), *Christianity and Social Work: Readings on the Integration of Christian Faith and Social Work Practice* (2nd ed., pp. 145–166). North American Association of Christians in Social Work.

Substance Abuse and Mental Health Services Administration (SAMHSA). (2013). Trauma–informed care and trauma services. Retrieved from http://www.samhsa.gov/nctic/trauma.asp

Substance Abuse and Mental Health Services Administration (SAMHSA). (2014a). SAMHSA's concept of trauma and guidance for a trauma–informed approach. Retrieved from http://store.samhsa.gov/shin/content//SMA14–4884/SMA14

Substance Abuse and Mental Health Services Administration (SAMHSA). (2014b). TIP 57: Trauma–informed care in behavioral health services.

Sussman S., & Sussman A. (2011). Considering the definition of addiction. *Int. J. Environ. Res. Public Health, 8,* 4025–4038.

Sussman, S., Lisha, N., & Griffiths, M. (2011). Prevalence of the Addictions: A Problem of the Majority or the Minority? *Evaluation & the Health Professions, 34,* 3–56. https://doi.org/10.1177/0163278710380124

Taku, K., Cann, A., Calhoun, L. G., Tedeschi, R. G. (2008). The factor structure of the posttraumatic growth inventory: A comparison of five models using confirmatory factor analysis. *Journal of Trauma Stress, 21*(2), 158–164.

Tatenhove, F. (2011). "복음주의적 관점". **노화, 영성, 종교**. 노인사목연구위원회, 김열중, 이순주 역. 서울: 소화.

Taylor–Gooby, P. (2004). *New Risks, New Welfare: The Transformation of the European Welfare State*. Oxford University Press.

Tedeschi, R. G., & Calhoun, L. G. (1995). *Trauma and Transformation: Growing in the Aftermath of Suffering*. Thousand Oaks, CA: Sage.

Tedeschi, R. G., & Calhoun, L. G. (1996). The Post-Traumatic Growth Inventory (PTGI). *Journal of Traumatic Stress, 9*(3), 455-471.

Tedeschi, R. G., & Calhoun, L. G. (2004). *Posttraumatic Growth: Conceptual Foundations and Empirical Evidence*. Philadelphia, PA: Lawrence Erlbaum Associates.

Teyber, E., & McClure, F. (2000). Therapist variables. In C. Snyder & R. Ingram (Eds.), *Handbook of psychological change: Psychotherapy process and practices for the 21st century* (pp. 62-87). New York: Wiley.

The Economist (2020. 4. 23a). After the disease, the debt. Retrieved from https://www.economist.com/leaders/2020/04/23/after-the-disease-the-debt

The Economist (2020. 4. 23b). Autocrats see opportunity in disaster. Retrieved from https://www.economist.com/leaders/2020/04/23/autocrats-see-opportunity-in-disaster

Thomas à Kempis (1996). **그리스도를 본받아**. 조항래 역. 서울: 예찬사.

Thomas, G. (2003). **영성에도 색깔이 있다**. 윤종석 역. 서울: 도서출판 CUP.

Thomas, N. D. (2000). Generalist practice with people of color . In J. Poulin (Ed.), *Collaborative social work* (pp. 265-325). Itasca, IL: F.E. Peacock Publishers.

Thrift, N., & Olds, K. (1996). Refiguring the Economic in Economic Geography. *Progress in Human Geography, 20-3.*

Tillich, P. (1960). **새로운 존재**. 강원용 역. 서울: 대한기독교서회.

Vaillant, G. (2010). **행복의 조건**. 이덕남 역. 서울: 프런티어.

Van der Kolk, B. (2006). Clinical implications of neuroscience research in PTSD. *Annals of the New York Academy of Sciences, 1071*(1), 277-293.

Vogel, L. (2011). "노후 생활에서의 영적 발달". **노화, 영성, 종교**. 노인사목연구위원회, 김열중, 이순주 역. 서울: 소화.

Werner, E. E., & Smith, R. S. (1979). A Report from the Kauai Longitudinal Study, An

Epidemiologic Perspective On Some Antecedents And Consequences Of Child-hood Mental Health Problems And Learning Disabilities. *Journal of American Academy of Child and Adolescent Psychiatry, 18*(2), 292–306.

West, R. (2001). Theories of addiction [Editorial]. *Addiction, 96*(1), 3–13. https://doi.org/10.1046/j.1360–0443.2001.96131.x

Whitfield, C. L. (1998). Adverse childhood experiences and trauma. *American Journal of Preventive Medicine, 14*, 361–364.

Winship, J. P. (2004). Integrating Spiritualty and Religion into Direct Practice Assessment. *Social Work & Christianity, 31*(1), 25–52.

Winship, J. (2002). Infusing Spirituality and Religion in to Social Work Practice. A NACSW Audio Conference.

Wolters, A. M., & Goheen, M. W. (2007). **창조·타락·구속**. 양성만 역. 서울: IVP.

World Health Organization (WHO). Disability–adjusted life years (DALYs). https://www.who.int/data/gho/indicator–metadata–registry/ imr–details/158

World Health Organization (WHO). (1948). Constitution. WHO.

World Health Organization (WHO). (2004). Promoting mental health: concepts, emerging evidence, practice (Summary Report). Geneva: World Health Organization.

Woudstra, M. H. (1981). *The Book of Joshua*. Eerdmans.

Wright, C. (2010). **하나님의 선교: 하나님의 선교 관점으로 성경 내러티브를 열다**. 정옥배, 한화룡 역. 서울: IVP.

Wright, N. T. (2009). **마침내 드러난 하나님나라**. 양혜원 역. 서울: IVP.

Yancey, P. (2001). **내 영혼의 스승들**. 나벽수, 홍종락 역. 서울: 좋은 씨앗.

Young, J. E., Klosko, J. S., & Weishaar, M. E. (2003). *Schema therapy: A practitioner's guide*. New York: Guilford Press.

Zoellner, T., & Maercker, A. (2006). Posttraumatic growth in clinical psychology–a critical review and introduction of a two component model. *Clinical Psychology Review, 26*, 626–653.

찾아보기

인명

내용

저자 소개

김성이(Kim, Soung Yee)

전) 보건복지가족부 장관
현) 이화여자대학교 사회복지대학원 명예교수

김동배(Kim, Dong Bae)

현) 연세대학교 사회복지대학원 명예교수
　　한국기독교사회복지실천학회 이사장

유장춘(Yoo, Jang Choon)

현) 한동대학교 상담심리사회복지학부 교수
　　한국기독교사회복지실천학회 회장

이준우(Lee, Jun Woo)

전) 한국기독교사회복지실천학회 회장
현) 강남대학교 사회복지학부 교수

김선민(Kim, Sun Min)

현) UNODC/COLOMBO PLAN UTC 글로벌 마스터 트레이너 및 교수
　　단국대학교 행정법무대학원 사회복지학과 겸임교수

정지웅(Jeong, Jiung)

전) 배재대학교 기독교사회복지학과 교수
현) 기독교사회복지 편집위원장

영성사회복지개론

Introduction to Spiritualiity and Social Welfare

2022년 5월 10일 1판 1쇄 인쇄
2022년 5월 15일 1판 1쇄 발행

지은이 • 김성이·김동배·유장춘·이준우·김선민·정지웅
펴낸이 • 김진환
펴낸곳 • (주) **학지사**

04031 서울특별시 마포구 양화로 15길 20 마인드월드빌딩
대표전화 • 02)330-5114 팩스 • 02)324-2345
등록번호 • 제313-2006-000265호

홈페이지 • http://www.hakjisa.co.kr
페이스북 • https://www.facebook.com/hakjisa

ISBN 978-89-997-2676-7 93330

정가 18,000원

출판 · 교육 · 미디어기업 **학지사**

간호보건의학출판 **학지사메디컬** www.hakjisamd.co.kr
심리검사연구소 **인싸이트** www.inpsyt.co.kr
학술논문서비스 **뉴논문** www.newnonmun.com
교육연수원 **카운피아** www.counpia.com